JN275104

K.M.パニッカル
左 久梓 訳

西洋の支配とアジア

1498—1945

藤原書店

K. M. PANIKKAR

ASIA AND WESTERN DOMINANCE

A Survey of the Vasco Da Gama Epoch of Asian History 1498-1945

George Allen & Unwin Ltd, London, 1953, 1959

西洋の支配とアジア／目　次

第Ⅰ部 拡張の時代 1498-1750

第Ⅱ部 征服の時代 1750-1858

第Ⅲ部　帝国の時代　1858-1914

第Ⅳ部　ロシアと極東

第Ⅴ部　後退するヨーロッパ　1918-1939

第Ⅵ部　アジアの復活

西洋の支配とアジア　1498-1945

凡例

一　訳注は〔　〕で括り訳文中に挿入した。記述の長い訳注は＊、＊1、＊2……で示し段落末に掲載した。

一　原注は（1）（2）……で示し、各章末に掲載した。

一　人名、地名は初出箇所にウェード式ローマ字表記を（　）内に補った。訳注が〔　〕で補われているものについては訳注の最初に同じくウェード式ローマ字表記を補った。訳注内でも文脈を考慮して人名・地名は適宜ローマ字表記を織り交ぜた。

一　原文のイタリック体（斜体）表記部分は書名・紙誌名の場合は『　』で括り、それ以外の場合は原則として傍点を付した。

一　人名・地名の片仮名表記は、一般的に用いられる呼称以外は出来る限り現地音に従って表記した。

一　各章の副題と小見出しの文言は訳者が付した。

謝辞

小生の著作に対して数多くの友人や同僚が親切に進んで手を差し伸べてくださったことに心から感謝いたしております。

特に、原稿の段階でこの著作を読み通し、さらに、数多くの貴重なご意見をくださいましたC・S・ヴェンカタチャール氏（C. S. Venkatachar）, I.C.S.,〔Indian Civile Service――（旧）英国インド文官〕には、深く感謝の意を表明するものです。また、ガイ・ウィント（Guy Wint）氏には、印刷の段階で原稿を通読していただいたのですが、必要とはいえ、校正といった退屈な仕事を通して、出版の面でご助力を賜り感謝いたしております。

小生は、氏とは十五年以上に亘って本書に取り上げました諸問題を何度となく討論し、氏のアジアにおけるヨーロッパの歴史に関する該博な知識の恩恵に大いに浴しましたことを心から感謝いたしております。なお、オックスフォード・オール・ソウルズ・カレッジ（All Souls College, Oxford）の特別評議員であるジェオフリー・ハドソン（Geoffrey Hudson）氏には感謝の言葉もございません。氏の貴重な優れた著作は、[1] 十九世紀前のヨーロッパと中国との関係を研究する人々すべてにとって大いなる指針となってまいりましたが、小生にとりましてもその例外ではなく、氏の論文に対して心から敬意と感謝の念を捧げます。氏がまた、他の様々な重要な事柄もさることながら、不慣れな異国の名称の綴りなど、原稿全体を読み通して検証をしてくださいましたことに対して深甚の謝意を表明いたします。

また、次の方々、聖フランシスコ・ザヴィエル（St. Francis Xavier）とマテオ・リッチ（Matteo Ricci）の写真を利用させてくださいました北京、北単のカトリック寺院の神父の方々、ヴァスコ・ダ・ガマ（Vasco daGama）が最初の探検旅行に乗船した船舶の絵を提供してくださいましたポルトガル政府、ジョン・ドゥ・カストロ（John de Castro）のインド上陸の様子が描写されておりますタペストリーの写真を提供してくださったウィーンの美術史美術館（the Kunsthistorische Museum of Vienna）、さらに、北京の英国大使館のＪ・Ｖ・フォード（J. V. Ford）氏におきましては、中国に関します大切な未出版の歴史的翻訳資料を利用させてくださいましたことに対して感謝いたします。

（1） G. F. Hudson, M. A., Fellow of All Souls College, Oxford, *Europe & China*: A Survey of their Relations from the earliest times to 1800, EDWARD ARNOLD (Publishers) Ltd., London, 1931.

序　文

ヴァスコ・ダ・ガマが、カリカット〔Calicut　インド南西部のケララ州（Kerala）の港、現在の公称は、マラーヤラム（Malayaram）語で、コージコゥド（Kozhikode）〕へ到来（一四九八年）してから、一九四七年、イギリス軍がインドから撤退し、つづいて一九四九年、ヨーロッパ海軍が中国から撤収するまでの四五〇年間は、史上、明らかに際だった一時代を画している。時代は、数多くの経緯をへて多様な展開を経験し、異なった主導権のもとに異なった時代的様相を呈しはしたが、概観すれば史上特異な時代として区分されるべきある種の顕著な特徴を備えている。ヨーロッパ東漸の動機もまた様々な変化を見せていた。レパント（Lepanto）の戦い[*1]と共に、イスラム帝国主義の拡張政策の脅威が西ヨーロッパから消え去ると、本来の計画の主要な理念であった、いわゆる、イスラム教とモスレム勢力[*2]の戦略的包囲作戦に立ち向かうことにあった十字軍の動機は消滅してしまっていた。次いで、香辛料貿易の独占を求めた野望も、百年後にはヨーロッパへの繊維製品、お茶や他の商品の輸入へと変化し、イギリスの産業革命後は、さらにヨーロッパの製品と、遂には、資本投資の市場獲得への激しい欲求へと変貌していった。本来、貿易に限られていたヨーロッパの関心は、長い年月を経て十九世紀には際立って政治的なものとなっていた。この時代のヨーロッパ人の主導権も同じように変化を経験していた。貿易の覇権は、オランダ人がポルトガル人から剥奪してしまっていたし、十八世紀の中頃には、イギリスとフランスがしばらくの間、覇権を求めて争ったが、以来、イギリスの威信は、第二次世界大戦の初頭に到るまで、熾烈な挑戦を受けることはなかった。

＊1　レパントの戦い（the Battle of Lepanto）　レパントはギリシャ語の地名では、ナフパクトス（Navpaktos）。レパント海峡に臨むギリシャ西部の港市。一五七一年、ヨーロッパの神聖同盟の艦隊がトルコ艦隊をこの沖合で撃破した。

＊2　イスラム（Islam）とは、アラビア語で〝神の意志への服従〟を意味し、モスレムとは〝真にイスラムの教えに帰依したる者〟を意味する。イスラムの教えは、マホメットが六一〇～六三〇年の頃に創始し、サウディ・アラビアの聖地・メッカを中心に、アラビア半島、シリア、メソポタミア、小アジア、西は、（一時期は、イベリア半島、すなわちスペイン全土を席捲した）北アフリカ、東は、インド・中央アジアを経て、中国および東インド諸島一帯、さらに、南は黒人・アフリカへと民族を超えて広がっている。特にトルコ、イラン、イラク、エジプト、サウディ・アラビア、アフガニスタン、パキスタン、バングラデシュなどでは、国家の根幹を成し、インドネシアは最大のムスリム人口を抱えた国家である。イスラム（Islam）もモスレム（Moslem）も双方ともに語源は、アラビア語のサラーム（salaam）、その語源は、平和、静寂と安寧、幸福、繁栄、救済、など多義である。ちなみに、モスレムが挨拶によく交わす「サラーム・アレイコム Salaam Aleikum」、それに答えての「アレイコム・ヤ・サラーム Aleikum ya-salaam」は、英語で言う「Peace be on you. 平和でありますように」の意である。

こうした変化と展開にもかかわらず、なおヴァスコ・ダ・ガマの時の時代性というものが基本的側面で、特異な一貫性を示しているのも事実である。端的に言って、その特異な一貫性は、アジア大陸をめぐる海洋支配の力の優位性、言わばそれまでの生活経済が、国際貿易ではなく主として農業生産と域内交易に依存していた共同社会にのし掛かる通商経済の重荷のせいであり、またひとつには、アジア情勢をめぐる海上の支配権を手中に収めた、ヨーロッパ諸民族の覇権のせいであった。海洋の勢力、海洋の支配をめぐる権力争いの時代であったのである。ヴァスコ・ダ・ガマの時代から今世紀初頭に到るまでの四百年の間、海洋政策を決定づける権能を持った海洋の覇権は、大西洋の外域には存在しなかった。したがって、大西洋の覇権は、インド洋、言わば、太平洋の覇権をも意味していた。最初の数百年間、大西洋はイベリア人〔スペイン・ポルトガルを含むヨーロッパ南西部の大半島・イベリア半島に生息する人種〕の勢力下にあったが、スペインのフィリップ二世の率いる無敵艦隊が雲散霧消して以来、その覇権は次第に衰退し始め、他のヨーロッパ勢力に取って代わられた。だが、その本質的な特質、アジア海域を支配するという意図は変わることはなかった。

アジア諸民族にのし掛かる通商経済の荷重と、その結果もたらされたほとんどあらゆる生活面にまで及んだ漸進的変革の波について語ることが、本書の研究の主たるテーマの一部であり、その件については後述しよう。とくに強調したいことは、その時代は、そうした事象が、ヨーロッパとアジアの関係の恒常的、支配的特徴となっていたことである。イスラム勢力を弱体化することが主たる目的であったと主張されてはいるが、アルバケルク[*1]がマラッカの地で兵士へ与えた訓辞の中で、「ポルトガル人が、イスラム勢力を消耗させるために望むことは、ムーア人を香辛料貿易から閉め出すことにある」と言ったことは注目に値する。制海権によって貿易取り引きを拡大することが、ポルトガル人の単純な方策であった。ヨーロッパへと船積され始めた膨大な量の香辛料が、結果として世界市場の出現を促し、商品を生み出す沿岸地域や周辺の島々の地域経済にも変化をもたらすこととなったが、少なくともポルトガル人の時代には、強力な陸上の権力者たちに深刻な影響を及ぼすことはなかった。しかし、オランダ人やイギリス人が参入するにつれて、状況は徐々に変化し始めていた。イギリスのインドとの貿易は、どう見ても香辛料ではなく、綿織物、嗜好品、藍、さらに火薬の生産に必要な天然硝酸 (saltpetre) であった。こうした商品の需要が膨大であったところから、十八世紀の間にインド経済は大きく海洋貿易に依存するようになっていた。ヨーロッパ貿易が、国家的重要事項となってくると、経済と政治権力は内陸地域から沿岸地域へと推移し、ついで外国人貿易商人たちの利益集団と徒党を組む商人階級の成長と権力への介入が、インドと中国の双方の歴史において大きな展開を見せていた。言わば、当初の香辛料貿易の独占から、第一次世界大戦に先立つ三十年間の資本の大規模な輸出に到るまでの様々な変化を通して、アジア人の生活にのしかかる通商経済の支配がその時代に際立った特色を見せているのである。

＊1　アルバケルク（Affonso de Albuquerque, 1453-1515）　ポルトガルの艦隊司令長官、ヤン二世の配下で海軍に勤務し、一五〇三年、マニュエル王に求められてインド遠征に向かった。マラッカ海峡を制覇したのは一五一一年。

＊2　ムーア人　マグレブ地方（北西アフリカ。モロッコからモーリタニアにかけた地方）のモスレムで、元来はマグレブの原住民・ベルベル族とアラブ人の混血。八世紀にイベリア半島（スペイン）を征服し、その地に定住した。十一世紀以降は西北アフリカのモスレムの通称。十五世紀以降は漠然とモスレムを指す。

もう一つの特徴は、アジアのほとんど全地域に亘るヨーロッパ人の政治的支配である。それは目を見張る展開であり、当然ながら最も注目に値するが、それらは先の二つの要因のもたらした結果に他ならなかった。海洋の支配権は、ヨーロッパ諸国家の勢力をアジアのいかなる地点にもおよぼすことをも可能にしていたし、特に、大帝国の経済と政治勢力が、ヨーロッパ人の海洋貿易独占によって浸食され始めてからはなおさらであった。政治的支配は、結果として人種差別の政策と、アジア人に対立するものとしてある種のヨーロッパ人の連帯感を生む結果となった。したがって、アジアと西洋の関係を考慮するとき、これら二つの要因が、それ以前の時代には相互に抱くことの無かったある種の大きな問題を提起している。

さらにこの時代に一貫する特徴がある。それは、この時代にアジアをキリスト教化しようとしたヨーロッパ諸国家の試みである。しかし、このことが東方とヨーロッパの関係の本質的特徴であったと考えるのはあたらない。ヨーロッパの大航海時代のポルトガル人は、確かに大十字軍魂に駆り立てられていた。しかしそれは、本来、反イスラムの精神というものであり、キリスト教に改宗させるといった問題には真剣に関与することはなかった。福音伝道（キリスト教化運動）の精神が、アジアをその傘下におさめようとし始めたのは、カトリック教の世界で史上知られる、他ならない反宗教改革が大きな高まりを見せた時期だけであった。聖フランシスコ・ザヴィエル＊がその精神運動の化身であり、彼の範例に倣って、アジアの異教徒を改宗しようとする大運動が、ほんの短期間行われたに過ぎなかった。その精神を代弁したのは、北京のイエズス会の修道士たちではなく、むしろ日本の福音派の修道士たちであった。だが、これも束の間の出来事であった。東方へのオランダ人やイギリス人の到来、さらにポルトガル人勢力の衰退後は、アジアでの福音伝道活動は、一世紀余に亘って、ほとんど行われることはなかった。事実、プロテスタントの諸宗派が福音活動に関心を持つようになったのは十八世紀も終りの頃に過ぎず、インドや中国における彼らの伝道活動は、アジアとヨーロッパとの関係の顕著な特徴ではあったが、アジアにおける西洋の政治的覇権争いと相まって軌を一にしていたのである。

* フランシスコ・ザヴィエル (St. Francis de Xavier, 1506-52) 日本に渡来した最初のイエズス会の会士。スペイン・ナバラ王国の貴族。中国名・方済各。

こうした特徴が、その時代に特異な性格を付与し、史上一つの大きな趨勢を反映するものとして烙印を押しているのである。アジアをめぐるヨーロッパの政治的支配は今では終わりを告げたが、その相関劇はいまだ幕を下ろしてはいない、と異議を唱えられるかもしれない。すなわち、ヨーロッパは、アジア人の様々な活動の領域で、引き続き、以前にも増して密接な繋がりを保持し、アジアとヨーロッパの貿易は、今日では、以前よりも遙かに拡大していると。確かに、そうしたことの全てが、またそれ以上のことが真実と言える。しかし、根本的な違いは、関係の基本的性格が完全に変質しているということなのである。経済関係は、より緊密にはなったが、互恵主義にもとづき、当事国の国益によって決定され、ヨーロッパに押しつけられたものではない。アジアとヨーロッパの政治的関係は独立国としての関係である。アジアとヨーロッパは、互いに対峙し、多くの重大な歴史的結果が、この新しい対立関係から流動し始めるかもしれない。しかし、それは、もはや、ダ・ガマの時代の関係ではない、いま開かれた新時代と先立つ時代との間には、革命的、かつ、質的変化が、介在しているからなのである。

この時代に特有な変化を示すもう一つの重要な事実は、アジア情勢はソヴィエットとアメリカの増大する影響下にあるということである。アメリカ合衆国は、一八四四年に太平洋沿岸に姿を現し、二十世紀初頭の二十年の間に、太平洋におけるその影響力はすでに強大なものとなっていた。第一次世界大戦後、その勢力は支配的なものとなり、極東におけるヨーロッパの威信を緩慢な衰退へ導くこととなった。ロシアの影響力の進展は、ある面で、アメリカの動きに連動していた。東からアメリカの勢力が海洋を越えて拡大してくる間に、ロシアは、大陸の未開地に沿って漸進してきていた。双方の動きはともに、ヨーロッパの植民地諸国家に由来する勢力のバランスの推移の結果であり、アジアと西洋諸国家との伝統的関係は、全く異なった二つの新しい大国の出現によって、そこに介在するヨーロッパの影響力を、次第に希薄なものにしていった。

東方におけるロシアとアメリカの政策を取り扱うことは本書の範疇外であり、本書では、ただヨーロッパ本来の政策を理解するために必要な程度に論ずるものとしたい。しかし、ここで、一言強調しておきたい。ロシアがアジアに恒久的に存在するのは、地理的現実であり、その影響は、時代が進行するにつれて、ますます明白なものになってゆくであろう。東方の三つの主要国家、インド、中国、日本は、ソヴィエット領土に国境を接している。さらに、ソヴィエットの影響は、大陸的なものであって海洋的なものではない。この点からして、ヨーロッパがアジアに対して四百年の間行使し続けてきた影響力とは本質的に異なっている。アメリカとの接触もまた地理的事実に由来する、その理由は、たとえ太平洋がいかに広大な海洋で、アジアへのヨーロッパの到来以前には、何年にも亘って探査されることはなかったとはいえ、今日では極東の国々とアメリカは隣国であり、航空網の発達と共にますますその度合いを深めていくであろうということなのである。こうした様々な理由から、アジアからのヨーロッパの政治的威信の衰退は、一時代の決定的終焉を意味している。

アジアを征服し、傘下に治めようとしたヨーロッパ人の努力の窮極的失態は、言わば、海運力の限界の例証であり、誰もが見過ごすことのできない教訓を示している。ヒレア・ベロック*は、パレスチナの十字軍の衰退を論じて、「あらゆる軍事史を通して見られる一つの例証、言わば軍事力において海の軍事力に依存することは、畢竟するところ、期待はずれの幻想なのである。歴史上の究極的、決定的戦闘において、海軍力をもって戦闘を開始する側は、陸軍力によって敗北を喫する。海軍力が、たとえ大王・カルタゴやアテネやフェニキアの艦隊であろうとも、長期戦では敗北し、陸上の勢力が勝利をおさめることとなるのである」と言っている。結局のところ、アジアにおいても同様に、陸上の集団が海洋に基盤をおく勢力に対して自己を主張したのであり、アジアからのヨーロッパの撤退は、実質的には陸上帝国の勢力の再生が、海洋重商主義の枷から自らを解放したのだと言える。

＊ ヒレア・ベロック（Hilaire Belloc, 1887-1953）　イギリスの作家、父はフランス人で母はアイルランド人、一九〇二年英国籍。カトリック・リベラル派の論客で、一九〇六―一〇年、国会議員。著書に、*Danton*, 1899 ; *Richelieu*, 1929 ; *l'Etat servile*, 1912 ; *l'Europe et la Foi*, 1920 等がある。

ともすると、ヨーロッパの拡張主義は、進展する文明の結果なのである、とする見解を持つヨーロッパの文筆家がいる。たとえば、ジョージ・サンソム（Sir George Sansom）卿[1]は、自らの見解を次のように述べている。「それ（アジア諸国への侵略）は一種の表現、進展する文明の余儀ない表現だったのである。それは人間社会の発展の一つの新しい局面を画したのである」と。一方、トーニー教授〔Richard Henry Tawney, 1880-1962――インド生まれのイギリスの経済学者・歴史家〕は、初期のヨーロッパの侵略を、単なるアントワープの欲深い商人たちの仕業にすぎないと見なしている。

実際に、初期のヨーロッパ人のアジア海域への侵攻は、サンソムがわれわれに信じ込ませようとするような「進展する文明」でもなければ、陰で糸を繰る抜け目無い商人たちによる操り人形劇でもない。それは、われわれが立証しようとしているように、中近東におけるイスラムの圧倒的な陸上の権益を出し抜こうとした所作であり、ヨーロッパのエネルギーが押し込められていた「地中海の牢獄」を打破しようとした衝動に後押しされた行動であった。十九世紀に到るまでに、ヨーロッパは、十八世紀後期のすさまじいまでの産業と革命的、かつ劇的変動によって再構築された社会的、経済的、さらに政治的組織をもって、目を瞠るような、進展する文明を具現したのである。それは、アジア社会の原理・原則に対する挑戦でもあった。その文明は、アジア社会に自らの願望達成を強要し、基本的重要性をもつ社会的、政治的変革をアジアにもたらしたのである。しかし、恐らくは、ヨーロッパ人の接触に始まる最初の三世紀間の実利を追い求めた投機主義の中に、東方と西方の壮大な争い（叙事詩）の総括的概念を考察してこそ、過去の世界へと分け入り、その後に起きた事象の意義を読みとれるのである。

この時代は、その重大性の故に、数多くの貴重な研究課題となってきたが、今までの所、概して特定の地域に関するものであった。全体として非イスラム・アジアとヨーロッパの関係に関する研究は、いまだに何らなされてはいない。純粋に歴史的側面から見て、それぞれ個々の国々を個別に取り扱った非常に貴重な数多くの著作は存在するが、問題の基本的な帰一性を見失っている。そのことは、かつて大英帝国のさる著名な外務大臣が、極東でも中近東でもなく、あたかも、アジアとはなんら関係がないかのように、「インド」として、大英帝国のインドにおける立場を詳述したことから、かなり不鮮明なものにされてしまっている。かくして、インドにおける英国の立場は、他の問題から切り離され、不可能とは言わないまでも、適正なアジアの展望を困難なものとしてしまっている。

したがって、本書が意図するところは、その適正な展望を回復することにあるのだが、そのことは十七世紀と十八世紀にはよく理解され、十分に認識されていたのである。最後に、本書は四五〇年間に亘るアジアにおけるヨーロッパ人の活動を考察し理解しようとする一アジア人研究者による、おそらくは、最初の試みでもあることを一言付け加えさせて頂きたい。

（1） George Sansom : *The Western World and Japan*, London, 1950.

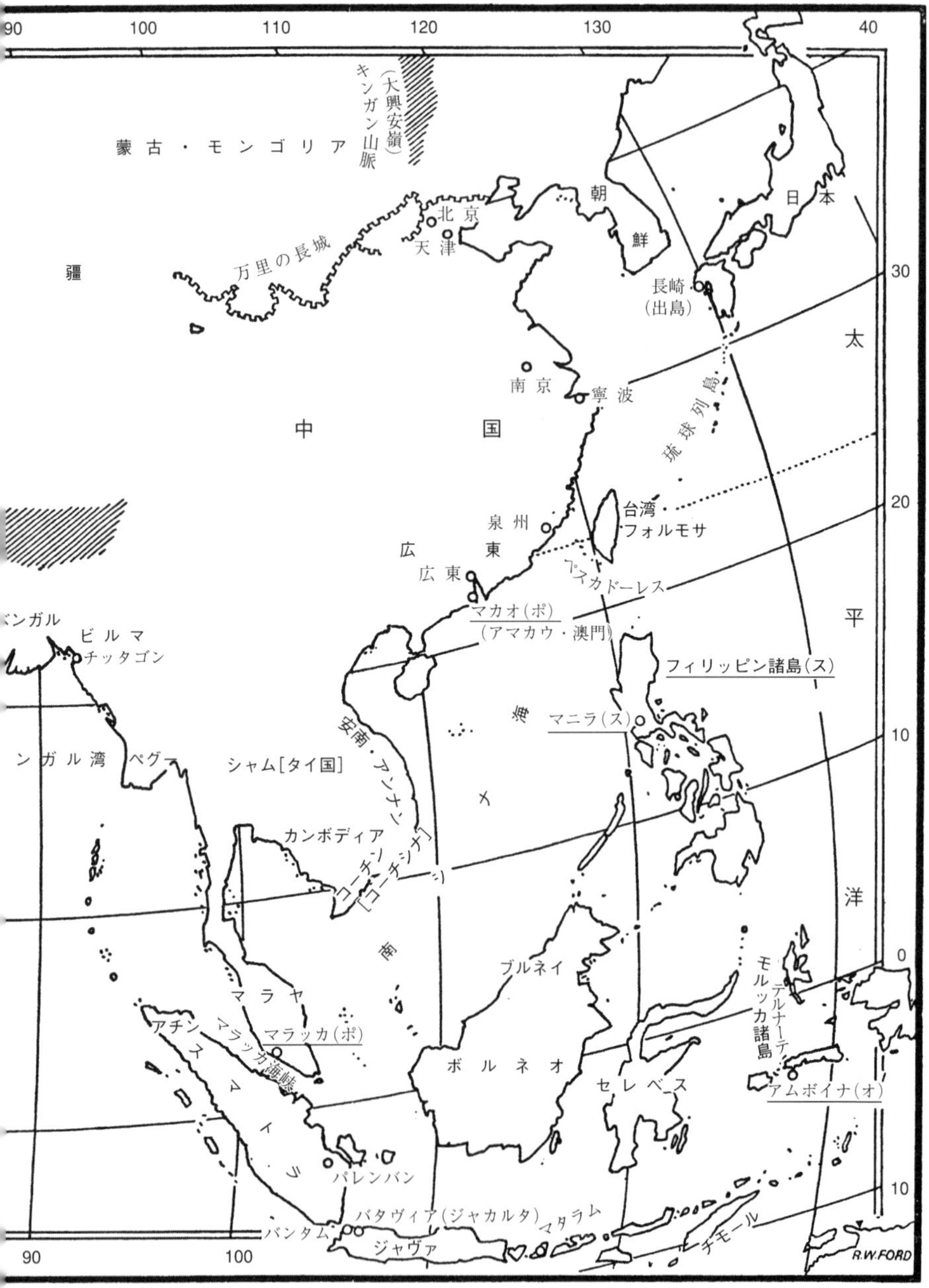
90
100
110
120
130
40
蒙古・モンゴリア
キンガン山脈
(大興安嶺)
疆
万里の長城
北京
天津
朝
鮮
日本
長崎
(出島)
南京
寧波
中
国
琉球列島
太
平
洋
泉州
台湾
フォルモサ
広
東
広東
ペスカドーレス
マカオ(ポ)
(アマカウ・澳門)
ベンガル
ビルマ
チッタゴン
フィリッピン諸島(ス)
マニラ(ス)
ベンガル湾
ペグー
シャム[タイ国]
安南・アンナン
カンボディア
コーチシナ
[コーチシナ]
南
シ
ナ
海
ブルネイ
マラヤ
アチン
マラッカ(ポ)
マラッカ海峡
スマトラ
ボルネオ
セレベス
モルッカ諸島
テルナーテ
アムボイナ(オ)
パレンバン
バタヴィア(ジャカルタ)
マタラム
バンタム
ジャヴァ
チモール
30
20
10
0
10
R.W.FORD

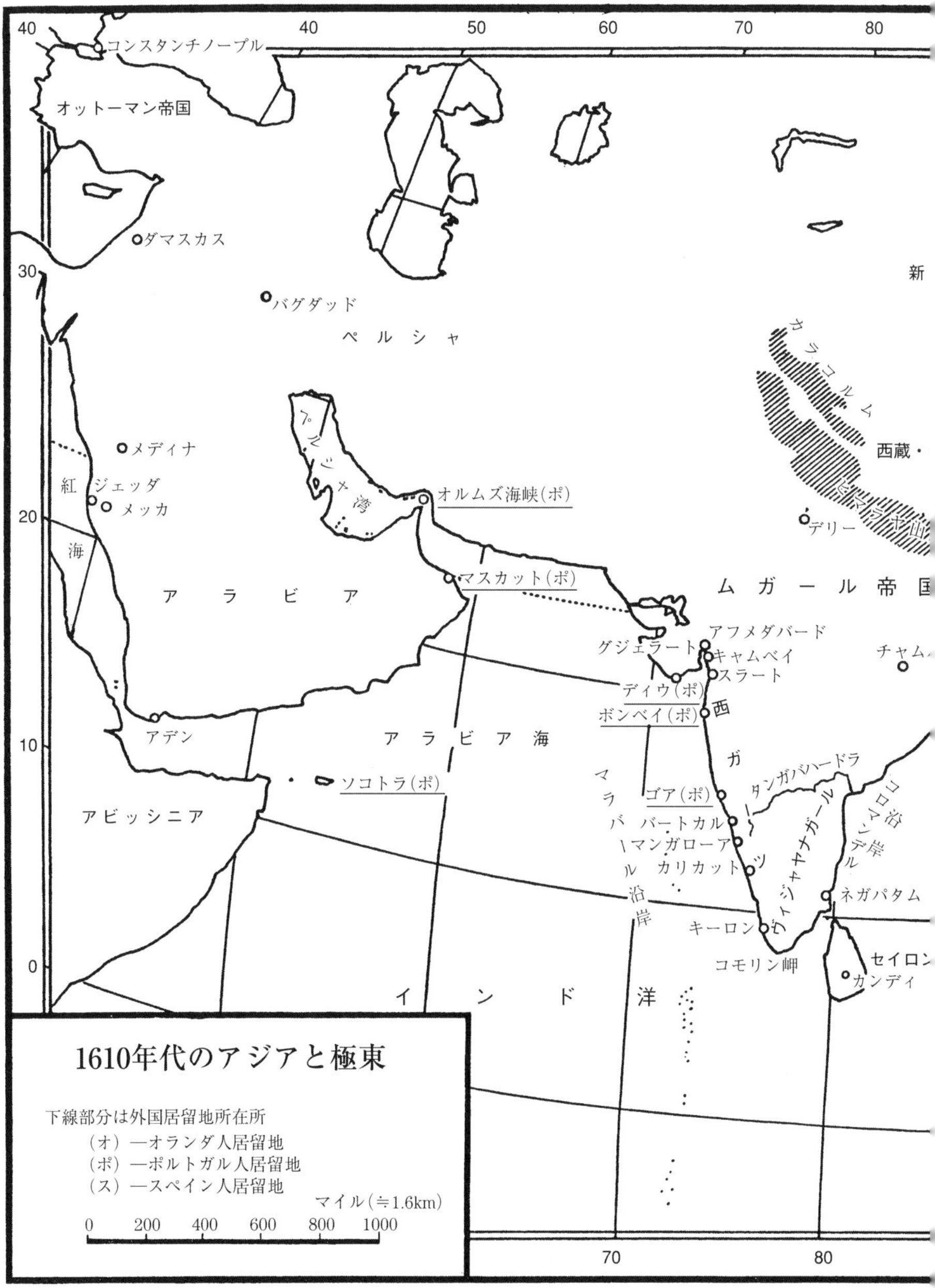
1610年代のアジアと極東
下線部分は外国居留地所在所
（オ）—オランダ人居留地
（ポ）—ポルトガル人居留地
（ス）—スペイン人居留地
マイル（≒1.6km）
0 200 400 600 800 1000
40
50
60
70
80
30
20
10
0
コンスタンチノープル
オットーマン帝国
ダマスカス
バグダッド
ペルシャ
メディナ
紅
海
ジェッダ
メッカ
アラビア
ペルシャ湾
オルムズ海峡（ポ）
マスカット（ポ）
アデン
アラビア海
ソコトラ（ポ）
アビッシニア
新
カラコルム
西蔵・
デリー
ムガール帝国
アフメダバード
グジェラート
キャムベイ
スラート
チャム
ディウ（ポ）
ボンベイ（ポ）
西ガーツ
マラバール沿岸
ゴア（ポ）
バートカル
マンガローア
カリカット
タンガバハードラ
ヴィジャヤナガール
コロマンデル沿岸
ネガパタム
キーロン
コモリン岬
セイロン
カンディ
インド洋

ジョン・ド・カストロのインド到来
（ウィーンの美術史美術館所蔵のタペストリーより）

第I部　拡張の時代　1498-1750

第一章　インドとインド洋

ポルトガル人の東漸

ヴァスコダ・ダ・ガマは一四九八年五月二十七日にインドの南西海岸のカリカット港〔Calicut――インド南西部Kerala州の港市〕に到着した。彼の到来は、インドとヨーロッパの歴史上、まさに転機をなすものである。

インドは、歴史上、最古の昔からヨーロッパに知られており、インドの兵士たちは、アレキサンダー大王がインド国境に到達する遙か以前、西暦前四八〇にはギリシャの地でペルシャの旗の下に戦い、ヘラス〔Hellas――ギリシャの古代名、現代のギリシャ語名はエラス（Ellas)〕とインドの間には友好関係が存在していた。エジプトに基地をおくローマの船舶は、定期的にインドの港を訪れ、アリカメドゥ*の発掘が、紀元一世紀にはローマ帝国と南インドの諸国家群の間で盛んな貿易が展開されていたことを裏づけている。ギリシャとローマの地理学者たちはインドを知っていたし、インドネシア群島のことまでも記述している。ヨーロッパの暗黒時代には、そうした交流はそれほど定期的でも友好的でもなかったとはいえ、インドは、西方の想像力をかき立て続け、ヨーロッパにおけるアジア諸国家に関する知識についてもある種の痕跡が残されている。初期の十字軍遠征後、アジアに関するヨーロッパの関心は大いに高まり、ヴェニスとジェノアは双方ともにインドの事情と交易に関する詳細な知識をもっていた。遠くアントワープにおいてさえ、インドは知られ、インドの産物は珍重された。十三世紀には、インドは、数多くのヨーロッパ人旅行者たちの訪問を受け、彼らの中にはマルコポーロ（Marco Polo, 1254?-1324?）、オドリック（通称 Odoric of Pordenone）修道士、モンテ・コルヴィノ（John de Monte Corvino）等、記録に値する人物たちが存在する。事実、後にヘーゲル〔Georg Wilhelm Friedrich Hegel, 1770-1831〕が述べているように、「欲望の地、インドは一般史の中で欠くことのできない固有の立場をなしている。古代からずっと、あらゆる国々が、この驚異の国の財宝、この世が生み出す自然の最も貴重な財宝――真珠、ダイヤモンド、香水、薔薇のエキス、ライオン、象など――、同時に知恵の宝庫へと近づくために敬意と希求の念を抱き続けてきている。これらの財宝が西側へともたらされる道程は、常に国家の命運にかかわる世界史的重大な関心事なのである」。

＊ アメリカドゥ（Arikkamedu）　インドの南東部の州 Tamil-Nadu の Pondichery 南の郊外の地で、ローマ帝国との交易の跡を示す紀元前一世紀から紀元二世紀の頃の遺跡。一九四五年に Robert Eric Mortier Wheeller に発見される。

カリカット＊へのヴァスコ・ダ・ガマ到来の本来の意義は、二百年に亘る夢とその夢の実現に七五年間維持し続けたきた努力の結果であったことを理解して、初めて認識できるのである。その夢は、ヴェニスの商人たちを除いた、地中海の商人たちすべてに共通していた。それは、主としてポルトガル人たちの努力の所産であった。こうした夢と努力の陰にある宗教的、政治的、さらに経済的衝動を理解するには、それに先立つ二世紀に亘るヨーロッパ史のある種の傾向を簡単に概観する必要があろう。

一一八七年、十字軍からエルサレムを奪回したサラディン＊の時代以来、エジプトに根拠地を置いたイスラム勢力は、アジアとヨーロッパの間のまさに強大な障壁として厳然と陣取っていた。最初の三回に亘る十字軍のキリスト教世界を動かしたエネルギーと狂信的熱情の異常なほどの高まりは無に帰してしまっていた。その結果サラディンの勝利は、後の歴史的視点からすると、世界で最も決定的な史実の一つとして、その後数世紀に亘ってシリアとエジプトの枢要な地域にモスレムの支配権を打ち立てることを可能にした。ヨーロッパの為政者たちがこの事実に気づいていなかったことは、第五回目の十字軍（一二一八―一二一年）がエジプトそのものに向けられたという事実からも明らかである。数多くのヨーロッパの王侯たちがフランスのサン・ルイ（Saint Louis）九世の指揮の下に、最後の攻撃（第七回十字軍）に参加したが、それもまた敗北の憂き目を見たに過ぎなかった。その結果、キリスト教世界の統一軍による二百年に亘る努力の後も、エジプトと広大な沿岸地域はモスレム勢力の手にしっかりと握られたままであった。

＊ サラディン（Saladin アラビア語名は、Salahal-Din al Ayyub, 1138-93）クルド人で、イスラム世界を代表する君主。アイユーブ朝を興し、エジプトとシリアを支配したスルタンで（1169-96）、エルサレム（Jerusalem）を奪取した十字軍と戦いリチャード一世の好敵手となった。

東方との香辛料貿易は、歴史上大きな誘惑に満ちた動機の一つであり、広い地域に亘って需要のあった商品として、商人たちに最大の利益をもたらしたが、モスレムの統治者たちに支配された地域を経由してインドの港からのみ到来した。今日言われているように、「胡椒は、今日のわれわれにとって大して意味をなさないが、当時は宝石同様の価値を有していた。男たちは海上の危険を冒しても胡椒を争って求め、そして死んだ」と。著書『ヨーロッパと中国』（*Europe and China*）による精緻な研究にもとづいて、G・F・ハドソン氏（G. F. Hudson）は、次のような言葉でその状況を詳述している。「ヨーロッパ料理に、ますます欠くことのできなくなった香辛料は、インドとインドネシア以外からは入手不可能であったし、なおかつ、ペルシャかエジプト経由でなければならなかった。この避けがたい当然のような独占的貿易が、レヴァント（Levant）の支配権を争う主要な原因であったし、十五世紀のヨーロッパの拡大政策を刺激した最も大きな特異な要因でもあった。イルカナーテ（Ilkhanate）のイスラムへの改宗以前に、ペルシャのタタール人の支配者たちは、イタリアの貿易商人たちがインドへ直接に旅することを許し、エジプト人たちには価額を割り引いてやったが、エジプト人たちは、インドとヨーロッパ間の仲買人として、価額を三〇〇％も吊り上げたものであった。その結果、ヨーロッパ人たちは、どこで香辛料が栽培され価額がいくらなのかを知るようになった。したがって、彼らが敵意を抱くモスレムたちに、さらにレヴァントでの絶え間ない争いのせいで再びインド市場から閉め出されたとき『香辛料が栽培される地・インド諸島』への新しいルートを見つけることのできる実力者の到来する機会を心待ちにしていた」。

この欲求に、ヴェニスとジェノアの商人たちの抗争といった新しい要因が加わったのである。巧みな外交と冒険心、さらに深慮遠謀の策をもって、ヴェニス人たちは長い間かけてカイロで強力な影響力を発揮しており、ヨーロッパでの東方貿易の独占的代理人となっていた。ヴェニス人たちの命運は、陸路に関する限りビザンチンの政変に対応してきたところから、どんな試練にも耐え抜かれたもので、このことが紅海貿易の支配権維持を可能にしたのである。一方、彼らの憎むべき仇敵の永続的に優位な立場、言わば、どんな貿易よりも優れて割のいいこの貿易に参画することが、地中海から抜け出たいと願うジェノア人たちの不屈の衝動の理由であった。

十三・四世紀のヴェニスとジェノアの抗争は、歴史上特に重要な事件であった。ヴェニスは、行政機関が商人たちの利潤ばかりか国家の商業的利潤にも関心を抱く、重商主義の国家であった。二百の商家が一丸となって、レヴァントに商業帝国を打ち立てたはしたものの、政策、官吏の任命、戦争、さらに商業自体に関する法規までも国家によって厳しく定められていた。国家の船団、国家の独占権以外には、私有の船団も個人的専有権もなく、経済全体が国家によって管理されていた。

ジェノアの場合はそれとはまったく異なっていた。大家族と派閥が、共和制の管理機構をほしいままにし、私的利益機関に変えてしまっていた。特定の派閥が権力を握ると政敵を追放した。このジェノア人たちの個人主義のせいで、彼らは顧問や専門家としてどの宮廷でも通用したし、また取引の手法に習熟していたお陰で、特に、ヴェニスが享受していた独占権を打破する助けになった場所では、海洋での新発見の壮大なドラマの中で、主役を演じることとなったのである

十三世紀、最後の十年間に、ジェノア人たちは、ある計画をペルシャのイルカーン・アルグーン（Ilkhan Arghun）に提唱した、その計画はマラバール（Malabar）からの香辛料貿易をペルシャ湾に移し、その地からジェノア人たちがパレオラギ一家の庇護の下に、すでにヴェニス人たちを出し抜いていた場所・北レヴァンタイン（Levantine）*の港へと陸路を運ぶというものであった。その考え方は、ジェノア人たちがインド貿易への紅海のルートを封鎖に追い込むために、艦隊をペルシャ湾に配置するというものであった。その提案は実現こそしなかったが、ジェノア人たちは、決してインドから目を離すことはなかった。あらゆる海上ルートを一本化することがジェノアにとってイスラム勢力とヴェニスの独占に対する唯一の報復に思えたのである。G・F・ハドソンは、その航路を発見しようと、それに先立つヨーロッパ人の海洋探検家たちの努力について語っている、中でも最も興味深いのは、ウゴリノ・デ・ヴィヴァルド（Ugolino de Vivaldo）の探検であった、彼はインドへの海洋ルートを発見するという緊急目的のため、一二九一年、ジェノアから出航し、アフリカ沿岸を下るべくジブラルタル海峡を経由した。スペインとポルトガルを経由して喜望峰を回ってインド洋に到着し、さらにアメリカ大陸を横断して太平洋に到達し、ついにはヴェニス人たちの独占とモスレムの障壁を打破することができたのである。しかし、その業績は、航海術完成のための、七十五年になんなんとする熾烈なまでの努力、そしてアフリカ西海岸を探査することによって初めて達成できたのである。それは、単なる一個人の業績ではなく、四十年以上に亘る包括的計画とその計画の成功に必要な活動を支えた創造的刺激、またザ・ナヴィゲイター（航海王――the Navigator）と異名をとったポルトガ

ルのエンリケ王子〔Dom Henry, 1894-1460。ポルトガル国・ブルグンド朝（1139-1580）〕によって提供された指針と資金という、共同の努力の賜物であった。

＊ パレオラギ一家（the Paleologi パライロゴス家）ミカエル八世（1261-1282）から始まり、ビザンティン帝国・東ローマ帝国の最終王朝（コンスタンチヌス十三世、通称パレオロゴス〔Paleologue, 1448-1453〕）を築いた家系。

一つの時代精神を画したドム・エンリケの性格と業績を論ずるまえに、その問題に先立つ二つの側面を強調しておく必要がある。イベリア半島、特にポルトガル人は、ある意味でジェノア人の伝統の継承者となっていた。一三一七年、ジェノアの貴族、マヌエル・ペサンニャ（Manoel Pessanha）は、ポルトガル艦隊の世襲の艦隊司令長官に任命され、国王のガレー船〔galley——中世に主として地中海で用いられた多くのオールを備えた単甲板の大型帆船で、奴隷や罪人を漕ぎ手に使用した〕を指揮する経験豊かな海員たちの募集に着手した。ペサンニャは類い稀な能力の持ち主であったかに思われる。それというのも、一三一九年、国王はオデマラ（Odemara）の町を含めて、彼に膨大な領地を下賜したからである。ペサンニャの部下の艦長の多くは、彼と同様ジェノアの貴族たちであった。一世紀に亘る共同事業の間に、ポルトガル人たちは、ジェノアの海洋精神を完璧なまでに叩き込まれたばかりか、東方への新たな航路を探求するという未完の使命をも受け継いでいた。この事業を遂行するうえで、ポルトガルは地理的に恵まれていた。仮に、アフリカの西海岸が踏査さ

ドム・エンリケ王子（航海王エンリケ）の肖像画——15 世紀の写本の細密画。アズララ、ギニア征服年代記より（パリ国立図書館、写本番号・ポルトガル 41、フォリオ 5 葉）

れ、海図を作成し、喜望峰を回って探検が行われなければならないとすれば、ヨーロッパにはリスボンに勝るほど好条件に恵まれた港は存在しなかった。リスボンは、十四世紀には、すでに象牙と棗《なつめ》といった、アフリカ貿易の商品がヨーロッパへと通過して行く貨物集散地であった。

かくして、ポルトガル人は、ジェノア人の探検の伝統を継承したばかりか、十五世紀にはイスラムに対抗するキリスト教の担い手ともなっていた。十字軍の精神は、十五世紀と十六世紀にはイベリア半島の活力を加えて、生き残ったばかりか、さらに意気盛んであった。一方、西ヨーロッパの諸国にとっては、イスラムは遠い国の脅威に過ぎなかったが、イベリア半島やカスティリア〔Castile——スペイン中央部から北部にかけた地方で、十一—十五世紀にカスティリア王国が存在した〕、アラゴン〔Aragon——スペイン北東部の地方で、十一—十五世紀に王国が存在した〕、さらにポルトガルにとっては、入り口に立ちふさがる脅威に満ちた強力な油断ならない存在であった。他の国々は、時々思い出したように、不信心者たちにたいして熱狂的になった。しかし、イベリア人たちは、日常生活の必要から、一人ひとりが十字軍であった。それというのもイベリア半島自体に、なおモスレム王国が存在し栄えていたからである。献身的で愛国的イベリア人、スペイン人、あるいはポルトガル人にとって、イスラムとの戦いは、まるで宗教的義務と愛国的必然性が合一したかのように、厳しく不可避なものであった。イスラムは敵であり、いずこにあっても戦うべき存在であった。アジアにおけるポルトガル人の行動の多くはこの事実を絶えず念頭に置かない限り、永遠に説明がつかない。

すべてこうした要因が、航海探検王・エンリケ王子の英雄的勇姿に凝縮されている。ドム・エンリケはジョン一世の三男であった。モスレムとの戦いに勝利をおさめ、ポルトガルに独立をもたらした偉大なる国民的英雄ヌノ・アルヴァレス（Nuno Alvalez）の勇気に満ちた伝承の中で育てられ、エンリケは、幼い頃から、イスラムに対する熾烈な憎しみと結びついた戦闘的キリスト教の神秘主義精神を心に刻みこまれていた。モスレムに対する感情の異常な激しさのあまり、まだ青年の頃に、セウタ〔Ceuta——モロッコ北部、ジブラルタル海峡に臨むスペイン領の飛地で港町〕へと遠征隊を組織し、一四一五年、その地を襲って占拠したほどであった。このことが、まさにアフリカ大陸のイスラム基地への最初の攻撃となったことは記憶されるべきであろう。まさにその地を経てイスラムは、七一一年、スペインに侵入したのである。一四三七年、タンジール（Tangier）に対して第二回目の遠征が行われ、その地で、最初の冒険同様、再び成功することを願ったが、悲惨な敗北に終わった。これ以前にエンリケは自らの天職を見いだしていた。彼は、限界の見えた軍事行動にやがて関心を失っていった。一四一七年の頃から、彼の目的は、イスラムを出しぬいて、インド洋へとキリスト教王国を直結する大戦略を立案することにあった。エンリケのインドへの関心は、時がたつにつれてますます高まっていった。彼の熱烈な伝記作家アズララ（Azurara）は多くのインド人が彼を訪れ、彼の船で航海したと述べている。インドへ到達しようとする彼の思いは、ほとんど強迫観念にも似ていた。事実、バホス（Barros）や他のポルトガルの歴史家たちによれば、エンリケは、この目的のために神の宣託を受けたと信じ込んでいたとしている。ともあれ、彼はこのかくも崇高なる目的のために、自分が会長を務めていたキリスト教修道会（the Order of Christ）の膨大な収入を利用した。意のままになる資金源を背景に、サグレス（Sagres）岬の自分の城に、数学者、地図制作者、天文学者、さらに遠隔の地の島々に関する知識を備えたムーア人の囚人たちさえも身辺に集め、真剣に海洋航海術の習熟に努力した。彼を慕っていた者の中に、マスター・ジャコム（Master Jacome）の名で知られた、地図作成の専門家で船舶器具の製造家・ヤフーダ・クレスケス（Jahuda Cresques）がいた。ドム・エンリケは、早くから、東方への遠征に成功するために不可欠な第一段階は、アフリカ沿岸の探査であることを認識していた。ボジャドール岬〔Cabo Bojador——西アフリカ・西サハラ砂漠の沿岸をモロッコ国境から二〇〇キロメートルほど南へ下ったところに位置している〕の南に、未だかってヨーロッパの航海者たちが通過したことのない無人のベルト地帯が横たわっていた。それは数百マイルに亘って延び、船舶が砂漠越しに陸地を見ることができるまでは、喜望峰への遠征隊の到達、ましてインド洋に航海して入る可能性は、皆無に等しかった。なお水夫たちはまったく気が進まず、恐れをなし、皆ボジャドールを通過するなら帰航すると言ったといわれた。マデイラ〔Madeira――アフリカ北西岸沖に浮かぶ五島。ポルトガル領群島。行政上は Funchal〕は一四二〇年に発見され、ついで一四三一年、アゾレス〔Azores――ポルトガルの西方沖にあるポルトガル領の群島〕諸島が発見された。一四回に亘る止むことない挑戦の後、ジウ・イアネス（Gil Eannes）に指揮された彼の遠征隊の一隊が、一四三四年、ボジャドール岬を通過した。後に彼の船は、当時、ティンブクトゥ（Timbucto）からの金の輸送の商業中心地であったギニア（Guinea）の沿岸に到着した。まもなく、彼の部下の艦長の一人が赤道を通過し、前人未踏の禁断の地、サハラ砂漠の果てとはもはや何ら関わりのない地域に到達していた。実にこれはポルトガル人の最大の業績であった。喜望峰をめぐりインドへたどりつく唯一の海路を可能にしたのは、他ならないポルトガル人たちであったのである。

ローマ法王の勅令と航海王エンリケ

ヴェルデ（Verde）岬〔セネガルのダカール Dkar 付近の岬でアフリカ大陸の最西端〕に到るまで、アフリカの沿岸は、完全にエンリケ王子の統制下にあった。したがって彼の年代記を記したアズララは、自分が見聞したことを誇張した訳でもなかった。「私は、アレキサンダー大王とシーザー大帝の大いなる権勢以来、仮にも、世界いずこの王子が、かくも遠隔の地を踏破して足跡を残し得たであろうかと、躊躇うことなく、確信を持って断言しよう[1]」。

航海王エンリケの業績は数多くの他の分野にも亘り、すべてが憎きモスレムの勢力を出し抜くことを最大の目的とし、北アフリカを横断して広がり、インドとヨーロッパをつなぐ全海路を俯瞰していた。彼は、航海士と船乗り育成のための最初の正規の学校を設立し、まもなくその教育機関はサグレスの海軍士官学校となった。そこで彼は、冒険心に燃えた若者たちを選抜し、訓練して、十字軍の精神を涵養して海洋の征服に備えた。この学校では、最新の科学知識がポルトガルの船乗りたちに叩き込まれた。さらにエンリケは、当時用いられていた様式の船舶では、遠洋航海の責務に耐えられないことを知っていた。そこで海岸線のごく近くを航行可能で、環礁地帯に侵入できる高速で軽量だが頑強な船舶・キャラヴェル船〔caravel——十五—十六世紀にポルトガル・スペインで使用された軽帆船〕を完成した。また、重量があって動きは鈍いが、大砲を搭載できるギャレオン船〔galleon——十五—十八世紀にスペインで主に軍船としてまたはアメリカ大陸貿易に使用した通常三層か四層甲板の大型帆船〕も改良した。

一四五四年、彼は、法王ニコラス五世〔Nicholas V, 1447-1455——ローマ法王庁統一後の法王〕から、インドへ到るまでの全行程を発見するための執権を与えられた。ローマ法王の大勅書、それはまさに根本的な重要性をもち、東方におけるポルトガルの独占権を定めた三項目の最初には、次のように記されていた。

「わが神の子、ポルトガルの王子エンリケが誉れ高き父ジョン国王の衣鉢を受け継ぎ、キリストの猛き兵士のごとき精霊を希求せる熱意に鼓舞され、最果ての未知の国々に神の御名を伝え、サラセン人や異教徒たちのごとき神とキリストの背信の悪魔たちをカトリックの館に引き連れきたるを知り、われわれが喜びたるや大いなり。

大洋の未だ占拠されざる島々に、キリスト教徒の世界を打ち立て、神の御業を讃え、教会を奉献したる後、王子は人の記憶に未だかってオリエントの遠隔の地に大洋を航海したる者なきを思い、もし己の努力にて、既にしてキリストの御名のもとたりとされたるインドに到るまで、大洋航海を可能ならしめたれば、神に自ら僕たることの最良の証を示し得んことを信じたり。もし、彼にしてその地の人々と交友を得なば、彼、信仰の敵に対してかの地の人々をして西方のキリスト教徒の庇護の下に導くことを得ん。時同じくして、彼、神の許しの下に、未だイスラムの災厄に苦しめられざる国々の異教徒たちを服従せしめ、かの地の人々にキリストの御名を知らしめん。

かくて、過去二十五年の間、ポルトガルの軍隊の支持も得ず、しかも、最悪の危機にさらされたままに、快速軽帆船を駆って、休むことなく、大洋を踏破して南極に向って子午線の地域を探索し、数多の海を乗り越え、ついに、ギニアの地に到達したり。さらに、その地より、通常ナイルの名で知られたる河の河口へと突き進んだり。

われわれは、慎重なる協議の結果、法王の名において、アフォンソ〔Affonso——ポルトガル国・ブルグンド朝・アフォンソ王子。一四六一年に死去〕王に、キリストの宿敵サラセン、また異教徒の支配の下にあるすべての国々を攻略し、征服し、服従させんことの絶対的全権を付与せんことを考慮せり、法王の名において、われわれは、等しく、アフォンソ王、王子、さらに、すべての彼らの後継者が、以下に述べたる、前記の島々、港湾、海域を、独占権の下に占拠し所有せんことを望み、すべての信心深きキリスト教徒は、アフォンソ王とその継承者の許可無くして、彼らが統治権を侵害することを禁止するものなり。ボジャドール岬、ノン(Non)岬、ギニア(Guinea)沿岸、また、すべてのオリエントへと連なる、すでに征服されたる地、征服されんとする地、すべての征服地は、未来永劫にわたりてアフォンソ王の統治の下にあり」。

一四五六年三月十三日、カリクトス三世〔Calixtus——ローマ法王庁統一後の法王(1455-58)。ニコラス法王の前の法王〕は、ニコラス五世に認可を確認する第二回の勅書を公布した。こうしてエンリケは、十五世紀に絶対権力にも似た疑う余地のない合法的地位を獲得し、さらに事業の政治的、宗教的目的を宣言することができた。法王の勅書の中で、取り分け際立ち、後の来るべき百年間に亘る政策に影響を及ぼそうとした事は、イスラムを背後から攻撃してその根を絶つという狂信的命題とキリストの名において異教徒の地を征服するという精神的熱情の結合であった。

ポルトガル人の使命の次の段階は、一四九四年六月九日に署名されたトロデシルハス(Trodesilhas)の協定であった。この協定で、ポルトガルとスペインは、それぞれの分界地点をヴェルデ(Verde)岬・諸島の西約一八〇〇キロメートルに境界線として定めた。この協定は、法王アレキサンダー六世によって追認され、二つのイベリアを分割する最終的区分境界線となった。

一方で、エンリケ王子によって定められた境界線上での海軍の遠征は進んでいた。一四八七年、バーソロミュー・ディアス（Bartholomue Dias）はテンペスト岬（the Cape of Tempests）を発見し、喜望峰（the Cape of Good Hope）と改名し、インド洋へと到着した。ついに、インドへの海路は開かれたのである。この夢の実現は、ザ・フォーチュネット〔幸運の主——the Fortunate〕と異名をとった、ドム・マヌエル（Dom Manoel）に委任された。

大遠征に着手する決定は、数多の討論の後にやっと取り上げられた。その計画を審議した最高諮問機関には多くの指導的立場にある人物が論争に加わったが、反対論者たちは、強硬にして執拗で、「計画はキメラ*に過ぎず」、つまり計画は国家の財政を破滅に導きかねないというのが彼らの意見であった。遠征を支持し、即刻、武装した艦船の準備をすべきであると命じたのは、他ならないドム・マヌエルであった。

* キメラ（chimera/kaimiara）　ギリシャ神話。ライオンの頭、山羊の体、龍または蛇の尾を持ち、口から火を吐く怪獣。天馬（Pegasus）に乗ったCorinthの勇者Bellerophonに殺された。転意——怪物、奇怪な幻想、荒唐無稽な空想。

一四九七年七月八日、四隻の艦船がタホ川〔the Tagus——スペイン・ポルトガル両国の中部を西流してリスボンの近くで大西洋に注ぐ。スペイン語でTajo, ポルトガル語でTejo〕の河口に位置するベレム（Belem）の港を出港した。王室の貴族ヴァスコ・ダ・ガマが、遠征の指揮官に任命された。二〇門の大砲を搭載した旗艦サン・ガブリエル（San Gabriel）とヴァスコの弟ポール・ダ・ガマ（Paul da Gama）に指揮された僚船サン・ラファエル号（San Raphael）が、それに先立つ六年前に、全ポルトガル航海士の中で最高位にあったバーソロミュー・ディアスによって建造されていた。第三艦船は快速軽帆船で、第四艦船は重砲士官のゴンサロ・ナネス（Gonsalo Nunes）が航海の指揮（*navire de charge*）に与った貨物船であった。旗艦は東方へと侵入する新勢力の象徴であった巨大なキリストの十字架が画かれた旗をマストに翻し、大砲も搭載していた。

ここではヴァスコ・ダ・ガマの航海について言うべきことはほとんどない。彼にはエンリケ王子の大養成所で訓練された航海士と水夫たちが随っていた。彼らは喜望峰までの航路を熟知していた。アフリカの東海岸に限って言えば、モザンビーク（Mozambique）に到るまでの航路は困難を極めた。実際のインド洋横断の航海では、司令官は、ミリンディ（Milindi）国王が自ら手配したインド人の水先案内人によって誘導された。インド洋は、アフリカの全海岸線を含めて、インド人の航海士たちによって探査されていたことを忘れてはならない。インド人の船舶は、しばしば東アフリカの港を行き交い、確かにマダガスカルを知っていた。彼らが喜望峰を回って西海岸線を航海して上ったかどうかについては何の確証もない。G・F・ハドソンは、コヴィルハム（Pedro Covilham）が「その海域（インド洋）の人々は西方海域への航路に関する知識を持っていた、それというのも例の博士たちがその件についてのある覚え書きを見つけたと言っていたからである」と知らされたことを述べている。彼は、さらにこの事をフラ・マウロ（Fra Mauro）の地図に言及して説明している。「フラ・マウロは、インドからアフリカの南端を通過した二回に亘る航海の言い伝えを聞いていた。彼は、ディアブ（Diab）の名前で南の岬を記録しており、約一四二〇年頃にインドの船舶がこの地点に嵐で流れ着き、陸に接触することなく四〇日間で二千マイル西に向かって航海したと言っている。さらに、フラ・マウロはインドからアフリカの沿岸のガービン（Garbin）と呼ばれる場所へとソファラ（Sofala）を通過して航海したと語った信頼に足る人物と直接に話し合った」。したがって、インド洋はすでに周知の海路で、海図に記された海域ではあったが、航海上の業績として、ヴァスコ・ダ・ガマのカリカット到達が、最初に砂漠の海岸線を通過して赤道を越えた船長の話や喜望峰に到達した人物・バーソロミュー・ディアス等の話に比べられるのには我慢ならなかった。ともあれ、ダ・ガマの業績は壮大な夢の実現であり、冠たる七十年間の試練の賜物であったのである。

われわれは、すでにポルトガル人たちの奮闘努力の陰の動機であった、イスラムの政治勢力に対する大戦略、キリスト教化と香辛料貿易の独占への欲望について論じた。こうした背景がダ・ガマの時代以来のおよそ百年間

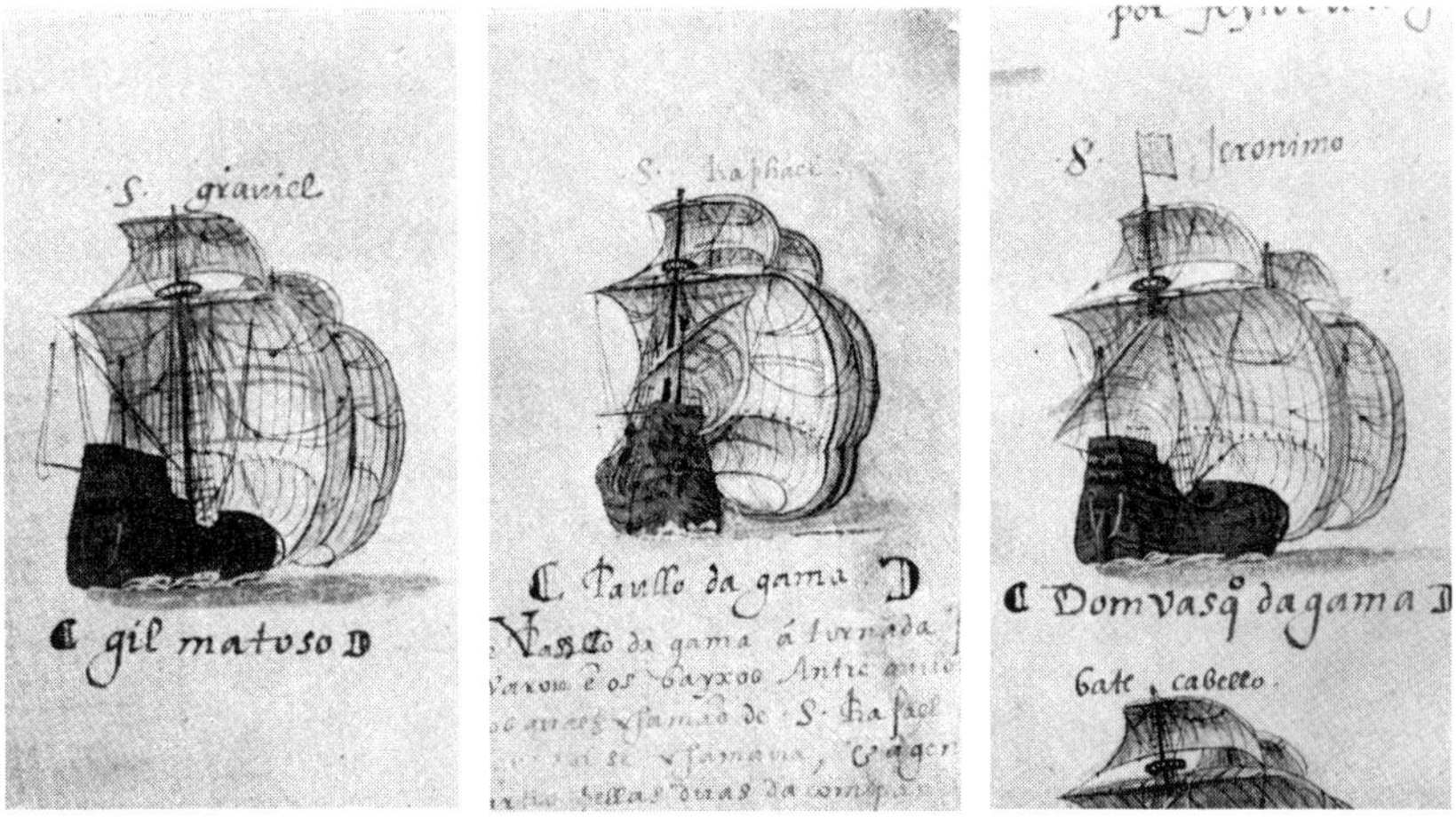

ヴァスコ・ダ・ガマが最初の大航海に使用した船舶
（ポルトガル政府の所有になる同時代の図版）

に亘る東方におけるポルトガルの政策の主な原動力であった。ポルトガル人たちのアジアとの関係は、こうした客観的観点から検証されるべきである。

インド洋へのサン・ガブリエル号の出現は、もう一つの革命的要因をも持ち込んでいた——それは大砲を搭載した艦船であった。言わば、ポルトガルの船舶の装備はインド洋では全く思いもかけない斬新なもので、インド側に対して有無を言わさぬ、決定的に優位な立場に立っていた。発達した銃砲を保持していた唯一の非ヨーロッパ海洋勢力はオットーマン帝国のみであったし、ポルトガル人たちがカリカットに到来した時には、トルコ人たちはインド洋に海軍を保有していなかった。サルタンが脅威に気がついた時には、すでにポルトガル人たちは足場を占拠していたばかりか、トルコ人たちがレヴァントに集結させた海軍力をもってもなし得なかった海軍力を持続的に強化し得る立場にもあった。この重要な側面にこそ、目を向けるべき問題が存在している。

インド洋は太古の昔から厳しい商業貿易の舞台であった。インドの船舶は、有史当初からアラビア海を横断し、様々な港へと航海して、エジプト、イスラエル、さらに近東の諸国と親密な文化的、商業的関係を維持していた。ヒッパラスが、ローマ人たちにモンスーンの秘密を明らかにした遥か昔に、インドの航海士たちはこうした風を利用しバブ・エル・マンデブ海峡〔Bab-el-Mandeb　アフリカ東岸とアラビア半島間の紅海とアデン湾を結ぶ海峡〕へと航海していた。東へ向かって、インドの船員たちは、ボルネオまで出向いていたし、繁栄するインドの植民地は、千二百年以上に亘ってマレー、インドネシア諸島、カンボジア、チャムパ（Champa）や沿岸の他の地域に存在していた。キーロン（Quilon）から出航したインドの船舶は、南シナ海沿岸へと定期的に航海していた。海運生活の長い伝統はインド半島の歴史の一部であった。

＊　ヒッパラス（Hippalus）　ギリシャで紀元前一世紀ころ、モンスーンを利用して、インド―地中海―アラビア半島を経由してインド洋に最も早く到着できるとする季節風を発見し利用して最初に航海した人物として、ヒッパラスの風と言われたことが、『エリュトラ海案内記』に記されているが、実際には、それ以前にインド人やアラビア人が既に利用していた。

インド沿岸を洗う海域でのインドの覇権は、初期のカリフの下で、アラブの海運が台頭するまでは難問に直面することはなかった。アラブ人たちとヒンズー教徒たちは公然と競っていたが、狭い海峡を除いて「海洋をめぐる覇権争い」はアジア人たちの考え方には無縁のものであった。マラッカ海峡を統治していたスリ・ヴィジャヤ（Sri Vijaya）帝国が、二世紀に亘って、確かにその海路を通過する海運の統制を行なったが、いずれの時代にも、公海での輸送を統制するために、その権利を主張したり行使したりする、いかなるアジア勢力も存在していなかった。海洋の自由に関するこの考え方は、チョラ（Chola）皇帝、すなわち、ザモリンズ（Zamorins）人たちのような強力な海軍を維持していたインドの支配者ですらも、沿岸の防御、海賊の制圧、戦いの際に海洋を横断して軍隊を運んだり護衛したりすることにのみ海軍を用いただけであった。したがって、数百年に亘るスリ・ヴィジャヤのセイレンドラ（Sailendra）王とチョラ皇帝の戦、記録された戦闘はすべて陸上で行なわれ、チョラ王はマレー半島を横断して全軍を輸送し、マレーの支配者の領土で相次ぐ戦闘を行なったのである。カルタゴとローマの戦闘といったような、どんな大規模の海戦も、ポルトガル人たちの到来以前には、インドでは未経験であった。したがって、インドの船舶には、遠海での戦闘をするための装備がなされてはいなかった。

アラブ人の商業活動は、政治的であったためしはなかった。アラブ人たちは、あらゆるインドの港で自由に取引をし、太平洋へと航海し、中国沿岸にさえ到達していた。九世紀後になって、アラブ人たちは、インドネシア諸島の香辛料貿易を求めて、グジェラティ〔Gujerati――インド西部のナルバーダ Narbada 川の北方の平野地方で、もと王国〕の商人たちと、実力行使の競合に突入したかに思われる、それというのも、アフォンソ・アルバケルクが、マレー海岸に到達した際に、アラブ人、ヒンズー人、中国人の商人たちが、その地域の市場で公然と競っているのに気がついたからである。

かなり以前から、中国人のジャンクもまたマレー海域や、時にはインドの港にも姿を現していた。しかし、中国の南方への組織的な海運の拡張も、明代になって始めて開始された過ぎなかった。明の永楽帝[*1]の時代に海軍の遠征が大提督・鄭和[*2]の指揮の下に継続的に行われ、南海における鄭和の航海の全記録が、その一団に通訳として同行した宦官・馬桓〔Ma Huan〕によって残されている。鄭和の艦隊は、六五隻以上の艦船からなっており、かなりの大型船も存在した。インド洋海域では、彼は、セイロンやカリカットを度々訪れ、アデンまでさえも航海した[2]。この爆発的海洋活動は、ほんの束の間で終焉を告げ、鄭和の死後は組織された中国の海洋活動についてはっいぞ耳にすることはなかった。しかし、明王朝の海軍司令長官のマレーへの度重なる訪問は、政治的成果を求めなかった訳ではなかった。初めて、マレーの支配者たちは、中華帝国〔the Celestial Empire――天上の帝国の意味〕の力に気がつき、あえて中国に挑戦することを考えることもなく、進んで朝貢国となり、北京の皇帝の宗主権を受け入れていた。この封臣の立場は百年間続き、実際にはポルトガルの戦艦が沖合に到着するまで続いていた。以後、折りに触れて目にすることとなるが、この地域のモスレムの主権者に対するポルトガル人権力者たちの行動が、中華帝国と西洋の権力者たちの関係に広く影響をもたらす結果となる運命にあった。

＊1　永楽帝（Emperor YungLo, 1360-1424）　明の第三成祖の称号、名・朱棣。太祖の孫・第二代恵帝（建文帝）の時に、北京を平定、遷都、京師とする（通称北京）漠北に親征し、満蒙、河西、青海を服従、真臘、羅（シャム）、爪哇（ジャヴァ）にも朝貢させた。在位1402-4。

＊2　鄭和（Cheng Ho, 1341-1434）　明の成祖（永楽帝）朝の宦官、本姓は馬。雲南昆陽の人、モスレム。大船団を率いてインド洋に航行すること七回、通商貿易に貢献した。三保太監または三宝太監と称す。

十五世紀の終わり、まさに、インド洋におけるポルトガル人の勢力が際だっていた時代（一四九九―一六〇〇年）に、インド半島は、かなりの勢力と国内的に安定した国家の下に組織されていた。タンガブハードラ（Tungabhadra）の南の地域は、一三三七年のモスレムの侵略に対抗すべく組織されていた。十四世紀の終わり頃までに、ヴィジャヤナガール（Vijayanagar）帝国は自国を強固にし、コモリン（Comorin）岬に到るまで勢力を伸ばしていた。デヴァ・ラヤ（Deva Raya）二世（一四二二―四六年）の下で、当時、インドで最強の国家となっており、一四二〇年に当地を訪れたイタリア人の旅行者・ニコロ・コンティ（Nicolo Conti）の記録の中に、その勢力と資産について信頼に足る記述が残されている、さらに、一四四三年に訪れたペルシャの大使・アブドゥル・レザック（Abdur Rezzak）による記録が現存している。

ポルトガル人たちが、インドの海域に出現した頃、この帝国は、ナラシムハ・ラヤ（Narashimha Raya）の統治の下で、疑いもなくライチュール・ドアブ（Raichur Doab）の南の全域で覇権をほしいままにしていた。ヴィジャヤナガール皇帝は、ポルトガル人と同じように、十字軍精神を胸に抱き、モスレムに敵意を抱いていたということには大いに留意したい。イベリア半島のモスレムの存在と狭いジブラルタル海峡に跨った帝国の存在が、ポルトガル人たちにとって不変の脅威であったように、ヴィジャヤナガールの境界線のバハーミニ（Bahmini）のサルタンの存在は、その国（ヴィジャヤナガール）に南インドのヒンズー教と文化を保護し、モスレム勢力に対して国家の独立を堅持しようと、強固な意志を抱いていた。ポルトガルとヴィジャヤナガールの双方にとって、イスラムは共通の宿敵であり、後に見るように、ゴアにポルトガル人たちが権力機構を構築する際には、かなり重大な問題であった。

ヴィジャヤナガールの北にかけて、ビジャプール（Bijapur）のアディールシャヒ（Adilshahi）のサルタン王国が陣取っていた。トルコのサルタン・ムラッド（Murad）の息子・ユスフ・アディル・カーン（Yusuf Adil Khan）に建国されたビジャプール王国は、コンカン（Konkan）沿岸までのびていた。とはいえ、彼は、インドへ逃亡してきてバハーミニ（Bahmini）王の下で仕えていた。ビジャピュールの北にかけて、アフメダバッド（Ahmedabad）を首都にしてグジェラティの強力なサルタンが存在していた。一四〇一年には一人のラジュプート〔Rajput――クシャトリア（kshatrya）の子孫と称する北インド地方に多い好戦的種族であると言われた人〕の改宗者の息子、ザファール・カーン（Zafar Khan）に建設された王国が、キャムベイ（Cambay）、チョオール（Chaul）、スラート〔Surat――インド西部 Gujarat 州の海港。インドにおける最初の英国植民地（1612）〕のような主たる港の統制にあたり、これらの港を通して、北インドの貿易商品は西洋へと流れ込んでいったのだが、この王国は膨大な富を抱えていた。一四五八年、王座につき四三年間に亘って統治したマフムード・ベガラ（Mahmud Begara, ?-1511）の下で、グジェラティのサルタンは、インドの主たる王国の威信と権力を行使していた。

ヨーロッパ諸国との関係の展開に影響をおよぼした点に限って言えば、アジアの政治情勢について三つの主な要因が注目に値しよう。まず第一に、周知のように、イスラム勢力の拡張に対する抵抗運動としての南インドのヒンズー帝国の合併強化であった。第二に、明王朝の下にあったマラッカのサルタンの支配地、さらにインドネシア諸島に到るまで、アジア大陸の南の領域に亘って確立されていた中国の覇権であった。インドネシアの最近の歴史家が、中国の南方への拡張政策の政治的経緯について、次のように述べている、「使節たちは港から港へと自分たちの使命について、丁重に、なおかつ、説得するかのようにして、中国の首都を訪れるよう地方の支配者たちに朝貢を要求して旅をして回った。数年間、彼らは北京に向かって殺到した。最初に出かけたのは（西ボルネオかブルネイの）プニ（Puni）の王で、大変な要求を抱えて宮廷を訪問した。彼は、中国の皇帝に全東アジアを統治し自分がマドゥジャパヒット（Madjapahit）に負わされている朝貢の義務から解放して欲しいと、さらに直接中国へ朝貢したいと申し出て快く認められた……マラッカの王（Raja）も北京で同様の成功を得て、シャムの国王にマラッカを悩ますことのないようにとの勅命を得たのであった」。

ヴァスコ・ダ・ガマの到来

明王朝の衰退につれて、インドネシア諸島やマラッカでの中国の威信は大きく失墜したが、事態はなお重要な政治的意義を有していた。マラッカ、ビタン（Bitan）、また他のマレー諸国家のサルタンたちは、この地域全体に亘った保護と幻影にも似た中国の下の平和（*pax sinica*）を求めて、北京に目を向けていた。

第三の、前者に劣らず重要な要因は、多島海域でのイスラム教徒とヒンズー教徒の当時の熾烈な戦闘であった。イスラム教徒たちは、グジェラティからマラッカとインドネシア諸島に侵入した。交易に目覚めたイスラム教徒たちは、十五世紀の中期の頃までに、港湾地域へとかなり浸透していた。しかし、内陸部はなお強くヒンズー教徒たちが居座ったままであった。とはいえ、インドネシア諸島のヒンズー教徒の共同社会の社会機構はゆるみ、ヒンズー教は強力で、味方に数多の国家を抱えてはいたが防戦一方であった。インド半島の最先端に位置する沿岸の広大な地域は、堅固な西ガーツ山脈[*1]によってヴィジャヤナガール（Vijayanagar）から隔離され、小君主たちが独立した主権を維持していた唯一の地域だった。この地域は、マラバール[*2]、あるいはケララ（Kerala）なる名称で知られており、マンガローア（Mangalore）からコモリン岬〔インド最南端の岬〕まで延び、際だった（*par excellence*）「胡椒の地」でもあり、その地から、二千年間に亘って船舶がペルシャ湾と紅海に向けて、何らの妨害を受けることもなく、香辛料、繊維、さらに他のインドの産物を積んで航海していた。この地域の主な支配者は、カリカットのザモリン（Zamorin）であった。その首都にヴァスコ・ダ・ガマが四艘の船を随えて、運命の日、一四九八年五月二十七日に到着した。カリカット王・ザモリンなる名で知られていた（その称号は未だに生きている）王国は小規模ではあったが、強力な君主であった。何世紀にも亘って、カリカットは香辛料貿易の主要な中心地であった。胡椒とカルダモン〔cardamon――生姜科の果実〕、またマラバール沿岸の他の産物ばかりか大平洋の島々の香辛料もヨーロッパへの途上でカリカットを経由していった。カリカットの港と該地の繁栄ぶりに関する様々な記録が、諸外国の目撃者たちによって伝えられている。たとえば、ペルシャの使節・アブドゥル・レザックは、船舶がどこから到来しようと、またどこへ向かおうと、この港（カリカット）に停泊する際には、いずれの船舶も同等の取り扱いを受け、何ら耐え難いようなトラブルはないことに注目した。カリカットを特異な要衝の地としていたのは、他ならないモンスーンの風向きであった。その地は、紅海からインド沿岸、インドからアラビアの海岸線へと回帰するためにモンスーンを利用できる理想的な立地条件を持っていた。

＊1　西ガーツ山脈（West Ghats）　インド南部の Deccan 高原の西側に二つの山脈が存在する。Bengal 湾の海岸線に平行する東ガーツ山脈と西海岸をアラビア海に接して縦走する西ガーツ山脈。

＊2　マラバール（Malabar）　インド南西端地方の Western Ghats 山脈以西のアラビア海沿岸地方で、主に現在の Kerala 州に属する。

カリカットの商人たちは、カイロ、アレキサンドリア、さらにフェス〔Fez――アフリカ北西部、Morocco 北部の都市〕の西まで、貯蔵庫を備えていた。緊密な同盟が、ザモリン人たちと香辛料貿易を統制する商業共同体の間に、少なくとも四世紀に亘って存在していた。この貿易に関心を抱いていた主な経営者たちがアラブ人であったところから、全く特異な関係がヒンズーの支配者とモスレムたちの間に育っており、モスレムたちは、インドのその地域では政治力はなく、モスレムのサルタンたちとも無関係で、ヒンズーの関係者たちにとって何ら脅威となるものではなかった。沿岸地域のアラブの商人たちの政治的関係は、エジプト、アラビアとペルシャ湾とにあった。この事実は、引き続く展開を理解するに当たって大変に重要である。ザモリンは、ポルトガル人たちの政策に精通していたし、モスレムの商人たちから入手した情報をもとに、間もなくポルトガル海軍の到来が暗示する、自らの権力への挑戦の気配を嗅ぎ取っていた。カリカットのザモリン王の伝統的自負心は「山海の王」であった。彼は、インドの西の沿岸沿いで、自らの覇権を主張するに足る強力な艦船も堅持していた。ヴァスコ・ダ・ガマが上陸したのは、他ならないモスレムたちの友人であり、海の帝王と呼ばれたこの帝王の首都であったのである。(3)

最初の航海は単なる探索に過ぎなかったところから、ダ・ガマは、交易許可を求めることのみにとどまっていたので、ザモリンは快く受け入れた。しかし、ポルトガルの船長が関税の支払いを拒否したことが、前途の紛争を予告していた。さらにダ・ガマは、街のムーア人たちの存在と宮廷で彼らが享受している影響力に驚き、不安を抱きながら注目していた。この問題に関して彼は、十分な用意に欠けていた。ニコラス五世の大勅書にはインドの民衆はキリスト教徒であるという思いこみが先にあったことを忘れてはならない。ダ・ガマは、またカリカットのヒンズー教のある寺院をキリスト教の教会と誤認さえしていた。したがって、モスレムの存在と貿易の実質的独占状態、さらにザモリンへの影響力は、不快な驚きであったし、ポルトガル当局の予想に反するものであった。

公式的儀礼の交換と香辛料との交換にと持ち込んだ商品の販売を終えると、ダ・ガマは、主君へ遠征成功の報告のためにポルトガルへと戻っていった。ドム・マヌエルと顧問たちは、インド洋でも、再び自分たちが宿敵「ムーア人」と対抗することになり、長期に亘る危険な努力なしでは、全てが海路であるインドへの交易路の発見

ザモリンの宮廷におけるヴァスコ・ダ・ガマ（サルガド画，1898年）

の利得はおぼつかないことを認識していた。国王が準備するように命じた第二回目の遠征は、遙かに大規模なものであった。船団は膨大な武器を備えた三三隻の船舶と千五百人の男たちからなっていた。インド洋をめぐるポルトガル王の威信を誇示する大海軍の遠征であった。この強力な艦隊は、著名な貴族、ペドロ・アルヴァレス・キャブラル（Pedro Alvarez Cabral）に指揮され、他の艦船の指揮官たちは、ポルトガルの貴族たちからえり抜きの者たちが選抜された。キャブラルへの勅命は、カリカットへ直行し、ザモリンに貿易基地の設置とキリストの福音伝道のため五人のフランシスコ派の宣教師を認めるようにと、武力行使の威嚇をもって要求を突きつけることであった。この三三隻からなる船団のうちインド沿岸に到達したのは、たった六隻に過ぎなかった。ザモリンは、ポルトガル人たちの再来を全く快く思っていなかったが、カリカットに喜んで歓迎するというメッセージをキャブラルに送った。しかし、海軍司令長官は、友誼を結ぶなどという気分ではなかった。彼はザモリンに謁見を求め、同時に上陸する前に人質を自分のところに派遣するようにと主張した。ザモリンは、この異常とも言える提案にも同意し、ポルトガルの使節を丁重に迎え、貿易のための場所を割り当てたが、キャブラルの副官たちの一人、コヘア（Correa）の傲慢な行動が大衆の暴動を引き起こし、数多くのポルトガル人の生命が犠牲にされた。争いを引き起こしたコヘア自身、部下五〇人と共に殺害されたのである。そこでキャブラルは、船舶を退去させ、街を砲撃した。ザモリンは八〇隻の艦船に千五百人の乗組員を搭乗させ、この野蛮な行為に報復するために出航した。キャブラルは、カリカットの船団を目にすると遁走した。

キャブラルが逃走したからといって、ポルトガル人たちはインド洋を放棄したわけではなかった。それどころか、ドム・マヌエルは、自らを「エチオピア・アラビア・インドの航海王、征服者、商業王」と臆面もなく名乗り、インド洋海域の覇権を主張し、さらに強化せよとのポルトガル本国政府の命を受けて、以前にも増して強力な遠征隊を準備した。この船団の司令官に任命されたのは、他ならないヴァスコ・ダ・ガマであった。激しい抵抗が予測されたところから、エスタヴォ・ダ・ガマ（Estavo da Gama）の指揮の下に、五隻の艦船からなる増援部隊が五ヶ月後に送り出された。

このポルトガルの当初の決定的期間で、最も印象的な事は、東方の艦隊がポルトガルの本国政府によって懸命に強化され続けたという、異常なまでの挙動であった。訓練された船長の指揮の下に、絶えることなく艦隊また艦隊と、インド洋海域のポルトガル人の管理者たちは、兵士と艦隊が自分たちを救援するために常に途上にあることを知っていた。したがって、彼らは最悪の境遇にあっても、常に援軍遠が近くにいることを確信して切り抜けていた。この活動に当たってポルトガル政府は、ポルトガル人の新発見に見込まれる貿易の革命的変革を感じ取り、その分け前に与ろうと馳せ参じたアントワープの大商人たちの財政的支援を得ていたのである。たとえば、ウエスラー一家（the Weslers）は、一五〇五年のポルトガル人の航海に投資していたし、リスボンの総督府は、早くも一五〇三年に、アントワープに香辛料の基地を開くことの必要性を認識していた。東方海域のポルトガル海軍が参画して得たこの成功は、アントワープの資本家たちの援助を得たドム・マヌエルによって計画された継続的強化機構に与るところが大であったに違いない。

ダ・ガマと彼の仲間たちは、インド沿岸に到達する以前から、自分たちの君主が「航海探検王」であるとの主張を強調し始めていた。何の警告をすることもなく、航海中に出会う船舶のいかんを問わず、巡航を妨害し破壊した。『インドの物語』（*Lendas da India*）に引用された次の事件は、ダ・ガマがインド海域に持ち込んだテロと海賊行為の典型であると言えよう。ポルトガルの艦隊はメッカから帰国の途につく無防備の船舶に遭遇した。ヴァスコ・ダ・ガマは、そうした船舶を捕獲し、その物語の表現を借りれば、「船から商品を取り出して空にすると、ムーア人を連れ出すことを禁止し、ついでそれに火をつけるように命令した」。船舶捕獲にまつわる言い訳は、バホスの言葉の中に見受けられると言えよう。「確かに、すべての船舶は海を航行する共通の権利があるというのは真実であり、またヨーロッパでは他国の権利をも認めている。しかし、その権利は、ヨーロッパを越えては存在しない。したがって、海の帝王としてのポルトガル人たちが、自分たちに許可なく海を航行するあらゆる船舶の商品を没収するのは正当な行為なのである」。

なんとも奇異な包括的主張だが、基本的にこれは、すべてのヨーロッパ諸国家が、入れ替わり立ち代わり、アジアにおけるヨーロッパの覇権に終焉が訪れるまで、頑固なまでに固執し続けていた主張だった。十六世紀の最初の四半世紀の間、ポルトガルのように乱暴に主張し、それを無謀なまでに強行しようとした国はなかったことは確かだが、国際法の原理原則は、ヨーロッパの外域では適応されることはなく、ロンドンやパリでは蛮行とされる行為が、中国においては文明のなせる業なのである（例――圓明園（Yuan-ming yuan : the Summer Palace）の焼き討ち）そうして、ヨーロッパ諸国家は、アジアの民衆と取引するに当たって、道徳的責任を果すことはなかった（たとえば、英国が中国の法律に反して阿片貿易を強く要求したとき、当の英国では法律によって阿片の喫煙は禁止されていた）。こうしたことは、ヨーロッパ人にとって、アジアとの関係では当たり前の信条であった。一八七〇年に到るまで香港商工会議所の会頭はこう明言していた。「中国はいかなる観点から見ても国際法によって規定された文明化された国家として、なんら同等の権利と特権にも値するとは思われない」。ヨーロッパ統治の終焉に到るまで、ヨーロッパ人に対してアジア人の権利が存在したとする事実は、かなり精神的な苦痛を伴って始めて認められるといった類のものであった。直接英国の統治の下にあったインド、ビルマ、セイロンのような国々では、法律によって規定された同等の権利は存在したが、ヨーロッパ人に不利な場合には、法律は厳しく執行されなかったことも周知の事実として認められている。[4] 中国では治外法権なる司法権の下で、ヨーロッパ人は中国の法律の適用から保護されていた。事実、日本を除いては、この特異な権利なる教条主義は、最後の最後まで執拗なまでに維持され続け、アジアにおけるヨーロッパの根本的失態の最大の原因となっていた。

ダ・ガマの海賊的野蛮行為は、彼の船が沿岸遠く視界から消えてなくなる前にザモリンの耳に届いていたし、山海の王は挑戦を受けるべく準備を整えていた。キャブラルの砲撃の後に、ザモリンは海軍力を増強し、また彼の艦隊はカリカットの指導的商人の一人で地中海貿易に携わっていたコージャ・アンバー（Khoja Ambar）の所有になる、より重量のある艦船で強化された。カリカットの船隊は高速という利点を備えてはいたものの、大砲で重装備されたポルトガル艦船の火力を装備していなかった。続くコチン（Cochin）沖合の戦闘で、コージャ・アンバーの船舶は、ポルトガルの砲火に苦戦を強いられたが、ザモリンの海軍司令官カシム（Kassim）は、小さな船舶を巧みに操り、ポルトガル人たちが砲弾でこれを直撃することは容易ではなかった。カリカットの船舶は、まるで雀蜂のようににポルトガルの船舶を包囲した。ついにダ・ガマは、戦闘を中止しヨーロッパへと船を駆って疾走したのである。コチン沖合での戦闘の栄誉は、カリカットの海軍にあったとはいえ、ダ・ガマを追跡する性能の欠如が、カシムの勝利の成果を無にしてしまった。沿岸近くでは、ポルトガル人たちの艦隊に対等以上の条件で対処できたカリカットの船舶ではあったが、基地から離れた場所での戦闘行動には全く不向きであった。コチン沖合の戦闘で、ポルトガル人たちはこの欠点に気がつくと、その後は完璧なまでに有利にことを運んだ。

ダ・ガマがインド洋を去るとすぐ、ロポス・ソアレス（Lopos Soares）の率いる一四隻からなる艦船が、カリカット水域に到着した。ソアレスは経験豊かな艦長で、奇襲攻撃でクランガノーア（Cranganore）の沖合に碇を降ろしていたママリ（Mammali）指揮下のカリカットの兵力を打ち破った。さらに別の港に停泊していた商業船舶群を攻撃するために侵攻し、護送船団を激しい戦闘の後に追い散らした。今やザモリンは、重装備をしたポルトガルの軽帆船に対抗しても、自分の船舶は射程距離の遠い戦闘行為ではほとんど見込みがないことを悟ったのである。彼は、親しい関係にあったエジプトのサルタンの救援を懇請した。

千五百人以上の兵士たちを率いて、最新鋭の武装をしたエジプトの艦隊が、一五〇七年の初頭、熟練した海軍司令長官ミール・フセイン（Mir Hussain）の指揮の下、アラビア海に入航した。ミール・フセインの戦略は簡潔で健全なものであった。彼の最初の目標は、基地として使用することに決定したディウ島（Diu——インド北西部グジェラティ沖の小島）であった。その島からザモリン海軍と合同し、その連合艦隊がポルトガル艦隊を攻撃することになった。

当時のポルトガルの総督ドン・フランシスコ・ダルメイダ（Don Francesco d'Almeida）は、優れた見通しを持った有能な人物で、彼の才能はライヴァルで後継者でもあったアルバケルクの陰で目立たなかったが、宮廷では大きな影響力を備えた一人の大貴族であり、どんな征服政策にも徹底的に反対した。しかし、国家にとって比類なき海洋覇権の必要性を確信すると、東方における商業帝国に対する主君の計画には、覇権確立の達成が不可欠であると判断した。

フセインはモンスーンの季節が過ぎると、直ちにディウに到着した。ザモリンの船舶もその地で合流し、連合勢力は南へと移動した。総督の息子・ローレンツォ・ダルメイダ（Lourenço d'Almeida）の指揮の下に、ポルトガル海軍は、この新たなる脅威に立ち向かうためにコチンの基地から北に向けて出航した。二つの艦隊は沿岸を下る中間地点、チョール（Chaul）で落ち合った。ポルトガル人の計画は、エジプトの艦船に接近することが出来なかったところから、主として砲撃戦となった。二日に亘る砲撃戦の後に、ポルトガル艦隊は退却を決定した。しかし、ダルメイダの旗艦は砲弾を受け、艦長は戦死した。

さらに大惨事がポルトガル艦隊を待ち受けていた。装備は負けず劣らずであったが、操船術に優れていた敵側がインド海域に到来し、瞬く間にドム・マヌエルの夢は、まさに悪夢となった。しかし、総督ドン・フランシスコ・ダルメイダは毅然としていた。可能な限りの船舶とあらゆる武器を掻き集めると、直ちに敵と交戦すべく北に向けて出航した。彼は一八隻の艦船と千二百人の部下を随えていた。一五〇九年二月、ディウに到着すると、ダルメイダはインド―エジプト連合軍を待ち受けていた。時に、裏切り行為がポルトガル軍に味方した。ディウのグジェラートの統治者で、ヨーロッパかぶれの、マリク・エイヤズ（Malik Aiyaz）王が、密かにポルトガル軍に加わり、ミール・フセインの軍需品を奪ってしまった。エジプトの海軍司令官は、ザモリンが送ってよこした百隻の船舶に積まれた軍需品を求めて撤退せざるを得なかった。

彼の実戦用の船舶はカリカットの救援部隊とは別に、一〇隻で構成されているに過ぎなかった。こうした不利な立場にもかかわらず、ミール・フセインは戦闘を挑むことを決意した。一五〇九年二月三日、敵の艦隊とディウの沖合で遭遇した。再び交戦は決定的なものとはならなかった。双方共に勝利を宣言できなかったが、エジプトの艦隊は、グジェラートのサルタンの裏切りに気分を悪くして、その後まもなく退去してしまった。

一五〇九年のミール・フセインとエジプト艦隊のインド海域からの離脱にともなって、ポルトガル人たちは、東方海域で「航海探検王」にふさわしい地位を確立し得たと言えるのかも知れない。ザモリンの海軍力は打破されることもなく、またカリカットはその後の九〇年間（一五九九年に到るまで）マラバールの沿岸海域でポルトガルの覇権に挑戦し対抗し続けて、数多くの戦闘で勝利をおさめたが、公海ではポルトガル人たちが一世紀半に亘って、インドの海上輸送を思いのままにし、比類なき覇権を行使していた。この海運帝国を組織し、さらに太平洋にまで実質的にその覇権を行使した人物は、アフォンソ・アルバケルクであった、彼は、アジアとヨーロッパの関係史、ならびに東方における西洋の開拓統治史の中で名声を博す一人物であることは疑う余地がない。

アルバケルクが始めて東方に到来したのは一五〇六年であった。彼は紅海の貿易商人たちを襲撃し、紅海への入り口を封鎖するために送り出された遠征隊のトリスタン・ダ・クンニャ（Tristan da Cunha）を同伴していた。この最初のアデン（Aden）、ソコトラ〔Socotra――アラビア半島南方の南イエーメン領の島〕とオルムズ（Ormuz）海峡を巡る航海こそが、アルバケルクに大洋政策の基本的戦略概念を植えつけたのである。彼は、ソコトラを攻略して海軍基地へと変え、紅海の貿易を支配するためにはそこが要衝の地であることを熟知していた。誰からも統率権の任命を受けたわけでもなく、彼は勝手にオルムズ王に貢ぎ物を要求して手に入れていた。ジョアン・ゴメス（Joao Gomez）とジョアン・サンチェス（Joao Sanches）が、案内人にチュニジア系のムーア人通訳、シディ・マホメッド（Sidi Mahmmed）を引き連れて、ポルトガル王から伝説のエチオピア王、「プレスター・ジョン」*への使節団としてその遠征隊に加わり、エチオピアの首都に向かうためにメリンデ（Melinde）に上陸していたことも注目に値する。その一行は、一年後に、キリスト教信者の王宛にアラビア語とポルトガル語で書かれた親書を彼らに託したアルバケルクの前に再登場したのである。事実上、アルバケルクの視野は、ポルトガルの属領の総督の地位についたとき、すでに全アラビアと紅海を包含していたことがこうした準備行動からも察知される。

＊　プレスター・ジョン（Prester John）　中世の伝説上のキリスト教修道君主。アジアまたはアフリカの僻地の王国を支配していたと言われ、伝説的な旅の説話が存在する。

彼の当初の目的は、インド海域の完全な、かつ不可侵の支配権を強化できる難攻不落の基地をインドに建設することであった。当時ポルトガルの属領は、ほんの八百メートル四方の広さに過ぎない小さな島に位置する城塞のみであった。アルバケルクは、コチンは不適当であると判断した。彼が基地として狙ったのは、いまだなお香辛料貿易の大中心地であった、他ならない、カリカットの地であった。ザモリンとの出会いの際の失態の前例が、ポルトガル人たちの胸の中でうずいていた、そこでドム・マヌエルは、カリカットを攻略しザモリンの勢力を粉砕すべく緊急命令を発すると、ポルトガルの大司令官にこの人ありと言われたドン・フェルナンド・コウティンニョ（Don Fernando Coutinho）を派遣した。奇襲攻撃が決定された。ポルトガル艦隊とインド艦隊として知られた二組の艦隊が、司令官と総督の別々の指揮の下に、大遠征軍を随えてカリカットの前に現れた。上陸作戦は苦もなく成し遂げられた。当時ザモリンは首都を留守にしていたが、侵略者たちと交戦した宮廷の護衛軍は、ポルトガル軍を苦もなく打ち破ってしまったのである。激しい戦闘の末ポルトガル軍は粉砕され、大提督は七〇人の郷士〔hidalogos――スペインの下級貴族〕と共に戦死した。アルバケルク自身も左腕と首に二つの傷を負った。大砲の砲弾で地面に叩きつけられ、艦船に意識不明のまま担ぎ込まれた。かくして、地上戦でのインドの一支配者への最初の挑戦は大惨事で終わりを告げた。

カリカットでの最高指揮官の指揮の下で行われた戦闘で、ポルトガル人が敗北した結果は、大変な影響をおよぼすこととなった。その後二三〇年間に亘って、ザモリンの配下にある支配者を軍事的に征服しようとしたヨーロッパの国はなかった。ゴアは、確かに占領され大基地に変えられはしたが、たまたまその地域のヒンズーの首長トゥラジ（Tulaji）が、近隣のアディル・シャヒ・サルタン（Adil Shahi Sultan）の支配権の弱体化を狙って、ポルトガル人たちと手を組んだせいであった。また、忘れてはならないのは、ゴアはアディル・シャヒの広大な領域の最先端に位置しており、ポルトガル人によるゴアの征服と要塞化は、イスラムに対抗する戦略上、ヴィジャヤナガールのヒンズー帝国にとっても重大事件であった。

ヴィジャヤナガール王たちは、ゴアが海への出入り口を自分たちに提供し、そこを通して武器や装備ばかりか、騎兵隊にとって最大の必需品である馬を入手できることを直ちに感じとっていた。実際には、ゴアの征服は、インドにおけるポルトガル人たちの陸上戦力の基地ではなかったが、インド洋における海軍の作戦行動にとっては好適な場所の獲得となった。

アルバケルクは、君主にゴアのムーア人を一人残らず殺戮し、加えて「ムーア人を見つけ次第殺戮し、彼らをモスク一杯に詰め込み火を放った」と報告した。このイスラムに対する熾烈なまでの憎しみが、一七〇年に亘って、イスラムと苛酷な戦いを続けてきたヴィジャヤナガールのヒンズーの王侯たちにポルトガル人たちとの友好関係を結ばせることを可能にしたのである。一五〇九年、王朝の最も偉大な支配者でデッカン（Deccan）のモスレム支配者たちの宿敵であったクリシュナ・デヴァ・ラヤ（Krishna Deva Raya）がヴィジャヤナガールの王位についた。彼はポルトガル人のゴア占領を歓迎したばかりか、それによって外国から軍需品を手に入れることが可能となり、ポルトガル人たちとの親密な関係も維持した。一五一〇年、アルバケルクは、バートカル（Bhatkal）に基地建設の許可を求めて使節団を送り、快く認められた。

ヒンズー帝国とポルトガル当局の間のイスラムに対する共通の敵意から結ばれた友好関係は、なぜ、ポルトガルがインド海域に現れた最初の五十年の後も、ほとんど軍事力がなきに等しかったにもかかわらず、ゴアに基地を維持できたことを考える際に、概して見過ごされている事実である。

かくして、アラビア海の問題に終止符を打つと、アルバケルクは、マレーと太平洋へと注意を向けた。香辛料の大部分はインドネシア諸島からきており、マラッカ海峡を経由し、その海域へと巧みに航行してもたらされるこの商品は、アラビア商人たちによって紅海の港へと輸送された。インド洋貿易の完全な支配は、マラッカ海峡に覇権を確立しない限り、不可能であった。

マラッカは当時一大国際港であったことを忘れてはならない。その自然な立地条件がその地を太平洋の要衝の地としていた。多島海、ジャヴァ（Java）、モルーカス（Moluccas）や他の島々で栽培される希少な香辛料貿易の中継基地で、東は中国や日本、西はインド、ペルシャ、アラビアやエジプトからの船舶が、定期的によく航行していた。アルバケルク自身が記録しているように、「毎年、マラッカにはキャムベイ（Cambay）、チョール（Chaul）、デューバル（Dubul）、カリカット、アデン（Aden）、シェール（Shehr）、ジッダ（Jidda）、コロマンデル（Coromandel）、ベンガル、また、中国、ジャヴァ、加えて、ペグー（Pegu）やあらゆる地域から船舶が到来した」。先にも述べたが、マレーのサルタンは、鄭和の遠征の後、中国皇帝の宗主権を受け入れ、北京の天子へと定期的に朝貢を行っていた。したがって、当時、マラッカは東方の単なる商業中心地であったばかりか、中国と南方と南西アジアとの間の中継地としても要衝の地であった。

東漸の生命線、マラッカ海峡

アルバケルクは自らマラッカに行くことを決意した。一八隻よりなる艦隊を率いてコチンを出航し、一五一一年、マラッカの沖合に到達した。そこで交渉の手始めに、恐らくはサルタンを挑発するつもりであったのだろう、港に停泊していたアラブ人とキャムベイ人たちの商船を焼き払った、しかし、中国と非モスレムの船舶には手を着けなかった。以前サルタンに無礼な取り扱いを受けたと思われる、港に停泊していた中国船の船長たちが、攻撃の際にアルバケルクに援助を申し出ると、彼は、中国人船長たちから、上陸用の船を受け取った。

マラッカ攻撃は、アルバケルクが指揮官であったポルトガルの軍隊と修道会の守護聖人セイント・ジェイムズの祭日に行われた。当時のポルトガル人たちが背にした宗教的情熱とアジアにおけるモスレムに対するキリスト教の聖戦を遂行しようとする信念が、この行動ばかりか、ひき続く事態でも巧みに引き出されていた。アルバケルクは、訓辞でもこの点を十分に部下たちに納得させていた。とくに彼は「ムーア人をこの地から追放し、今後、再起不能なまでにマホメット宗派の火を消し、我らが主のために果たすべき偉大なる奉仕を遂行せん」と強調した。神への奉仕を説いた後に、国王への忠誠の誓いへと誘導した「その理由を問われれば、仮に、われわれが、彼ら（ムーア人たち）からこのマラッカ貿易を手中に収めたならば、カイロとメッカは完全に廃墟と化し、ヴェニスは、どんな香辛料もポルトガルにやってきて購入しない限り手に入れることはできないだろう」。なんと巧みに二つの動機が組み合わせられたことであろう。

しかし、最初の攻撃は失敗に終わった。サルタンは、豊かに盛装した象に乗り、守備隊を指揮した。しかしその後の激しい戦いの果てに、遂にマレーの支配者と軍隊が退却し、街は占拠された。相次ぐ虐殺を免れたモスレムたちは、奴隷として売られたが、中国人、ヒンズー教徒、ビルマ人の街の住人たちは危害を加えられることはなかった。街は完璧なまでに略奪された。国王に贈られた分け前だけでも金貨二十万クルサドス〔cruzados――ポルトガル金貨。十字架が刻印されている〕の額に上った。

その猛攻撃の栄誉は、二人の将官、フェルナンド・ペレス・ダントラーデ（Fernand Perez d'Antrade）とアントイネ・アブルー（Antoine Abreu）に授与され、二人共に大変な重要人物にのし上がった。というのも、アルバケルクは、太平洋は我が手中にありとばかりに、ダントラーデを支那海の司令長官に任命し、一方アブルーを三隻の艦船と共に、伝説の無尽蔵の香辛料の宝庫・インドネシア諸島の調査に派遣したからである。ポルトガル人たちは、間接的に、大帝国・中国と、また直接に大西洋の豊かな島々と接触することとなった。マラッカの征服によって、アルバケルクは、インド洋の制海権をがっちりと握り、太平洋への拡張の道もアルバケルクには開かれていた。アルバケルクは、街全体を堅固な要塞へと再構築し、ゴアへ戻る前に、有能な司令官ルイ・ダヴィオ（Ruy d'Avio）を当地の総監に任命した。

マラッカ征服と同時に、アルバケルクは、アジアにおけるヨーロッパの海上帝国の組織を築き上げた。彼は、インド洋に比類なき基地を持つ商業帝国の建設に乗り出したのである。アフリカ沿岸の主要な港は、すでにポルトガルの覇権の下にあったが、以前、インドには小さな拠点がコチンに存在するに過ぎず、ポルトガル海軍の覇権を強化するための優位な地域はどこにも見当たらなかった。彼は、ソコトラ（Socotra）の併合、ホルムズ海峡における政治的影響力、さらに、マラッカ海峡を維持することで、ポルトガルの海軍力がヨーロッパで十分に強力である限りは、確固たる統率機構を構築し維持することが可能であった。この政策を成功裡に遂行するためには、ポルトガル人勢力の要衝の地として機能する陸上基地を備えることが不可欠であった。ゴアを征服し、部分的入植地と行政機構の完全な施設を備えた中心都市としてゴアを発展させることが、彼の全計画の基盤を成していた。

アブルーは、アルバケルクが香辛料を産出する島々に送った人物だが、グレシック（Gresik）に到達はしたが、厳しい航海のせいで、三隻の船舶のうち一隻のみが翌年やっとマラッカに帰還したに過ぎなかった。しかし、航路は開かれた。アブルーの指揮官の一人・セハオ（Serrao）船長は、船が嵐で難破したにもかかわらず、アムボイナ（Amboyna）に到着し、その地で、地方のサルタンと交情を結んだ。当時のインドネシアの状況は、ポルトガル人たちには、特に好意的なものであった。ジャヴァでは改宗したばかりのモスレムの支配者たちと古いヒンズー王国との間で、特にケデリ（Kederi）では、激しい闘争が行なわれていた。最も重要視されていたモスレムの支配者は、権力を奪われたマラッカ王が援助を懇請していたデマック（Demak）のサルタンであった。ジャヴァ人の支配者は、百隻の艦船を控えてマラッカ海域に船団を派遣したが、ペレス・ダントゥラーデの軽帆船の砲火で追い散らされた。この勝利でポルトガル人たちはジャヴァの海域に覇権を打ち立て、その後、当時ジャヴァで熾烈を窮めていた宗教戦争で、支配者たちを互いに対立するように唆すことが可能であった。しかし、そうした争いは大した進展を見せなかった、その頃、一五二一年の春、一隻のヨーロッパ船舶が東方から港へと入港してきた。アメリカから太平洋を横断して航海してきたマゼラン〔Ferdinand Magellan, 1480?-1521——ポルトガルの航海家、マゼラン海峡とフィリッピン諸島の発見者、Pacific Ocean の命名者〕の船[5]、ヴィクトリア号であった。この事件は、地方の支配者と協定によって政治的立場を強化しようと急いでいたポルトガル人たちにとっては驚きであった。

中国海域におけるペレス・ダントゥラーデの使命と明帝国との関係を確立しようとしたポルトガル人たちの試みについては後で論じたい。群島への緩慢な拡張と中国沿岸への出現と共に、アジア海域におけるポルトガル人の最初の覇権の時代は終わりを告げ、香辛料貿易のポルトガルの独占は、巧みに確立されていた。しかし、インド洋からの闖入者たちを追放するための最後の奮闘が、トルコのサルタンによって行なわれていた。大サルタン・スレイマン〔Suleiman the Magnificent, 1494-1566——オスマン・トルコ最盛期のサルタン、スレイマン一世〕は、エジプトは既にスレイマンの帝国の一部とはなっていたものの、東方貿易からアラブ人たちを排除しようとする危機的状況を悟っていた。前述したように、ポルトガル人たちの主要な動機の一つは、憎むべきモスレム勢力を排除することであった。エジプトの獲得に伴って、問題はコンスタンチノープルのサルタンにとって直接関与すべき事態となっていた。

スレイマンは、自分の権益がポルトガル人の侵略によって侵食されていたインドの二人の君主、カリカットのザモリンとキャムベイのモスレム王と交渉に入り、敵に対して共同して当たるという同意に達していた。協定が結ばれ、サルタンはエジプト総督スレイマン・パシャ〔Pasha——オスマン帝国の文官高官。特に軍司令官への称号〕・アル・カーディム（Suleiman Pasha Al Khadim）に次のような勅命を発令した。

「汝、エジプトのベグラー・ベグ（Begler Beg）・スレイマン・パシャよ、我が命を受けなば、直ちに完全装備をなし、スエズにおける聖戦の準備を整え、艦船を装備し軍需品を補給し、十分なる兵士を集め、水路を遮断し、メッカとメディナへの道を封鎖し、ポルトガル人たちの悪行を防ぎ、海洋より彼らの旗を駆逐せよ」。

この勅令に従って、スレイマン・パシャは、大船団を繰り出し、一五三八年にインド洋に到着した。ところが、スレイマンはザモリンの艦船と合流することが出来なかった。というのは、一五三八年二月二十日、トルコの艦隊がインドに到来の途上にあった時、ポルトガルの総督、マーティン・ドウ・ソウサ（Martin de Souza）が、カリカットの海将に戦いを挑み、彼の艦船を追い散らしてしまっていたからであった。スレイマンは、このニュースを耳にすると、アラビア海で無駄な巡航をした後、エジプトへと戻ってしまった。ポルトガル海軍は、何ら挑戦も受けることもなく、その後六十年間に亘ってインド海域を支配することとなった。

ここでなぜインド洋におけるポルトガル勢力の拡大化と彼らの沿岸地域における組織活動が、インド内部で広範な反発を呼び起こさなかったのかを考察してみよう、その理由として、当時のインドの権力者たちとポルトガル人との関係で明らかに際立っていたのは、カリカットの例外を除いて、南部のヒンズー系の王室が、新来者たちに対して一般に友好的で寛大な態度を取っていたことである。先に見たように、ヴィジャヤナガールの大ヒンズー帝国は、ゴアのポルトガル人たちと心底から友好関係を維持し、彼らに広く領土内での交易を認めていた。ポルトガル人が最初の施設を建設したコチンの支配者たちとも、ポルトガル当局は非常に好意的な友好関係を維持していた。彼らは、沿岸の小国の領主たちとも自由に取り引きをし、何ら政治的な紛糾を引き起こすこともなかった。事実、ポルトガル人たちは、カリカットを除いては、ヒンズーの支配者たちの王室と敵対することはなかったと言っても過言ではない。

ザモリンの場合は、まさに例外であった。彼の国家は、沿岸地域の枢要な海軍力を維持していたので、ポルトガル人がその海域で覇権を主張するということは、自らの権益に抵触することであった。百年間に亘って、ザモリンの艦船とゴアとコチンからのポルトガル人との間で海戦が絶えなかった百年を経て、一五九九年、やっとある協定が両者の間に調印された。また忘れてはならないのは、カリカット国の繁栄は、四百年以上に亘って、アラブの香辛料商人たちの活動と密接に関わっていたことである。アラブ人を追い払おうとしたポルトガル人の試みは、カリカットの財力がよってたつザモリンの基本的政策を脅かすものであった。したがって、ザモリンの民衆の敵意は理解に値するし、また自国にとってどちらが固有の存在であるかという問題でもあったのである。

次いでポルトガル人の活動は、単にモスレム系の貿易商人に弊害をもたらすものに過ぎず、それはまた、インドの支配者たちが同様に固執していた政策でもあった。マラッカの征服の際に、ヒンズー教徒、中国人、ビルマの貿易商人たちは、アルバケルクによって悩まされることがなかったというのは先に見たとおりである。インド洋における海運業は、アラブ人たちの独占事業であった。そこでポルトガル人が、その立場からアラブ人を排除しようと決意したこと自体は、なんらインドの支配者たちや商人たちに脅威を及ぼすものではなかった。インドの支配者たちにとって、自国の商人たちが自分たちの商品をポルトガル人に売却しようとアラブ人たちに売却しようと同じことであった。実際の所、ポルトガル人は、インドの支配者たちが要求する武器や装備を売ることが出来たという点では有利であった。インドの商人たちに関する限り、まもなく彼らは、アラブの商人たちと競合することもなく、自分たちの貿易を遂行できる許認可制度を考え出した。その点からすれば、ポルトガル人の独占に任せる方がインド人たちの手助けになったのかも知れない。ポルトガル人の当初の覇権達成の目標は、アラビア人貿易商人たちを海から掃討し、アラビア人たちが長い間享受してきた独占権を無効にすることであった。この事は、ヒンズー教徒たちにとっても歓迎されるべきことで、キャムベイやグジェラートの非アラブ人モスレムたちにも積極的に反対されたようにも思えないのである。

さらに、武器による戦いがカリカットで悲劇に終わった後、ポルトガル人たちは、本来、自分たちがインド本土で享受し得たかも知れない領土的野心を放棄してしまっていたかに思われる。ディウやボンベイの島々、沿岸の様々な地域の貿易基地は、ゴアの領地やコチンの砦はさて置き、すべて彼らの所有物で、賢明にもそれで満足しているかに思われた。ゴアでは、総督はもったいぶった威厳を保ち、まさに帝国の尊厳を維持しているかに見えたが、インドの支配者たちとの関係はまさに功利的なものであった。在外公館や使節団を交換し、贈答品をやり取りし、概して言えば、国家間の外交儀礼を遵守していた。事実、彼らは、小〝国家権力〟を維持してはいたものの、当然ながらその権力は、自分たちの主張が事実上遍く通用し、自らの権威が通用する海域においてのみであった。

オランダ人によるポルトガル人の駆逐

一五四二年の総督アフォンソ・ドゥ・ソウサ（Affonso de Sousa）の任命と共に、アジアにおけるポルトガルの海洋覇権の第二期が始まる。この間に、彼らは、独占貿易から最大限の利益を引き出そうと腰を据え、六十年間に亘って大型帆船が東方の香辛料、宝石、絹製品を積み込んでポルトガルへと帰航していった。国王の重臣たちは、富を増大しカモエンス〔Luis Vazde Camoens, 1524-80——ポルトガルの詩人。*The Lusiads*, 1572〕をして東方のバビロンとまで言わしめたゴアでの生活は、驕奢と頽廃に酔いしれていた。当時のポルトガルの権力者たちのことを考えてみれば、歴史上類例を見ないと思われたのも当然であったろう。セイロン（現在のスリランカ）の沿岸地域に広がる彼らの影響力の強化は別としても、インドネシア諸島での貿易の拡大化、中国や日本とのまずまずの相互関係の樹立、これらからしてこの時代は政治的には際立った事はなかった。しかし、ここで言及したいことは、宗教政策の面でポルトガルの政策に大きな進展が見られたことである。

アジアにおけるヨーロッパ列強の伝道活動はポルトガルに始まり、東方と西方の関係の中で重要な一章をなしているが、これは別に取り扱うことしよう[(6)]。ここで論じたいのはドム・ジョアン（Dom Joao）三世の出現に伴う、ポルトガルの政策の変化の兆しである。航海王エンリケが、キリストの名において未知の国々を征服する夢を抱き、さらに法王ニコラス（Nicholas）に、事実それを実行するように命ぜられてはいたものの、大航海時代のポルトガルの政策の福音的要素はしごく曖昧なものであった。その精神は異教徒・ムーア人を駆逐することにあって、異教徒の改宗には向けられていなかった。ドム・マヌエルと彼の代弁者たちにはそのような政策を強行する力はなく、ゴア、コチン、マラッカといった直接統治の地域に教会を建て司教区を作り上げることで満足していた。だが、ジョアン三世の台頭と共に状況が一変した。プロテスタントの活動に続いて、カトリック教会内部の宗教復興の熱意がイベリア宮廷に絶大な影響を及ぼしていた。反宗教改革として知られた運動が、イベリア半島の住民の間に最強の支持者たちを得ていたし、イグナティウス・ロヨラ〔Ignatius de Loyala, 1491-1556――スペインの宗教家〕のイエズス会は、最も献身的な会員を擁していたし、さらに、あるスペイン人によって創始されたイエズス会は、ポルトガルの王侯の中に忠実な支持者と擁護者たちを抱えていた。つづく半世紀の間に、宗教哲学はイエズス会修道士たちの刺激を受けて、特にコイムブラ（Coimbra）のポルトガルの学問の府において目覚ましい復活を成し遂げていた。この復活した宗教熱の精神は、アジアに対するポルトガル王の政策に反映されていた。東方におけるキリスト教伝道活動史上異彩を放った人物たちが、第二の故郷としてポルトガルを目指してやって来ていた。フランシスコ・ザヴィエル[*1]が、ポルトガル王の伝道団のお目付役として、姿を現した。イタリア人のヴァグリアノ（Vagliano）神父は、リスボンで四二人の伝道師を集めたが、うちポルトガル人は六名に過ぎなかった。もう一人のイタリア人・リッチ[*2]はコイムブラとゴアで教育を修了したのだが、彼にとってポルトガルは精神的故郷であった。

＊1　フランシスコ・ザヴィエル（Francisco Xavier, 1506-52）　スペインの宣教師、ロヨラを助けてイエズス会を育てた。一五四九年、日本に最初にキリスト教を伝えた人物。

＊2　マテオ・リッチ（Matteo Ricci 利瑪竇, 1552-1610）　イタリア人、イエズス会会士。一五八二年マカオに上陸、中国に布教、西洋文化の紹介をする。明末の政治家・徐光啓と親交を結ぶ、北京で死去、著書に『天主実義』『幾何原本』。

これが、ジョアン三世の時代には宗教的な事柄よりも商業的利益を優先していたポルトガルの政策の、新しい趨勢の背景であった。インドでは、もちろんゴアを除いて、この政策はヒンズー教徒たちに関する限りはさして大きな影響を及ぼしはしなかったが、マラバール（Malabar）沿岸地方のキリスト教徒にとっては大きな意味を持つ出来事であり、セイロン、中国、モルーカス（Moluccas）、日本と、到る所でポルトガルの商業活動と福音活動は混在していた。それは後に、外国人の完全排除を望んだ日本と十七世紀の中華帝国でかなりの紛争を引き起こす起因となった。

ヨーロッパにおけるプロテスタントの台頭は、アジアではいっそう際立って広範囲に亘る影響をおよぼしていた。その結果、プロテスタント諸国では、法王がポルトガルに与えた東方に関する認可独占権は無効になってしまった。またヨーロッパにおける勢力のバランスも徐々に変化し始めていた。エリザベス女王統治下の英国は、南米北海岸〔the Spanish Main――後のカリブ海〕のフェリペ（Philip）二世の独占権に挑戦し、スペインの無敵艦隊が四散してしまった後は、ヨーロッパの海運国家がインド洋海域に入ることが可能となっていた。さらに明記すべきことは、香辛料貿易の中心地が当世紀の間にリスボン（Lisbon）からローランド（Lowlands）の大きな港へと移ってしまっていたことである。香辛料の需要は、ヨーロッパの北部ではますます高まり、当初のリスボンの重要性は、主にこうした必需品の集積地としてのものであった。しかし、ヨーロッパの貿易が北部の商人たちの手中に落ち、最初からアントワープは香辛料貿易の中心地であったところから、その後、貿易は実質的にアントワープに独占されてしまった。こうした商品を取り扱っていたオランダ商人たちは、もはや、ポルトガルが要求していた独占的価額を支払おうとはせず、特にポルトガル勢力が東方海域では恐れるほどの相手ではなくなったことが明白となってからは、なおさらであった。一五九二年、アムステルダムの指導的立場にあったオランダ商人たちの会合で、インドと取引をする会社設立が決定された。航海の準備と必要な情報を収集するために、その組織はコルネーリウス・デ・ハウトマン（Cornelius de Houtman）をリスボンに派遣した。その会社は、また、意のままに、ヤン・ハウヘン・リンスホーテン（Jan Huygen Linschoten）から情報を得ていた。この人物はゴアの大司教の秘書として、東方におけるポルトガルの勢力の弱点を察知できる例外的な機会に恵まれていた。さらに忘れてはならないのは、ポルトガル人は、ドム・マヌエルの時代にあってすら、インドへの航路を最高機密にしていたことである。一五〇四年、マヌエルはコンゴー（Congo）以南のルート示唆するいかなる事柄も地図に書き入れることを禁止する法令を出していた。コンゴー以南の場所を記したそれ以前の地図は集められ、総て暗示する表示は消された。地図作成の公務は、重大機密としてポルトガル政府によって取り扱われた。したがって、オランダはリンスホーテンやハウトマンの報告から必要な情報を収集しなければならなかった。

アジアとの貿易を開始したオランダの最初の船団は、ハウトマンに指揮された四隻の船舶からなっていたが、一五九五年、テクセル（Texel）の沖合の錨地より出航した。インドネシア諸島に到達してから二年半後にオランダに帰航した。彼に同行して出航した二五九名の男たちのうち八九名が帰還したに過ぎなかったが、利益は膨大なものであった。商品の売上高は、八万フロリンス〔florins――一八四九年以降、英国で流通した二シリング銀貨〕の利益をもたらした。

その航海は、定期航路の道を開き、大政治家・オルデンバルネフェルト（Oldenbarnevelt）の指示の下に組織されたユーナイテッド東インド会社（the United East India Company）の基礎へと路を開いた。一六〇二年三月二十日付けの憲章によって、国務長官がその会社に貿易の独占権を供与したばかりか、条約や同盟締結、領土征服、要塞構築等の広範囲に亘る宗主権を与え、なおその会社に投資した。その会社が調印した最初の条約の相手は、他ならないポルトガル人にとっては不屈の仇敵「マラバールの皇帝ザモリン」であった。さらにその条約は会社に代わって海軍司令長官S・ヴァン・デア・ハーゲン（S. Van der Hagen）によって署名され（一六九四年）、その前文には「閣下の領土とインドの他の領土からポルトガル人を排除することを目的として」と声明されていた。しかし、これは、アルバケルクの防衛機構が堅固なままでいる限りは不可能であった。したがってオランダ人たちの最初の試みは、ポルトガル人の支配がまだ弱体なインドネシア群島からポルトガル人を排除することであった。

ユーナイテッド東インド会社は、一六一〇年、一三二・五％の最初の配当金を公告した。会社は、すでに、一六〇五年にポルトガルからアムボイナ（Amboyna）を奪取し、間もなく、インドネシア群島で政治的にも経済的にも優勢になった。しかし、一六一九年五月三十日のヤン・ピテルゾーン・クン（Jan Pieterz Coen）によってジャカルタが征服され占拠されてから、初めて当会社の群島における立場が完全に確立されたと言えるであろう。クンは、次のように記している。「今や待望の集結地が設定された。インド亜大陸で最も肥沃な地と豊穣な海域が汝らの手中にあり、……見よ、思いを馳せよ、なんと素晴らしき勇気が発揮され、全能の神が我らに味方し、汝らの栄誉を祝福されたことか」と。

クンがインド亜大陸にオランダの覇権の基礎を築き上げたとはいえ、帝国を構築し、ポルトガルの没落に決着をつけたのは、他ならないアントニ・ファン・ディメン〔Antony Van Diemen,（一六六三年に長官に任命された）〕であった。一六四一年、東方におけるマラッカの要塞をポルトガル人たちから収奪し、その地から、アルバケルクの防衛機構を突破した。手中に落ちたその基地から、オランダ人は、ポルトガル人がなお仕切っていたインド固有の貿易へと関心を向けることが可能となった。セバルト・デ・フェールト（Sebalt de Veert）海軍司令長官は、すでに一六〇三年に「仮にわれわれがその国の王と市民たちとの友好関係を維持することが可能であるとするなら、ポルトガル人を攻撃するのに（コロンボに）勝る場所はない」と報告していた。オランダ人は、マラッカから、ポルトガル人と戦闘の真っ最中であったシンハラ族〔Sinhalese——現在のスリ・ランカの主要民族〕の王たちを援助し始めたが、コロンボは陸上からのあらゆる攻撃に持ちこたえるだけの堅固さを備えていた。一六五四年、ファン・デア・ヘイデン（Van der Heyden）は、長期の包囲作戦の後、やっと港を占拠し、セイロンからポルトガル人の勢力を駆逐した。

その後インド海域のポルトガル人の商業帝国は急速に衰退していった。コチン、言わばポルトガル人の最初の設営地は、一六六〇年に占領された。より小規模な他の貿易拠点は、一つまた一つとオランダ人たちの手中に落ちていった。オランダ人の船長たちは、コロンボを拠点に、インドの海洋貿易からポルトガル人を排除する組織的活動に携わり始めていた。(8) ゴアとダマン（Daman）とディウ（Diu）（ボンベイは、すでに一六六五年、英国王への持参金として供与されていた）の小島を除いて、アルバケルクが構築した壮大な機構は姿を消した。

ジャヴァ島では、ファン・ディメンが貿易の独占と会社の政治的影響力を維持することに、ある程度の成功を収めていた。収穫にあたる栽培業者への前払い金システムで、会社は効果的にバンダ（Banda）島、アムボイナ、さらにモルーカスの人々を搾取していった。会社は土地を占有し、自分たちの領地以外のクローヴ〔丁子（チョウジ）・丁香〕の木を根絶し始め、さらに民衆が反抗したときには力で抑圧した。あるオランダの歴史家は次のような言葉で、その結果モルーカスにもたらされた状況を語っている。「会社は彼ら（栽培業者）にクローヴの畑を米作地とサゴ〔サゴ椰子。この木の髄から取るでんぷんは南洋諸島の住民にとっては重要な食料。プディングや布地用の糊にもする〕の木の農場に変えるようにした。小さな山の多い島は、十分な食料の生産が出来なかったから、住民たちは会社から不足分の米を買うことを余儀なくされた。会社はこの商品を非常に高値で売りつけたので、彼らの状況をさらに惨めなものとした。その結果、モルーカスの経済機構は崩壊し民衆は貧困化の一途を辿った」(9)。後に、モルーカスでの実験が大成功を収めたことに味をしめ、会社が他の島々での政治的覇権をものにした時、どのようにこの制度をジャヴァや他の島々へと広げていったかを考察することとしよう。

十七世紀の中頃までに、会社の群島における会社の立場は安定していた。ジャヴァのマタラム（Mataram）、アトゥジェ（Atjeh）とテルナーテ（Ternate）の三大サルタンたちは、厳しい環境の中で、独立を維持していた。オランダの所有地は、まだ小規模なものではあったが、政治的覇権はインドネシアの国家機構の崩壊につれて強固になっていた。マカサール（Macassar）の王とアトジェのサルタンは、断固として会社の要求と戦った。そこでオランダ人たちは、一六八〇年頃、覇権を確立するに到るまで、何十年もの間、厳しい戦闘を強いられた。マカサールに対する作戦行動には特に関心をひかれる。というのは、マカサール王はオランダにとって脅威とも言える海軍力を創設していたからである。一団のヨーロッパ軍と二一隻からなる艦隊がマカサール攻略へと派遣され、二度に亘る激しい戦闘の後、ついにサルタンは協定に署名することを余儀なくされ、その協定によって会社は割譲された領地の統率権を獲得した。

オランダ人たちの手にインド亜大陸の貿易はたくみに収奪され、マタラムのサルタンたちとアトゥジェや他の主権者たちは破綻をきたし、事実上自分たちの権力を失ってしまった。バンタム（Bantam）だけが、賢明な王、サルタン・アブダル・ファタハ（Abdul Fatah）のもとで再生の兆しを見せはしたが、オランダ人は父と息子の敵対関係を巧みに利用して、その国もまた支配下に置いた。

貿易利権の政治的覇権はこのようにして確立され、オランダは群島の富を占有する無敵の主人公となったが、インドネシア征服は実質的にはまだ達成されず、会社の直接的支配は奥地にまでは及んではいなかった。当時のオランダの目的は——小さな孤立した地域では搾取と略奪に終始したが——通商にあり、搾取にはなかった。会社の重役たちは統治権の責任負担には反対であったところから、セイロンの統治権の責任負担を提案したレイクロフ・ファン・フーンス（Rycloff van Goens）に手紙を送って、役員会は率直に声明した。「それは偉大にして、かつ野心ある帝王の仕事であり、ただ利益のみを追求する商人の仕事ではない」と。ところがその後、搾取が商業取引よりもずっと割に合うことを知ると、この政策は本質的な変化を見ることとなった。

太平洋の島々を自分たちの活動の主要基地としたことで、オランダは、中国や日本との貿易を展開するにあたって、有利な立場をとることができた。しばらくの間、彼らの艦隊は台湾を占拠したが、敗北した明王朝の復権を望んだ中国の著名な冒険家・国姓爺*がオランダ人を駆逐した。オランダ人たちは、清朝との外交関係を意図し、不成功に終わったものの、広東と福建で限られた取引をすることを許された。彼らは、日本との商取引関係を結ぶことに大いに関心を持ち、いっそう有意義な結果を生んでいた。それというのも、非常に厳しい検閲と統制下にあったものの、当初は平戸に、後には、出島にと在外商館を設置し維持することを許されたからであった。中国との貿易は、西洋へお茶を導入する結果となり、日本との接触は、島国帝国に対する西洋の知識欲を掻き立てるといった影響を及ぼしていた。

＊　国姓爺　Kuo-hsing-yeh, 1624-1662——鄭成功。明末の遺臣、鄭芝龍の長子。日本名・田川福松、名は森（シン）。母は肥後平戸の人、清軍と戦い、アモイ、金門島、のち台湾に拠って奮戦したが、志を遂げず病没。明室から国姓朱氏を賜り、国姓爺（こくせんや）と称した。近松門左衛門作『国姓爺合戦』により「和藤内（和唐内）」の名で親しまれる。

英国人とフランス人の登場

オランダの会社が設立される一年前、イギリスの東インド会社は、エリザベス女王から東方における貿易独占の特権を与えられていた。当時、英国人にとって、香辛料はとりわけ重要な商品であった。「エリザベス朝時代は、秋から春にかけて塩漬けの肉を主食とし、生肉は概して質が粗悪だった。漁民たちの健康のために、法律は、できるだけ魚を食べるように強要し、こうした全て風味のない食べ物のせいで、刺激のあるピリッとした調味料に対する欲求は、当然のことだが、おそらくわれわれの欲求より遙かに強かったのであろうと言われている。彼らは、お茶がなかったせいで、大変に香辛料の利いた飲み物を好んだ」[10]。オランダ人は、十六世紀の香辛料貿易の主たる仲介人であり、こうした必需品を北の国々に供給したが、一五九九年、彼らが一ポンド三シリングから一ポンド八シリングに値上げした際に、英国の商人たちは独自に東方貿易に参与することを決意した。

一六〇一年一月二十四日、東インド会社の最初の船舶が、ランキャスター(Lancaster)船長の指揮の下に、東方へ向かって出航した。船はスマトラのアチン(Achin)に到着し、一〇三万ポンドの胡椒の荷を積んで、二年半後の一六〇三年十一月に帰還した。引き続く航海も、主として香辛料の島々へと向かっていったのだが、会社の実状はたいして芳しいものではなかった。その理由は、英国には交換に売るものは何もなく、香辛料の輸入は当時の経済学者たちにはひどく嫌われていたからである。ところが群島に滞在していた会社の代理人たちが、時宜に叶った満足ゆく方法を発見した。彼らは、群島でインドの織維品に対する大きな需要があり、仮にこれら織維品を輸送してバンタムやモルーカスで販売できるとすれば、香辛料貿易はその利益で賄えるであろうと報告した。したがって、英国人がインドに貿易の拠点を構えようとしたのは織維品を購入するためであり、その目的のために選ばれた場所がスラート(Surat)であった(一六一二年)。

一六一五年、ジェイムズ(James)王は、ジェハンジール(Jehangir)の宮廷に使節を派遣するようにと説得された。この頃、英国人はインドネシアから強制退去させられていたし、彼らの主たる商業的関心はインド本土に集中していた。ここでも英国の会社の問題はインド貿易の支払方法であった。というのも、英国から運ばれた品物で支払うことなど問題外であったからである。紅海の交通路が有利な活路を提供するかに思えた。しかし、彼らの貿易が展開を示す矢先に、英国の内戦が会社の立場を困難なものにしていた。その原因はチャールズ(Charles)一世が、ライヴァルの商人グループに、インドでの貿易開始の特権を許可してしまったことにあった。この妨害措置は、さして深刻なものではなかったが、東インド会社は貿易拠点を慎重に展開する政策に乗り出し、一六四一年、マスリパタム(Masulipatam)に腰を落ち着けた。その年の九月、ヴィジャヤナガール帝国の後継者、チャンドラギリ(Chandragiri)の国王から、マドラスに砦を築く権利を獲得した。一六四七年までに、二三ヶ所の貿易拠点と九〇人の従業員を抱えていたが、これは大して注目すべき進展とも言えなかった。

一六六五年のボンベイの獲得に伴って状況はいささか変化した。チャールズ二世が、会社側が常に求めていた居住地における完全な司法権を会社に委譲したのである(一六六八年)。会社の営業本部は、インドの支配者たちの庇護の下にあったスラートからボンベイへと移され、海軍の銃砲で防衛は容易に可能となった。イギリスの王政復古と共に会社の業務は繁栄し始めていた、というよりは、少なくとも大衆の注目を引くようになっていた。それはまさに驚異の人物、気取った無節操で傲慢な気性の激しい、それでいて稀に見る想像力に長けたジョシア・チャイルド(Josiah Child)卿の指揮下に入ったからであった。「中国の皇帝や大ムガール王というよりは、巷の商人風な彼の容貌は神の過失のようだ」と言われたジョシア・チャイルドは、急進的政策の支持者であった。すべてアジア的なものにひどい侮蔑感を抱き、ムガール王朝に対して「戦争宣言」さえしたが、この行為の結果はまったく不名誉なものとなった。ベンガルの会社の施設は占拠され、大変な努力をもって培ってきたものが、一撃で失われてしまった。会社側は、平身低頭して和平を懇請した、アウラングゼブ(Aurangzeb)皇帝は、英国人が「身をただし、将来、二度とこうした恥ずべき行為はしない」との約束を取り付けた後に、懇請を受け入れた。アウラングゼブ皇帝は、また不遜な商人たちに罰金刑を科した。

会社の代理人たちはベンガルに戻ってくると(カルカッタ、一六九〇年)、フーグリー(Hoogly)河の河畔の漁村に居を構え、六年後にその地を要塞化することを許可された。かくして、十七世紀の終わり頃までにボンベイ、マドラス、カルカッタに居座ることとなり、その三拠点からイギリス勢力は、百年後に内部へと浸透してゆくことが可能となったのである。しかし、当時、さらにその後の十年間に亘って、会社は何ら政治的影響力を保持することはなかった。したがって、今日の歴史家たちが売買や交易に携わっていたカルノックス（Carnocks）、ピッツ（Pitts）、オクセンデンス（Oxendens）やユウルズ（Yules）といった連中が当時の政治上の重要人物であるかのように念入りに喧伝し印象付けるのは、全く誤解を招くものと言える。

ここではフランス人たちのアジア貿易への参入も簡単に言及するに留めよう。

インド洋で他のヨーロッパ勢力に伍して行くことの重大性をアンリ（Henry）四世は認識していたし、一六〇一年には、フランス東インド会社の設立を考えていた。様々な探検航海が行なわれたが、フランスは、ヨーロッパの発展と後のフロンドの乱〔Fronde——フロンド党の反乱。十七世紀中期、王権に反対する諸勢力が起こした反乱。一六四八—五三年〕への対応に忙殺され、コルベール〔Jean-Baptiste Colbert, 1619-83——政治家。ルイ十四世の下で財務総監。重商主義政策を実施。絶対王政の経済的基盤を固めた〕の時代まで、東方事情に対して確固とした対応が不可能であった。政治家コルベールは、フランスの一大海洋勢力の確立に熱意を抱き、東インド会社の設立にも率直な関心を示していた（一六六四年）。間もなく、在外商館が設置され、フランス人は、他のヨーロッパ人と競合して、インドに自分たちの小さな貿易拠点を得ていた。コルベールの狙いは、セイロンにフランスの統治権を確立することであった、そこでヤコブ・ドゥ・ラ・エ（Jacob de la Haye）の指揮の下に大艦隊が、一六七〇年三月、目的達成のために出航した。しかし、オランダ人が警戒してその島のフランスの居住地で先手を打っていたため、探検の唯一の嘱目すべき業績は、他の六名と共に後に取り残されたフランシス・マルタン（Francis Martin）が確保したポンディシェリ〔Pondicherry——インド東部コロマンデル海岸の旧フランス領植民地〕の根拠地だけであった。

東方が十七世紀の終わりに呈していた状況は、手短に言えば、次のような世界であった。ポルトガル人の勢力は、ゴア、マカオ、チモール（Timor）の基地は無傷のままだったが、インド洋と太平洋からは、実質的に排除されてしまっていた。オランダ人が、セイロンの沿岸地帯を仕切り、インド半島に数ヶ所の貿易拠点を保持し、中でも重要だったのはコチンとネガパタム（Negapatam）であった。彼らはマラッカを占拠し、マレーの貿易を仕切っていた。オランダ人はインドネシアでは、商業独占に基づく一帝国を樹立していたし、中国、日本と有利な貿易を展開していた。英国は、インドネシア諸島から除外され、広範囲に亘る貿易網を張り巡らしたインドに集中していた。最後にフランス人が東方にやってくると、ポンディシェリに領有地を確保した。群島地域を除いて、ヨーロッパ人の貿易商人たちは、何ら政治的覇権を行使することはなかったし、ポルトガル人が一六三三年に、英国人が一六八九年にインドの支配者たちとの抗争に突入し、彼らは確固不動の国家権力に挑戦することの愚かさを思い知らされた。

ここでアジアの貿易機構に起こった大きな変革を強調しておくことは重要であろう。周知のように、ヨーロッパ諸国は香辛料を求めてアジアの海域に到来した。十六世紀には、香辛料がヨーロッパとアジア貿易の支配的商品であった。十七世紀においてすらも、オランダ人に関する限り主な関心事は香辛料であった。しかし、インドネシアから完全に英国を閉め出し、中国の海港で貿易が展開されるにつれて、彼らの関心は、繊維、綿布、モスリン、絹等へと推移した。この状況の変化は、ヨーロッパに起きた経済状況の変革によって大いに助長された。百年に亘ってアメリカの富がヨーロッパへと流れ込んだ。中央と南アメリカの金と銀の鉱山は、大西洋沿岸の海運業者たちを富裕にしていた。英国とオランダの北アメリカの植民地は母国に繁栄をもたらし、アジアの香辛料貿易もその富の増大の一翼を担っていた。十七世紀中葉までに、大西洋の諸国家は、以前にはヴェニスのみしか経験したことのなかった繁栄を謳歌していた。

この経済的繁栄は新しい需要を喚起した。当時の三列強であった英国、フランス、スペインでは、インドからのモスリンと染め付け繊維、中国からのお茶と絹、オランダ領・東インドからのコーヒーの需要が大であった。もちろん香辛料貿易は依然として非常に重要であったが、競争相手の増加につれて利益はかなり減少していた。インドの繊維製品の人気は、イギリスとフランスの双方で政治的大問題となっていた。パンフレット書き〔政治・社会問題などについて小冊子上で意見を発表する人〕――中でも著名な金儲けの文筆家スティール〔Sir Richard Steele, 1672-1729――アイルランド生まれの英国の随筆家・ジャーナリスト・劇作家・政治指導者〕――が英国の羊毛製品の価値を擁護するために舞台に登場した。一六七七年頃までに、議会は冬季用の羊毛製品以外の輸入は、すべてを禁止する必要性を感じ取っていた。一六九五年までに、インドの繊維品が、実質的に英国の製品に取って代わってしまっていたので、大衆はインドの繊維品の全面的輸入禁止を強硬に要求した。スピッタルフィールド（Spitalfields）の絹の織元たちは、議会の外で示威運動におよんだほどであった。フランスの状態も例外ではなかった。摂政団〔the Regency――執政に与る団体〕は、自国の繊維製品の利益団体の圧力に屈して、インドと中国製品を求める趨勢を堰きとめようとして、次々と法律を発令した。

東方貿易は、圧倒的に繊維製品に移行していたが、廉価で耐久性があり色彩が豊かで、とりわけ洗いがきくという性質から、ヨーロッパの有産階級と中産階級の双方の間で、それらは絶大な人気を博し、圧倒的な需要があったが、それだけでは終わらなかった。中国の壁紙、扇子、陶器、箪笥やお茶、インドの漆製品、ショール（カシミヤ）、錦織製品が取り引きの重要な商品であった。この増大する貿易量に対する反対は喧々囂々であった。サンソムが言うように、「数多くの枝を持つ木に育ってしまった論争の根源は〈金《きん》〉が枯渇してしまうのではないかという相変わらずの古臭い懸念であった。インド産の薄織物の透明性にショックを受けたと、イギリスのパンフレット書きたちが認めざるを得なかった時、金や銀の国外流出を遺憾に思ったり、特に、国内の産業を保護することに専念していた人たちの反対に対して、薄織物といっても、モスリン同様なのだし、自分たちも、英国婦人のしとやかさには、気を配っているのだと言うのは、偽りなのであった」。

本質的には、十九世紀に到るまで、アジア貿易は一方通行であった。アジアのどの国にもヨーロッパ商品に対する大きな需要はなかった。言わば、ウィットフォーゲル[*1]が「海が国家を動かす」と言ったアジア帝国は陸の収入に頼っており、おおむね自給自足の経済であったのである。インド貿易は常時膨大なものではあったが、インドの国家経済は貿易に基づくものではなかった。このことは中国でも同様で、帝国政府はいつの時代も、国内への外国製品の輸入を阻んでいるかにさえ思えた。また当時、ヨーロッパは、ほとんどアジア経済世界に提供すべきものを持っていなかった。無数のマドンナや聖書の名場面の彫刻、リビウス[*2]の物語を記録したプリント品、挙げ句の果てに卑俗な人間臭い商品、一連のヌード、いささか不真面目な図柄の製品をシャムに輸出したアムステルダムの会社の話は、全く珍しくもユニークでもなかった。日本人が聖書の図柄に何ら関心を示さないことに不服を漏らしたリチャード・コックス（Richard Cocks）の日本からの手紙を引用してみよう。「彼らは、このような豊かな絵画に敬意を払う以上に、紙に描かれた馬や船や鳥などを高く評価するのです。誰一人、聖パウロの改宗の美しい絵画に六ペンスさえ払う者はいません」(12)。

＊1　ウィットフォーゲル（Karl August Wittfogel, 1896-1988）　ドイツ生まれの中国研究家。一九三四年にアメリカに亡命。コロンビア大学中国研究所所長を務める。主な著書に『解体過程にある中国の社会と経済』『オリエンタル・デスポティズム』。

＊2　リビウス（Livy, B.C. 56—A.D. 17）　ローマの歴史家で、オーガスタス皇帝の愛顧を得た。ラテン語名は、Titus Livius。彼の著作と言われる、ローマ建国以来紀元前九世紀までの『ローマ史』は、全四十二巻のうち三十五巻が現存。

西洋商品に対する需要の欠如は、マンチェスターが廉価な繊維製品を提供し、工業製品が輸出されるようになるまで深刻な問題であった。十九世紀になってすら、ヨーロッパ製品に対する需要は、予想を遙かに下回っていた。後でその例を示すこととしよう。したがって実際には連邦の航海法の制定に伴って始まり、さらにコルベールによって推進された経済ナショナリズムが、深刻なまでの国家の産業保護、輸出貿易の促進、国家の富の擁護といった措置をとるのに懸命だった一時期に、東インド貿易が非難され、敵意をもった批評に晒されたのも何ら驚くには当たらない。しかし、経済学者たちの見解は大衆の要求に抗しきれず、貴重品と贅沢品の延びは需要を維持し輸入の増加を助長した。十八世紀の第二・4半期は、インド洋でのイギリスとフランスの敵対関係は熾烈なものであった。ポルトガルとオランダを後部座席に押しやってしまったヨーロッパの政治状況の変化は、東方におけるヨーロッパ勢力の間で展開された抗争を反映していた。フランスとイギリスのみが競争に残っていた。ヨーロッパ諸国家の相互破壊的な争いや「不法侵入者たち」同士の相克などは、ここではわれわれにとっては何ら関与する問題ではないが、増大するイギリスの海軍力を妨害しようとしたフランスの断続的努力（例えばベンガル湾におけるラ・ブールドネ（La Bourdonnais）の海軍の行動）は、そうした出来事の展開にはほとんど意味をなさなかったことを指摘しておきたい。インド洋に関する限り、英国の商業的覇権に対するライヴァルは排除され、一方、中国と東方の海域に関する限り、いずれの列強も制限された取引以上のことは何もできなかった。インドネシアでは、オランダが事実上の独占権を行使していた。

（1）　バジャドール岬、クロンカルロ・ド・シンタ一ラ（Croncalo de Sintara）を通過した後、沿岸に沿っての奴隷狩りの探検隊の一隊が多くの面で立派な人物であったアドリン（Adlin）なる名前の黒人の酋長を捕らえた。彼は、広く旅をし、ムーア語を話すことができた。他ならない彼こそが、ドム・エンリケの隊商に、サハラ砂漠を越えて、スーダン、さらに紅海への経路を教えたのである。

（2）　カリカットの中国の在外商館に関するサムソンの声明は全く根拠がない。彼は自分の声明をそのような商館が存在し、中国の艦隊がカリカットへ到来し、支配者が商館に対して陵辱を加えたことから街を破壊した、とキャブラルに報告した景教〔ネストリウス派キリスト教〕僧の記録にもとづいている。

サンソムは、また、「先ず第一にポルトガル人は、インドにおける中国人の侵略者に譲歩する必要がある」との気ままな結論を引き出している。(G. B. Sansom, *Western World and Japan*, p. 44)。カリカットには、中国人の商館は存在したこともなく、鄭和の艦隊は街を攻撃したこともない。また、その旅行に関する馬幹の記録にもそのような行動に類するような記録はない。

(3) ザモリンとの決別に繋がる出来事には、著者の *Malabar and the Portuguese*, Bombay, 1927. を参照。ポルトガル人の見解は、いい加減な、Danver と、大変に公平に見ている、Whiteaway の、*Rise of Portuguese Power in India* に見受けられる。

(4) 二十世紀のこの問題に関する興味ある付帯的状況には、Maurice Collis の *Trials in Burma* を参照。

(5) マゼランのモルーカスにおける関心等については、*Voyage for the Hakluyt Society* の Stanley 版を参照。

(6) 第Ⅶ部「キリスト教伝道団」を参照。

(7) Pieres のセイロンにおけるオランダ勢力に関する文献 (Documents relating to Dutch Power in Ceylon)。

(8) オランダによるマラバール沿岸でのポルトガル勢力の崩壊の歴史は、本著者の *Malabar and the Dutch* に詳述されている。

(9) Bernard H. M. Vlekke：*Nusantara*, p. 139.

(10) Thompson と Garret に引用されている。*Riseand Fulfilment of British Rule in India*, p. 6.

(11) Sir George Sansom：*Western World and Japan*, p. 154.

(12) *Nusantara*, p. 198 に引用。

第二章　中国と日本

中国、孤高の禍《わざわ》い

一五一一年のマラッカにおけるポルトガルの勢力の確立とともに、太平洋はヨーロッパ人の艦船の航行するがままになった。マレー半島には、主として福建からの中国人たちが多数存在した。ポルトガル人たちは、彼らから膨大な富と中国帝国の大いなる商業の発達について耳にしていた。中国の沿岸にたどり着いた最初のポルトガル人は、ラファエル・ペレステレロ（Raphael Perestrello）で（一五一六年）、ジャンクで航海し、冒険に満ちた航海の後に帰国した。ジョージ・フィリップス（Geroge Philipps）によれば、翌年、ジョルジェ・マスカレヤス（Jorge Macarehas）が潮州（Ch'ao chou）を訪れ、中国の商人たちと取引をしたと言われている。ペレステレロとマスカレヤスに収集された情報は、中国との貿易を望むポルトガルの権力者たちに確信を抱かせた。派遣使節団が準備され、薬剤師だったトマス・ピレス（Thomas Pires）が、ポルトガル王の書簡を携えて、広東へとフェルナンド・ダントラーデ（Fernand d'Antrade）に護衛されていった。マラッカのポルトガル海軍基地の司令官であったダントラーデの船は、中国でも常に大きな需要のあった大量の胡椒を積んでいた。使節団は丁重に受け入れられ、広東の役人たちも、ダントラーデが胡椒を売却して交換に中国の商品を買い付けることを許可した。

当時、北京で執政に当たっていた皇帝は、明王朝の武宗・正徳帝（Emperor Cheng Te）であった。外敵・蒙古に対して民族的抵抗運動を組織した英雄的仏教僧・朱元璋*に創始されたこの王朝は真に民族主義的なもので、漢民族の精神の復活を代表するものであった。洪武（Hung Wu）なる治世年号を付して、朱元璋の下に明帝国は、覇権を朝鮮や琉球まで延ばし、ビルマやほかの周辺の朝貢諸国によって宗主国として受け入れられ、明王朝の初期には、中国の宗主権は、日本の皇帝にも素直に受け入れられていた。君主制国家としての明王朝の政策は、概括的に言えば漢民族文化の精神の復活であった。洪武帝は法令を公布し、帝国の伝統的官僚組織を再構築し、科挙制度を復活させ官僚制度を強化した。彼の後継者・永楽帝も、また有能な皇帝で、今日では現在の形態の北京の再建、中でも彼の編纂になる膨大な百科事典――永楽大典――や六五隻の艦隊を率いてアラビア沿岸までインド洋を航海した鄭和艦長の海洋探検で記憶されている。しかし、これに劣らず、彼は中国の偉大な支配者の一人と崇められる他の側面をも持っていた。彼は、帝国の権威を安南、朝鮮、さらに日本へと及ぼしていた。

＊ 朱元璋（Chu Yuan-chang, 1328-98） 洪武帝、字・国瑞。安徽濠州の人。貧農の家に生まれ、元末の混乱の時代に、紅巾軍に参加。一兵卒から身を起こし、南京にて帝位に就く。国号・明、建元・洪武。官制を革め内治外征に治績を上げる。在位 1368-98。

また、鄭和の海洋探検を通して、永楽帝は中国が南方地域を巡って主張していた曖昧な宗主権を朝貢国制度にも似たものに改めた。シャム、ジャヴァ、スマトラとマレーに、北京は初めて最高権力者としての権威を主張し始めていた。

永楽帝の後継者たちは何ら特別な才能の持ち主ではなかったが、十六世紀初頭、さらに、事実上、十七世紀の中期に到るまで、中華帝国は明王朝の下で、多少なりとも永続的平和と繁栄を謳歌していた。行政機構は、洪武帝と永楽帝によって再組織されたままに正常に機能し続けていたし、帝国の規模は適正で、その権威をどこでも行使することが可能であると思われた。ポルトガル人が最初に中国に到来した正徳帝の時代も、再組織された行政機構は好調に機能し、地方の行政官や総督は、地方行政区の問題を処理するに足る十分な権能と技量を備えていた。事実、際だった中国の政治機構の特徴は、天津条約（一八五八年）に到るまでは、北京行政府が弱体化し、収賄行為の蔓延と中央の官僚が無能であった時でさえ、地方の行政官たちは、中央の政策を履行する忠誠心と技量を備えていた。

北京当局は、ピレスの到来を滞りなく通達され、例によってしばらくしてから北京への旅が許可された。その間に、ポルトガル人にとってあまり思わしくない知らせが明の王室に届いていた。マレーのサルタンたちが、封臣として保護要請の権利を主張し、新参者（ポルトガル人）に対抗するため援助を懇請していたのである。とりわけビタン（Bitang）のサルタンは、ポルトガル人は交易に来ている時ですら征服を企んでいると北京政府に警告として詳細な報告書を送ってきて、インド洋におけるポルトガル人の手法を暴露していた。しかし、皇帝は疑いを抱きながらも、使節を受け入れるにやぶさかではないと、トーマス・ピレス（Thomas Pires）を北京へと差し向けるよう命令が出された。ピレスの北京到着までに、ポルトガル人たちは自分たちが信用されていないという、北京当局の思惑を嗅ぎ取っていた。最初にピレスの護衛にあたった司令官の弟、シモン・ダントラーデ（Simon d'Antrade）は、上川島（Shang-chuan）へと航海して上り、ポルトガルの船長たちは、マレーでいつもしてきたような行動をとり始めた。まず一隊を上陸させ、砦を築き始めたのである。すると中国の艦隊が攻撃を開始してこれを追い払った。そのシモン・ダントラーデの海賊行為の報せが北京に伝わると、中国政府は当然、使節の受け入れを拒否し、使節は広東へと送還され、ダントラーデは、一五二三年、当地の監獄で死んだ。

当時、中国人は外国人に対して何の偏見も持っていなかったことを強調する必要があろう。明王朝は民族主義的であり、元王朝による異民族支配の後、中華思想の復活を表明してはいたが、外国との交流を歓迎することを拒否することもなかった。事実、明王朝の初期には、周知のようにかなりの海洋活動が履行され、インド洋における鄭和の航海や明帝国がマレーや南方の島々との間に確立した関係は、中国はその当時孤立主義が支配的傾向ではなかったことをはっきりと物語っている。それでは、なぜ北京の王室は突然にその政策を変更し、ポルトガル人との取引を拒否したのだろうか？　その回答はポルトガル人たちの政治的主張とアジアの民衆への彼らの野蛮な行為に見られるのである。

先に見たように、ポルトガル王は「航海王」を自認し、「自分の臣下が発見したすべての地の統治権」を主張していた。もちろん、ポルトガル人たちは、この主張を陸上では強調もできず、一五一一年のカリカットでのアルバケルクの悲劇の後は、地上の権力に関しては、その主張は暗黙のうちに放棄されていた。しかし、自分たちの艦船がそれを主張、強要できる地域、言わばセイロンやマラッカのような島々では、彼らは自分たちの主張を取り下げるようなことはなかった。また海洋では、航海王としての独占権を持つ東方海域での航海権を主張し、許可なくその海域を航海するもののすべてから略奪する権利を持つという政策に固執していた。さらに彼らの貿易政策は、マレーやコチンや他の沿岸地域の小国で拡張してきたように、まず適当な地点に上陸し、砦を構築し、その地を己の領土として保持し、その基地を中心に貿易を行なってきた。こうしたことを、使節が北京への途上にあったにもかかわらず、シモン・ダントラーデの一行が上川島でやってのけたのである。

公海上でのポルトガル人たちの海賊行為は、北京の王室に知れ渡っていたということを忘れてはならない。マレーのラジャ（Rajas 王）たちは、北京の封臣であることを認めていたし、特にビタンのサルタンは、沿岸地域のポルトガル人による乱暴狼藉を皇帝に報告し、皇帝にポルトガル人の野心についても警告を発していた。イスラムは現在と同じように、当時も国際的共同体であったし、ゴア、オルムズ、さらに紅海沿岸におけるポルトガル人たちの動きは、マレーのモスレムの支配者たちにはよく知られていた。彼らを通して北京の宮廷は、ポルトガル人がインド洋海域の小規模な有力者たちとの関係をあえて隠そうともしなかった彼らの目的についての情報を得ていた。

カリカットのザモリンが、向こう見ずなポルトガルの司令官に、領地を征服して領有権を得ることの不可能を知らしめたのは疑いもない事実ではあったが、海洋で効果的にその力を行使できないことを知ると、ポルトガル人たちは小さな島々を制御することで満足し、あえて中国の力に挑戦することはなかった。しかし、中国の皇帝は紛争を好まず、国家間の権利を認めず、公海上であからさまに大規模な海賊行為を行なう人種とそれ以上取り引きすることを拒否した。

何ら政治的、また、外交的関係を拡大する許可も得ず、ポルトガル人たちは、南方の港で派手な貿易にいそしんでいた。貿易に対しては何の特別な制限もなく、地方の中国の総督たちは、売却を目的とする価値ある商品を持ち込む外国人たちとの商業上の交流を助長さえしていた。ホルヘ・マスカレハスの泉州（Ch'uan chou）への到来は、商業共同体と親交を築き上げていたし、非公式ではあったが、とくに泉州と寧波（Ningpo）では地方当局の黙認のもとで盛んな貿易が行なわれていた。しかし、ポルトガル人の気性と途方もないオリエントでの主権の主張が、地方の民衆や総督行政府との争いをひき起こし、両地域の居住地から彼らは追い出されてしまった。しかし、取引は双方にとって利益があり、ポルトガル人が自らの行動を大きく自省し、総督や他の役人たちに適当な贈与をしたところから、商品を陸揚げし貿易を行なう場所として、一五五七年、アマカウ（Amakau 澳門／Aomen）なる名称の人里離れた岬の使用の許可をポルトガル人は得ていた。アマカウ、すなわちマカオの名称で知られるようになった地は、地峡によって本土とつながる小さな半島の先端であった。

海賊を追跡していた中国の海将が、ポルトガル人の船舶に助けられ、総督はそのことを考慮して、貿易拠点としてマカオの使用をポルトガル人に許可し、その許可は一八七七年に到るまで維持された。一八四九年までポルトガル人は定期的に使用権の費用を支払い、中国人がマカオを巡る民事と犯罪の裁判権と財政権の双方を行使していた。中国の法廷は、一六九〇年までそこでは機能し、特別の行政官がマカオには居住して監督権を行使していた。殺人などの際には、最終判決は広東の行政府が関与し、中国人当局に使用料を支払うことなしには家屋でさえ建設できなかった。マカオは、中国の力に対抗したポルトガル人に占拠されたとする一般的な考えは、後に見られるようにまったく事実に反している。実際のところ、イギリスとフランスが中国にヨーロッパの覇権を打ち立てた十九世紀の中期に到るまで、ポルトガル人は、北京の行政府ではなく広東の出先機関から謙虚な請願者の資格で、マカオに滞在を許されていたのである。

次いで、中国と接触を求めて到来したのはスペイン人であった。彼らは十六世紀初頭にはフィリッピンに到達していたし、一五七一年頃までには、フィリッピン群島は彼らに征服され、マニラが建設されていた。その地で彼らは、中国の船舶と接触することとなった。中国を訪れた最初のスペイン人は、マルティン・ドゥ・ヘッラダ(Martin de Herrada)とジェロノモ・マリン(Geronomo Marin)なる二人の牧師であった。親睦関係が南中国の当局と結ばれ、十六世紀の終わり頃には、彼らは広東での貿易も許可されていた。しかし、スペイン人は、ポルトガル人ほど外交関係の樹立に成功を収めることはなかったが、フィリッピンを基地とした彼らの商業は、繁栄していたかであった。その取引は、メキシコの中継地として行動するフィリッピン人の商取引といった奇妙な貿易であったし、スペインと中国の貿易は中央アメリカ経由であった。「アメリカ鉱山の銀は、アジアの綿や絹織維製品、香辛料と陶磁器を求めてキャラオ(Callao)やアカプルコ(Acapulco)とのバーター取引が続き、スペインのカトリックのお偉方たちの国庫を詐取していた」(1)。

大平洋におけるポルトガル勢力は、一六〇五年、オランダ人がポルトガル人をアムボイナから追い払い、徐々にインドネシア群島の他の地域からも排除してしまい、十七世紀の第一４半期の頃には衰退してしまっていた。一六一九年、オランダ人はバタヴィア（Batavia）と改名されたジャカルタに工場を建設し、オランダの司令官はこの行動によって「われわれはジャヴァの地に足場と自治領を獲得した」と報告した。やがて東の海域におけるポルトガル人の地位は、一時期、オランダ人にとって代わられた。オランダの船長がマカオの沿岸に一五隻の艦隊を率いて到来し、半島からポルトガル人を追い出すことはできなかったが、彼の探検は台湾占拠につながる大変に興味ある結果をもたらすこととなった。当時台湾は、実際には中国に植民地化されていたわけではなかった。オランダ人は、台湾に根拠地を定めると、砦を建設した。この島が後の歴史に登場する状況から見ると、オランダ人が中国当局との関係を意図していたとする話を取り上げる前に、台湾での出来事に簡単に言及することが望ましいであろう。

オランダ人は、台湾を植民地化することはなかったが、主として貿易の目的と日本との関係を発展させるための中継基地として使用した。しかし、程なくして彼らの立場を脅かす重大事が起きたのである、歴史上、国姓爺として知られる、滅亡した中国・明王朝の支持者・鄭成功〔Cheng Ch'eng-Kung, 1624-62――前出六七ページ訳注参照〕であった。満州族が北部中国を占領し、明王朝の支持者たちが、徐々に本土から根絶されていたとき、アモイで執拗に抵抗していた鄭成功は、台湾に基地を建設することを決意した。二万五千人の部下を戦力として随え、台湾を攻撃し、オランダ人の城塞を長期間包囲した後、降伏へと追い込み、明皇帝のために台湾を占拠したのである。国姓爺は、その地へいかなる闖入者をもよせつけず、福建（Fu-chien）の沿岸地域を襲撃したので、満州皇帝は福建省の沿岸地域の放棄を命じたほどであった。国姓爺は台湾を統治し続け、彼の死後息子がその島の領土を継承し、満州はその息子の死後になってやっと台湾を併合するにいたった。

満州族の中国侵略は、アジア史における一大事件であり、明王朝を打倒した清王朝は一九一一年まで中国を支配し続け、結果、二五〇年に亘るアジアとヨーロッパの関係史の中心舞台となった。満州族の権力への台頭と二百年余に亘って中国を支配した威信と覇権、加えて王朝の決定的崩壊は特筆すべき関心事であり、極めて重要な一章を成している。

明から清へ

正徳帝以後の明王朝は、宮廷の宦官と腐敗した官僚たちの傀儡と化し、脆弱な退廃した一連の支配者を生み出す結果となっていた。萬暦帝[*1]は幼少にして皇位継承をしたひ弱な統治者で遊興の奴隷となり、国事を主として宦官や妾妻を通して行なった。彼の第一顧問は、宦官・魏忠賢（Wei Cheng-hsien）であったが、魏忠賢は中国の長い歴史の中でも最も悪名高い人物と見なされている。萬暦帝の後継者は魏忠賢に後押しされた父の妾妻に殺害され、魏忠賢は世襲君主の養母の支持を得て、君主に代わって国を支配した。魏忠賢の行動は非道極まりなく、大衆の世論にも耳を貸さず、国の安寧などは全く論外で、(2)王朝の権威は再起不能なまでに退廃し傷つけられた。次期皇帝・崇禎（Emperor Chung Chen）が魏忠賢の悪事の始末をつける羽目となった。無秩序がはびこり、首都は反乱軍の首領・李自成[*2]の手に落ちた。明帝国は崩壊の憂き目に晒され、ついに満州勢力をしてつけ入らせる結果となってしまった。

＊1　萬暦帝（Emperor Wan Li, 1563-1620）　明の第十四代皇帝・神宗、穆宗の第三子。財政改革に務めたが後に奢侈に耽り、宦官を重用し政治を腐敗させた。萬暦の三大征伐・夏・播州・朝鮮救援と清の勃興で苦しんだ。在位1572-1620。

＊2　李自成（Li Tzu-cheng, 1624-62）　明代の農民反乱の首領。飢民、流民を随えて各地を蹂躪した。一六四四年、明を滅ぼし、北京で帝を唱えたが、清軍に破れ敗走。

満州族は、折に触れて中国の宗主権を受け入れてきた国境沿いの種族ではあったが、実際には決して中国に征服されることはなかった。血族で組織され、なんら国家的統一もなく生活していたが、ついに彼らの間から、奴児哈赤*なる指導者が台頭し、国境周辺で中国の役人に殺された父と祖父の仇を討つために、満州族を同盟へと組織し始めたのである。中国当局は、彼をその地方の長官に任命し、龍虎将軍の称号を授与して懐柔を計ったが、奴児哈赤が種族に対して自らの政治的権威をますます強化し、強力な軍隊を構築するのに用いた勢力と権威をさらに助長させたに過ぎなかった。一五八六年の頃までに彼の権威は、他の満州族たちにも受け入れられ、満州の支配者として是認された。奴児哈赤は、明帝国後期の衰退した支配権の下では、実質的宗主権を行使し得なかった蒙古にまで徐々に支配権を拡張した。明王朝の北京政府は、奴児哈赤一族に対する支配権を確立するための戦闘にあたって、葉赫族（the Yehos）を支援したので、奴児哈赤は一六一八年、中国・明王朝に宣戦布告した。明王朝は、当時急速に崩壊への道を辿っていたが、容易に後に引き下がることなく、傲慢な満州族を懲罰するために軍隊が派遣された。作戦行動は、年々強化されて行く満州族の勢力の間で、一七年間に亘って延々と続けられた。一六二六年、奴児哈赤の死の年には、満州族の勢力は遠く遼東半島にまで及び、明帝国そのものを脅かしていた。

＊ 奴児哈赤（Nurhachi, 1559-1626） 清の太祖、姓・愛新覚羅。建州女直の人。一首長から身を起こし中国東部全土を征服、汗の位につく。国号を金と革め、サルフの戦闘で明軍を破り、遼東・遼西を制覇。寧遠城の戦いで負傷し、死んだ。在位 1616-26。

奴児哈赤の後継者は、天聰（Tien Tsung）の名で知られた。朝鮮王朝と察哈爾・蒙古（Chahar Mongols）に宗主権を確立し、中国本土へと戦闘を展開したのは、他ならない天聰であった。中国では奴児哈赤の後継者の時代に、最後の明の皇帝を北京で自殺に追いやった李自成の大反乱が起きていた。これこそが満州族が待ち望んでいた僥倖であった。北部の明の支持者たちと手を組み、満州族は反乱軍に対抗すべく介入し、李自成が敗北した後に、満州族の君主は、自ら王朝を要求し、その支配下に、中国全土を置いたのである（一六四五年）。

活気に満ちた新王朝と旧態依然とした明王朝の交代は、まさに重大な時代に、中国を強化した。北方の国境沿いの種族たちは、蒙古人たちと同様、明王朝の後期には中国の宗主権を公然と非難した。カルカス（Kalkas）族、イリュース（Eleuths）族や他の半独立的種族も離脱し、一方、後に新疆省（Hsin ch'iang）として知られる膨大な領土がすべて独立した。ロシア人たちは、シベリアの真空地帯へと移動していった。したがって、実際には清王朝は満州王朝として知られていたが、北京にて政権を維持し始めた時、中国の領土は万里の長城の南に限られていたし、新疆省やチベットは含まれてはいなかった。有能な支配者の継承が――その内の二人、康熙帝[*1]（Emperor Kang Hsi, 1654-1722）と乾隆帝[*2]（Emperor Chien Lung, 1711-99）が中国の歴史上最も偉大な君主として認められているが――再び帝国を併合し、ロシアの拡張をアムール川（黒龍江）以北に押さえ、新疆の領土を再び征服し、実質的支配下に置き、チベットに軍事力で介入し、中国の主権を確立した。続く二百年余の間、中国の覇権が、北は朝鮮の国境からカンボジアに到るまで、太平洋からヒマラヤ山脈とカラコルム山脈にかけて、広大な地域に及んでいた。

＊1　康熙帝　清朝・第四代皇帝・聖祖の称号。諱・玄燁。世祖（順治帝）の第三子。六一年間の政治と文武に功績を上げ清朝の地盤を確立。学術を振興した『康熙字典』『佩文韻府』は同時代の編纂になる、在位 1661-1722。

＊2　乾隆帝　清朝・第六代目の皇帝、高宗の称号。諱・弘暦。世宗（雍正帝）の第四子。学術を奨励し碩学を抜擢して『大清一統志』『四庫全書』を編纂させる。天山南北路・四川・安南・ビルマを討伐し、十大武功ありとして「十全老人」と称される。在位 1735-95。

明王朝の終わりから十九世紀の始めにかけて、北京には宮廷で雇われた様々な能力を持った数多くのヨーロッパ人の聖職者たちがいた。彼らは宣教師ではあったが、当時の支配者としては卓越した知的好奇心の持ち主であった康熙帝のもとで、北京滞在時の仕事は主として学問に関するものであった。中国は、ヨーロッパに広く知られるようになり、中国の文明と思想は、こうした宣教師たちに翻訳されてヨーロッパへと伝えられ、後の章で詳述するように十八世紀のヨーロッパの思想と文明にある種の影響を及ぼしていた。

その新帝国と外交関係の樹立に努力したのは、主としてオランダ人であった。彼らは満州をある面で援助した。そうした事から自分たちは北京への使節団派遣を許可されてしかるべきと思いこんでいた。しかし、カトリックの宣教師たちの権益がプロテスタントのオランダ人の野心と衝突した。実際、一六五五年にペーテル・デ・ホーイエズ（Peter de Goyez）を団長とする外交使節団が「朝貢持参人」として北京まで出向き、空席の王座の前で叩頭〔k'ou-t'ow――跪いて礼拝する〕をし、皇帝より丁重に贈答品を下賜された。この使節団の唯一の政治的成果は、皇帝によって八年に一度、四隻の交易船と共に同様の使節団を派遣することを認可されたに過ぎなかった。次のオランダの使節団は、ペーテル・ファン・ホーム（Peter Van Hoorn）に率いられ、一六六五年に北京に到着し、再び丁重に、言わば朝貢持参使節としての形式で迎えられたが、政治的成果は無であった。大使は、自分はあたかもスパイのように取り扱われ、盗人のように追われたとバタヴィアに報告した。

今やイギリス人も中国海域に参入してきていた。中国海域へ到来した最初の英国人は、当時、東インド貿易の不倶戴天の敵・オランダ人と同盟を結ぶという冒険を犯していたのである。一六一九年、ある協定が英蘭間で締結された。その協定は、中国沿岸を少し離れたある島を占拠し、中国人のジャンクに自分たちだけと取引をするように強制することを取り決めたものであった。また共同「防衛協議」も行われた。その協定の第十条には、「防衛行為は中国との貿易を獲得することにも適応される。その目的のため、中国人はわれわれ以外と通商できないことを通告すべく妨害し、方向転換させるために、フィリッピンに艦隊を派遣する」と記されていた。この異常な同盟は失敗に終わった。というのも、オランダ人は、イギリスの助力を得てペスカドーレス（Pescadores）を要塞化した後、貿易を独占しようとの動きに出たからであった。かくして、オランダとの同盟が失敗に終わり、英国の商人たちは、ポルトガル人に接近することにした。手がかりを探し求めた結果、ゴアのポルトガルの総督から許可証を獲得し、ウエデル（Weddel）船長の指揮の下に数隻の船舶で出航した。彼らの中国に関する情報は全く頼りないもので、ウエデルは、中国と取引が出来るようにとゴアの当局からマカオの総督宛に紹介状を持って行くことでこと足りると思っていた。中国人当局は、「みじめな服従」、言わばそんな状態で、ポルトガル人をマカオに拘束し、総督が説明したようにポルトガル人が英国人に対していかなる助力を与えることも許さなかった。そこで英国人の船長は、あえてその問題を力で決着をつけようとした。

大型貨物船と五十名の部下を乗せた小帆船を出航させ、広東川（珠江）を遡らせた。しかし、中国人当局によって制止され、河を立ち去るように命令された。例によって、英国人たちは威圧的な態度で対峙し「自分たちもポルトガル人同様に自由な航行と、通貨と食料の即座の供給を許可されるべきであり、事の次第を中国の高官は広東の主要な駐在弁務官に懇請することを制約せよと要求した。その間、六日間の滞在期間延長を要求して認められた」(3)。

当然ながら、条件の認可と事態への「即座の」対応を要求するといった一種の征服者のような態度は問題となった。艦船の指揮官は、百人の部下を上陸させ、河川の近くの小さな砦を占拠し、誇らしげに城壁の上に「大英帝国国王の国旗をなびかせた」。また、沿岸で様々な海賊行為を繰り返した。中国人側は、大変に忍耐強く対処し、例の嘆願書が正式に受理された地方の役人が駐在する広東へと、二人の将校が送られた。しかし、何ら許可も得られず、結局ウエデル船長が自らの行為を謝罪し、二度と再び攻撃を繰り返すことはないと釈明した後に、荷を積んでインドへ帰ることを許された。

一六八五年、皇帝の勅令によって広東の港が貿易港として開かれた時、東インド会社は、当時、アジア海域で英国貿易の独占権を握っていたが、広東に在外商館設置の権利を獲得した。会社は、寧波にも交易地を設けた。一七〇〇年のマクレスフィールド（Macclesfield）号の就航の後、この貿易は重要性を増し、東インド会社の船舶は毎年広東を訪れた。一七一五年、広東に恒久的在外商館が設置され、ある協定が英語でホポ（Hoppo——戸部（hu pu）。

清朝末までの官職名で、六部「吏・戸・禮・兵・刑・工」の一つで中華民国になって財政部と改称〕として知られる皇帝直属の弁務官との間で取り決められ、貿易は定期的なものとなった。とはいえ、この取引も広東だけで、当地においてさえ取引は中国の役人に保護され、最初に認可に与った中国人商人の独占的組合で「行《ホン》」〔Hong――行。大商会、外国との交易の仲介役として行政府の任に与っていた〕と呼ばれる組織を通して行なわれ、「行」が代理店として行動し、完全に役人に擁護される一方で、役人たちが多分の分け前に与れる流通機構の役割を果たしていた。

この交易のメカニズムは、特に先の中国人商人の独占的組合「行」を通して行われる商取引で十九世紀における政治的トラブルの主要な要因となったことから、関心が持たれるのである。外国貿易に対する中国人の態度は広東の総督の布告にその古典的表現を読みとることが可能である。それは次のように宣言していた「天朝は、悪事をなす者たちに脅威を与えんがため、人民と軍人を統制せんがために、文官を任命するものである。商業に関する些細な事柄は、商人たち自身によって決定されるべきである。役人はその件に関して一切耳を貸すものではない」。中国側では、貿易は「行」の商人たちに仕切られており、彼らは彼らで訛った英語の呼称で「ホポ」（戸部）なる関税の任に当たる皇帝の行政委員の庇護の下にあった。戸部のみが貿易の許可証を発行する権威を堅持し、戸部は「行」の商人たちを通して取引全体を厳しく取り締まった。

東インド会社の勢力の目を見張る成長とインドの資源をもって、英国人は十八世紀の間に中国貿易のうまい汁を吸っていた。お茶が中国における東インド会社の取り扱う主産物であった。英国の利益は、主として福建省で栽培されていた紅茶であった。当地からお茶は広東に運ばれ、「行」の商人たちを通して購入された。英国下院の特別委員会での発言で、証人の一人が次のように述べている。「東インド会社は、私が確信いたしますには、紅茶の葉の一枚をも意のままにしていると言えます。私が申しておりますのは、いかなる価値を有する紅茶の一箱も、まず、東インド会社に提供され彼らの検査に委ねられるということであります」。当然ながら、他の諸外国のバイヤーとの競合も存在したが、他のヨーロッパの買い付け人の投資額は、英国の利益の七分の一にも満たなかった。十七世紀末以前、お茶は英国の国民的飲み物となっていた。したがって、この膨大な投資の支払いを賄うために、東インド会社は、インドでの阿片の独占事業化に成功を収めていたウォーレン・ヘイスティングズ〔Warren Hastings, 1732-1818――英国の政治家・初代インド総督（1773-85）〕に阿片の販売を促進することを勧めた。

東インド会社は、中国に膨大な数のヨーロッパ人の住居を有していたが、それでいて長期に亘って北京に外交使節団を派遣するといった努力を尽さなかった。その目的のために選ばれた最初の使節はキャスカート（Cathcart）大佐であったが、中国に到着する前に他界してしまった（一七八七年）。

数年後に、ジョージ三世の信任状を携えて、かの有名な使節・マカートニー卿〔George Macartney, 1737-1806――英国の外交官、彼の名に因んだ中国原産のバラの花、マカートニーローズ、「カカヤンバラ」がある〕が北京に到着した。この使節団は入念な準備と数多くのスタッフを随えて出発した特異な使節団であった。特命全権大使と随行員たちは、威風堂々と、「英国より朝貢を携えきたる特命全権大使」と中国語で書かれた幟を掲げ、北京を目指していた。マカートニー卿は堂々と威厳をもって振る舞い「叩頭」を拒否し、片膝をついて信任状を上呈することにのみ同意した。乾隆帝は丁重な儀礼をもって大使を迎えたが、使節団の政治的、また商業的成果は無に等しかった。

一八一六年、次いでアムハースト卿〔Jeferry Baron Amherst, 1717-97――英国の陸軍元帥。英領北アメリカ総督，1760-63〕に率いられた使節団が派遣されたが、中国側は、大使に対して叩頭を強く求め、大使が断固とした態度でその行為を拒否したことから、北京を立ち去る羽目となってしまった。かくして、その立場は、英国がインドを征服しさらに強固になるまで続き、中国側に貿易を行なうように屈服させるためには、武力行使が必要とされることが決定された。

日本——欧禍の接近？

マラッカの長官・アントニオ・ガルヴァノ（Antonio Galvano）によれば、ポルトガル人は、一五四二年に初めて日本に到達した。日本の島に最初に上陸したのは、アントニオ・ドゥ・モト（Antonio de Moto）、フランシスコ・ジモロ（Francesco Zimoro）、アントニオ・ペロータ（Antonio Perota）であった。当時、日本は、西方からの訪問者に対しては薩摩藩主によって代表され、西の大名たちが天皇と幕府の双方の権力を無視し、領土の独立を謀るために封土を争って、武力闘争に明け暮れていた。将軍家自体、次の世紀の初頭に徳川家に移譲されるまでは、中央集権化された強力な権力機構ではなかった。したがって一五五〇年と一六〇〇年の間は、封建的無政府状態に等しかった。この混乱から浮上してきたのが天才的武将、織田信長〔1534-82〕であり、やがて、彼は封建諸侯、すなわち諸大名を制して、日本における最高権力の座についたのである。

ポルトガル人が到来して、新しいより有効な武器を誇示したのが、まさに日本史上、この天下分け目の時代であった。諸大名たちは、重装備された艦船と火縄銃を所持した兵士たちの重要性を即座に認識した。地方独立のために戦っていた西国の諸大名たちは、侵入者たちを歓迎した。実際のところ、こうした諸大名のうちの一人は、一五五一年、フランシスコ・ザヴィエルと共に特使を派遣していたし、沿岸地域の多くの封建諸侯は、ポルトガル人の助力を得て、自分たちは富強になることができるとの願望を抱いていた。

日本にとって幸運だったことは、十六世紀の中頃には、ポルトガルは、すでに、どんな沿岸地域にでさえも、有効な政治的影響力を行使する立場にはなかった。しかし、仮にポルトガルが、アルバケルクの栄えある時代にあったとしたら、大変な国内紛争を捲き起こし、なおかつ、いくつかの小島を占拠していたかも知れない。だが、君主連盟（the union of Crowns）に続く「六十年間の拘束期間」の結果、ポルトガルは半世紀に亘って、がっちりと確保していた権益すら維持することが困難になっていたし、間もなく主立った島の領有地から、オランダ人たちに駆逐される結果となってしまった。その上、信長の勢力拡張と強化につれて、地方の支配者たちの反乱が、自らの支配する天下をおびやかす可能性はなかった。むしろ危険は、様々な地域で、個別に対処されていた伝道活動に携わっていた宣教師たちにあった。ここで、唯一強調しておきたい事は、ポルトガルの船長たちと宣教師たちとが維持していた密接な関係であり、その関係は、正義の擁護者〔*Jus Patronatus*――聖職推挙権所有者〕なる名の下に、東方の福音伝道と宣教師たちが、当時、ポルトガルの威信と栄光の下に手にした権益とポルトガル国王との歴史的繋がりから生まれたものであった。聖ザヴィエルは、いわゆる、教皇特使としてさらに、伝道団の監督官として、法王と国王の双方を代表して東方にやってきた。宣教師の活動はポルトガル国王の収益のために課された一種の国家的事業であったところから、この宗教活動と国家の利益の一体化は、何も驚くには値しない。

したがって、キリスト教の宣教師たちが信長の政権の下で受けた激励は、彼を継承した偉大なる軍略指導家の知恵と先見が無かったら、国家に災難をもたらすことになっていたかも知れない。秀吉は並々ならぬ将軍であった。大変な愛国者で、かつ理想を持った優れた政治家で、天才的な組織力を有していた。

信長同様、彼は、当初、ポルトガル人や宣教師たちと深い友好関係を持つことを躊躇していた。だが、彼は鋭敏な洞察力の持ち主でもあった。彼は、ポルトガル人が、キリスト教に改宗した者たちの居住する地域を保護するために、大砲を陸揚げしていることに気がついていた。コエリヨ（Coelho）神父に会見するためにポルトガルの船舶を訪れた際、小型舟ではあったが、その船舶が重装備されていることも見抜いていた。さらに、彼は、西方の諸大名がポルトガル人の武器や装備を蓄え、諸外国と友好関係を結ぶことで、強化策を講じようと意図していたことも熟知していた。秀吉は、断固とした態度をとった。一五八七年、宣教師の活動は日本全土に亘って、くまなく禁止された。

その間に、スペイン人は、フィリッピンで確実な地歩を固め、主要な島々を占拠していた。日本人は、フィリッピンとは昔から商業的関係を維持していた。

秀吉は、スペインの権力者たちと貿易交渉に入ることを快く思っていなかったが、偶然がそこに重なった。岸に打ち上げられたスペインのガリオン船の船長が、スペインの勢力について語り、その船を救助し、積み荷を要求した地方大名に対して、傲慢な態度で征服者（*Conquistadores*）の栄光と優れた能力を並べ立てた。秀吉の疑心は、すでに東方におけるスペイン人の行動を見抜いていたので、国のすべてのスペイン人を捕らえるように命じ、彼らを長崎でスパイとして磔の刑に処してしまった。

一六〇〇年、秀吉の座は徳川家康によって継承され、三年後に家康は、征夷大将軍（蛮夷を征伐する大将軍）としての地位についた。徳川幕府は、二六五年間に亘って続き、日本帝国全土に亘って事実上の実権を掌握したが、皇位の形態と尊厳についてはそのままにしておいた。将軍は、実質上の支配者ではあったが、政府の行動に関しては天皇に報告書を上呈し、国家的重大事に関しては情報を伝え、裁可を得ねばならなかった。軍事力は、独占的に将軍に帰属し、大名、すなわち封建諸侯は、それぞれ将軍に忠誠を誓わねばならなかった。徳川将軍家に対抗して戦いを挑んだ者たちは、外様として知られる扱いを受け、封土を保持することは許されたものの、国家行政に関与することは許されなかった。

かくして、徳川幕府は中央集権を回復し、二世紀半余に亘って続いた独裁政権をうち立てたが、政権の封建的性格、外様大名の不服従、薩摩藩のような強大な権力を保持する大名や西方の領主たちは、日本が外的策謀の影響を受けやすい状況を醸し出す要因となっていた。日本の六五におよぶ行政区のうちの一三ヶ所を配下におく長州藩のような外様大名や九州で権力を握る薩摩藩は、つねに結託して、徳川幕府に挑戦することが可能であった。

将軍家は、自らの永久政権に事態が関与する限り警戒を常に怠らず、構築された組織にとって海洋の強力な勢力である諸外国との接触が危険なものであり、それがいかなる意味を持っているかを認識していたし、その論理的帰結帰結が、公権力の直接統制下にあるものを除きすべて外国との交流を禁止するとの決定であった。したがって、将軍家が一六三七年以来強化してきた鎖国政策は、内的側面と外的側面の双方を備えていた。国内的には外国勢力と同盟を結ぶ可能性のある、同盟とは言わないまでもより優れた武器や火器を手に入れる可能性のある強力な（大名・武士）貴族階級の反乱に対して、政権の安定を維持することを意味していた。外的政策の見地からは、外国人と一般民衆の直接の接触を防ぐこと、特定の海港で将軍家公認の代理人とのあらゆるやむをえないと思われる関係をも制限することを意図していた。将軍は、自らの行動を正当化する十二分の司法権を有していた。シャック・スペクス[*1]（Jacques Spex）は、家康にスペインとポルトガルの方策を説明していたし、一六一二年には、ヘンドリク・ブラエルー[*2]（Hendrick Brouwer）が、スペインとポルトガルの征服の方法論に関する覚え書きを将軍に上呈していた。第二代徳川将軍・秀忠の政世に、ヨーロッパ諸国は互いに相互の帝国主義的意図を非難し合っていた。日本人の改宗者たちは、他の地域の改宗者と同じように、我が誠実なる異国の師と心を一にしようとの意志を表明していた。その結果、改宗者たちは大変な代償を支払うこととなった。島原の一六三七年のキリスト教徒の反乱は、将軍家に対するこうした危険を露わにした。ポルトガル人の支持を受けていたと言われるこの反乱の鎮圧には、かなりの軍隊と多大な作戦行動が要求された。日本人は、また、ポルトガル人、オランダ人、スペイン人、英国人等の太平洋上の諸島における行為について――特にフィリッピン群島、モルッカ諸島とジャヴァに関して――の十分な情報を得ていた。したがって、こうした事態が日本人に、外国人には断固として対処することと、外国人に対して日本の領土に足がかりを与えるような機会を拒否することの必要性を知らしめていた。一六一五年、日本人は、南の地域にヨーロッパ人たちの現地での動向について情報を得るために、特殊スパイを送り出していた。一六二二年、日本を侵略するというスペインの計画に関する情報を得ると防衛を強化した。

＊1　シャック・スペクス（Jacques［Jacobs］Spex, 1585頃-1645頃）　オランダ平戸商館長、オランダ領東インド総督。平戸に開設されたオランダ商館の最初の商館長（1609-13;1614-21）、帰国（1621）。東インド会社総督府議員に任ぜられ、再びバタビアに赴き、総督J・P・クーンの死後、一時、総督の任を代行し、ついで総督となる（1630-32）。退官して帰国後、アムステルダムの西インド会社の理事に選任される。

＊2　ヘンドリク・ブラエルー（Hendrik Brouwer, 1581頃-1643頃）　オランダ領インド総督。一六〇六年ジャヴァ島に渡り各地で勤務した後、平戸に一六一二年八月（慶長十七年）に来日する。駿府で家康に謁し、国書と宝物を贈呈し、通商許可を得る。家康の返書と朱印状を得て平戸に帰り、スペックスに代わって商館長となる（-1614）。帰国後、東インド会社の理事、東インド総督として再任される（1632-36）。帰国後、西インド会社から西インド総督に任ぜられたが、チリでスペイン軍との交戦中に病没。

十七世紀初頭、スペインはフィリッピン群島で立場を強化し、膨大な海軍力を維持していた。スペインにとって日本は、ポルトガルの介入や自国の権益の立場上余儀なく是認しているローマ教皇の世界配分に拘束されることなく攻撃できる、太平洋の上の唯一の地域であった。スペイン人にとって、日本征服に着手するのは、ごく当然の成り行きに思えたのである。将軍家の反応は迅速で決意に満ちていた。日本在住のすべてのスペイン人を追放する命令が出され、改宗者を排除する断固とした政策が施行され、数年後には西側諸国に対して鎖国政策を取るに到った。

鎖国令が押し進められると、軍事力を武家階級に頼っていた幕府は、信奉者たちの間に間断なく公布された人生訓を展開した。その思想は、徳川将軍家の創始者である、家康の家訓（*the Legacy of Ieyasu*）に記されている。卓越した国家の基本としての、規律と厳しい人生を享受することに関する哲学である。将軍家は、国家の安全と共に、当然ながら、一人一人の日本人の第一義的目的として、よってたつ将軍家の永続性を維持し、軍事力を基盤に国家を組織する意図を固めていた。強力な中央政府と日本が直面する複雑な諸問題に対処することの出来る行政機構が創り上げられたのである。幕府は、長老たちの諮問機関の下に、組織化された官僚政治機構へと発展していっ

長崎・出島のオランダ商館と船舶（巻物，1690年）

た。かくして、長期間に亘る国内紛争の後に、平和を回復し、適度に効果的な行政機関と強固な中央政府を備えて、日本は恐れることなく世界に直面することができた。

しかし、鎖国の勅令は西洋とのすべての接触の放棄を意味するものではなかった。家康の時代には、すでに（一六一一年）平戸に商館を建てていたし、ポルトガル人は、長崎で貿易を営んでいた。[4] 平戸の大名は、この貿易から多大の利益を得ていた。英国人もまた、ジョン・サリス（John Saris）船長の指揮の下、将軍へとジェイムズ一世の書簡を携えてクローヴ（Clove）号が姿を現わし、一六一三年、日本に到着した。サリスは丁重に迎えられ、貿易を許可された。英国人の商館も建設された。これらの異なる国の「商館」の競合は、日本人にとっては好都合であった。状況はともかく、日本にとって唯一の持続的必需品が存在した。大砲である。英国人もオランダ人も、双方ともに平戸で重砲を鋳造していたが、将軍家の役人たちは、大砲を英国で鋳造することを要求したリチャード・コックスの日記によれば、日本人は、質の相違を熟知していたかに思われる。オランダ人は、交易にあたって概して役立っていたので、鎖国令は彼らには適用されなかった。しかし、彼らは平戸から長崎の近くの小島・出島に移動させられた。商人と船員たちは、一年以上滞在することを許されてはいなかった。また一年ごとに、江戸の将軍の面前に、卑しい請願人のように出向かなければならなかった。彼らは、妻やほかのヨーロッパ人の女性を同伴することも許されず、遊女以外の日本人女性が彼らを訪れることもできなかった。いずれにしろ、オランダ人たちは民衆に人気が無かった。

現代日本の歴史家・竹越*は、次のように記している。「オランダ商人を優遇する将軍の政策にもかかわらず、日本人は一般的に言って彼らに対して親しみを持っていなかった」。

＊ 竹越与三郎（1865-1950）政治家、歴史家。号・三叉。武州本庄生まれ。慶応義塾卒。新聞記者を経て政友会代議士。貴族院議員、枢密顧問。代表的著作は『二千五百年史』。

ともあれ出島は、日本の西方への窓口であった。蘭学者が、十八世紀の日本人の思想に及ぼした影響に関しては、適宜に述べることとしよう。ここでは当初から日本人が関心を示していた事柄は、軍事的なものであったことを述べることとしよう。シャック・スペクスが、六千ポンド〔約二・七キログラム〕の目方の金属製の銃を鋳造したのは一六一五年のことであった。一六一八年、スペクスは、大砲の鋳造の仕方を教えるように依頼され、懇請に答えるために意を尽くしたが、彼が手配できる適当な人物が見あたらなかった。しかし後に、平戸の大名が、目の前で数多くの試作品を鋳造させたことが知られているように、専門家は結局見つかった。一六三八年、将軍は、オランダ東インド会社による大砲の見本公開試射での性能について調査・報告するようにと特別委員を派遣していた。オランダ人は、将軍や役人たちが大砲や迫撃砲に示していた関心を快く思わなかった。彼らの上司、フランスワ・カロン（Francçois Caron）は、将来のためにも日本では迫撃砲は鋳造されるべきではないと発言した。彼の後継者、アントニゾーン・オッエルワーテル（Antonizoon Overwater）は、ずっと率直だった。迫撃砲の射手を要求する書簡の中で、オッエルワーテルは賢明にもこう記している。「この誇り高き尊大な国民に、迫撃砲について教えなかった方が賢明であったと言う人もいるが、今となっては過ぎた事だから、それを甘受するしかない」。ユリアン・スハーデル(Jureann Schaedel)なる名前の迫撃砲の射手が、やっとオランダから連れてこられ、六ヶ月間江戸に滞在していた(一六五〇年)。その関心は気まぐれなものではあったが、日本が西洋に対して再び門戸を開く以前にすら、そうした事態は、日本に防衛問題に関するある種の知識を抱かせ、ヨーロッパ諸国に対して、日本の持つ弱点をさらけ出す結果となっていた。

鎖国政策は、ペリー提督の「黒船」が一八五三年に日本の沿岸に到来するまで続いた。しかし十九世紀初頭には、将軍家が鎖国政策を維持しようとするあらゆる努力をよそに、外界との接触は拡大し続けていた。ロシア人たちはすでに太平洋に到来しており、北に向かう海域を探査していた。英国もまたインドに確固とした支配権を築くと、かなり慌てた様子で、数多くの艦船が様々な理屈をつけて日本の沿岸へと航行してきた。出島の代理人たちを通して、日本の行政当局はかなり充実した情報を得ていた。一方、数は少ないとはいえ、異常な粘り強さとほとんど英雄的な忍耐力をもってオランダ語を学習し、西洋の科学の発展に精通しようとする人々が増えていた。出島は、ペリー提督の訪問に続く半世紀の間に運命づけられた外交的対応の準備過程で、注目に値する所産を得るために役だったのである。(5)

(1) Hudson : *Europe and China*, p. 241. 並びに、Pere Henri Bernard : *Les Isles Philippines*, Tientsin. 参照。

(2) これらは、一六二四年に検閲官・楊漣によって皇帝に上程された有名な覚え書きの中に、十六の論点に要約されている。

(3) *Embassy to China*, Vol. I, pp. 8 and 9. London. Balmer & Co. 1797.

(4) オランダは、一五九四年の当初から、折に触れて日本に、試験的に探検隊を派遣していたが、四回目の探検の船舶の中の一隻・リーフデ(*Liefde*)号が、沿岸に漂流したときになって、初めてオランダが国家であることを日本人は知った。生存者は家康によって手厚くもてなされた。一六〇九年、オランダ国王は使節を派遣して、臣下に示された好意に感謝の意を表明したところ将軍家は喜び、この使節団の影響でオランダ人に交易を許可した。

（5） オランダが、出島の商館を拠点に行った貿易の量は、大したことはなかったようである。一七〇〇年には、たった五隻の船舶が入港を許されたに過ぎない。一七一五年には、さらに二隻にと減らされた。後の、光緒帝の時代（一八七九—九〇年）、たった一隻のみが毎年来航を許可され、その後は数年間に亘って、「紅毛船」は長崎に入港していない。久野、九三—四頁参照。

第I部のための文献覚え書き

海路を経由してインドへ到達するためにヨーロッパ人たちの払った努力の背景は、余すところ無く様々な書籍で取り扱われている。レイモンド・ビアズリー（Raymond Beazley）の『近代地理学の黎明』（*The Dawn of Modern Geography*）と、同一著者による『航海王・エンリケ』（*Henry the Navigator*）は信頼に足りる。ズララ（Zurara）の『ギニア年代記』（*Chronicles of Guinea*）は航海王の活動の主な情報源であったが、ハクリュート叢書（Hakluyt Series）のために、ビーズリーとプレスティジ（Prestage）によって編集されたものである。

こうした努力の経済的背景に関しては、イヴ・ルノワー（Yves Renouard）による『中世におけるイタリア事情に関する人物』（*Les Hommes d' Affairis Italiens du Moyen Age*）が、興味深い。また、トーニー（Tawney）教授の『宗教と資本主義の台頭』（*Religion and the Rise of Capitalism*）は、発展途上のアントワープの関心を取り扱っている。簡潔ではあるが、有益な権威ある記述が、ハドソン（Hudson）の『ヨーロッパと中国』（*Europe and China*）には記載されている。

ポルトガル人の拡張の時代に関して英国の歴史家たちは、概してポルトガルの年代記作者のひどくもっともらしいロマンティックな見解を無批判に受け入れている。一つの例外は、R・S・ホワイトアウェイ（R. S. Whiteaway）の『インドにおけるポルトガル勢力の台頭』（*Rise of Portuguese Power in India*）であろう。同一筆者による初期の論文「マラバールとポルトガル人」（"Malabar and the Portuguese"）も参照に値する。

アンリ・コルディエの『中国へのポルトガル人の到来』（*L'arrive des Portuguais en Chine*）東報・第二叢書には、巧みに詳述されており、張天澤（Chang Tien-tse）の『一五一四―一六四四年間のポルトガル貿易』（*Sino-Portuguese Trade from 1514 to 1644*）もまた、興味深い。

インド洋と太平洋におけるオランダ人の初期の活動に関しては、英語で書かれた書物にはあまり信頼にたる文献はない。ペイリス（Peiris）の『セイロンにおけるオランダ』（*Dutch in Ceylon*）と同筆者の『マラーバールとオランダ人』

(*Malabal and the Dutch*) は、限られた地域を取り扱っているに過ぎない。ジョン・ニューホフ (John Nieuhoff) の『北京へのペーテル・デ・ホーイエズとヤコブ・ケイゼルの使節団』(*Embassy of Peter Goyers abd Jacob Keyzer to Peking*) が、ジョン・オジルビー (John Ogilby) の翻訳で英語版が利用可能である。C・R・ボクサー (C. R. Boxer) 教授の『日本における作戦行動』(*Jan Campagnie in Japan*) はオランダ人と日本帝国の関係について興味深い付随的資料を提供してくれている。

第II部　征服の時代　1750-1858

第一章　インドとインド諸島

英国東インド会社——植民地の尖兵

一七五〇年、続く五十年の間にヨーロッパの一国がインドの三分の一を征服し、残余の地域をめぐって統治権の地位をマラータ族と戦うために準備をしていたなどとわれわれが予言するには、超自然的洞察力を要求されたであろう。その後二五〇年に亘って、インドにおけるヨーロッパ諸国の立場は、実質的には一五一五年におけるアルバケルク後の状態と同様であった。ポルトガル人は、ゴア、ダマン、ディウの領地を支配しながらも、海の列強の笑い者で、やがて訪れる政治的闘争について何も考えていなかった。オランダ人は、数ヶ所の小さな居留地を保有し、中でも最も重要な拠点は、ある島に位置した一平方マイル〔約二・五九平方キロメートル〕に亘る要塞化されたコチン（Cochin）の沿岸で、その地を拠点にして繁栄を極めた胡椒の貿易を営んでいた。フランス人の「インド」は、ポンディシェリの施設と、当時、華々しかった陰謀家の長官・デュプレイクス〔Joseph François Duplex, 1697-1763——フランスのインド総督（1742-54）〕の配下にあったカリカル〔Karikal——ポンディシェリに隣接する都市〕、マヘ〔Mahe

――インド洋上英領セイシェル諸島 the Seychells の主島〕とチャンデルナゴール〔Chandernagore――インド東部 West Bengal 州南部の Hooghly 川に臨む港市。もとフランス領〕等の数ヶ所の小さな貿易拠点からなっていた。十八世紀前半に、英国人の貿易量は多大の増加を見せていたが、スラート（Surat）、マドラス（Madras）、マスリパタム（Masulipatam）とカルカッタ（Calcutta）の施設に加えて、ベンガルにも小さな貿易拠点を有していた。彼らが統治権を保持していたボンベイの島は、ポルトガル人によって英国王に、さらに英国王によって東インド会社へと「毎年、九月十日に金一〇ポンドの一年の地代を支払い、東グリニッチの荘園として、自由な共有サッキジ〔socage――鋤奉仕保有地。中世の英法。農業役的土地保有。その賦役は必ずしも農耕的なものとは限らなかった〕の状態で維持されるようにと移譲されていた。

　ボンベイの島以外、東インド会社はどこに対しても領有権を主張することはなく、セント・ジョージ砦（マドラス）は、海浜に限定されていたということは明記しておく必要があろう。その砦のほんの一マイル半〔約二・四一三キロメートル〕ほどの隣接地に、ポルトガル人のセイント・トウム（St. Thome）の居留地が存在した。一七〇〇年、ムガールの総督がマドラスに現れ、東インド会社は膨大な贈り物と六百品に及ぶ料理を含む饗宴と、妥当な数の踊り子を供与して総督を買収し、領土の使用許可を得なければならなかった。ナワブ〔Nawab――インド・パキスタンのイスラム教徒の王侯。名士に対する尊称〕訪問はほとんど年中行事となっていた。東インド会社の居留地の一部としてのマドラスの町の行政権は、一七〇八年に実現したのだが、そのとき同時にデリーの中央政府は、砦に隣接する五つの村の譲渡を認めた。ベンガルでも英国人の立場はまったく変わらなかった。彼らは、ベンガルの総督に全くへりくだった言葉で語りかけた。ムガールの皇帝に話しかける際にある英国の長官は、自らを「微少なる砂粒（足下にも及ばぬ者）」と称し、東インド会社の社長ジョン・ラッセル（John Russel）は、命にしたがって額を地にすりつけて平身低頭した」。東インド会社は、ベンガルで自由貿易の権利を得ていたし、カルカッタの近辺に、二つの村落を借り受けることを許されていた。しかし、ムガール政府は、彼らに司法権を許しはしなかったし、東インド会社の活動は、貿易の合法的取引のみに規制されていた。彼らは、デリーの国王、ムガールの総督や長官たちばかりか、地方の権力者たちに対してもこうした謙虚な態度をとり続けた。それというのも、政治的権力、言わば帝国の夢は、まだ実現するには到っていなかったからである。

また、ヨーロッパ人の勢力は、いかなる重大な政治的介入に対処するにも不十分であった。ポルトガル人、オランダ人、さらに英国人は、先立つ経験からたとえ小国の領主に対しても、ヨーロッパ諸国家はいまだ自分たちの要求を強要する立場には到ってないということを悟っていた。一七三九年、オランダは、トラヴァンコール〔Travancore――インド南東部の旧州。現在のケララ Kerala 州の一部〕のラジャ〔Raja――インドやインドネシアの支配者・王〕に戦いを挑んだが、隣国セイロンのラジャ側の勢力はかなりのものであったとはいえ、戦闘はオランダの大敗北に終わり、百余人に及ぶヨーロッパ人を含んだオランダの上陸部隊は不名誉な降伏を強いられた。マドラス近辺の村落に自分たちの支配権を拡張しようとした十八世紀初頭の英国人の試みは、地方の当局者たちによって、逆に強制立ち退きへと追い込まれていたのである。海上にあってさえも、一七二二年頃までは、カノウジ・アングリア（Kanoji Angria）は、英国とポルトガルの連合軍の攻撃をうち破り、敗走させた。一七三八年、西海岸の英国の海軍の関係官たちは、次のように報告した。「我が勢力は、彼（サムブハジ・アングリア（Sambhai Angria））に抵抗するには不十分であります。と申しますのは、閣下、小生は、サムブハジ・アングリアは、閣下や他の人々が考える以上に強敵であると確信しているからであります」。事実、プラッシイ〔Plassey――インド西ベンガル州。カルカッタの北、約三〇キロメートルにある村〕の戦い〔ロバート・クライブ Robert Clive が一七五七年、この地でベンガル軍を破り、インドにおける英国勢力を確立した〕後四分の一世紀に亘って、英国の軍事力は後の歴史家たちが思っているほど、相手側にとっては深刻な問題ではなかった。

それでは、何がこれらの貿易組織と英国の東インド会社に、半世紀の間に政治力と軍事力を獲得せしめ、マラータ（Maratha）の軍隊と戦い、なおかつ、アッセイ（Assaye）の地で敵の打倒を可能にした（一八〇三年）のだろうか？　いったい政治的、経済的、また社会的などんな力がこれほどの大変革をもたらす助けとなったのであろうか？　この変革についてひとつの説明を与えるためには、十九世紀のアジアにおける一般的なヨーロッパ人の立場を理解することが基本である。というのは、中国の門戸を武力で強制的に開かせ、揚子江流域にヨーロッパ人の優位な地位を築きあげ、大清帝国の屋台骨をゆるがし、アジアの他の諸地域をヨーロッパの属国に変えてしまったのは、疑いもなくアジアの一大勢力として、インドに本拠地を置く英国の勢力に他ならなかったからである。ナポレオン時代の後をうけて、産業革命を終えた英国を太平洋へと政治的かつ経済的勢力として押し出し、占領は一八五八年に到るまで完了しなかったとはいえ、一八一八年までに揺るぎない基盤を英国に与えたのは、他ならない武力によるインド征服であった。したがって、この段階で、変革へと導いた要因の分析が、われわれの研究には不可欠なのである。

一七四八年のインドの様相は、ひどく複雑なものであった。大陸地域では、西の沿岸沿いに、南のマイソール〔Mysore——インド南部の州〕の国境からデリーの城門まで、その領域内に肥沃なグジェラート〔Gujerat——インド南部のNarbada川の北方の平野地方。もとBombay州。もと王国〕、マルワ（Malwa）、さらにガンジス（Ganges）川とヴィンダヤ（Vindhyas）川に挟まれた広大な中央部の広がりを抱え、マラータ族は中央集権化されプーナ〔Poona——インドMaharashtra州のBombayの南東一二〇キロメートルにある都市〕から命を受けて、強大な帝国を築き上げていた。この帝国が、当時、インドで活躍する唯一のインド固有の精力的な政治勢力であったし、ウェリントン公〔the Duke of Wellington, 1769-1852——英国の政治家、将軍。ワーテルローでナポレオン一世を破る。後に首相（1828-30）。本名Althur Wellesley。通称the iron Duke〕が記しているように、民族的愛国心によって、さらに半世紀に亘って、国家保持の政策に従って行動していた。マラータ帝国は、プーナに首都を構え、まだ、ボンベイ、マドラス、さらにカルカッタの商人たちが、将来ヒンドスタン帝国の敵になり得るとは見てはいなかったし、マラータ帝国の当時の主たる関心は、マルワと中央インドの征服地を合併して、ムガール帝国の遺産を継承することにあった。しかし、一八〇三年と一八一八年ばかりか一八五八年にも、英国に戦いを挑んだのは他ならないマラータの軍勢であったことは関心に値する。一八五七—五八年の戦役で、インド側で発揮された軍事能力や政治的方向づけも、ナーナ・サヒーブ（Nana Sahib）に率いられたマラータ族とペイシャワ（Peishwa）族の後裔、さらに、タトヤ・トピー（Tatya Topee）とジャーンシイ（Jhansi）のラニー（Rani）族といった組織体で、言わば、すべてがマラータの勢力の残党に他ならなかったからである。

マラータ族を除いて、インドのどこにも、忠誠心、言わば臣従の義務を喚起するような明確で強力な政治勢力は存在しなかった。数多くのムガールの軍閥たちは、別の地方で権力を簒奪しあっていた。デカン半島〔Decan——インド Narbada 州以南の半島〕の広大な地域は、忠誠心に欠けた野心的長官・アサフ・ジャー（Asaf Jah）に占拠されていたし、彼は巨額の金をマラータ帝国に支払って卑劣な駆け引きで支持を獲得し、ハイデラバード〔Hyderabad——インド Andhra Pradesh 州の首都〕で自らの立場を維持していた。一七四八年、彼が死去した後、デリーの皇帝は自分の選んだ役人を候補に推薦できず、勝手に自分たちで後継者を選ぶことを許していた。そこには、何ら郷土的忠誠心も献身的精神もなく、その理由は、継承権なるものが、ある地位に就くことであって、王座に就くことではなかったからであり、そこには伝統、慣習、言わば人民の信頼にもとづく支配権の主張も権力も不在であった。カーナティック〔Carnatic——インド南東部 Eastern Ghats 山脈と Coromandel 海岸の地方で現在の Tamil Nadu 州と Andhra Pradesh 州に属している〕は、デカン半島の南に位置するムガールの領土とされていて、コモリン岬へと延びていたが、ムガール帝国が何ら支配権を行使したこともなかった地域でアーコット（Arcot）の根拠地から、自分のスバ（*suba* 領地）の支配を要求していたナワブの下にあった。その地域には、モスレムの規律の伝統すらなく、その太守と金銭目当ての傭兵たちは、デリーの名目上の見掛け倒しの皇帝代理人にすぎなかったことを忘れてはならない。彼の権力は取るに足らず、しかも名に値する行政を行ってはいなかった。ベンガルの豊かで肥沃な地域は、一七五〇年、アリヴァディ・カーン（Aliverdhy Khan）なる有能な長官の下にあったが、彼もどちらかというと独立した立場をとっていた。

諸外国が貿易を営んでいた主な地域では、事態は大清帝国が消えてしまった後の中国に等しく、地方の軍閥が、手っ取り早く片付けられる場所から占拠していった。事態は、合法的行政機関によって任命された本来の総督が行政を仕切っている限りは、適度に安定しているかに見えた。したがって、ハイデラバードのアサフ・ジャー（Asaf Jah）は、単に強力な主権者であったばかりか、一般大衆の目には中央の権力を象徴しているかのように映っていた。しかし、彼の後継者たちは、互いに争うばかりで、何ら政治的権威、言わば信条を具現することはなかった。カーナティックでは事態はさらにひどかった。アンワール・ディン（Anwar Din）——ナワブ——は、単なる下級士官に過ぎなかったが、かっては使用人に過ぎなかったニザム[*1]に任命された太守であった。チャンダ・サヒブ[*2]（Chanda Sahib）やムハマッド・アリ（Mohammed Ali）が要求したものは、属国（公国）君主の地位でもなければ相続権にもとづく統治権でもなく、ただ彼らがムガール朝の王室に自分たちに授与して欲しいと願っていたのは、単なる名目的地位に過ぎなかった。カーナティックをめぐるナワブの支配権に関する限り、いかに名目的なものであったかは、一七四〇年に、あるマラータの将軍がその地を荒廃するにまかせ、総督ドスト・アリ（Dost Ali）を殺害し、後継者から一千万ルピーの納付金を取り立てた事からも明白である！　したがって、アンワール・ディン（Anwar Din）が死んでからというもの、いかなる正当な支配権の要求も——仮にカーナティックに支配権が存在していたとしても——消え失せてしまっていた。

＊1　ニザム（the Nizam）　一、十八世紀初頭から一九四八年までの Hyderabad の君主の称号。二、オットーマン帝国軍団の正規兵。ここでは「二」の意。

＊2　サヒブ（sahib）　サヒブは、一、インドで高位や貴人に対する尊称。名前や官職名の後に付す。例えば Smith Sahib（スミス様、スミスの旦那）。二、口語では非ヨーロッパ人の中のヨーロッパ人の官吏（植民者）に付して、りっぱな紳士の意にも使用した。

一七五六年、アリヴァディ・カーン（Aliverdhy Khan）が死んだとき、ベンガルでも同じような事態が持ち上がった。アリヴァディ自身、前任者に対する反乱に成功をおさめ長官の地位についていた。彼の死後、長官の相続権順位が一族の奸計へと発展した。彼の孫息子が、最終的にはナワブ・ナジム〔NawabNazim――ナジムは、インドの軍政長官。したがって軍政長官の大守〕になり、確かにムガール朝の認可は得てはいたが、成り行きが明白に示しているように、彼は誰の忠誠をも要求する資格など持ち合わせていなかったし、ましてや自分が放逐してしまった家族から忠誠なぞ得られる訳もなかった。事実、ハイデラバードで展開された、ニザム・アサフ・ジャー（Nizam Asaf Jah）の死後、アンワール・ディンの死後のカーナティック、アリヴァディーの死後のベンガル等の政治状況の基本的要因は、同じようなものであった。継承可能な皇族の地位を役人の地位に転換するといった試みの結果、政治的忠誠心が失われ、そのために一般大衆が是認しなお忠誠を示していた合法的権威が失われたことで混乱を引き起こしたばかりか、様々な派閥が様々な候補者を支持した結果生まれた不可避的内戦によって権威は無に帰してしまった。チャンダ・サヒブ（Chanda Sahib）とムハマッド・アリは、アーコット（Arcot）で戦った。デカン半島の長官の地位を継承したザファール・ジュング（Muzaffar Jung）は、皇帝によって追認されたが、ナシール・ジュング（Nasir Jung）に戦いを挑まれ、ベンガルの総督権に対するシラジュ・ドゥーラ（Sirajud-Doula）の要求は、ガハシティ・ベグム（Ghasiti Begum）の反対に遭い、彼女の息子のシャウカット・ジュング（Shaukat Jung）が、一時期皇帝の勅許状を受け取りさえしていた。

このムガール王朝の領土の軍閥支配と、結果として生じた地方の権威の崩壊は、同族の継承権確保への執着を誘う結果となり、港湾地域の商人グループに、最も気前のよい、言わば最大の利権を約束する側にたって、事態に介入させることとなった。身の程知らずに想像力を逞しくしたデュプレイックスは、ハイデラバードでは合法的権利の主張者、ムザファール・ジュングに、さらにアーコットではチャンダ・サヒブの利権に介入することで、一攫千金の大いなる可能性を見て取っていた（一七四九年）。マドラスの英国東インド会社もまた、介入の時期がめぐってきたと考え、当然のことながらカーナティックのスバを求めるライヴァル候補者ムハマッド・アリの側についていた。この人物はインド史上、極悪人の一人だが、かなりの額にのぼる負債（ほとんどが、共謀して作られた）や、一族郎党からなる選挙区で一度に六人以上もの国会議員を獲得し、英国本土の政争にまで持ち込まれた汚職、その結果ついに、エドマンド・バーク〔Edmund Burk, 1729-97――アイルランド生まれの英国の政治家・雄弁家・著述家〕の雄弁な非難の対象となることで、皮肉にも驚くほどの高位に達した男であった。しかし、こうした栄光への権利を主張する人物はさておき、ムハマッド・アリも英国の介入を招き、外国の助けを借りて総督の椅子を威厳あるガッディ（gaddiインドの王座）の地位へと変えてしまった最初のインド人官僚として記憶さるべきであろう。やがて、東インド会社はこの介入によって、フランス人たちの狼狽を除けば――確かに英国人の国家的プライドにとっては満足に足りるものであったろうが――自分たちの勢力がさらに実のあるものとなった時、より大きなより価値のある利権を搾り取ることのできる、いかがわしい仲間を獲得していた。

ベンガルでの介入はもう少し実りあるものであった。英国は用心深くシラジュ・ドゥーラに対抗してガハシティ・ベグム（Ghasiti Begum）と仲間のヒンズーの銀行家たちを支持した。ついで、その人物が長官の地位に就くと、彼らは当然の事ながら長官の不興を招くこととなった。英国人は不法にカルカッタに砦を建設していたが、取り壊すように命ぜられた。英国人たちが拒否すると、ベグムはカルカッタに侵攻して、ウイリアム砦を占拠した（一七五六年六月二十日）。しかし東インド会社は、たとえシラジュ・ドゥーラに戦いを挑めなくても、彼に対して陰謀をたくらむことはできた。そこで彼らは策謀し監督官たちを無視した。さきにも強調したように、シラジュ・ドゥーラには、忠誠を誓う人物など誰も存在しなかった。彼は合法的に任命されたナワブ・ナジムではなかったし、その称号は、厳密に言えば、シャウカット・ジュングに付与されるべきものであった。したがって、彼に対抗するミール・ジャファール（Mir Jafar）に率いられたモスレム貴族の強力な集団が存在した。それより重要なのは、こうした闘争のさなかに正体を現し始めた新しい勢力が存在していたということなのである。

インドの主要な沿岸地域に、ヨーロッパ人たちの貿易の中心地が設置されるにつれて、外国人商人たちと密接に協力し合う強力なインド人の資本家階級が生まれ、彼らは外国人たちとの貿易で、膨大な利益を上げていた。スラートでは、こうした商人たちが際だった立場を築き上げていたことを、東インド会社の往年の記録が詳細に物語っている。彼らの政治情況における影響力もかなりのもので、早くも、一六六二年に彼らは、東インド会社のために、ムガールの総督との間を仲介していた。アナナガランガ・ピレイス[*1]一家とマドラスのパチアッパ・ムダリアールス（Pachiappa Mudaliars）一家は、大変な権力と影響力の持ち主であった。十八世紀、ベンガル貿易の発展の結果、北インドの実業界はムルシダバード（Murshidabad）とカルカッタへと群がっていった。ベンガルのマルワリ（Marwari）の百万長者たちは、後世の上海における買弁の立場に等しいものとなっていた。ナワブや将軍たちは、折に触れて彼らから絞り取ることはできたが、その地域の経済生活の支配形態の中軸勢力は、間違いなく衰えたムガール朝の貴族からダーバー[*2]の際には彼らにおべっかを使うが、財布の紐をしっかりと閉めたバニア[*3]である資本家たちへと移ってしまっていた。

＊1　アナナガランガ・ピレイス（Ananagaranga Pillais／the Dubash of Dupleix）　一七四二年にポンディシェリの総督に任命され、当時の英国とフランスの抗争を利して力量を発揮した。
＊2　ダーバー（durbars）　一、インド土侯の宮廷。二、インドの土侯や旧英国のインド総督による公式謁見、会見、公式のレセプションを言う。ここでは「二」の意。
＊3　バニア　bania 或いは banyan とも言う。一、肉食を禁じている特殊なカーストに属すヒンズー教徒の商人・仲買人。二、インドのゆるいシャツ、上着。ここでは「一」の意。

彼らの経済権益は、外国人商人たちの権益と堅く結びついており、モスレムの支配に伝統的な憎しみを抱いていたこうした強力な階級の出現は、インドとアジアの歴史にとって根本的な重要性を有する問題であった。それはアジアの政治と経済機構における、まさに計り知れない変化を意味していた。前にも指摘したように、インドの経済は農業を基盤とするものであった。言わば土地の生産物に基づき、国の生産物は主として一般消費物資を目的としていた。そうした機構は、地主階級と土地を基盤とする軍事的特権階級――ジャジルダールス〔*jagirdars*――ペルシャ語で、軍事的貢献の見返りに支配者から土地の譲渡権を持つ封建士候〕――に寄与していた。この伝統的機構は、二世紀余に亘って海洋貿易にもとづく商業経済の影響を受けてきていた。十六世紀には、この交易は主として香辛料であったところから、インド大陸の経済には何ら影響を及ぼすことはなかった。しかし、十七世紀になってインドの貿易の構造にある変化が起こっていた。インドの加工製品、更紗、モスリン等々や、芥子菜の種、麻が需要に従って主製品となっていた。ガンジス川流域の豊かな製品が、マルワリの商人の代理人たちを経由して、ベンガルの港へと流通していった。マルワリの商人たちは、北インドの到る所に事務所を構え、間もなく有力な勢力の担い手となっていた。属州の長官たちの邸宅で、彼らは貸付金に最高の利息を支払う者たちを支持し、長官たちの仕事を援助した。とりわけベンガルでは、彼らの勢力は、クロイソス〔Croesus――紀元前六世紀のリディア（Lydia）の王の名で大富豪で有名であった〕の名にたがわぬ大富豪ジャガット・セス（Jagat Seth）の指導の下に大いに強化されていた。ジャガット・セスの富の物語はインドでは伝説になっているほどである。ジャガット・セスは公衆の面前でシラジュ・ドゥーラに侮辱されたことがあった。そこで彼がその太守に取った復讐は、宮廷革命を起こすために東インド会社と交渉に入るということであった。

プラッシイ[*1]がその結果取引の対象となった、戦闘ではなく、ジャガット・セスに率いられたベンガルの買弁たちが、そこのナワーブ＝太守を東インド会社に売り渡してしまうという取引であった。太守の将軍たちは、ヒンズーの豪商や自分たちの英国人の仲間と同盟を結び、戦闘はしなかった。そうして裏切った将軍のミール・ジャファール（Mir Jafar）は裏切りの代償として、ベンガルのナワブの地位を受けた。だが、プラッシイが東インド会社のベンガルの管轄領になったとか、会社を何からの重要な軍事的勢力としたと考えるのは間違っている。それは言わば形の上で、東インド会社を一人のザミンダール[*2]——二四のパルガナーズ〔Parganahs——徴税のために幾つかの町村を集めて作った地区〕として知られる地域の地主——にしたにすぎなかった。実質的には、そこに東インド会社の言いなりになる総督を配置した哀れな人物は、東インド会社のけちな職員に搾り取られ、あげくの果てに様々な種類の利権を強要された。ナワーブの行政府は、自分の支配権をカルカッタの東インド会社に全面的に頼ることになったせいで、完全に崩壊してしまった。次々と急速にナワーブたちは変質していった。デリーのムガール朝の御前会議は、今やベンガルの事態に介入すべき時が到来したと思ったが、介入を試みても無駄なことが判明した。そこで、バクサー（Buxar）で（一七六四年）皇帝は自分の軍隊が戦いに破れた後に、東インド会社にベンガル、ビハール〔Bihar——インド北東部の州〕、さらにオリッサ〔Orissa——インド東部の Bengal 湾に臨む川〕の豊穣地をめぐるディワニイ、すなわち歳入管理権者の地位を認める羽目になった。

＊1　プラッシイ（Plassey）　インド West Bengal 州 Calcutta の北、約一三〇キロメートルにある村で Robert Clive がここでベンガル軍を破り（一七五七年）インドにおける英国の勢力を確実なものにした。
＊2　ザミンダール（Zamindar）　一、インドの大地主。独立以前に英国行政府に地租を納めることを条件に認められた封建領土。二、ムガール王朝時代の徴税請負人。三、インド独立後は、政府と耕作者の仲介役を務める、一種の不在地主。

略奪、さらに東へ

本書の目的にとって、ベンガルでの東インド会社のディワニイとしての初期の行政機関の醜い金銭上の細目に立ち入る必要はないであろう。要するに、組織された国家の全勢力が、十年の歳月で、たった一つの目的――略奪――に向けられていたと言えよう。言わば盗賊国家の成立をみていたのであり、東インド会社の職員、リチャード・ビーチャー (Richard Becher) は、一七六九年五月二十四日にロンドンの上司に宛てて、次のように書き送っていた。「東インド会社が、ディワニイの地位を継承して以来、この地域の住民の生活状態が以前よりも悪化していると考えると、英国人は苦痛を覚えるに違いありません……この素晴らしい国は、最も専制的で独断的な行政府の下で繁栄しているのですが、まさに破滅に瀕しています」。指導的立場にあったその地域の数名の地主が、ある注目すべき文書で、審議会に請願してこう述べている。「英国人諸士の商館は数多く、彼らのグマサス〔gumathas――税務官・巡回販売員〕の多くは、到る所、あらゆる村、言わばベンガル州のほとんどの地方に存在しています。彼らはあらゆる種類の穀物、リネン、この地域で供給される他の生産品なら商品の種類を問わず取引しています。こうした生産品を購入するのに、彼らは小作人たちにお金を押しつけ、半ば強制的手段をもって低価格で商品を購入し、高額で住民や店主たちに買い取りを強要しているのです……この地域には、今や残されているものはほとんどありません」。

民衆を無慈悲に搾取することで成り立った新国家がインドに生まれ、さらにその国家たるや、無敵の海の支配を誇り、沿岸地域のいずこにあってもその勢力を集中することが可能であった。しかしここでも、東インド会社がすでにインドの支配者に対して無敵の存在であったと考えるのは当たらない。一七六九年、ハイデール・アリ (Hyder Ali) なる人物が――彼はマイソールの行政府を収奪したのだが――マドラスのセント・ジョージ砦のまさに関門のところで治安を仕切っていた。マラータ一族の権力に挑戦することで、ベンガルにおけるクライヴ*の成功の再現をねらったボンベイ行政府の企ては、結局、一七七九年のワッドゴウン (Wadgoan) での屈辱的な会議の開催となった。しかし、一七七二年以後、ウォーレン・ヘイスティングズ (Warren Hastings) は、着々とベンガルの行政機関を構築し、数年後には、クライヴの盗賊国家を強力な組織化された行政府に変えていった。ヘイスティングズは、また、東インド会社がマラータ一族の権力に立ち向かうのは無理なことを認識していた。そこで、より強力な隷属国家で、北部のマラータの権益を統制していた中央インドとシンディア（Scindia）のナグピュール王〔the Raja of Nagpur――Nagpur はインド中部 Maharashatra 州の都市〕をプーナ（Poona）の中央行政府から切り離し始めていた。

＊ クライヴ（Robert Clive, 1725-74）後のクライヴ男爵、東インド会社の一事務員から身を起こした英国の軍人・政治家で、一七五七年にプラッシイの戦いに勝利し、英国の支配権を確立し初代ベンガル知事となった。

二十年間におよぶヘイスティングズとコーンウォーリス卿[*1]のもとでの安定した行政と、さらにシュフレン提督[*2]の撤退に続くインド洋からのフランス海軍の完全な排除の結果、十八世紀末には、英国は軍事力の優位性を維持することとなった。それは未だ決定的とは言えないまでも、インドの弱小国家に支配的影響力を与えるに足るものであった。カーナティック地方は支配下に入っていたし、アウド〔Oudh――インド北部 Utar Pradesh 州の一部〕のナワーブは属国に成り下がっていた。十八世紀の終わりには、インドでたったわずか三つの勢力のみが東インド会社に対立するにすぎなかった。インドの西部と中央部にまたがるマラータ一族の帝国、デカンの盆地に広がる領地を有するハイデラバードのニザムと南部のマイソールを支配する、サルタン・ティプ（Tipu Sultan）のみであった。一七九八年、モーニングトン（Mornington）卿（後の、ウェルズリー（Wellesley）侯爵）が総督として赴任してきた時は、そのような情況であった。インドにおける英国の歴史は、それほど多くの傑出した人物たちで彩られた訳ではないが、ウォーレン・ヘイスティングズ、ウェルズリー[*3]とダルフウージー[*4]は大政治家の名に相応しいと言えよう。虚栄心が強く、尊大で、反対派には不寛容で、詭弁と卑劣さに長けてはいたが、ウェルズリーは、当初から、自分が成功を収めるために努力すべき事柄について、明確な理念を持っていた。その理念とは、マラータ一族の権力をうち砕き、英国の東インド会社をインドにおける最高権力機構とすることであった。この目的のためには、マイソール（Mysore）の支配権を獲得し、その措置によって、マラータ一族を南部から攻撃し、そこで、ニザムの中立化を促すことが可能となり、フランス人レイモンがかって組織した強力な軍事力の脅威を取り除き、中でもプーナに不和の種を撒いて、マラータ一族の中央政府を弱体化する必要があった。迅速な短期作戦で、ウェルズリーは、かってティープ〔Tipu Sahib, 1750-99――インドのMysore王（1782-99）〕が権力を簒奪したマイソールのヒンズー王朝の支持者たちの積極的援助を得て、サルタンの勢力をうち破り、マラータ一族の本拠地を攻撃できる距離まで、東インド会社の兵力を前進させた。ハイデラバードでの断固としたクーデターで、ニザムのフランス人に統率された軍隊は解散させられ、ニザム自身も一属国の大公の地位へと格下げされた。ウェルズリーは、今度こそ、マラータ一族に挑戦する所を得たと思っていた。彼は、マラータ帝国の首領の地位を要求する裏切り者とある盟約を締結した。それをウェルズリーより聡明な彼の弟、アーサー・ウェルズリー[*5]（後のウェリントン（Wellington）公爵）は「小者との盟約」と呼んでいたが、そこでペイシュワ[*6]の合法的支配者としての地位を支持するといった仮面をかぶって、属国的同盟の組織にマラータ帝国を誘い込もうと謀ったのである。

＊1　コーンウォーリス（Charles Cornwallis, 1738-1805）　英国の将軍、政治家。米国の独立戦争に派遣されたが、一七八一年十月十九日、Virginia州 Yorktown で Washington に降伏、後にインド総督、アイルランド総督として功績を残した。

＊2　シュフレン（[Pierre Andrede] Suffren de Saint-Tropez, 1729-88）　フランスの海軍軍人、アメリカ独立戦争後、インド洋上海戦などで勲功をあげる。

＊3　ウェルズリー（Richard Colley Wellsley, 1760-1842）　アイルランド生まれの英国の政治家・行政官、インド総督（1797-1809）。

＊4　ダルフウジー（James Andrew Broun Ramsay Dalhousie, 1812-1860）　英国の政治家、インド総督（1848-56）。

＊5　アーサー・ウェルズリー（Arthur Wellesley, 1769-1852）　英国の政治家・軍人。Waterloo の戦いで Napoleon 一世を破る、首相（1828-30）。

＊6　ペイシュワ（Peishwa）　ペルシャ語で首相の意味で、特に、シヴァジ（Sivaji）と彼の後継者のマラータの首相に使用された。

引き続く戦闘で、未来のウェリントン男爵は、奇策をもってデカンのアッセイ平原で（一八〇三年）マラータの陸軍を壊滅し、さらに、レイク（Lake）卿はラズワリ（Laswari）で、シンディア北部の軍隊を敗走させた。しかし、大勝利を勝ち取りはしたが、ティプー（Tipoo）を取り扱ったりニザムを属国にしたように、うまく事を運ぶことはできなかった。相次ぐブハラトピュール（Bharatpur）でのレイク卿の失態、ホルカー（Holkar）による中央インドでの行ったり来たりのモンソン（Monson）大佐の軍隊追跡劇は、英国の軍事力は平原では優位性を発揮するが、インドを征服し確保するには不十分なことを示していた。その努力は放棄され、十二年後に改めて再開された。そこで、東インド会社は、ヘイスティングズ卿の指揮下でプーナでマラータの軍隊を破り、ペイシュワの領地をボンベイの行政機関に併合し、シンディアの勢力をラジュプート*の属国から切り離して弱体化し、ほぼ支配権をサットレッジュ〔Sutlej——チベットに源流を発しインド北部、パキスタン東部を流れる川で Indus 川の源流の一つ〕にまで延長した。

＊ ラジュプート（Rajput）　インドのカーストの第二階級に属する王族・武士のクシャトリア（kushatriya）の子孫と称する北インド地方に多い好戦的種族の人。

一八一八年、英国の東インド会社は、インドで「最高権力を持つ支配者」となり直轄地域としてデリーに到るガンジス流域、デカンのマラータ一族の郷士、アラビア沿岸の地方とベンガルから南部にかけて延びる沿岸の帯状の地帯を占有した。インドの内陸部はまだ保護された大公の下にあり、そのうちの一つがシンディアで、当時は、独立国と考えられていた。サットレッジュを横断して、一方では、西はカイバー〔Khybar——パキスタンの Peshawar 西方、アフガニスタンへ通じる山道〕峠、北はギルギット（Gilgit）、南はシンドゥ〔Sindh——パキスタン南東部の旧州。首都 Karachi〕へと広がるシーク（Sikh）教徒の王国は、強力な軍隊を育て上げていた。東インド会社は、まだ彼らがさほど強力では無いと思っていたが、その強大な帝国に戦いを挑むために動きを見張っていた。アフガニスタンの会戦（一八三八—四二年）の悲惨な経験が——これは歴史上かって見ないほどの厚顔無恥な侵略行為であったが——、英国に自らの軍事力を過大評価することのないよう教訓を残していた。しかし、独立したインド人の帝国が存在することは目の上の瘤に等しく、ウェルズリーがマラータ一族に対して取った例に倣って、同様の戦略がシーク教徒に対しても繰り返された。まず手始めに、一七九九年のニザムと同じように、シンディアの大部隊が解隊された(一八四三年)。ウェルズリーがマイソールを征服したのと同様の理由で、シンドゥが征服された。英国が背後から敵を攻撃できるようにするためである(一八四四年)。シーク帝国の最も有力な人物で軍司令官であったジャウムのラジャ・グーラッブ・シン(Raja Gulab Singh of Jammu)が、カシミールのかなりの領地を代償に買収された(その領地に対して東インド会社は、後に、不当にも、再び現金の支払いを強要した)。こうした手段が取られると、シークに対する宣戦布告の言い訳が行われ、二回に亘る血腥い戦闘の後、最後のインドの王国が征服され併合された(一八四八年)。

インダス川よりブラハマプトラ川〔Brahmaputra——Tibet 南東部でに発しインド北東部を流れ Bangladesh で Ganges 川に合流して Bengal 湾に注ぐ〕にかけてと、ヒマラヤからコモリン岬にかけて、英国は百年戦争の経過を経て無敵の支配権を確立していた。かって存在を許されたカシミール(Kashmir)、グワリオル〔Gwalior——インド中部 Madhya Pradesh 州北部の都市〕、ハイデラバード、バローダ〔Baroada——インド西部の都市〕、トラヴァンコール〔Travancore——インド南西部の旧州で現在は Kerala 州の一部〕やラジュプートのような王国は、主な諸国家群から分離された弱小属国とは別に、国としての成立を許されたり、属領へと転換されたりして互いに孤立化され、一国では英国の支配に対して無力であった。東インド会社は、インドの紛れもない支配者であると思っていたし、ダルフージー卿の指揮下で、会社は近代的に統一された行政機構の確立に取りかかっていた。しかし、インドの民衆は、たとえ征服されたとはいえ、いまだ屈服してしまっていたわけではなかった。外国の頸木から逃れようと、ムガール皇帝の威信と名の下に活動を続けていたマラータ・ペイシュワス(Maratha Peishwas)の指導の下で、インドの民衆は最後の力を振り絞っていた。一八七八―八年の大擾乱は、英国史上、インドの反乱として知られているが、英国を追い出そうとするマラータとムガールの古い支配階級の最後の決意に満ちた、だが実りなき試みであった。反乱は十八ヶ月に亘る散発的な戦いの後に、無惨にも鎮圧され、一八五八年、東インド会社は事実上インド帝国を確立したが、会社そのものは、公の場からその姿を消した。その年に、英国政府がインドの直接統治権を引き継いだからである。

英国のインド支配は激しい抵抗を何ら受けることなく、ひとたび統治が広大なインドの土地に確立されると、英国は近隣諸国家に対しても帝国の野心をむき出しにし始めていた。それ以前のインドの宗主国は、チョラ〔Cholas――マレー半島に起立された帝国〕（八五〇―一一五〇年）を除いて海洋の覇権を維持することはなかったし、大洋を帝国拡張にふさわしい地域としてそこにあえて乗り出すことはなかった。英国はと言えば、立場は当然ながらそれ以前のインドの宗主国とは異なっていた。また、ナポレオン戦争〔ナポレオン一世が一八〇四年に皇帝となって以来、一八一五年にワーテルローの戦いに敗れるまで、ヨーロッパ制覇を企てた数次に亘る戦争の総称〕の結果オランダ共和国が余儀なくフランスの同盟国となった時には、英国政府は東方における積極政策を推し進めるため、インドにおける立場を有効に利用することが可能であった。インドからの帝国拡張の政策が計画され、インドの英国政府は、自国の利益のために、東方の危険な征服と合併への道に歩を踏み出したが、それはもちろんインドの納税者のお金を犠牲にしてのことであった。マラッカは、もともと一七九五年に占拠されていたが、一八〇七年に改めて接収された。ジャヴァ島はオランダ人から勝ち取ったが、〔ナポレオン戦争時代の混乱を収拾した〕ウィーン会議の後に返還された。こうした事態はアジアにおける植民地支配権を独占するためのほんの序曲に過ぎなかった。インドの英国当局が、帝国には前進あるのみと思い始めたのは、他ならないマラータ一族の勢力が最終的に撲滅された一八一八年後のことであった。ヘイスティングズ卿は、東インド会社のためにシンガポール島をジョホール〔Johore――マレー半島南端の都市〕のサルタンから獲得すべきであるとラッフルズ（Raffles）[1]を激励した。その考え方の背景は、次のように説明された。「地図に一目やりさえすればこと足りる……われわれの基地はマラッカ海峡を完全に取り囲み、常にいかなる状況下でも、われわれの中国向け船舶の航路の安全を保っている。マルタ島の西洋における如く、シンガポールは東洋においてその位置を占める可能性を秘めている」。

ビルマは、インドに国境を接している英国の権益に取ってみれば、事を起こすにはそれだけで十分な理由をもっていた。一七八四年、ビルマ人はアラカン*を征服し、以来、折に触れて、国境紛争は絶えなかった。一八二三年、そうした紛争の折りに力を試す機会が訪れた。陸地側からビルマを侵略しようとした英国の試みは失敗に終わり、有名なビルマの将軍・マハ・バンデューラ（Maha Bandula）は、東インド会社の軍隊に対してある程度の勝利を収めた。しかし英国は遠征隊を準備し、ラングーン（Rangoon）を占領するとアヴァ（Ava）へと侵攻を続けた。ビルマ国王は、アラカンとテナッセリム〔Tenasserim――アラカンからはるか南に下ったアンダマン海から河川を遡った所に位置する都市〕を明け渡し、多額の賠償金を払うことで、一時的な平和がもたらされた。しかし、東インド会社の征服に対する飽くなき欲望は治まることはなかった。二十年後、またもや理不尽な難癖がつけられた。英国の船舶の船長ルイスが、ビルマの港湾当局に負わされた侮辱と罰金に対して、賠償金として九千二百ルピーを要求した。当時の総督ダルフージー卿〔Dalhousie-James Andrew Braun Ramsay, 1st Marquis 10th Earl of, 1812-60。英国の政治家・インド総督（1848-56）〕は、アヴァの法廷でその事件を取り上げ、おそよ九二〇ポンドの負債を取り立てるために、代理人に虎の威を付与するべく、ランバート（Lambert）艦隊司令官の指揮の下に、六隻からなる艦隊を派遣した。気の短い帝国建設請負人は、ダルフージー自身の言葉を借りれば、「交渉に当たってあまりにも激昂しやすい」人物で、ビルマ国王の旗をなびかせた船舶を奪い取り、決着を強要した。第二次ビルマ戦役につながるこの事件は、リチャード・コブデン〔Richard Cobden, 1804-1865――英国の政治家・経済学者、自由貿易の唱導者〕の描写が最も適切と言えるかも知れない。

＊　アラカン（Arakan）　ビルマ西部のアラカン山脈を西方に下り、ベンガル湾に面し、当時のインド領、今日のバングラデシュと国境を接した地域。

「ダルフージー卿は、まず一千ポンド以上をビルマ側に要求することから始めた、さらに士官たちに加えられた侮辱に対して、ラングーンの長官への謝罪要求が続いた。次に、彼の条件は十万ポンドに加えて国王の大臣たちの謝罪要求へと跳ね上がった。次いでビルマの領土侵略が継続し始めたが、突然、金銭の賠償と謝罪要求が全てが止み、『猊下は、過去の出来事のために〝賠償と補償〟として、ペグー〔Pegu――ビルマ東部の都市。パゴタで有名〕の割譲を喜んで受け入れる用意ありと』、同時に一方で、わがインド帝国にその領域を合併することがいかに害あって益なしかを長々と書き送った……わが財政にとって大変な重荷となるような領地を合併しなくても一千ポンドの負債の徴収が可能な総督のために、わざわざ『タイムズ』紙にまでその実態を公告する必要などないではないか？」[2]

戦いはどちらかというと非公式な形で、横柄なダルフージー卿のペグー合併の声明書をもって終焉を告げた。いかなる協定もビルマ国王とは結ばれることはなかった。敵対行為停止の公式表明もなく、九二〇ポンドの負債は、インドの歳入が負担しなければならない数百万ポンドの歳出の中で忘れ去られた。このようにしてビルマ人たちは、まさに英国が自分たちとの関係を終わらせてはいないことを身にしみて知らされた。声明書にダルフージーは、「仮に敵意が持続すれば、余儀なくビルマ国家の全面的破壊と破滅、さらに国王とその一族の国外追放とならざるを得ない」と不吉な言葉を付け加えていた。もちろん小羊（ビルマ）は敵意を抱き続けたが、三三年後に、その言葉どおりにまさに予言は成就された。ビルマ王国は転覆され、国王と彼の一族は国外追放された。

オランダ人の過酷なるインドネシア政策

ファン・イムホフ（Van Imhoff）の時代（一七四三―五〇年）に到るまで、インドネシアにおけるオランダの支配、散在する施設と要塞の管理は、中央の拠点・ジャカルタ（クン（Coen）によってバタヴィアと改名された）からの指令に従うことと限られていた。マタラム（Mataram）の大国とアトゥジェフ（Atjef）とテルナーテ島〔Ternate――インドネシア Moluccas 諸島北部の小島〕のイスラム教国の君主の領地、数多の弱小公国は、名目上は独立を維持してはいたが、国内紛争や不手際な経済運営の結果、ひどく弱体化していた。バリ島〔Bali――インドネシア Java 島東方の島〕やラムボック（Lambok）にはオランダの影響力は浸透してはいなかった。スマトラ島ではパレンバン（Palembang）やジャンビ（Jambi）のイスラム教君主国は、バタヴィア（Batavia）の属国で、残余の領地は東インド会社が香辛料の輸出に関しては独占権を有していたが、政治的には独立していた。オランダ当局は、ボルネオ島の広大な地域にはあえて触れることはなかったし、一七五六年になってやっと、東インド会社が島の東南の片隅のサルタン・バンジェルマシン（Sultan Banjermasin）と満足のゆく協定を取り決めることができた。

オランダ人は、早い時期から「間接統治」の制度は安上がりなもので、拘束されない搾取という観点からしても、その有効性を認識していた。サルタンたちは、仲間同士で戦い、民衆を抑圧し、貿易が東インド会社によって独占されている限りは、彼らが好きなように何をしようと許していたし、サルタンたちの統率権の陰で、オランダ人たちは、島の資源を搾取することが可能であった。しかし、そうした間接行政制度の下で、機能すべき国家が間もなく分解し始めるのは不可避であったので、保護する勢力に直接介入して維持することが必要となった。一七〇五年以来、マタラムの君主の支配権を維持することは、避けられない会社の政策であった。オランダの保護の条件は、会社が要求する全ての米を会社によって設定された価額で放出することを義務づけること、であった。

この不自然な政治的独立の制度と経済的属領制度は、国家管理機構の崩壊を必然的にもたらした。マタラムは、バリ島の首長たちとの抗争に明け暮れたばかりか、増大し続けるオランダの要求に対応するために、金銭や物品を巻き上げられる王家の家族と封臣たちに率いられた反乱までも向こうに回さなければならなかった。こうした状況が、友好的な支配者たちを支持するために、継続的介入につながった。さらに、オランダの政策に追従しない者たちには真っ向から対立した。オランダ人は、「息子に対して父親を武装させ、父親に対して息子を武装させる」とするアッベ・レイナル（Abbe Raynal）の有名な評言が正しいことを証明した。弱者の強者に、強者の弱者に対する要求は、状況次第で支持された。彼らは、今日、君主の味方かと思うと、翌日には、封臣の味方につくといった具合であった。

領土の直接的取得とイスラム教君主国の政治的依存を低減させる政策は、当初、ファン・イムホフ（Van Imhoff）によって一七四三年に開始された。その年に、東インド会社は、ジャヴァの北側の沿岸地帯全域と海港全体の独占的管理権、さらにバランバンガン（Balambangan）の王国の領地を獲得していた。次いで彼らは、マタラムその地へと向かった。内戦が王国で焚き付けられ、会社は、まず謀反を起こした姻戚に対立する合法的支配者を支持したが、結局はその国を分割した。新しい支配者たちは、単に名目的主権者にすぎなかった。宮廷には行政を効果的に管理する高等弁務官（Residents 総督代理）が配置された。一七五五年、会社に直接に所有されていた領地とは別に、ジャヴァは五つの小国——バンタム（Bantam）、チェリボン（Cheribon）、ジョグジャカルタ（Djokjakarta）、スラカトラ（Surakatra）、マンクナガラ（Mangkunagara）——に分割された。バンタムにだけ独立心が残っていた。その地にはラトゥ・スジャリジャ（Ratu Sjarija）の名で知られる素晴らしい女性が、サルタンに多大な影響力を持っていたせいで、彼女に対して、地方の民衆の間に生き残っていたヒンズー教徒の反感を利用したようだが、聖者・キアイ・

タパ（Kiai Tapa）に率いられた反乱が起こった。オランダ人はこの事件に介入し、サルタンの権威に対抗した。オランダ人は、間もなく古いサルタンを退位させ、代わって隷属的地位を受け入れた人物をその地位に付けた。

かくして、一七六〇年までに、ジャヴァにおけるオランダ人の地位は強化されたが、スマトラや「外域」の領土では、会社の権益は引き続き貿易のみに限られていた。西スマトラのアトゥジェ（Atjeh）のイスラム教君主国は、不安定ではあったが、独立した立場を維持していた。「外域」の地帯では、オランダの支配権は相変わらず名目的なもので、会社は、単に貿易の独占を主張するのみであった。しかし、中央の領域が支配権の及ぶ現実の存在となると、全地域への漸進的侵入は不可避となり、続く数十年のうちに、オランダは、インドネシア貿易の独占のみか、島の領域全体の実質的主権者となっていた。

侵攻を促進し改革を成就させるにあたってのオランダの政治的野心は、英国の介入ほどではなかった。一七九五年、オランダはフランスの覚醒に続いて、革命を選択した。バタヴィアの権威筋は、植民地諸国に革命主義の原則を適応することについて警告を受けていた。故国では自由、博愛、平等が原則にもかかわらず、植民地では搾取――これが革命オランダのスローガンであった。しかし、革命は容易には抑制できなかった。一七九八年、会社の憲章は撤廃され、インドネシアはオランダの国有植民地となった。オランダの行政府は、革命の原則を主張し続けたが、「これらの属領の安全が、（インドネシアの）現実の従属関係の必然的状態に依存する限り、わが国の東インドにおける領有地に自由と平等主義を移行することも適用することも不可能である」という追加条項を付した。それどころか、行政府は、奴隷制度撤廃の準備さえしなかったし、改革は「一般的文明のより高度な秩序が、彼らの命運の改善を可能にするまでは」待つ必要があるという偽善的声明で満足していた。

インドネシアにおけるオランダの制度について、控えめに語るなどということは至難の業である。オランダの歴史家の言葉によれば、「破壊、抵抗、報復がモルッカ諸島をめぐる単調な物語であった」。オランダに同情的な植民地支配の擁護者・英国人作家J・S・ファーニヴォール（J. S. Furnivall）はオランダの制度の影響を次のように述べている。「アムボイナは全世界が消費できる以上のチョウジ（clove）を産出できた。したがってオランダはテルナーテの国王に……ティドー（Tidore）に対して戦闘を継続するように、そうすれば民衆はチョウジの栽培から方向転換できるのだと奨励した。バンダ〔Banda――Celebes島とNew Guinea島の間のMolucca諸島南方Timor島海域の島〕では、彼らは小作人による自由耕作を奴隷労働に変え、ジャヴァからの米の供給を打ち切って、米食をより栄養価の低いサゴ食（サゴ椰子の樹心から作った澱粉）に変えさせた。この食事で多くの人が死んだ結果、より多くの奴隷が要求された。奴隷たちは遙か遠くアラカンからも輸入されていたが、群島自体が奴隷の主たる供給源であったので、全く食料を栽培しない島々は、米と交換するための奴隷を捕獲するのに近隣の島々を襲撃した」。

バタヴィアの創設者クンは、当時のオランダの筆者たちによれば、「貧しい人々の血が怒りに滾り復讐に訴えるような、あまりにも犯罪的で凶悪な手段で植民地政策を遂行した(3)」その彼こそが、後に作成されたオランダの政策の規約を起草したのである。「ヨーロッパの人間は、」――彼はこう詰問している――「一人として自分の家畜を好きなようにすることは許されていないのか？ たとえ許されていないとしても、当地では主人は自分の雇人を好きなようにしている。というのも、どこにあろうとも雇人の物はすべて、オランダ人の理性のない獣同様、主人の物だからである。この地の法律は、王の意志であり最強の者こそ王なのだから(4)」。

この人物の身勝手な論理に裏づけられて、オランダ人は、ジャヴァの民衆に対する道義的責任を自認する理由なぞ持ち合わせていなかった。実際、インド諸島における彼らの存在の公然たる目的は、道徳的非道徳的であるとを問わず、あらゆる手段を行使して、自分たちの自由になる最大限の利益を獲得することにあったと、彼らの面目のために言っておかねばならない。「阻害された伝道活動」〔言わば、オランダ人は未開人を善導するものであるとする思いあがった意識に対する反乱〕なる叫びはつい最近の口実であり、オランダ人自身、様々な折りに国際的な事象が彼らに不承不承反省を促すまでは、一般大衆の要求など考慮した試しはなかった。

十八世紀初頭に到るまで、香辛料貿易はオランダに膨大な利益をもたらした。十六世紀と十七世紀のチョウジの貿易の利益たるや異常とも言えるほどであった。モルッカ諸島からチョウジの荷を運んだマゼラン*の船ヴィクトリア号は、二五〇〇%の利益でそれを売却した。しかし、十八世紀初頭にはその利益は下降し始めていた。というのもオランダが独占していたせいで、インドや様々な場所でも、諸国家（地域諸州）が、チョウジの栽培の促進を奨励したからであった。ついでコーヒーがヨーロッパにおいて大きな消費を呼ぶ市場を造り出し、大いに利益ある貿易であることが判明した。およそ一六六〇年にコーヒーがヨーロッパに紹介され、まもなく人気のある飲料となっていた。その需要たるやまさに無限であるかに思われた。ジャヴァでは十六世紀の初頭、南インドのマラバールから導入され、数年後にはジャヴァ島の主産物となっていた。コーヒーが世界市場で高値を呼んだ所から、この作物は群島の小作人たちの繁栄を復活させるに足るものであったが、東インド会社はそれを望まなかった。「ジャヴァ人が豊かになりすぎる」とは当時の文書に最もよく喧伝された危惧で、ジャヴァ人の繁栄を妨げることで、自分たちの金庫に出来るだけ多くのジャヴァの富をかき集めることが、オランダ人が公然と口にしていた単純な目的であった。

＊　マゼラン（Ferdinand Masellan, 1480?-1521）　ポルトガルの航海家。Philippine 諸島に到達した最初のヨーロッパ人（1520）。太平洋を初めて横断した Pacific Ocean の命名者。

そこで、（オランダ）東インド会社は、三つ巴の政策を施行した。バタヴィアにおけるコーヒー価額の恣意的な値下げ、農場の生産制限、生産者は一二五ポンド分の価額で二四〇から二七〇ポンドを強制的に出荷すべしとするあからさまなシステム、その一二五ポンドから様々な勘定を差し引かれた後に、一四ポンド分のみがインドネシアの栽培者たちに渡ったにすぎなかった。このようにインドネシア人たちの利益は騙し取られ、正当な価額すら支払いを拒否され、小作人たちはコーヒー栽培をしたがらなかった。「リジェンツ*」と呼ばれる、会社のインドネシア人の代理人たちも、また熱意を示すことはなかった。したがって、オランダ人たちは、コーヒーを栽培するように代理人たちと小作人たちに圧力をかけ、強制的に、それを一定の価額で出荷させることに決定した。東インド会社のやり方は単純そのものであった。彼らは、サルタンたちの統治権を譲り受けていたので、その土地の財産権を無条件で有していた。言わば搾取する権利は、全面的に彼らの手中にあったのである。代理人や小作人は、単なる彼らの手先にすぎなかった。

＊ リジェンツ（Regents）　インドネシアの植民地の監督官の代理人。一、本来の意味は摂政官、米国では州立大学理事あるいは学生監。二、カトリック系大学では、非聖職者の理事や役員と協力する聖職者の理事。

実際の所、東インド会社の目には、ジャヴァ島は自分たちの所有する広大なコーヒー生産地に過ぎず、自分たちが行使する統治権は栽培業者に——この場合（オランダ）東インド会社だが——法的口実を設けて、インドネシア人たちから、妥当な労働賃金までも剥奪できるように、栽培権を与えてやっているだけだということであった。以前から、コーヒーは独占商品とされていた。一七六〇年頃までに、代理人たちは栽培の責任を負わされ、オランダ役人の監督と管理下におかれていた。コーヒー監察人と呼ばれた数多くの小役人たちが、代理人や小作人がコーヒー栽培を怠っていないかを見張るために任命されていた。事実、商売全体が所有地同様に、組織的に構成されていたし、栽培されたコーヒーは、（オランダ）東インド会社によって回収され、販売された。

大規模な植民地制度が、オランダとインドネシアの関係に持ち込まれたことは、まさに、騒動こそなかったが、広域に及ぶ革命に等しかった。その昔オランダ人は、ある国が生産する香辛料と米を買い付け、利益を得て販売する、単なる商人にすぎなかった。確かに、彼らは独占権を確立するために自らの力を行使はしたが、その範囲を越えて（オランダ）東インド会社の貿易活動が、そこの民衆の生活に介入することはなかった。しかし、植民地経済への激変は、事実上の労働搾取、住民の経済活動の統制、さらには、効果的管理、事実上、全国に亘る「土地財産管理権」をも含むこととなった。ジャヴァ島は、（オランダ）東インド会社所有の植民農園となり、統率権は、今や（オランダ）東インド会社が握っていたのだが、そこの領民たちは、実質的には開拓民と苦力の立場であった。東インド会社は単なる労働の雇用者であったのみか、生殺与奪の権利を握った支配者の権力で強化された合法的組織のみが操れる包括的機構の運営者でもあった。領民はと言えば、単なる苦力であったばかりか、雇用者に対して名目的権利さえもなく、裁判所にも行政官にも訴えることすらできない存在であった。もともと上流階級に属していた者が労務班長や現場監督の地位にまで落ちぶれ、こうした人々に労働が強要され虐待が行なわれ、このような統率権の行使によって全民衆が生産地域の苦役労働者へと変質させられてしまった例は史上無比のものである。ペルーのインカ帝国に対するスペインの支配は確かに無慈悲で、オランダのインドネシア支配と同様に民衆の搾取も組織的なものであったが、スペイン人たちは、少なくともその国に住み、利益はその地で費やされた。ところがインドネシアでは、掻き集められた利益は、苦役の地より遙か離れた主人たちが贅沢な生活を送るために、遠隔の地に送られたのである。

リジェンツたちは単なる手先に過ぎず、オランダ人は彼らを通して残酷で心ない政策を行使するにはしたが、総督によって任命されたリジェンツの地位は世襲制と見なされ、オランダ当局はその立場を斟酌して、概して言えば、世襲の要求を黙認した。オランダ人に任命されたとはいえ、「土地同様、小作人は地主の個人的所有物と考えられ」、コーヒー農場で強制労働を課された。リジェンツたち自体、富を蓄えることを許されなかったということは、原住民問題監督官（the Commissary for Native Affairs）なる上役の指示に従ってリジェンツは行動していたのだが、上役たちは、コーヒーの出荷を見越しては、しばしばリジェンツたちに暴利で金を貸し付け、借金が嵩み過ぎて、瞬く間にコーヒーの出荷では利息を賄えなくなってしまったという事から見ても、実状が如実に示されていると言える。かくして貧しいインドネシア人たちは、コルヴィー〔corvée——賦役。封建諸侯が人民に課した通例無報酬の強制的労役〕なる制度によって、原野で強制労働を強いられ、労働を監督する立場のリジェンツもまた、ほとんど利益を享受することはなかった。インドネシア人が豊かにならないようにする政策は全く完璧に遂行されたのである。(5)

イスラム——救いの手?

蹴落とされ惨めなほど蔑まれた立場からジャヴァ島の民衆を救ったのは、他ならないイスラム教の迫力に満ちた激励であった。ポルトガル人の到来当時、どのようにしてイスラムが大規模な貿易の中心地や支配者たちの宮廷に根を下ろしたかは、先に述べたように周知のことである。内陸のヒンズー教徒の住民を改宗しようとするポルトガル人の思惑は失敗し、十六世紀の末までに、ジャヴァやスマトラの住民の多くはイスラム教を受け入れていた。モスレムに対する抑圧は続き、東ジャヴァのバランバンガンの王国が、一六三九年にマタラムのサルタンの攻撃にあって陥落すると、組織的なヒンズー教の存在は、ジャヴァでは消滅した。ゆっくりとではあるがイスラム教の性格自体がある変化を経験し始めていた。本来グジェラートの商人によってインドから導入されたイスラム教は、十七世紀の中期に到るまで、古いヒンズー教の教義にイスラム的色合いを添えたものに過ぎなかった。しかし、結束、正統主義思想、さらに厳正さが、聖なる都市に毎年巡礼を行なう人々やイスラム法律学者や説教師を通じての学問の絶え間ない普及によって維持されるイスラム教のような宗教の場合、ヒンズー教の添え物に甘んじるような情況はどう見ても長続きするはずもなかった。帰国したジャヴァ人のハジ〔Haji——メッカへの巡礼をすませたモスレムへの尊称〕が有識者を連れて戻ってきた。

また、十七世紀にはイスラムの世界的立場は、トルコによって代表され、中近東におけるその脅威的勢力は、レヴァント〔Levant——ギリシャからエジプトまでかけての地中海東部沿岸諸国を含む地域〕と地中海の全アフリカ海岸に臨んだ地域に沿って、なおヨーロッパを震撼させていたことを忘れてはならない。インドにおけるムガール帝国も、当時、東方の政治状況の中で見逃すことの出来ない一要因であったことも明記すべきであろう。イスラムの国際場裡における大いなる矜持、言わば巨大な世界規模の共同体に帰属しているという名誉が、自分たちの政治的立場が弱体で、ある特異な地域で不振に見えた時でさえも、常にどこにあってもモスレムを支える力であった。メッカや中近東からのアラブの首長やハジ、さらにイスラム法学者の到来と共に宗教、社会、また政治的情況にも大きな変革がインドネシアで起き始めていた。

一六三〇年に始まる情熱に満ちたイスラム伝道活動の時代は、その宗教的側面においてイスラムの教義の強化、宗教的指導者たちの権威の確立、モスレムの生活観に対する普遍的姿勢の確立を見ていた。その目的は、キリスト教の宗教的侵略に対する抵抗運動の組織化ばかりか、ヒンズー教固有の執拗な伝統からインドネシア人を切り離すという二点にあった。社会的にはメッカの影響力によって、結婚、相続法等においてインドネシア社会はイスラム的慣習へと方向づけられており、多くのイスラム諸国家は、シャリーア〔shariat——イスラム法・聖法〕によって統治されていた。政治的には、その活動は抵抗の精神を標榜していた。あるアラビアのシェイーク〔sheik/sheikh——あるいはシーク。イスラム教の導師、アラブ諸国の長老、族長、首長〕は、マタラムの支配者にメッカのカリフ〔kalif/caliph——マホメットの後継者。イスラム教国の支配者の称号として用いた〕の総督代理としてサルタンの称号を供与したと言われている。他のイスラム教国の君主たちは、特に本土に最も近接するアトゥジェでは、中近東のモスレム勢力と関係を結び始めていた。

ジャヴァでは、メッカで教育を受けた聖職者の権威に対して地方特有な反応はなかったというように理解すべきではない。たとえば、サルタン・アマング・クラーット〔Sultan Amang Kurat〕一世は、イスラム法学者たちが民衆の支配者であるかに装ったという理由で、数多くのムラー〔mullah――イスラム法学者・裁判官〕とその家族を殺戮したと言われている。彼はまた、自分の父親であるサルタン・アングン（Sultan Angung）が、カディース〔kadis/qadis――イスラム教の宗教法を解釈し、執行するイスラム教の裁判官〕に授与した全ての司法権を取り上げてしまった。

イスラム教の強化は、群島におけるオランダの侵略に対する抵抗運動の激化につながった。アムボイナにおけるオランダ人たちの伝道活動に対するモスレムたちの憤りが、モルッカ諸島での戦闘となった。当時、レイクロフ・ファン・フーンス（Rycloff Van Goens）のような（オランダ）東インド会社の指導的立場にいた役人が、宗教が群島のオランダ人に対する止むことない戦いの主たる原因の一つであると認識していたように、そのことが十七世紀後半の歴史の際だった特徴であった。

当然ながら、オランダ人はインドネシア人の教育などに関心を持つことはなかった。このことが、イスラムに立場を強化させる機会を与えていたのである。教育がイスラムの聖職者たちの効果的な独占的仕事となり、モスクそのものが、イスラムの知識普及の中心地となっていた。イスラムの教育者たちは継続的に、メッカやインドから続々と補強され、民衆の精神を昂揚させ続けていたのである。かくしてオランダ人の極度の吝嗇と近視眼的姿勢が、インドネシア人に精神性を保持することに与ったのである。

過激な総督ダーンダルス（Daendals）支配下（一八〇八年）のオランダの政策は、教育問題を前面に押し出した。彼は、行政機関の再組織と国の防衛の強化に努めたが、地方のオランダ人の反対があまりにも激しく撤回を余儀なくされた。その後間もなく百隻の輸送船団と一万二千人の兵士を引き連れた英国の遠征隊がバタヴィア（ジャカルタのオランダ名）の前に現れた。たった六週間で戦闘は終焉を告げ、オランダは一八一一年九月十八日、降伏文書に署名した。英国が一四年間に亘ってオランダ帝国の主人公となったのである。

英国のジャヴァへの介入が、十九世紀の（オランダ）東インド会社の支配とオランダ国家の帝国主義の分岐点となったのである。行政府を何ら煩わすこともなく、オランダに多大な利益をもたらした間接統治制度は実質的に放棄された。ラッフルズ〔Tomas Stanford Raffles, 1781-1826――英国の植民地行政官。シンガポールの建設者〕は、王侯たちから管理権を剥奪した。バンタムは合併され、サルタンは、年間一万スペインドルの年貢を考慮した結果、自発的に行政権を放棄した（一八一三年）。チェリボン（Cheribon）は一八一五年に英国人に占拠された。スラカルタ（Surakarta）とジョグジャカルタでは、サルタンたちは申し渡された勧告に従って、自分たちの国家の業務を統制することを約束した。かくして、ラッフルズは瞬く間に古い組織を打ち壊し、間接統治制度を植民地支配の直接行政制度へと置き換えてしまった。この点では、彼はただ単に、ディーンダルスが創始した政策を成し遂げたに過ぎなかった。

　ラッフルズの改革の長所・短所を問わず、彼らは疑いもなく人道主義的で遠くを見通し、ジャヴァの栽培人たちに権利を与えようとしていた。そうした行為のせいで、オランダの歴史家の敵意ある批評や、ファーニヴァル（Furnivall）のような植民地主義の擁護者たちのやり玉に挙げられたが、彼らが非人間的抑圧的植民地政策に終止符を打ったという事実は疑う余地はない。したがって、英国から植民地がオランダ人に返還されたとき、彼らは、インドネシアでは原住民のための行政が行なわれるべきであるという意見を受け入れる以外、何ら選択の余地はなかった。オランダの王権へとジャヴァが返還された時、国王の意向は、今や例外なく、全ての領民の利益を促進するものであると公告された。

　返還後のオランダの政策は、ジャヴァとスマトラ（パダン（Padang）とパレンバン（Palembang））の一部の厳しい搾取と外域の放棄であった。オランダ当局は、ジャヴァとスマトラ以外の膨大な地域を無視した理由について全く臆面もなかった。外域の開発には、母国に送られねばならないジャヴァの行政機関の剰余金の活用が要求されたからである。「望ましい均衡のとれた」政策として知られた政策は、ジャヴァの行政機関がオランダに送金できる純利益の額によって判断された。

ムーア人との関係について言えば、ポルトガル人は、少なくとも東方に到来した十六世紀の最初の半世紀の間は、残酷で人道的感情など持ち合わせていなかったことは事実である。このことはともかく、ヨーロッパにおけるイスラム教とキリスト教との間の厳しい相克が継続したことからも説明できよう。彼らは、一時期、カトリックの統一強化にあたって狂信的であったし、ゴアの非キリスト教徒たちや他の属領を迫害した。英国人は、ベンガルで一五年間の短い期間、盗賊国家を形成し、そこでは他国の人間の権利に頓着することなく、自分たちの「権利」なる隠れ蓑の下に、勝手気ままに荒らし略奪して回ったが、その間ですら、インドの商人たちは妨害されることなもなく、大衆は、先に見たように公に抗議する権利さえ有していた。東方のヨーロッパ諸国の中で、オランダのみが、植民地の苦役労働者の立場に全住民を組織的に零落させ、彼らに対して何らの義務も法的責任も認めることのない政策を遂行した。中国ではおべっかと叩頭、日本の役人の面前では諂《へつら》った畏敬の念を表しながらも、最大の利益を引き出せた住民に対して彼らは異常なほどに暴虐であった。ポルトガル人の精神的熱意も、また言うまでもなく、少なくとも直接に政治的支配権を行使した地域で示した英国人の広い人間的関心も、またフランス人が主張した文化的使命をも有することなく、オランダ人は、自分たちが支配権を獲得した人々の安寧を、最低限、いや全く考慮することもなく、属領と搾取の論理に固執した。引き続く次の世紀に入って、政策の変換を余儀なくされた時でさえ、決して自覚といったものからではなく、オランダとインドネシア以外の外的動向の圧力によって、すべてが考慮されたのである。

(1)　シンガポールが居留地に選ばれたのは、ほとんど偶然であった。ヘイスティングズ卿からラッフルズへの一連の指示を記した追伸の中で、仮にスマトラ沿岸が、すでにオランダ人に占拠されていれば、ジョホールは、代替え地として悪くはないとの提案があった。さらにラッフルズに行動が起こせるようにヘイスティングズは、前もってサルタンに敬意を表する挨拶状を送付した。友人のマースデン（Marsden）に宛てて、一週間後に手紙で次のように書き送った。「私が注目しているのは、特にジョホールである、次回の私の手紙が、シンハピューラ（Sinhapura）の古代都市の遺跡からであったとしても、驚かないでくれたまえ」。カルカッタの当局への覚え書の中で、彼はこう断言していた。「海峡におけるその位置は、マラッカ海峡を下って抜けるわれわれの中国貿易にためのリオ（Rhio）よりさえもずっと見通しが良く、リオの海峡を抜けて航行する全ての土地の船舶は、そこから見えるところを通過しなければならない」。

（2）　リチャード・コブデン、「いかにしてインドにおける戦いは計画されたか（How wars are got up in India）」*Political Writings of Cobden.* London, 1867, Vol. II (p. 25-106).

（3）　「インド諸島から帰還した人々の報告（Report of some people who have returned from the Indies）」1662. Kroniek, pp. 321-39.

（4）　Gongrijp――ファーニヴァルに引用されていた。p. 44.

（5）　こうした民衆の徹底的に抑圧された立場とは別に、オランダの法廷では、非キリスト教徒の場合は、法廷での証言は認められなかった。一六三三年以降、彼らの宣誓証言は「キリスト教徒が介在していないある事件では」認められた。これに基づいた司法制度でインドネシア人はたとえどんな権利が与えられたとしても、それを実行に移すことは不可能であることは分かっていた。

第Ⅱ部第一章のための文献覚え書き

英語あるいはフランス語での、インドネシアにおけるオランダ人についての文献はさほど多くない。しかし、下記の文献は、特に注目に値しよう。

Amry, Vandenbosch : *The Dutch East Indies.* University Press, California, 1942.

Angelino, A. D. a de Kat : *Colonial Policy.* London, 1931.

Angoulvant, G. : *Les Indes Netherlands*, 2 vols., 1926.

Chailley Bert, J. : *Java et ses Habitants*, 1900.

Coupland, Sir R. : *Raffles*, 1926.

Furnivall, J. S. : *Netherlands India.* London, 1944.

Raffles, T. S. : *Memoir on the Administration of the Eastern Islands*, 1819.

Raffles, T. S. : *Substance of a minute recorded in February*, 1814.

Raffles, Lady : *Life and Public Services of Sir. T. S. Raffles.* London, 1830.

Schirke, Dr B. : *The effect of Western Influence on Native Civilizationsin the Malaya Archipelago*, 1929.

Vlekke, Bernard H. M. : *Nusantara—A History of the East Indian Archipelago.* Harvard University Press, 1943.

第二章　中　国——中華思想の誤算

大英帝国の進出

南アジアの主要な陸上勢力としての地位を確立した英国にとって、商業的関心が太平洋へと向かって澎湃と流れ出るのは、明らかに避けがたい展開であった。十九世紀最初の四半世紀、中国におけるヨーロッパ諸国家の立場は、様々な面で一七四八年以前のインドにおけるそれらの立場に類似していた。彼らは、沿岸地帯に数ヶ所の貿易拠点を有してはいたが、政治的影響力や軍事力を有してはいなかった。ライバル意識から、他のヨーロッパ諸国との競合でも、もっぱら貿易に関心を抱いていただけであった。彼らは、内陸へと入り込んで行くことを望んではいなかったし、貿易の利潤で富を蓄積した仲買人たちと取り引きすることで満足していた。とはいえ、インドと中国におけるヨーロッパ人たちの立場の間には、二つの重要な違いが存在した。インドでは貿易は奨励され、事実、インドの国家経済にとって不可欠な要素となっていた。財政的、経済的勢力が内陸から移行した沿岸地域では、その繁栄を貿易に依存していた。沿岸地域の支配者たちの多くは、まさにその維持に関心を示した。

したがって、マイソールのハイデール・アリ（Hyder Ali）は、フランス人の在住する沿岸の小さなフランス人居住区・マヘ〔Mahe――インド洋上英領セイシェル諸島（the Seychelles）の主島〕を、自分にとっての最重要地区としてとらえていた。カーナティックの長官・タンジョール〔Tanjore = Thanjavur，タンジャウル。インド南部 Tamil Nadu 州の都市〕のラジャや他の東海岸沿いの二流の権力者たちは、マドラスやポンディシェリを自分たちの当然の販路のように思っていた。事実、インドは、海上貿易の長い伝統から、外国の貿易拠点を何ら異議申し立てすべき存在であると考えたことはなかった。中国の立場はこの点で異なっていた。中国行政府は、海上貿易には何の関心をも示さなかった。乾隆帝がジョージ二世に、自分の帝国は「あらゆる物を溢れんばかり豊富」に有しており、外部からは、何も望む物はないと書き送った際に、諸外国との物資の交換は不必要で、中国の威信に反するものと見なしていると、確固たる中国の伝統を声高に表明した。

インドと中国の間の政治的意義のもう一つの相違は、中国は弱体であった時ですら、政治的統一を維持していたし、皇帝は辺境の地の支配権をも強化することも可能であったし、総督たちは「懼れおののいて服従した」のだが、インドの方では一七四〇年頃までに、帝王の権威は完全に崩壊してしまっていた。広大な沿岸地域の領土では、ヨーロッパの貿易集団が要塞の保護の下に形成され、地方の支配者たちは、事実上皇帝から独立し、主として、王朝を形成しようという考えに動かされていた。言わば支配者として自らの地位を世襲制の王侯の地位に転換しようとしていたのである。したがって中国では、係争はいかなる場合も中央政府との戦いで決着をつけなければならなったが、インドでは、英国やフランスの諸々の会社が、地方の総督、長官、または王族と取り引きすることができたので、中央政府に圧力をかけることが可能であった。

世界の政治情勢もまた、十九世紀の上半期には根本的変化を経験していた。インドや全大洋海域での無敵の立場はさておき、英国は、ナポレオン戦争後、世界の一巨大国家にのし上がっていた。英国は、それ以前にも以後にも、かって世界中でいずれの国も享受することの無かった政治的、経済的、さらには精神的に卓越した地位を獲得していた。

海洋帝国の先駆者であったスペイン、ポルトガルとオランダは、競合で脱落した。ポルトガルは、まだアジアに小さな領地を確保してはいたが、ヴァスコ・ダ・ガマやアルバケルクの後継者たちは、同様の称号を戴いていたとはいえ、単なる歴史的時代錯誤の存在となっていた。スペインは引き続きフィリッピン群島を維持してはいたが、アジアの発展には何の役割をも果すことはなかった。

オランダの立場は特異なものであった。ナポレオン戦争の間に、英国はオランダの植民地所有権を剥奪してしまっていた。しかし、一八一六年、インドネシア諸島は何か問題が起きたら意のままに再び取り戻すとの了解の下に、所有地の一部「セイロン」を巻き上げつつ英国は、まるで封土で謀反を起こした家臣を復権させた中世の皇帝よろしく、ジェスチュアたっぷりに尊大な態度をもって、オランダにインドネシアを返還した。そうした事情をうけてオランダ人は、政治的野心や帝国主義的てらいもなく、豊かな領地を組織的に搾取することに集中できることを喜んでいた。かくして、ロシアは別にして、一八一五年と一八四八年の間の東方では、ヨーロッパ全体が、圧倒的な勢力を持つ英国によって代表されていた。

また、経済的にも財政的にも英国の地位はずば抜けていた。十八世紀の産業革命は、英国を他の競合相手を遙かにしのぐ地位につけていた。英国の拡大する経済力と海運における支配的立場は、いかなる権力や連合する勢力の追随をも許さなかった。したがって、中国が長年に亘って主張してきた制限条項などは、新しい市場の拡大化を望む国にとってはもはや受け入れがたいものであることは予想されていた。広東の外国貿易の状態は、外国人にとってまさに屈辱的なものであった。中国人の典型的態度は次のようなものであった。周知のように、女性を在外商館に連れて入ることは許されなかった。一八三〇年まで中国当局は、貿易を停止すると脅して、直ちに女性を強制的にマカオへと送り返した。外国人は、中国人の使用人を雇用することを許されなかった。外国人は駕籠を使用できなかったので、歩くしかなかった。外国人は、抗議を申し立てることは許されず、中国人の保証人を通してのみ嘆願書を提出できたに過ぎなかった。一八三一年、この件に関して譲歩がなされた。中国人の「行」の商人が抗議書を提出しなかった場合に限って、「二、三人の外国人が恭しく城門の所へ赴き（だが、城内に入ることは許されない）城門の門衛に自分たちの嘆願書を預けてくることが許された。

世界における自分たちの支配的立場からして、英国が自国の商人にそのような侮辱に満ちた状況下で貿易を継続させることは許し難いと思ったのは当然のことであった。東インド会社は、百年以上に亘って、時には不平を漏らしはしたが、儲かる貿易のためにそうした立場に甘んじてきた。ジョン・プラット（John Pratt）卿が指摘している――「中国の役人が傲慢な態度で嬉々としてして外国人に与える侮辱に対して、外国人商人が余儀なく我慢してきたのは、他ならぬ儲かる貿易があればこそであった」。東インド会社は、大班〔Taipan――旧中国における外国人商社の支配人・経営者〕を通して中国当局と取引をしていたが、これは比較的うまく機能していた。しかし、一八三三年、東インド会社の独占権が英国議会で撤廃された。このことが、南中国貿易に数多くの冒険心に満ちた商人を呼び込む結果となり、彼らは、国家の誇りからしても、いかなる規制をも受け入れるつもりはなかったし、戦いをもいとはぬ様子であった。

また、どこにあっても自分たちには貿易をする天与の権利があるという論理が大勢を占めていた。どの行政府が相手であっても、自由貿易の流れから自分たちだけが閉め出されるのは矛盾しているということである。経済活動が拡大する時代ではそうした成り行きはごく自然なことであったろう。しかし、一世紀もたたないうちに、当の英国自体が輸入品割り当てを強く主張し、輸入を制限するために考えられるあらゆる手段によって、貿易を規制しようなどとは、当時だれも予想だにしなかったであろう。十九世紀の三〇年代にはそのような考え方すべてが、英国人商人にとっては、反動的で平和的貿易の主旨に反するかに思われた。仮に、中国の行政府が外国貿易の促進を望まないとすれば、平和と繁栄と進歩のためにも、中国もまたそうした方向に導かれなければならない。

中国貿易は長い間一方通行であった。ヨーロッパの商人たちは、膨大な量の絹、お茶、大黄を購入したが、売る物をほとんど持たなかった。問題は常に、中国の国内で需要のある商品を見つけ出すことにあった。こうした不利なバランスは、それまでは、中国への金銀の地金の輸出によって調整された。新しい支払い方法が、高まってきた阿片の需要が、新たな支払方法として注目された。この発見の手柄はポルトガル人に帰せられるべきものだ。しかし、一七二九年、阿片は清朝の勅令で禁止されていた。しばらくして、禁止令はあまり注意を払われなくなったが、取引量そのものも大したものではなかった。一七七三年、ウォーレン・ヘイスティングズが、インドで阿片を東インド会社の専売品とし、ついで一七九七年、阿片の生産の独占権を我がものにしていた。かくして、東インド会社はインドの国庫を満たし、中国との貿易の支払にあてるという双方の目的のために、阿片貿易の促進で膨大な利益を上げることとなった。十九世紀の最初の四半世紀で、大規模な阿片の販売が、中国へのヨーロッパの輸出品目の中で、輸出品目中、最も利益の上がる商品となっていた。一八一八年から一八三三年までの一六年間で、英国の中国への全輸出品目に占める阿片の割合は、一七％から五〇％へと跳ね上がっていた。

この貿易は、厳密に言えば、特に一八〇〇年の全面的禁止以来違法であったが、東インド会社は、ある方法を編み出していた。自分たちの船舶では麻薬を運搬せず、「行」の商人たちも、公にはそれを取り扱うことはなく、東インド会社の許可証を持って航行する「地元の船舶」を通して、膨大な量の阿片が中国に到来し「外部」の商人〔沖合いで小舟に乗って待ちうける密売人〕たちに販売された。しかし、東インド会社の独占権の廃止と共に、民間の商人たちは、もはや東インド会社の統制下にはなかったので、東インド会社が編み出したこの便法もその後は適応・維持されることはなかった。仮に民間の貿易商人たちが統制されないことになると必然的に起こるであろう混乱を予測して、広東の総督は「行」の商人たちに、東インド会社の役員会に今まで同様「討議して当実務を理解する指導者を任命し、商取引の一般的処理のため広東に、実務家を派遣するのは彼らの義務である」と伝えるように依頼した。

ナピエー卿〔Charles James Napier, 1782-1853――英国の将軍。インドのSind地方を征服して英領とした〕は、広東総督の要求に対して「そんな理不尽なことは我慢ならぬ」との覚悟で、広東に出向いてきた。彼の地位は全権公使としてではなく、単なる貿易の監督官であったところから、中国当局に通達されることもなかったが、許可も得ずに広東へと進んだ。広東に到着すると即座に、自分の地位が、単なる商務の監督官の立場であることも忘れて、奇妙な要求について直接総督と話し合いたいと主張した。それは、あたかも、外国行政府の外交特権もない小役人が、インド総督に宛てた書簡をもって強要するに等しかった。彼は、中国の規則が定めるところの、中国政府と外国人貿易商人との唯一交渉チャンネルである「行」の商人と関わり合うことを拒否した。広東総督は、貿易監督官からの書簡を受諾することを拒否し、それは「行」の商人の義務であることを主張する一方で、なだめるように、強行にその問題には決着をつけないという、行政府の考え方と矛盾しないとの意向を示した。だが、「律労卑」〔Lu-lao-pi――律儀者の人非人〕と中国語で呼ばれていたナピエー卿は、妥協に応じようとはしなかった。

中国当局は、自分たちの裁量に任された最後の行動にでた。あえて英国人の愚劣さと頑迷さに目を向けさせるような声明書を公布し、総督は、在外商館からの使用人と運搬人たちの撤退を命じ、違反した者は死刑に処すとし、また、地方の住民に対しては英国人への食料販売を禁止し、他の外国人に対してもまた商品を英国人には供給しないように警告した。さらに、命令が遵守されているかを見届けるために、在外商館に軍隊を派遣した。

かねがね、英国の圧倒的な威信からして、中国人を屈服させるには断固とした態度と決意を示しさえすればいいと思っていたナピエー卿は、謝罪を要求することこそ名誉の回復と心に決め、自分の指揮の下にフリゲート艦に虎門〔the Bogue = Bocca Tigris（中国語の発音は hu men）――広東省の東岸珠江（粤江 Yueh chiang）の河口。海防上の要地〕の水路を強行突破するように命じ、在外商館の護衛のために海兵隊を上陸させた。中国の領土と主権への侵害は、総督の迅速な反応を喚起し、ただちにその地域を包囲し英国人を孤立させるための効果的準備がなされた。ナピエー卿は、今度は自分があまりにも深入りしたことに気がつき、不本意ながらもフリゲート艦を引き連れてマカオへと引き返した。彼は、性急な、どちらかと言えば屈辱に満ちた帰還の二週間後に、その地で他界した。

そうした英国人の態度は、ナピエー卿のパーマストン*卿宛の書簡から、最もよく判断できるかも知れない。これらの書簡は、中国人の見解を理解することを拒否し、英国人が要求する事にはなんら間違いはないとする傲慢さを示している点において興味深いものである。規定された手続きに明らかに違反し、フリゲート艦の入港をさえ強要し、さらに海兵隊まで上陸させたナピエーではあったが、彼の書簡は総督の「懲罰」を語り、パーマストンに、中国人に対しては常に、武力の脅迫で交渉するべきであるとの政策を勧めていた。これはまた、中国における英国人の見解でもあった。一八三四年、英国行政府によって東インド会社の中国との通商の独占権に終止符が打たれて以来、自由な立場の商人たちが、最も強力な分子となり、彼らは互いに好んで争った。事実、「ある英国人商人」に署名された中国関係文書（The China Repository）にある一条項は、一般には、ジャーディン（Jardine）に書かれたと思われているが「私的で拘束されることのない企業体」の利益を擁護して、英国の経済力と産業の力について雄弁に語り、声高に、「我らが商品の販売のみを受け入れよ、そうすればいくらでも供給してやろう」との文言が見られる。それは一体どうしたら成就されるのか？　「英国の商人」はいとも簡単に回答を出した。「さもなくば、われわれのインドと大英帝国の有益な通商と歳入の双方が、まさに気まぐれに身を任せることになりかねない。そこでだ、それを威圧するにはこの都市に配置され接岸された数隻の砲艦が、数発の迫撃砲を発射すれば事足りる（斜体字で加えられた）〔傍点部分は原文で斜字体〕……中国人との戦いの結果は言わずと知れている」。

＊ パーマストン（Henry John Temple, 1784-1865）　英国の政治家、首相（1855-58,1859-65）。外相、首相として三十数年間外交政策を指導。称号 3rd Viscount Palmerston。

「英国の商人」が自分たちの共同体を代弁して発言したのも、状況がまさに我慢ならなかったからであった。「戸部」、「行」、さらには商人によって課せられた様々な制限と貿易に課せられる税金を含む八ヶ条の規制を含む全制度は、圧倒的軍事力を持つ強国に対して維持させることはもはや不可能なものであった。

その実そうした制度は、中国との貿易に関して言えば少なくとも二十年間に亘って、既に公式の路線を逸脱してしまっていて、単なる見せかけとなっていた。船積み業務は、これらの規制が行使され強化されていた広東から珠江の河口に位置する島である零丁（Lingting）の停泊地へと換えられてしまった。その停泊地で外国の商人は、中国の役人の黙認の下に帝国の歳入をごまかし、「戸部」や総督の権威をよそに、八ヶ条の規制や「行」商人をも同様に無視していた。一八三一年、広東での正規の貿易はたった七百万ドルしか見込めなかったのに引き替え、零丁を経由した非公式の東インド会社の貿易額は一千七百万ドルにも上り、そのうちの阿片の取引だけで一千百万ドルに上った。

したがって、ジャーディンが予測し、あからさまに豪語したように、諸外国に対して平等に貿易の便宜を供与する制度の基本的転換が清朝にとって急務なのは明らかであった。

さらに、そうした変化は、武力の使用なしではもたらすことが出来なかったこともまた明らかであった。そのような状況では、戦いもおそらく避けがたかったのであろう。世界を震撼させ、その後に亘って誤解を生むこととなったのは、他ならない言い訳とその手段に他ならなかった。言い訳とは阿片であり手段とは海賊行為であった。阿片の貿易量の法外な増加はすでに言及したところである。東インド会社は、中国には直接輸出こそしなかったが、個々の貿易商人によって運ばれた阿片は、カルカッタの競り市で東インド会社によって販売されたものなのである。その販売は、零丁での密輸と沿岸地域での海賊的行為によって行われた。大企業は武装した艦船を使用して取引に携わり、中国の民衆に有害な麻薬を売りつけるために、海岸線に沿って、中国の法律を無視して行動していた。いかなる行政府の許可証も無くして武装した艦船が禁制品を運搬するということは、中国、英国、さらには国際法からしても、明白な海賊行為であったことは疑う余地はない。

阿片戦争

清朝の行政府はこうした活動を熟知していた。特に皇帝は自国民に阿片を押しつけるといった計画的企てに大いに心を痛め、そこでこの取引を中止させるために、実効ある手段をとることを決断した。その問題解決に当たって、皇帝は誠実で誉れ高き愛国者、当時、湖広（Hu Kuwang）総督であった林則徐*等を欽差大臣〔欽差とは皇帝の勅令を受けること〕に任命した。林則徐は皇帝の最高弁務官と艦隊総司令官をも兼ねた絶大な権力を授けられ、その地位は広東・広西の二つの総督（両広総督）の地位を凌ぐものであった。任命の知らせを聞いて林則徐は失神したと言われている。彼の計画は単純そのもので、法に則した貿易の継続・強化を望んだだけである。しかし、可能な限りの手段を講じて、阿片取引の根と流れを根絶することを決意した。法律の遵守に関すること以外は、彼が外国人に対して非友好的であったとか、その行動が攻撃的であったというような見方を支持する証言は皆無である。

* 林則徐（Lin Tse-hsu, 1785-1850） 清末の政治家。字は元撫・少穆。謚・文忠。福建侯官の人。阿片戦争の端を開き、その敗戦の責任を問われて流罪。一八四五年許されて雲貴総督。著作『林分忠公政書』。

彼は、商人たちに阿片の箱（二万櫃）の引き渡しを要求し確保した。さらに驚いたことには、それらを公衆の面前で焼き払ってしまったのである。ついで商人たちから、帝国の法律に反する邪悪な取引を行なわないとする保証金を受け取った。英国の商人たちは署名をしたが、それは気休めに過ぎなかった。それというのも、最有力企業のジャーディン・マディソン*（怡和洋行）は、時を同じくして、マニラに基地を置く武装した艦船で、沿岸地域で密輸を行うことを計画していたからである。そこまでは事態はうまく運んだ。数週間後に、泥酔した英国人の水夫が本土で一人の中国人を殺害したことから問題が起きてしまった。英国の貿易監督官は犯罪者の受け渡しを拒否した。林則徐は自分の支配権が問われていることを悟り、断固として水夫引き渡しの命令を出し、河口に停泊する英国船舶に対して、入港するか三日以内に立ち去るかを要求し、違反した場合は権限を行使するとした。英国側は、ヴォレイジ（Volage）号とハイアシンス（Hyacinth）号の二隻のフリゲート艦をそろえて、交渉を待つこともなくジャンクに発砲して沈めてしまった。かくして第一次阿片戦争〔1840-1842〕が勃発した。

＊　ジャーディン・マディソン株式会社（Jardine Matheson & Co.）　英国人外科医ジャーディン（William Jardine, 1784-1843）がスコットランド生まれの英国人マディソン（Sir James William Matheson, 1796-1878）と創設した英国の商社。当初ジャーディンは東インド会社の英国・インド・広州間の貨物船の医師であったが、阿片戦争の際にマディソンと二人で、阿片の販売で財を築いた。一八三八年、林則徐に退去を命じられ英国へ帰る。マディソンは最初叔父の商売を手伝うためにインドに渡り、一八一八年に広州に到来。ジャーディンと阿片の販売に取り組む。一八四〇年、同じく林則徐により中国を追放され英国へ帰る。中国最初の英字誌『澳門雑録』（Canton Register）はマディソンの発行。著書に『英国対華貿易当前的処境和展望』（*The Present Position & Prospects of British Trade with China*, 1836）がある。

林則徐は二つの見込み違いをしていた。英国政府は阿片の密輸に関わるものではないとの印象を彼は持っていたのである。そのため彼は、英国政府のことをまるで公正な人物であるかのように考え、阿片の密輸は破廉恥な貿易商人や邪悪で野蛮な海賊の仕業であると思っていた。

このことは、ヴィクトリア女王宛の彼の書簡によく表れていた。彼は次のように書き送った。「われわれは、この有害な商品は名誉ある貴国の統治する領域で、狡猾な陰謀家たちの秘密裡の製造によるものであることを憂えております。

疑いもなく長である猊下が、その栽培と販売を命じたものではないことは明らかであります。仮にそれが明らかに有害であるとすれば、英本国において「人民は当薬品を喫煙することを許されていない。仮にそれが明らかに有害であるとすれば、天意に照らしても、どうしてその有害な魔力に他人を晒すことによって利を求めることができようか？」と指摘している。ここでも彼は間違いを犯している。女王政府は、ロンドンの東インド・中国協会の委員会が強調しているように、完全に知りながら関与していた。その団体の覚え書きにはこう記されている。「われわれは、東インド会社の管轄領域内の阿片の栽培は、完全な独占商品であり、当薬品は公売で在インドの行政府によって販売され、さらにその販売目的地は周知のところから、一八三七年、東インド会社の運営機関が、公告によって、時の中国の船主へ、実際にボーナスとして多額の金銭を供与するように指示したことを熟知している。われわれは、上院並びに下院の委員会が、阿片の栽培の問題とそれがインドの歳入に寄与した金額を詳細に調査してきており、さらにその最終的目的地に関しても全く熟知しており、躊躇することなく、かくも重要な歳入源を放棄するのは得策でないと思われるという結論に到っていることを知っている……。さらにわれわれインド委員会（the India Board）は、内閣の内相が当委員会を統括しているわけであるが、東インド会社を有効に監督し、かつ委員会が許可せざる事を予防しようとしている時、実業に携わる者が直接あるいは間接に最高権力に制裁されたり、阿片貿易に付帯する非難や悪評を浴びせかけられるのはまさに妥当とは言えないと申し述べておきたい」。

英国政府は、この不法な腐敗した貿易とそれに伴う海賊行為にまさに首まで浸かっていた。このことを林則徐は知る由もなかったし、特に、儒教の真摯な信奉者としての彼の国家観は、天命を拝受して皇帝が儀礼を重んじる世界であり、そこにおいて人はあくまで倫理的であるべきだったのである。彼の第二の間違いは、当然ながら第一の誤解に由来しているのだが、英国海軍が犯罪人を保護するために介入することはないという確信であった。

彼は、やむをえない事とはいえ海上における英国の勢力に関して的確な情報を持ち合わせていなかったし、戦闘用ジャンクの最高司令長官として、大型快速船や、商人や英国のフリゲート艦に対してすら自らの威信を示せるという自己満足にも似た確信を抱いていた。こうした誤算が結果に影響を及ぼしたのだが、林則徐の中国の国内法に基づく厳正な行動を変えることはなかった。さらにまた、中国人に戦闘を強要し、組織的海賊行為によって強化された麻薬の不法な取引にもとづく商業行為に、自国の行政府の道徳律を適応しようとするエリオット〔チャールズ・エリオット艦長と従兄弟のジョージ・エリオット海軍提督〕の行動を正当化することにも、こうした誤算の故に対応できなかった。

戦闘の詳細は、ここではわれわれの関与するところではないが、ただ戦闘が開始されると、直ちに英国は、押収された阿片と接収された群島に対する賠償金を要求した！　また、英国は、決着がつくまで戦闘を押し進めることを決意していた。というのも、中国なる巨大な貿易市場、世界で最も人口の多いその国に対して英国商品を独占的条件で販売することができるという幻想が、英国人の観念の中で力強く胎動し始めていたのである。事態は次のように論じられていた。「ここには、未だ使用されたことのない英国の商品にとっての無尽蔵の市場となることが見込まれる最大の単一国家が存在する」。それはあたかも、英国を中国なる泥沼へとさらに深く引き込むキマイラ（怪物）であった。六月十三日（一八四二年）に、英国軍は上海を占領した。中国中央の一大静脈・揚子江に侵入し、大都市・南京攻撃が準備された。その地で南京条約が調印された（一八四二年八月二十九日）。

ある奇妙な行動は――中国の歴史には多々そうした前例はあったが、――記するに値いしよう。中国関係文書（The Chinese Repository, XI）は記録している。「九月三日、野蛮な行動をする一団の英国の将校を含む数人が、まさに大真面目で陶器の塔を訪れた。彼らは（そこの僧侶が次のように証言している）斧や鑿《のみ》やハンマーを携え、大きな塊を切り離して運び去り、塔にかなりの損傷を残していった」。この冒瀆を目にした中国人は、「英国の野蛮人たちは、しばしばそのパゴダに昇り……はめ込まれた瓦を取り去った。実に極めて嫌悪すべきことである」。ウィリアム・ダラス・バーナード（William Dallas Barnard）は、この冒瀆の行為に対して、「標本か記念品を持ちたいという欲求は何も不自然ではない」と言い訳すらしている。この常習的な、冒瀆したり破壊したする傾向は、中国と関係するヨーロッパ人の間で何度となく繰り返された。一八六〇年には、圓明園（Y Uan-ming yuan : the Summer Palace）で、一八七〇年に天津で、さらには一九〇〇年に北京において。

この条約の主な条項は、その条項にこそヨーロッパ列強と中国の関係の全機構の基礎が置かれることとなったものなのだが、貿易のために香港の合併とは別に、五港を開港すると記され、加えて、「その地域では家族と施設を持つ外国人商人は、実業遂行の目的のために、清朝のいかなる干渉も拘束も受けることなく、居住を許されるべし」と記されている。さらに、「領事館員」あるいは監督官も居住を許され、公平で一定した関税率と関税がこれらの港に対して制定される、と規定されていた。(1) 同様の条約が（一八四四年七月三日）アメリカとの間では望廈（Wanghsia）で、フランスとの間では（一八四四年十月二十四日）黄埔〔Whampoa――広東省広州市の東南に位置する要港〕にて調印された。マカオではポルトガルが、自分たちが最も繁栄していた時代にも持つことのなかった支配権を要求した。

南京条約は、百年間に亘って中国を支配した国際関係で、威圧的ではあったが気まぐれな内容の基本的決議書であった。その主たる目的は、中国の孤立化政策を力ずくで打破し、ヨーロッパ諸国との取引を強要し、また中国が世界の全ての諸国家より優れているどころか、実際には劣っていることを知らしめることにあった。貿易港は揚子江の河口と沿岸沿いの上海（Shanghai）、寧波（Ningpo）、福州（Foo-chow）、廈門（Amoy）と広東（Canton）であった。五港それぞれに一隻の戦艦が停泊し、フランスとアメリカは「商業取引を保護するために、巡航する戦闘用の船舶は、外国勢力が航行する可能性のある中国国内のいずれの港においても丁重に出迎えられるという権利」

を要求して獲得した。フランスは自分たちの条約にさらに一条項を付け加えた。その条項——キリスト教の擁護——は、中国と西洋間の友好的関係を確立するためのあらゆる努力をやがてご破算にしてしまった。この条項は、国家と宣教師たちが一緒になって、ある一つの宗教を中国の民衆に押し付けるというかたちで、ヨーロッパ諸国家を一体化させた。

長い間、在外商館に閉じこめられていた商人たちは自由に振る舞った。黄金の夢がまさに実現されんとしていた。彼らは、今や南中国の大きな港での自由な取引をすることができた。上海において、英国、アメリカ、フランスは、それぞれ自分たちの租界を保持していた。上海は、自治制と土地規制を備えた*外国の商業港として組織化された。英国の大企業は、中国内陸部で無限の市場を提供してくれるかに思われた港湾へと移動していった。一八五〇年の時点では、中国への英国の輸出額は、条約貿易港の特権を有していたにもかかわらず、一八四三年の額を超えて延びてはいなかった。一八五四年に到っては、さらに減少さえしていた。この時期の中国関係の英国企業の書簡が、一様に「貿易市場の見込みない状況」での「不況」、「貴社（中国）の市場の見込みのない状況」を語っている。阿片の市場は存在した。しかし、他の商品の市場は皆無であった。中国貿易で最強の企業体であったジャーディン・マディソンは、一八五〇年六月に報告している。「われわれの先月の月例報告は、われわれの市場が輸入に示した否定的な展開について報告致しました。われわれが直面している供給過剰による木綿糸、シャツ地、船舶、さらに他の商品販売の深刻な落ち込みは、当分は容易に回復する見込みがないことを確認、報告します(2)」。

*上海と土地規制法　一八五四年、イギリス、フランス、アメリカ三ケ国の協議によって立案され、中国の地方行政官・呉によって追認された、言わば一種の外国人居留地の自治法で、外国の共同社会が、法規制（居留地でのビルの建設、道路や港湾など）、課税措置、自警団の設置などの権利を半ば脅迫して獲得し、その権限は、中国人の一般大衆にさえも及んだ。その延長上に、かの悪名高い、居留地の公共の施設の入り口に立てられた看板「中国人と犬は入るべからず」にまで及んだ。

夢は実現されなかったばかりか悪夢へと変わっていった。中国相手の商人たちはこのことが理解できなかった。彼らにとって、仮に、三億人の中国人の市場が、ランカシャーの商品の質をありがたがらないとしたら、明らかにそれには別の隠された理由があるに違いないかに思えた。中国の役人の反対と妨害、さらに、英国の領事館員の弱腰がこの現象の理由と見なされた。中国との通商関係に関する議会特別委員会（the Parliamentary Select Committee）の場で、マディソン（Madison）は「英国人が面倒に巻き込まれた所では、英国当局は一様に中国人側に味方している」と、証拠を挙げて不満を訴えた。英国の商業団体は、自分たちの困難に見合う三つの要素からなる単純な救済法を編み出した。すなわち条約貿易港に属する地理的管轄領域の拡大、苦情を賠償するために武力行使の権利を領事に与えること、中央政府を介することなく地方の当局と直接の取引ができるようにするということであった。「われわれの中国との貿易」は、マンチェスターの商工会議所が声明を出したように、「売買の権利が、今日規制されている港を越えて拡大されない限りは、完全には展開されないだろう」。

キマイラ（怪物）は差し招いていた――今や、条約貿易港においてではなく、揚子江流域において。さらに前進するための難癖にはこと欠かなかった。様々な暴動、大方は、外国人の無法な思い上がった振る舞いによる暴力沙汰であった。例を挙げてみよう。コンプトン（Compton）なる名のある英国人が、街路上での行商人の呼び声にいらいらして、己が掟とばかりに暴力で行商人を追い払い、その持ち物を壊した（一八四六年七月四日）。その直後に別の行商人が、コンプトンの友人チャーチ（Charch）によって同じような理由から、街路で殴打された。その結果、当然のことながら暴動が発生した。中国当局は外国人たちを保護したが、その結末たるや誠に不合理であった。中国人の行商人を襲ったコンプトンもチャーチも処罰を与えられるどころか、逆に、英国当局は地方の行政官に暴動を起こしたものたちを処罰するように要求した。一隻の軍艦が、英国商人たちを保護するために広東に停泊することとなった。明らかに、砂糖黍行商人たちに確実に刑罰を与えるようにするための威嚇であった。

当時の通信文を調べると、通信文は明白に二つのことを物語っている。第一に、条約の条件を遂行し可能な限り面倒を避けようとする中国行政府の懸念。第二に、法廷においてイングリス（Inglis 英国人）が証言したように、「中国の法律を一切無視する」外国人商人たちの傲慢なうぬぼれであった。貿易商人たちは、中国における外国人の権利を保証する条項を都合よく解釈して、自分たちの特権と威信を拡大することを願っていた。結果は、また倍になって帰ってきた――中国人側の激しい外国人への憎しみと、英国海軍の武力行使の威嚇による行政府の権威の相次ぐ弱体化である。中国の地方当局は頑強な民衆の意見と対立して、法外な理屈に合わない要求に対してすら譲歩を余儀なくされていた。

南京条約はただ単に不安定な事態を生んだだけで、状況は安定することはなかった。特に英国当局は、止むことない圧力のもとに問題を蒸し返しては、武力によって決定的な決着をつけた。条約改定の交渉が、一八五四年に英国、フランス、アメリカの代表によって取り上げられた。この条約改定は、四つの主たる目的達成に向けられていた。中華帝国の全地域への自由な行き交い、揚子江の自由航行、阿片と豚〔pig――豬仔（chu tzu）と呼ばれた中国人の労働力〕の売買の法制化、さらに北京での直接外交関係の樹立。使節たちにとっては、これらの目的のうちの二項目、揚子江の自由航行および阿片と「豬仔」の取引の法制化は、徹底的敗北を軍事力によって経験させない限り同意を得られるものではなく、中国側の抵抗に会うであろうことは自明の理であった。

その戦闘のための言いがかりは容易に見つけられた。ある中国人・蘇亜成（Su Ah-cheng）の所有であったアロー号（亜羅船）と命名されていた船が英国船籍として（実際にはその登記証明書の期限は少し以前に切れていた）広東に到着したのだが、その船には、数多くの海賊行為に参与していた悪名高い海賊・李明太（Li Ming-tai）が乗っていた。両広（広東と広西）総督で通商大臣の葉名琛*はその船に乗り込み、指名手配人を逮捕するように命令した。英国当局はこの行動に格好の言いがかりを見つけた。謝罪を求められ賠償金を強要されたが、総督は、己の権限内の行為であると、それを拒否した。英国は筋書き通りの脅迫手段に訴えたが、意志堅固な総督は脅迫に屈しなかった。もし彼が屈服してしまえば、さらに他の言いがかりを付けられることは明白で、条約改定は決定的なものとなり、武力によって強要されてしまうことなる。

＊　葉名琛（Yeh Ming-chin, 1807-1859）　清朝、漢陽の人。字・崑臣。道光の進士。広東巡撫、両広総督の時に、英国の広州侵略の際に虜囚となり、インドに拉致されその地で歿。

最初の中英戦争の言いがかりが阿片であるとすれば、第二の難癖は、英国当局が自分たちの傘下に集めた中国人の不法行為に手を貸すに等しい保護であった。第二次戦争〔一八五八年〕の成り行きは、第一のそれと大して変わらなかった。ナポレオン三世の下に、栄光〔*La Gloire*——誉れとなる人、著名人、名士〕の恩恵に改めて浴したフランスも、東洋での略奪品の分け前に与ろうと意を尽くし、あるフランス人牧師の殺害に言いがかりを付けて、戦争に参画した。

かくして戦いは、英仏を相手に回しての戦争となり、アメリカはその争いに与しなかったとはいえ、アメリカ政府もまた英仏連合が追求していた目的に対して全面的に同調していた。インドでの戦闘（一八五七—五八年）が時を同じくして展開していたので、作戦は有効に機能しなかった。しかし一八五七年、広東は占領され、両広総督・葉名琛は捕らえられインドへと連行された。列強の代表者たちは、今度は北京政府との直接交渉を要求した。もし北京政府が拒否するなら、海軍は天津（Tientsin）の護衛に当たっている太沽砦（Takuchai）を占領するとのことであった。天津の長官は交渉を申し出たが、連合軍を満足させるに到らなかった。彼らは、中国の虚勢に満ちた態度を今度こそは打ち砕き、皇帝の全権大使と直談判をして、帝国の首都で条約に調印をすることを決意していた。皇帝は北京への外交使節団の来訪認可を拒否した。これを聞くと、英国海軍司令官は太沽の要塞を占領したが、要塞を守っていた中国側の軍隊も何ら抵抗することはなかった。今や抵抗は無駄であることを知ると、宮廷はやっと交渉に同意し、皇帝の全権大使を任命した。

天津条約によって中国は西洋諸国に対して過去二十年間に亘って戦ってきた代償を、当然ながら支払う羽目となった。揚子江航行の自由、外国人居留地と貿易のために、漢口に到るまで、重要な揚子江の港を含めてさらに一一港の追加開港、中国の司法権のヨーロッパ人問題に対する不介入、キリスト教宣教師の自由、さらにフランスの場合は中国人キリスト教入信者の保護であった。諸外国列強は駐在全権公使（the resident envoys）の権利を獲得した。なお、英国はなおまた中国の自尊心を傷つけることに専心した。最初に外交使節に任命されたエルジン（Elgin）は、批准書交換のために北京に赴く際に、太沽へと「十二分な海軍兵力」を随伴するように指示されていた。彼は、首都での適切な歓迎のみならず、太沽と天津でも歓迎するようにと主張した。ロシアとアメリカは批准書を交換したが、英国は軍艦が河川に入ることを許可されないことを理由に、太沽要塞を攻撃すると主張した。ナポレオン三世下のフランスはあらゆる戦闘行為に参加して、英国に対する友誼を示すことに意を尽くし、英仏連合は再び敵意を露わにしていた。その時の太沽攻撃は不成功に終わったが、翌年、太沽要塞は英仏軍に奪取され、天津は占領された。交渉再開の試みはなされたが、英国とフランスは執拗に、大軍隊を率いて登州（Tung-chow）に進軍すると主張した。

誤解か不信のいずれか、あるいはその双方であったか（双方に不信感が存在し、広東から英国人は撤退していなかった）、中国側は休戦の旗を掲げて来た三人の役人を捕虜にしてしまった。そこで連合軍は北京へと進軍することに決定した。彼らが登州の郊外に到着したとき、皇帝の弟・恭親王によって交渉が再開された、彼は、来るべき危機の時代に、満州帝国の指導的経世家となるべく運命づけられていた。予備交渉に失敗すると連合軍は、乾隆帝によって建立された湖の畔に建つ美しい宮殿、圓明園に進軍した。そこで、連合軍の兵士と上官たちは、南京の陶器の塔の時と同じように、破壊行為を繰り返した。

宮殿は、フランスの指揮官モントーバン（Montauban）をして「ヨーロッパでは、かくも贅を尽くしたものは、考えられない様な代物」とまで言わしめた壮麗な建造物であったが、上官たちによって組織的に略奪された。これに満足せず北京入城を果たしたエルジン卿は、圓明園を焼き払うように命令した。「その華麗さ」は征服者たち自身が「筆舌に尽くし難し」と思った宮殿をである。この無知極まりないエルジンの行為は東洋人に悪印象を与え、中国人の心の中に、ヨーロッパ人に対して尽きることのない恐怖感を残したのである。常軌を逸した言いがかりの果てにヨーロッパ人は、アジア人との関係においては徹頭徹尾、野蛮な非人間的行為こそがアジアの人々の目に自分たちの威信[3]を印象付けるものと確信していた。

その事件は、尽きることのない印象「無教養なるヨーロッパの野蛮人」の品性について、得も言われない軽蔑心の混在した燃えるような憎しみを中国人に植え付けてしまった。圓明園の焼き討ちは忘れられてはいない。かく言う筆者は、一九五一年、中央人民政府の高官に、その蛮行の説明は未だにそのままに決着を見ていないと告げられた。

エルジン一行は——それがギリシャの大理石の彫刻作品であろうと中国の宮殿であろうと——中国人の歴史心象の中に、不名誉な映像のままに残されているのである。

北京の仮条約の際に——その仮条約がこれらの非啓発的事件に終止符を打ったのだが、——皇帝は、友好関係の不履行に対して、自ら「甚深の悔恨」を表明させられた。諸外国列強は、北京に公使館の設置を許可され、より高額な賠償金を強要し、天津が条約貿易港に加えられた。当然のことながら英国にはさらに得るものがあった。中国は無期限で〔香港対岸の〕九龍（Kowloon）を英国直轄植民地として割譲させられ、フランスはと言えば、密かに中国人が気がつかないうちに自分たちの条約に、この至上の帝国・中華帝国（Celestial Empire）に自らの精神的支配の拡張を見込んで次のような条項を付け加えていた。その条項には、フランス人宣教師はいかなる地域においても土地を賃借ないしは購入し、建物を建設できることを適法とすると謳われていたのである。

天津条約は、北京の仮条約と共に中国とヨーロッパの関係に新たな一章を開いた。その条約が、国際信義に悖《もと》る違反行為と比類ない破壊行為、さらに皇帝への不必要なまでの侮辱の下に成立したことは、将来に亘って不幸な禍根を残すこととなった。ヨーロッパ諸国は中国の信義を常に疑い続け、国際的道義は中国との関係においては不必要なもので、ヨーロッパ諸国は、自分たちの権益に影響を及ぼす事柄に関しては一体となるべきであるとの想定の下で、一様に事を進めた。(4) 中国人は中国人で、ヨーロッパ人が自分たちの政治的威信を見せつける行為として、華麗なる国家的記念碑の破壊を思い立った露骨で無知な蛮行を決して忘れたり許したりすることはないであろう。

（1）英国の条約の一つの奇妙な側面は、ヨーロッパの歴史家による歴史では曲解されているが、占領されなかった街に対して「賠償金」を強要するということであった。それは、街を略奪しなかったことに対する代償であると見なされた。仮に占領されていたとすれば兵士によって略奪されていたであろうと。揚州（Yang-chow）の街だけで、五十万ドルの金額が要求され、他都市でも同様であった。

（2）中英貿易とその政治的関係に関する包括的研究は、*Old China Hands and the Foreign Office*（中国の老練家（Old China Hands）と外務省）Nathan Pelcovits, King's Press, N. Y. 1948, George Allen & Unwin, London に詳しい。

（3）これに関する最近の一例は、筆者もメンバーであった一九四三年の会議〔＊訳注〕アメリカ代表によってなされた、日本の皇居は象徴的見せしめとして破壊さるべきであるとの提案である。その提案は、大方の支持を得たが、英国議会の議員であったガマンズ（Gammans）大尉が唯一人反対し、数人の者が、会議にそれを否決するようにと説得した。

＊訳注　一九四三年十一月のカイロ宣言。ルーズベルト米大統領、チャーチル英首相、蒋介石中国首席が、各自の軍事及び外交顧問を伴い、カイロにおいて会談し発表した宣言で、日本に対し無条件降伏を要求し、降伏後の日本領土の決定、朝鮮独立などの重要な案件が討議され、ポツダム宣言の骨子となった。

（4）これは一八九五年まで継続した。

第Ⅱ部のための文献覚え書き

中国史のこの時代に関する文献は広範囲に亘っている。

第一次中英戦争に関する中国の書籍の総括的文献目録は、*Yenching Journal of Social Studies*, 1940, Oct. で、Feng Tien-chao の編集で出版されている。

張喜（Chan Hsi）は南京での交渉に携わった役人の一人で、*The Fu I Jeh Chi-Diary* は Ssu Yu-teng によって現代訳され、注釈が付されて出版されている。University of Chicago, 1944.

英語では、*The Chinese Repository*, Vols. IX-XII が数多くの同時代の記録と興味ある文献を掲載している。

以下の叙述的文献も有益であるように思われる。

Bernard, William Dallas : *Narrative of Voyages*, 2vols. London, 1844.

Day, John Francis : *China During the War and Since the Peace*, 2vols. London, 1852, based on Chinese documents.

Lane Poole, Stanley : *Life of Sir Harry Parks.*

Nye, Gideon : *Peking the Goal.* Canton, 1873.

Lin Tse-Hsu's（林則徐）Life is the subject of a study by Gideon Chen, Peking. 1934

英国側の関連する文献としては以下のもの。

Coastin, W. X. : *Great Britain and China*, 1883-60. Oxford, 1937.

Fairbank, K. J. K. : 'Chinese Diplomacy and the Treaty of Nanking, 1842', *Journal of Modern History*, XII No. I

Fairbank, K. J. K. : ' The Manchu Appeasement Policy of 1843', *Journal of the American Oriental Society*, No. 4,1937, pp. 469-84.

Keo Ping-chia : *A Critical Study of the First Anglo-Chinese War*, with documents. Shanghai, 1935

あらゆる側面から見た阿片問題に関連する文献は以下のもの。

David Edward Owen : *British Opium Policy in China and Japan.* New Haven, Conn., 1934 ; and in H. B. Morse : *The Trade and Administration of China* ; also in Maurice Collis : *Foreign Mud,* Faber and Faber, London, 1945.

一八四二—六〇の間の時期に関連する文献。特に以下のもの。

H. Cordier : *L'expédition de Chine de 1857-8.*

Davis, Sir J. F. : *China.* London, 1857 ; *China During the War and Since the Peace.* London, 1852.

Leavenworth, C. S. : *The Arrow War with Chinese.* London, 1901.

Oliphant, L : *Lord Elgin's Mission,* 1857,1858,1859.

Parliamentary Papers : *China,* 1859.

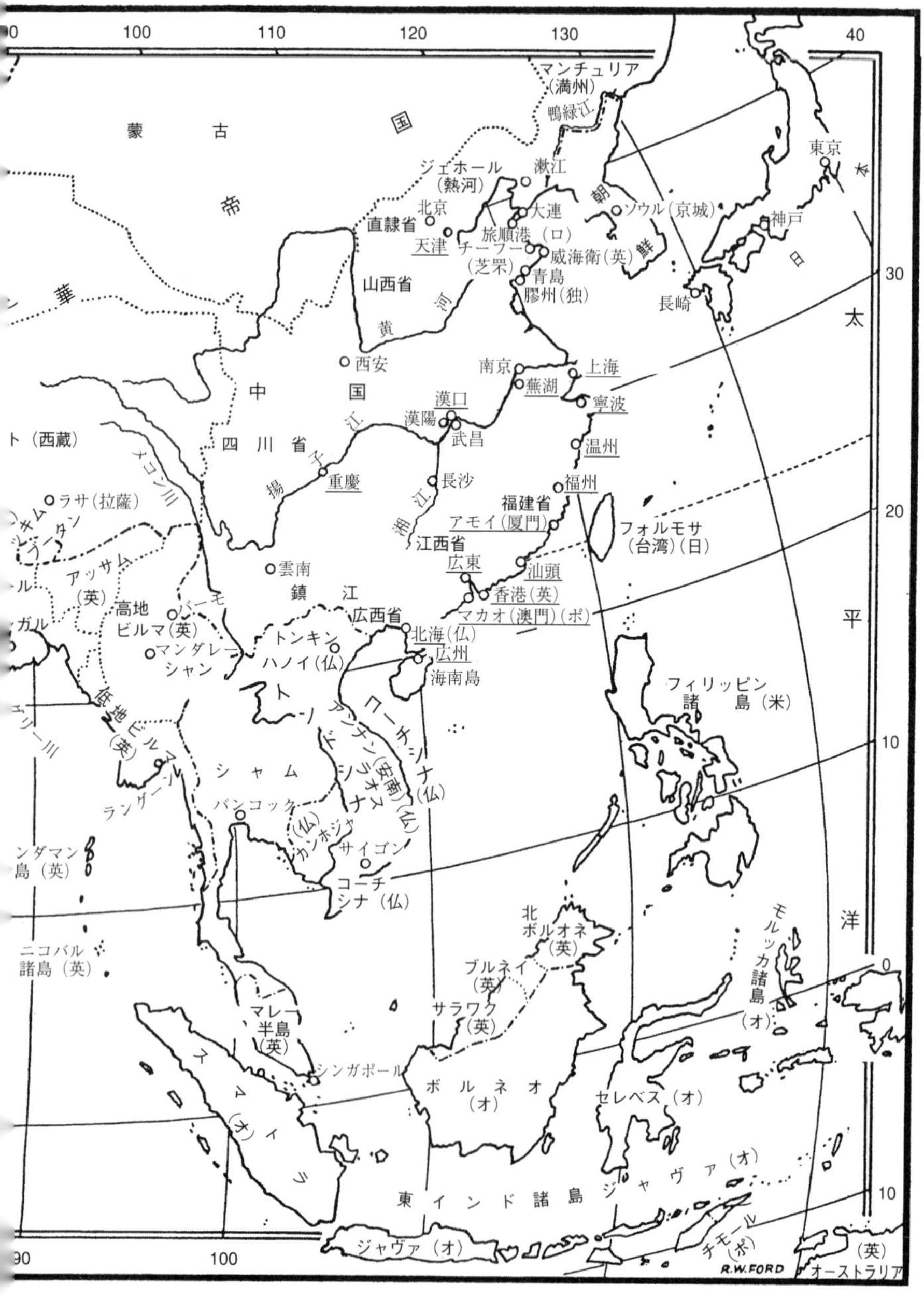

100
110
120
130
40
マンチュリア
(満州)
鴨緑江
蒙
古
国
帝
華
ジェホール
(熱河)
瀬江
北京
直隷省
天津
大連
旅順港(ロ)
チーフー
(芝罘)
威海衛(英)
青島
膠州(独)
ソウル(京城)
朝
鮮
東京
神戸
日
本
長崎
山西省
黄
河
西安
中
国
南京
上海
蕪湖
寧波
漢口
漢陽
武昌
温州
四
川
省
揚
子
江
重慶
長沙
福州
福建省
アモイ(厦門)
湘
江
江西省
フォルモサ
(台湾)(日)
広東
汕頭
香港(英)
マカオ(澳門)(ポ)
ト(西蔵)
ラサ(拉薩)
ブータン
アッサム
(英)
雲南
鎮
江
広西省
北海(仏)
広州
海南島
高地
ビルマ(英)
バーモ
マンダレー
シャン
トンキン
ハノイ(仏)
メコン川
フィリッピン
諸島(米)
低地ビルマ(英)
ラングーン
シャム
バンコック
カンボジャ(仏)
アンナン(安南)(仏)
ラオス(仏)
コーチシナ(仏)
サイゴン
コーチ
シナ(仏)
ンダマン
島(英)
ニコバル
諸島(英)
北
ボルオネ
(英)
ブルネイ
(英)
サラワク
(英)
モルッカ諸島
(オ)
マレー
半島
(英)
シンガポール
ボルネオ
(オ)
セレベス(オ)
スマトラ
(オ)
東インド諸島
ジャヴァ(オ)
チモール
(ポ)
ジャヴァ(オ)
太
平
洋
30
20
10
0
10
90
100
(英)
オーストラリア
R.W.FORD

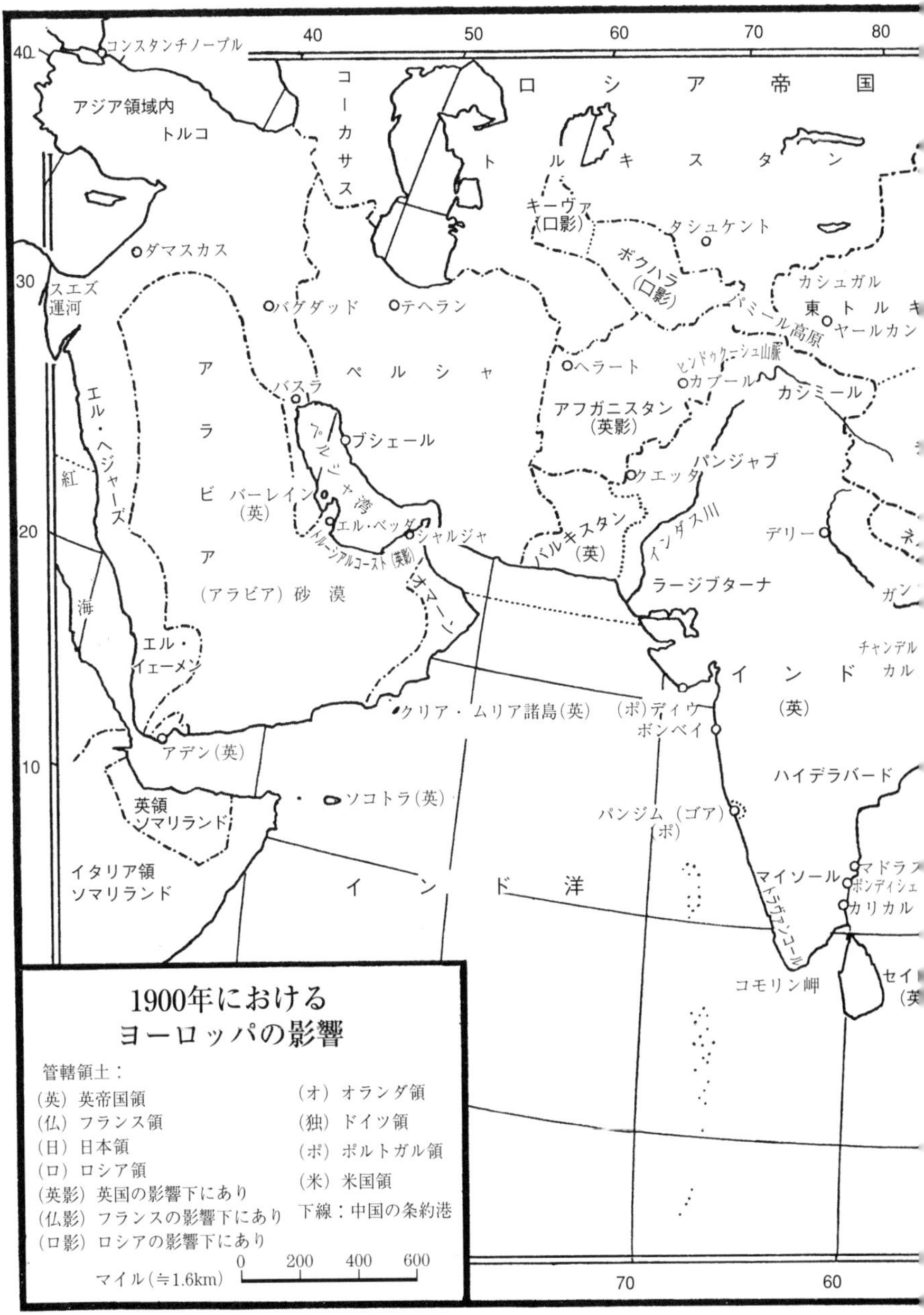
コンスタンチノープル
アジア領域内
トルコ
コーカサス
ロシア帝国
トルキスタン
キーヴァ
(ロ影)
タシュケント
ボクハラ
(ロ影)
カシュガル
東トルキ
ヤールカン
パミール高原
ヒンドゥクーシュ山脈
ダマスカス
スエズ運河
バグダッド
テヘラン
ヘラート
カブール
カシミール
アラビア
ペルシャ
バスラ
ブシェール
ペルシャ湾
アフガニスタン
(英影)
パンジャブ
クエッタ
エル・ヘジャーズ
紅海
バーレイン
(英)
エル・ベッダ
シャルジャ
トルーシアルコースト(英影)
バルキスタン
(英)
インダス川
デリー
ガン
(アラビア) 砂漠
オマーン
ラージブターナ
エル・イェーメン
チャンデル
カル
インド
(英)
クリア・ムリア諸島(英)
(ポ)ディウ
ボンベイ
アデン(英)
ハイデラバード
英領ソマリランド
ソコトラ(英)
パンジム (ゴア)
(ポ)
イタリア領ソマリランド
インド洋
マイソール
トラヴァンコール
マドラス
ポンディシェ
カリカル
コモリン岬
セイ
(英
40
50
60
70
80
30
20
10
1900年における
ヨーロッパの影響
管轄領土：
(英) 英帝国領
(仏) フランス領
(日) 日本領
(ロ) ロシア領
(英影) 英国の影響下にあり
(仏影) フランスの影響下にあり
(ロ影) ロシアの影響下にあり
(オ) オランダ領
(独) ドイツ領
(ポ) ポルトガル領
(米) 米国領
下線：中国の条約港
マイル(≒1.6km) 0 200 400 600

第Ⅲ部　帝国の時代　1858-1914

第一章　インド──「インド帝国」の時代

英国産業革命の大市場

インド最後の独立主権国家、パンジャブ〔Punjab──インド北西部およびパキスタン北東部の地方。一九四七年のインド、パキスタン分離独立により東西両国に分離〕王国は、一八四六─四八年の間に征服されて合併された。同時に、英国の管轄権はカシミールからコモリン岬とヒンズー・クーシュ〔Hindu Kush──アフガニスタン北東部の山脈〕からアッサム〔Assam──インド北東部の州。茶の生産地〕へと拡大した。かくして、王国とインドの諸州は合併され保護領に身を落としたが、インドの民衆は自由を回復するために、国家的規模で最後の力を振り絞った。一八五七─五八年の大反乱は、権力を全て奪われ希望を失ったかつての支配階級によって指導された、無謀な試みであった。大反乱は、一五ケ月に亘る闘争の後に鎮圧された。それは老いて死に瀕した秩序の、最後のあがきであった。過去の忠誠を呼び覚まし、広域に亘って大衆の熱意を喚起したが、当時英国から取り戻すことができたであろう一つの国家を建設し維持すべき理想も組織も力も、それは持たなかった。一八五八年、反乱が鎮圧され、有名無実の主権者であった最後のムガール王（Mogul Empeor）が、ラングーンへと放逐されて以来、一九一九年のモンターギュ＝チェルムスフォード（Montagu-Chelmsford）改革*に到るまで、英国の統治にとって深刻な脅威と挑戦は存在しなかった。その反乱から九〇年間経った一九四七年に到るまで、英国の宗主権の象徴としてムガールの要塞の上にユニオン・ジャックが翻っていた。

＊ モンタギュー＝チェルムスフォード改革　この改革法案は、一九一九年に国会の承認を経て、実行に移されたが、人気がなかった。本来この改革法案は、インドの地方行政区に、部分的に責任を移譲するという、俗にダイアキー（dyarchy二重政体）と呼ばれた制度であった。とはいえ、「法と秩序と財政」は、任命された英国の官憲の手にひき続き置かれていた。インドの一般大衆は、この計画を拒否したが、行政区の多くで、イギリス贔屓派によって行使され、一九三六年まで続けられた。

この英帝国支配の間のインドの歴史は、英国の支配が経済、政治、さらに地理的要因であった結果として経験した、目に見えない質的変化の面で特に意味があると言える。

「属領」さらに植民地の立場に始まり、英国統治下のインドはゆっくりとした段階を経ながら、一種の「帝国」へと発展し、確かにロンドンの権力に従属してはいたが、自己の権利の下にロンドンに要求を飲ませ、しばしば母国の政府をして必ずしも同意を見ることのなかった政策を施行した。インドの地理的規模、重要性、資源と地理的位置は、自己主張し始めていたし、インドにおける英帝国の権益は、間もなく英帝国の政策形成にとって主な要因となっていた。歴史に見られるように、中国、ペルシャ、アフガニスタンにおける英帝国の政策の様々な局面は、インドの安全という見地、あるいは当時インドの権益と考えられた事象にしたがって決定された。この質的変化はもちろん、インドの民衆とはほとんど関わりはなかったが、帝国主義の時代に、インドのナショナリズムが自己主張を始めた次世代の新しいアジアの形成にとって非常に有意義な現実となっていた。

この時代の当初（一八五八―一九一四年）に、インドという名は、名目以上の何ものでもなく、英国の一属国に過ぎなかった。基本的には、英国人と英国の権益の下に「認知され」支配された国であった。一八五八年以降、インドをめぐる支配権は英国議会に帰属し、国務大臣の責任の下にインドの行政府は監督指示され、かつ統制された。インドの行政府は、一九一九年以後、英国政府が財政問題に関してはインド行政府の固有の権限にある程度まで制限を設けて認可してはいたが、一九四六年に到るまで、あらゆる意味で本土英国の議会の出先機関であり、単なる道具に過ぎなかった。全ての重大決議事項はロンドンに照会されたばかりか、実際にそこに持ち込まれ、少なくとも国務大臣の認可を得なければならなかった。インドの高官任命の裁定は国務長官にあり、さらにインドで「契約〔Convenanted〕」業務につく幹部たちは、業務状況に関する事柄でさえも、国務長官への請願権を持っていた。インドの総督の地位は大変な特権と栄誉を与えられてはいたが、在職中の権限は厳しく制限され、インド対策の国務長官に対して、彼の発言は確かに有力視されはしたが、どう見ても決定的とは言えず、単なる属官にすぎなかった。インドの行政府は著名な総督カーゾン〔George Nathaniel Curzon, 1859-1925——後に外相〕卿自身が述べているように「英国政府の従属的部門」であった。

「英帝国」、すなわちインドの中央政府の下に地方の行政機関が存在し、ここにもまた中央から当局者が派遣されて来ていた。インドの行政機構の人材は、英国での公開試験によって募集された正規の官僚・文官によって運営されていた。試験の教科課程は、私立学校の学生の中で優位な立場にあるオックスフォードとケンブリッジの首都の二大学からの候補者たちを重視して取り決められ、そうすることで業務の「階級構成」と帝国の伝統の双方を確実なものにしていた。英国王によるインド直轄行政が確定された後の最初の四半世紀の間、行政機関にインド人はほとんど存在しなかった。十九世の終わり頃から、数多くのインド人が年々この機関に採用を認められたが、一九一九年以後に到るまでは、言わば、英帝国が支配権を持つ全時代を通して、その割合は大したことはなかった。文官は、ただ単に歳入を回収し、法と秩序を維持し、全国に亘って一般の行政をとり仕切るだけではなく、より高度な司法行政、行政上の業務から派生した地方高等裁判所の訴訟問題の一部にも参与した。

この実質上「全白人」の業務員の下に、地方を基盤に募集された白人によってその機能は厳しく統制され管理された、大きなインドの官僚政治機構が存在した。行政府の支配権が大衆へと浸透していったのは、もっぱら他ならないこの従属的地方業務に携わるインド人職員の手を通してであった。しかし、支配権は長期に亘って完全にヨーロッパ人の手に委ねられていた。同様の制度が警察権にも及んでいた。全インドに関わる、言わば高級幹部たちは英国で募集され、一方、地方で募集された警察官はあまり重要な業務を遂行することはなかった。

インドの防衛は、英国で直接任命された総司令官の下にあった。兵力はと言えば「セポイ」〔sepoy――英国のインド統治時代に編成された現地人の歩兵〕陸軍からなり、将校の位はヨーロッパ人にのみに開かれていたに過ぎなかった。この兵力は、インドに駐屯する英国軍の実状にしたがって強化されたのである。大インド軍は、東方の英国の権力の主要な尖兵であり、戦闘におけるその勇敢さは三大陸で有名を馳せ、兵力はインド人ではあったが、当時、将校にはすべてヨーロッパ人が配置されていた。大反乱*を経験してからは、英国行政府は、宗教事情がからむ時には、兵士たちの感情を考慮して、あらゆる予防策を講じた。このことが、インド行政府が宣教師の宣伝活動を公に奨励することのなかった主たる理由の一つであった。さらに行政府は、軍隊内のヒンズー教、シーク教、加えてモスレムといった各々の宗教の教徒のために聖職者を配置した。西洋のキリスト教伝道団の激しい改宗工作からインドを保護するに当たって、それは極めて重要な事であった。

* （セポイの）大反乱（Sepoy Mutiny, Indian Mutiny）　英領インドの現地兵を主体とした大反乱（1857-59）。この反乱の結果、インドの統治は東インド会社から英本国政府へと移された。

「セポイ」陸軍に依存する政策は新たな政治的結果をもたらしていた。補強された兵士たちが政治的思想に影響されないようにすることが、英国当局の第一義的関心事となった。したがって、新兵の募集を一定の出身グループに限ることが必要となり、選ばれたものたちは特別の好意を示され煽てられて、満足のゆく環境の中に収容されていた。かくして、好戦的／非好戦的種族といった奇妙な論理が展開されたが、その理論は、それまで英国人に代わって戦いに勝利してきていたセポイ族が、後に非好戦的であると英当局に宣言された種族の出身であったことを見逃している。また、マラータ人たちは素晴らしい軍事的才能と剛勇を示したが、彼らは際だって愛国主義的感情を抱き、他の種族から切り離すことが不可能であったところから、好戦的種族に組み入れられなかった。シーク（Sikhs）、ラジュパッツ（Rajputs）とジャッツ（Jats）、パンジャブ（Punjab）のモスレム、バルーチス（Baluchis）、ドグラス（Dogras）に加えて、お気に入りの種族は、このような新兵募集の特別な供給源であった。長い間、自分たちは英帝国の特異な寵臣であると信じ込まされてきたこれらの階級に示された特権にほど、あからさまに種族を互いに対立させて融和させせない「分割統治」政策が行使された類例はない。

英国は、インドの領土の五分の三を征服によって獲得したに過ぎなかった。全領土の五分の二は、なおインドの支配者の下にあり、そのうち、ラジュプート州、マイソール、トラヴァンコールやコチン（Cochin）のマハラジャ〔Maharajas――大王、インド王侯の尊称〕たちの諸州は古い王朝の遺風を代表していたが、一方ではハイデラバード、マラータ州、カシミールのようないっそう重要な地域は、すでに見たように東インド会社の増大する勢力と和平を結ぶに到った「軍閥」の領土に過ぎなかった。英国の支配者たちは、自らの直接統治領域における支配権を徐々に確立してくるにつれて、こうした地域の問題に組織的に介入し、そこの支配者たちの「独立性」を弱体化させる政策を取り始めた。一八七五年、インドの支配者の中で最強の人物の一人であったバローダ〔Baroda――インド西部 Gujerat 州南東部の都市。旧藩王国の首都〕のマハラジャが退位させられた。宮廷ではより大きな権限を、「総督代理」とか外交権を持つ高官に委譲したり、直轄行政官を任命したり、また時としては、支配者の支配権を制限さえしたりして、結局これらの諸州は一つそしてまた一つと同じような状態に追い込まれた。(1)これは後の帝国主義の支配者たちがこれを範例にほかの地域において間もなく模倣し始めた（例えばインドシナにおけるフランス、満州における日本などなど）間接統治の制度である。かくして、英国人と「インド人」からなるインド〔帝国〕は、事実上はロンドンの権力構造の統制のもとで、実に巨大な政治的存在になっていったのである。

この時代、インド経済の統制は完全に英国の手中にあった。インドは、十九世紀後半の英国の産業革命発展の時代に、英国に独占的市場を提供していたのである。ランカシャー（Lanchashire）は、産業革命の結果、世界最大の綿製品の供給地となったが、インドの繊維産業が成長を遂げるまでは、インドに無限の市場を有していたかに見えた。その時ですら英国の既得権保持機関は、ホワイトホール〔Whitehall──英国本国の中央官庁〕の指令で、綿産業から保護貿易の低税率を補うために、輸出奨励金相殺物品税〔a counter-vailing excise duty──本国で輸出奨励金を受けている物品の輸入にかける税金で、報復的意味がある〕を課したのである。インドにおける鉄道建設は、資本金に対する利息保証の下に、英国の会社に委託された。お茶、ゴム、コーヒーや藍の大規模農場は、英国の資本によって資金投下が行われ、アッサム〔Assam──インド北東部の州〕、ビハール〔Bihar──インド北東部の州〕の一部、さらに南インドの丘陵地帯のような地域では、地方の支配権を行使し、多くは行政府の政策を実力行使する植民地農場経営者たちと一緒になって、植民地支配の様相を呈していた。これらの地域に確立された農場経営者の支配形態の下では、インドの労働者たちは、農場経営者の動産に等しかった。労働契約は刑法によって服従を強制された。農場の支配人による殺人は刑罰を免れ、小規模のヨーロッパ人の移民団は、植民地農場内部における自分たち自身の裁量権を主張し、乱用した。

一八五八年以降のインドの行政府は、こうした地域で、ヨーロッパ人の移住者の定住を奨励した。キャニング〔Charles John Canning, 1812-62──インド総督（1856-58）初代インド副王に任ぜられた（1858-62）〕は、「未開拓地法」（Waste Land Rules）と銘打った特別立法を公布し、ヨーロッパ人たちが容易に土地を取得できるようにし、その法律の下で、丘陵の広大な地域で、より温和な気候のよい場所に定住させ、大規模農場の建設の夢を抱くヨーロッパ人たちにその土地を譲渡した。アッサムやニルギリス（Nilgiris）地方は、こうしたやり方で、広大な植民地農場地帯になっていった。藍を栽培するヨーロッパ人の農場経営者たちは、西インド諸島から導入され、ビハールに定住させられた。その地で彼らは、半封建的保有地制度を確立した。エドワード・トムスン（Edward Tompson）に言わせれば、「彼らは、無法者の集団で、インド人の金貸しの執拗さを併せ持ち、十八世紀のザミンダール*の極悪人の素質を兼ね備えていた」。彼らは、自分たち自身は藍を栽培することはほとんどなかった。栽培労働者たちのために前金で原料を手に入れ、徐々に完璧なまでに労働者たちを掌握支配していった。(2) 藍委員会の公報はこのように記している。「リヨット（ryot 小作人）が、本来の前金を躊躇して受け取ったか、あるいは嬉々として受け取ったかどうかは問題ではなかった。結果はどちらにしても同じだった。受け取ったが最後、もはや二度と再び自由になることはなかった」。事実、農場地帯では行政府の黙認の下で奴隷に等しい状態が、農場経営者たちによって再形成されていた。

＊ ザミンダール（Zamindar）　インドのある地域では、土地の収入の集金は、伝統的機関を通して行われた。彼らは、順番に借地人から集金した。これらの機関が、いわゆる地主・ザミンダールで、その機関をザミンダリ（Zamindari）と称した。

英国資本の利権の下で、こうした非情な搾取の制度に服従を余儀なくさせられた、これら地域住民の過酷な状態は、ベンガル藍委員会の報告書や当時の文献からある程度知ることができるかも知れない。ベンガルの戯曲、ニル・ダルパン（*Nil Darpan*（*the Mirror of Indigo*））＝『藍の鏡』は、英国のインドにおける行為のこうした暗い一面にいささかばかりの光をあて、ある種のセンセイションを巻き起こしたのであるが、役人たちの仲間内での反応があまりにも大きかったので、ヨーロッパ人の一宣教師・ロング（Long）はそれを翻訳して英語で出版したところ、逆に罰金を科せられて投獄された。この全期間を通して、事実、第一次世界大戦後のナショナリズムの台頭を見るまでは、農場の状態は、アジアとの関係におけるヨーロッパ人特有の最低な性格を露にしていた。

インドにおける英国の独占的利権は、当初は農場経営に基づくものではなく、海運、銀行、保険、加えて流通機構を通して国内貿易の統制に依存していた。というのは、インドの資本家たちは、ほとんど独立の形態を維持するチャンスがないことを認識して、英国企業の代理人の地位に甘んじていたからである。二十世紀初頭の数十年間、英国の利権者たちは、インドの産業の育成と確立という考え方を展開することはなかった。ジュートの原料はダンディー〔Dundee――スコットランド東部、Tayside 州の首都〕へと運ばれたが、インドでは福祉法に煩わされることもなく安い労働力でより大きな利益の回収が可能だと分かると、やっとダンディーの企業がフーグリー（Hoogi）流域にジュートの工場を開設するといった具合であった。インドからの輸出は原料が主体であり、十九世紀のインドは、英国産業のための英国製品の市場であったばかりか、原料の重要な供給源でもあり続けた。

インドは、富の流出の結果、いやが上にも貧困になっているということが当時のインドの政治記者や経済学者の格好のテーマであった。『インドにおける貧困と〈非英国〉支配』（*Poverty and 'un-British' Rule in India*）は、英国議会議員になったインドの愛国主義者の指導者、ダダブハイ・ナオロジ（Dadabhai Naoroji）の、そうした問題に関する詳細な研究に付された名称であった。英国行政府が、意識的にインドから富を枯渇させていたのか、また不正な支払いが厳しく取り立てられていたのかどうかはともかく、確かに十九世の後半、英国資本は競争相手もなく、インドの資源を搾取し膨大な利益を上げたのだが、この過程で、英国資本がロンドンの英国当局に承認された経済政策の恩恵を被っていたことは疑う余地がない。これは至極当然なことで、不平を言っても詮無いことかもしれないが、事実として記録さるべきであり、それに対して多くの相殺されるべき要因もまた記録されるべきであろう。

公然たる人種差別

この時代のインドにおける英国の支配権に関するもう一つの側面は、インド在住の全ヨーロッパ人が抱いた、決定的で継続的な人種的優越感であった。行政府の外務大臣・セトン・カー（Seton Kerr）は、その優越感を「インドにおける全英国人の心に抱かれている信念、最高位のものから最下位のものに到るまで、貧弱な小屋に住む農場経営者の手伝い、主要都市〔Presidency town――英領インド時代のインドの三大都市、ベンガル、ボンベイ、マドラスの行政上の名称〕で脚光を浴びる編集長――こうした人々から重要地域の責任を与える高等弁務長官、至高の座についた総督に到るまで――が抱く、自分は支配し征服するようにと神が運命づけたある人種に属するという信念である」(3)と表現した。等しくこうした見解を持った権力を振りかざす政治家たち、インドで最高の役職にあった人々の発言を見るにつけ、十九世紀の間、さらに、実に第一次世界大戦の時代に到るまで、いかにこうした信念が普遍的なものであったかを引用するに事欠かない。しかし、なお軍隊の姿勢を白日に晒すというかたちで、もう一つ引用することを許してもらおう。インドの大変に著名な総司令官・キッチナー卿〔Horatio Herbert Kichener, 1850-1915――アイルランド生まれの英国の陸軍元帥、陸軍大臣（1914）〕は、次のような声明を発していた。「われわれをしてインドを征服せしめたのは、他ならない、このヨーロッパ人固有の優越性の意識なのである。いかに土着民が教育を受け賢明であろうとも、またその人物がいかに勇敢さを披瀝しようとも、われわれがその人物に授与するいかなる階位も、英国士官と同等であると思わせる理由とはなり得ないと、私は確信する」。

この公然たる人種差別主義は、あらゆる業務の分野にも浸透し、十九世紀の東方における英国の支配の際だった特徴となっていた。その影響は広範囲に亘っていた。軍隊では、インド人は一人として国王の任命を受けることはなかった。文官の分野でもインド人は、公開の競争試験で合格したとしても、ある種の階位以上の任命を受けることはなく、当時の最も著名なインド人の行政官・R・C・ダット（R.C. Dutt）ですら引退を余儀なくされた。というのも、人種の故に、弁務官の地位に昇格を許されなかったからである。社会生活も同様に排他的であった。ホテル、クラブ、さらに、ある種の公園からさえも、不文律がインド人たちを閉め出していたし、インド人の生命は軽視された。異常に残酷で卑怯な殺人を犯した農場主の助手・ラッド（Rudd）なる白人男性が、有罪の決定で受難者となったのだが、それを受けてヨーロッパ人の民衆が、彼の死刑執行猶予を求めて世論をかきたてた。帝国主義の使徒・カーゾン卿でさえ、計画的に一人の殺人犯を匿った廉で、ある連隊を処罰したことから、一時期人気を失ったほどであった。実際、この時期全体を通して、さらにその後もしばらくの間、ヨーロッパ人に対して刑法を遵守させることは不可能であったし、行政長官一人では、この問題に関して自らの見解を納得させるために公衆の憎悪に立ち向かうのは、不可能に等しかった。

この人種的優越感が、いかに東方の英国人たちの間に、深く根ざしていたかは、イルバート・ビル（Ilbert Bill イルバート法案）事件に関連した扇動がそのことを物語っている。その法案は、インド人の治安判事がヨーロッパ人を審理すること妨げる制限条項（disability）を除去しようとしたことに始まったものである。事件は、著名な法律学者・コートニー・イルバート（Courtney Ilbert）卿が、英国人とインド人の治安判事の立場を、行政上同等にしようとしたことに端を発していた。当時、二千人以上を数えるヨーロッパの民間人が組織した扇動は、英国行政府の最高権力そのものに向けられたものとしては、異常なほどであった。反対同盟が結成され募金が行われ、狂ったようなキャンペーンが行政長官その人に向かって開始された。怒り狂ったサヒーブ（Sahibs 旦那衆）たちは、新聞に投書して、一体どんな権利がインドのインド人あると言うのか！と詰問した。仮にインドが白人の国でないとしたら、まして仮にも、一度インド人たちに何らかの権利を認めたとしたらキリがないぞ？　英国人の一般的心情からすればそうしたことは、英国人に対する侮辱であるとされ、英国人の女性たちは、故国に手紙を書いて反乱の時代を想い起こさせ、ヨーロッパ人がインド人の治安判事によって公判にさらされるとしたら、結果として全白人種にとって、思いも寄らない格下げになるとばかりに抗議した。英国では、フローレンス・ナイティンゲール*が、この人種差別を露わにした暴力沙汰に衝撃を受け、穏やかにヴィクトリア女王に状況の危険性を進言して、元首の道義的自覚を促した。(4) しかし、インドのヨーロッパ人たちは、何が問題になっているかを認識していた。それは言わば、インドにおける英帝国は、他ならない、人種的優越感なる原義の上にこそ、成り立っているということであった。時に、ヨーロッパ人は勝利をおさめ、行政長官はその圧力に屈した。人種差別は、その後の四十年の間に徐々に薄れていったとはいえ、一種の公的信条であり続けた。

＊ フローレンス・ナイティンゲール（Florence Nightingale, 1820-1910） the Lady with (of) the Lamp と呼称された、イタリアのフローレンス生まれの英国の婦人博愛家。クリミア戦役に従軍して傷病兵看護に尽し、近代看護技術の開拓者となった。

仮に、人種なるものが行政の基盤にあるとすれば、結果として人種の「威信」はどんなことがあっても維持されなければならず、念入りな法令、教義、しきたりが白人の支配権を維持するために工夫されねばならなかった。英国当局は、組織的にこの問題に取り組んでいた。だが、彼らの仮説は、あいにく虚偽に満ちたものであった。彼らは、まるで迷信のように、「土着民」はヨーロッパ人の虚飾と生活環境に魅せられており、さらにヨーロッパ人の威信が、土着民たちに「卑しい小屋の農場経営者の助手であっても」ちゃんと生活できるようにしてやっているのだとする見解を抱き、そのことをいつも念頭に置いていた。マクラビー（Mackrabie）が、バスティード（Busteed）の『古きカルカッタの想い出』（*Echoes of Old Calcutta*）の中に引用されているように、四人家族に仕える百十人の召使いについて語っている。無名氏の『マドラスからの手紙』（*Letters from Madras*）では、「どの馬にも男と女の召使いが一人ずつ付き――女召使いは馬のために草を刈り、どの犬にも一人のボーイが付いている。私が、猫にはいないのかと問うと、猫は自分の面倒は自分で見ていることがわかった」。一九一三年のヨーロッパ人の絶頂期の終わりに、オリーヴ・ダグラス（Olive Douglas）がこう述べている。「私は、一日中、〝なぜだ〟と問いただしながら歩き回っているが、誰も何ごとについても満足のゆく答えをしてはくれない。例えば、ホテルのようなところでわれわれのように生活しながら、なぜ大勢の召使いが必要なのか？」などと。[5] この種の派手な生活は、サヒブの威信を維持し続けるためには必要であると思われていた。

念入りな慣例が存在し、どのような言葉が階級の異なる土着民に対して使用されるべきかを規定し、それに従って土着民は対応され、どのようなニュアンスの礼、あるいは非礼で、彼らは取り扱われるべきかが規定されていた。中庭にのみ入ることを許される者、ヴェランダのみとか、居間に入ることを許されている者、座ることを許される者、許されざる者。まさに、クルツィ・ニシャン（*kurzi nishan*）すなわち椅子を勧められる権利は、個人的にあるいは、代々経営者に尽くした奉仕に対して与えられた「名誉」ある身分に高められた証とされていた。ヨーロッパ人たちは、自分の威信はこうした慣例や規定によって維持され、土着民は、自分に示されるサヒブの態度のニュアンスによって、一喜一憂するものと信じ込んでいた。こうした考えがいかに愚かで、どれだけヨーロッパ人嫌いを作り、彼らの態度に軽蔑の念を抱かせるのに与って力があったかを、殻に閉じこもっていたヨーロッパ人たちは分かってはいなかった。

今ひとつのお気に入りの迷信は、また「威信」なる思いに関係するのだが、インド人は、概して言えば壮大なものに感銘を受けるという観念であった。したがってどの収税官もダーバー〔durbar――インドの土侯や在印イギリス総督の行った公式謁見〕を開催した。どの弁務官もさらに入念な儀式でダーバーを開催し、一方、総督や長官は、それを公務上の生活の一部と見なしていた。リットン卿〔Edward George Lytton, 1803-1873――英国の小説家・劇作家・政治家〕やカーゾン卿の壮大な「英帝国のダーバー」は、宝石を身にまとった王族が居並び、象の行列、東洋的宮廷の壮麗な休息所もその一つであった。さらに、役人たちの慣例のダーバーは別の範疇に属していた。こうした、折りに触れて開催される示威的儀式、サヒブの尊厳と権威を誇示したときの様子は、インドの民衆の心には稚気に満ちた行為と映っていた。英帝国のダーバーは国家的規模でのこうした考えの延長であった。その行為は、大英帝国の力と威厳と荘厳さをもって、王族やインドの民衆に感銘を与えることを意図していた。

確かに、インド人たちは、どの世界の民衆とも同じように、タマーシャス〔tamashas――東インド諸島での見世物、催し物、式典〕、いわゆる、行列や群衆や大展示会を伴った豪華な彩りのお祭りが大好きである。しかし、リットンが最初の英帝国ダーバーを開催した一八七七年の時ですら、インドでは一般に威信を与えるのは階位でも権力でもなく、慈愛と清廉潔白さの評判なのだということを、まともな考えをもった者なら誰でも彼らに語っていただろう。事実、英国の役人に対するインド人の反応がこのことを物語っていた。リポン（Ripon）卿、彼は「善良」であると思われていたし、後に、アーウィン（Irwin Halifax）卿も同様の理由で、インド人に感銘を与えたし「立派な仕事」と宗教心で尊敬を得ていたマンロー（Munro）のようなさほど偉くない人物についても、同じようなことは言えるが、ダーバーを開催し威信を重んじる総督や役人たちは、ただその愚かさだけが民衆の眼に映るばかりであった。

この威信と人種の優越性なる信条を保持した結果、インドにおけるヨーロッパ人たちは、どんなに長く当地に滞在しても、この国では異邦人のままであった。彼らと民衆の間には埋めることのできない懸隔が存在し、インドにおける英国の統治のまさに終焉に到るまでその懸隔は埋まることはなかった。行政機関の役人、ペンデレル・ムーン（Penderell Moon）は今世紀の四〇年代にこの事実を書いて強調したが、英帝国支配の時代には、ことはあまりにも明白で説明する必要もなかった。彼らは二つの国家に住んでいた。英領インドとインドであり、その二つは決して交わることはなく、前者が後者を支配していた。英国が能力を素早く発揮し、世界に向かって業績を公言し得たのは、他ならない行政の分野においてであった。一大法令が公布され、国の隅から隅まで遵守を強要された。様々な高等裁判所を頂点に、適当に格づけされてはいたが、枢密院への控訴も含めて、公布された法律を施行するため、威圧するような司法機構が確立された。土地は「査定され、確定された」。そうして一律の税制が導入された。パンジャブ州とガンジス川流域の大灌漑計画は、少なくとも栽培業者たちに水を供給した。疑いもなく、本来、戦略的目的に基づいていたのだが、道路網が張り巡らされ、膨大な地域を連結し、商業の発展に貢献した。鉄道、電報、国家規模の廉価な郵便通信組織は、インドに近代的国家の機構を提供した。大学、ルーアキー（Roorkee）技術専門学校のような技術系の教育施設や医学や他の部門の研究施設がインドに開設された。これらは、行政の活動の結果であったことは明記されるべきであろう。

また政治的にも、程度こそ大したことはなかったが、同様の展開が行政の後援の下に行われた。一八六一年、インド評議会条例が民間人の立法権を目的にしたものを含め公布された。一八六二年に任命された者の中には三人のインド人も含まれていた。地方でも、同様の評議会が設けられた。これら評議会の代表を選出する間接選挙の原則は、一八九二年に制定され、予算を審議し公益に関する事項を審問する権利を有していた。この改革は、非常に控えめなものではあったが、行政のあり方について大衆が批判と法の制定に与る機会を供与した。一九〇九年、さらなる一歩が進められた。インド司法審議会（the Indian Legislative Council）で民間人が多数派となり、その内二七名が評議員に選ばれることとなった、地主や商工会議員によって選ばれたものもいれば、地方の立法機関に選ばれたものもいた。中央と地方の諮問委員会も、また初めてインド人の委員を入れることとなった。ミント＝モーリー（Minto-Morley）改革案は、議会制行政府の設立ではなく、英国の行政府とインド人を提携させる原則を表明するものであった。インドは改革の過程を経験することとなったのである。

政治的側面ではさらに二つの事実に注目したい。地方自治政府制度の発展とモスレムに対する別枠選挙人名簿の悪意ある原則の計画的導入――これは二つの国家なる教条の前兆であった。前者に関連した人物の名はリポン卿で、その改革は、地方評議員会制度を設け、民間の人士が行政に関する最初の実体験が得られる民事行政府の基礎を築いた。地方の立法機関が滞りなく機能するようにしたのはこの制度の存在であったし、その制度こそが地方の行政機関への役員を選ぶ選挙民を育成した。地方の自治行政機関の制度の成長は、地方の民衆を代表機関の機構に馴染ませたし、その結果来るべき時代のインドの民主主義の礎石となった。

モスレムに対する別枠選挙人制度は、二つの国家なる有害な論理の最初の表現であった、この制度が、畢竟する所、パキスタンの基礎をもたらすこととなった。公開された資料が、この制度はヒンズー教徒とモスレムを分離しておく効果的な手段として計画された政策によって生み出されたという事実をあますところなく立証している。この政治的マキャベリズムに責任を負う総督の妻・ミント(Minto)夫人は、自分の夫がこの条例によって、インドにおける英国の権威を、長い間、確実にすることができたのだと楽しそうに記録している。別枠選挙人制度は単純な方策であった。その制度は、モスレムはモスレムによってのみ代表され、モスレムの選挙人によってのみ選出され、モスレムは、ヒンズー教徒選挙区を代表することはできない、その逆もまた不可能であると規定していた。この便宜主義のお陰で、コモリン岬からカシミールに到るまでのインドのモスレムたちは、分離した政治的実体となり、ヒンズー教徒と絶え間なく争い、宗教共同体の見地から、あらゆる問題を判断するようになった。モスレムの立法機関への候補者は、宗教的選挙権に依存せねばならなかったところから、彼らの考えと政策は、宗教的熱狂に気を配る傾きがあり、それは型にはまったものになった。インドは、この邪悪な制度を排除するのに四十年以上かかったが、それには分割という痛ましい代償を払わねばならなかった。

「属領」と「人種的優越感」の一対の教条主義が、この時代に微妙な、しかし広範囲に及ぶ変化をもたらしたことは、先の分析からはっきりとしている。これら二つの教条主義は、二十世紀に入っても、かなりの間残存していたことは確かだが、その質的変化もまた顕著だった。その激しさは、間もなく「属領」の教条主義からは次第に消えてゆき、人種的優越感でさえも十九世紀末が近づく以前に、社会的側面は別としても、政治的側面では多分に失われていた。アジア諸国家がどのようにこの質的変化の影響を受けたかということは、アジアのナショナリズムの発展と究極的成功を適切に理解するにあたって、最も重要な課題なのである。

英国の支配下で、強力な国家としてのインドの台頭は、能率的行政機関を備え綿密に補強され、入念に組織され、なお尊厳と威信をもって維持された、言わば官僚政治の業績であった。インドにおける英国の官僚政治は、単なる官僚主義ではなかった。それは一つの行政運営機関であり、総督の地位、ベンガル、ボンベイ、マドラスの長官の職と中央内閣の法官議員といった、インドにおける四つか五つの最重要な地位を除いて、全ての地位を保持していた。司法権の面でも彼らは適切に自分たちの立場を表明していた。したがって、彼らは、行政府の政策を作成するにも圧倒的な役割を持ち、これらの政策を実行に移す全組織体を構成していた。間もなく、彼らは互いに共有する伝統、インドに対する政治的高潔さと普遍的態度、一種の団結心 (*esprit de corps*)、といった教義を展開した。彼らの官僚としての生涯を費やした国、さらに、彼らが「奉仕した」国としてのインドは、彼らの専らの関心事となった。確かに、それは、インド人のインドでなかった、しかし、彼ら自身が持つ観念の中の特別なインドであった。そのインドに対して、彼らは忠誠心を育て上げた。彼らは、何千万の民衆が彼らの管理に身を任せた国としてインドを思い描いていた。かくして自分たちと「一般大衆と」の間に奇妙な一体感が生まれ、その一体感に対峙するものが、管理する行政の権利に疑問を投げかける知識階級の根深い不信感であった。

伝統的行政の展開される中で最も重要な結果は、英国(本土)の行政府の政策を代表する国務大臣と(インドの)行政を代表するインドの当局者たちの間の係争であった。ナショナリズムの台頭を目にし、英国の政治家たちの中で必然的変化が起きる以前は、インド人はインド人自身によって最もよく代表されるというエドウィン・

モンターギュ（Edwin Montagu）の時代に始まった見解に、行政側はホワイトホールの命令に対立して、自分たちのインドを申し立てて争った。地方の状況を知るがゆえに最善の判断ができる「現場の人間」なる考え方が行政のスローガンとなり、行政はロンドンの議会と財政的圧力の下に決定された政策に対立した。（インドの）行政の際だった特徴は、インドの商業と産業の利権によって影響される事態に対する公然たる拒否にあった。行政官として選び出された階級の人々が、この考えに賛成した。バートル・フレール（Bartle Frere）卿は、ゴダリッチ（Goderich）卿に書簡を送り、自分（英国人行政官）は知的に優れているというよりは、「クリケットの球場でも乗馬でもうまくやってのけ、召使いにも貧者にも人気があり、気に染まない仕事の闘士であることが土着民にとってはずっと重要なのだ」と強く主張した。『タイムズ』紙の著名な記者、ラッセル〔Bertrand Russell, 1872-1970——著名な数学・哲学者のラッセルのこと〕は次のように記している。「成功をおさめた投機家や豪商は、英国では結構な社交界へ無理にでも入れるかも知れないが……、インドではそうした人は、永久に聖域の外に置かれたままなのである。言わば非・公式（民間人）の世界を公務に携わる人々の上流社交界に寄せ付けないのである」。したがって役人と大企業の間には何らの盟約もなく、英国のインド人官僚機構は、インドの搾取には何の関心も持っていなかった。事実、役人たちは、アッサムのお茶の植民農場やビハールの藍の植民農場のような地方での強力な既得権となっている場所を除いて、実際のところ「自分たちのインド」、物言わぬ大衆のインドに代わって英国の実業家や資本家と戦ってきたのだと論理的には言えるのである。

　ホワイトホールとの尽きることない争いは、時には明確に公の政治的様相をさえ呈し、著名な総督が、インドの利益に明らかに反しランカシャーの利益を優先して、ある政策を強行することなく引退したとき、インド行政府は、ホワイトホールの監督権に絶対服従すべしと、相次ぐ教条主義的な国務大臣の公開声明にまで発展した。しかし大臣職や行政官の地位ばかりか、あらゆる重要な部門で閣僚の地位をも占めて永久に固められたインド行政府に対して絶対服従を強要するには、あまりにも無理な教条主義であった。インド行政府は、次第に広範囲に亘って実効のある監督権を行使し始め、行政が真にインドの利益にかなうと考慮されたことに基づいて、独立した政策を立案する方向へと傾いていった。

周辺地域への介入

この変質のさらに重要な原因の一つは、帝国の一組織体としてのインドの地理的位置、英国の軍事力がアジア全域へと力を及ぼすことのできる、巨大な地上兵力の実現であった。インド行政府の一帝国への変質は、単なる名目、言わば肩書き上のことではなかった。一八五八年以前ですら、英国の支配下にあったインドは、近隣諸国、アフガニスタンやビルマ等の問題に一定の役割を果たしていたが、その件に関しては後に言及することとしよう。しかし、インド行政府の確固とした成立にともない、英国の政治家たちは次第に、自分たちが今や力と資源の巨大な宝庫を維持し、巨大な軍隊と能率的行政機構を備えて、アジアの問題に支配的発言権を行使することができると確信し始めていた。第一次対中国戦争におけるインドの役割は既に述べたとおりである。この時代に、インドに基地をおいた英国当局は、ヤクブ・ベグ〔Yakub Mohamed Beg, 1820?-1887――中国語では、阿古伯、耶古伯、あるいは、耶各伯克〕の反乱の間に、新疆省とアフガニスタンに侵入を開始し、後に見られるように、アフガニスタンは保護領の立場に甘んじる羽目となったのである。さらに、ビルマも合併され、ついでペルシャへの介入に努め、おおむねアラビア海沿岸とペルシャ湾で支配権を確立した。事実、一八七五年、インドは西アジアにおける政治組織の中心、一帝国国家となっていた。

有名な小説家の息子で詩人のリットンは、文字通り、英国国王が君臨する英帝国の権威を表明するために、大ダーバーを開催したばかりか「インドに中央アジアの至上権と第一級の強国の収入源を贈呈せん」との奇抜な想で、インドに、植民地領とは異質な地位を供与した人物としてインド創始者の自称に値するかも知れないが、まさにムガール王朝の再現であった。リットンは、バルチスタン〔Baluchistan——旧英領インド西部の一地方。現在はパキスタンの一州。首都はQuetta〕を合併し、一八七七年にはクエッタ（Quetta）を占領、かくして、英国の国境から足を踏み出していた。一八六三年以来インドの行政府は、アフガニスタン問題に折に触れて関心を抱いていた。しかし、中央アジアへのロシア勢力の拡張に伴って、さらに大きな役割を演じるべきであるとインド行政府は思い始めていた。総督としてのリットン卿は、アフガニスタンを保護領の地位に引き下げようとの意図を持って、一連の作戦を開始した。彼はアフガニスタンの君主、シェール・アリ（Sher Ali）に、英帝国の称号受認を公表するために使節団を迎えるよう要求した。シェール・アリは、ロシア人も同様の権利を要求するかも知れないとの理由で、丁重にそれを辞退した。本来の目的はアフガニスタンには分かっていたが、不毛の交渉の後、リットン卿は介入を決意した。クランブルック（Cranbrook）卿への書簡で、彼はこう宣言した。「小生、アフガニスタンに強力で独立した国家を建設するという政策は、そうなれば全くわれわれは支配権を行使できないので、経験からすれば明らかに間違っていると確信する。たとえ戦によって、あるいは、現在のアミール〔Amir——イスラム教国の君主〕を殺害しても……われわれは、カブール（Kabul）の勢力を崩壊に追い込むか解体すべき機会を待つべきであり、小生は、その機会を失うことのないよう心から願う」(6)。間もなく、リットンが待ち受けていた機会が訪れた。そこで指令に違反して、己のインド帝国のために、アフガニスタンの分割を意図し、戦争を決定した。彼は、その係争をロンドン当局の頭越しに強行した。でっち上げられた難癖を付けて宣戦布告がなされ、インド人の三軍団がアフガニスタンへと突き進んだ。アミールは、ロシアの援助を確保し損なって首都を逃亡し、彼の息子、ヤクブ・カーン（Yakub Khan）が協定に署名した。その協定でアフガニスタンは、インド行政府による外交政策の支配に同意した。

しかし、この迅速に終わった成功は幻に等しかった。その条約の下に任命された英国の総督代理は、部下と共にアフガニスタン人に襲われ殺害され、ヒンズー・クーシュ山脈〔Hindu Kush――中央アジアの一大山脈〕に跨るリットンの政治構想は、一夜にして瓦解してしまった。ビーコンズフィールド*への書簡で、リットンは、「かくも綿密に忍耐強く計画された政策網が無礼にも引き裂かれた。今度は新しい計画を練る必要がある。より広域に亘れば亘るほど素材は弱くなるもの」(7)と愚痴をこぼした。軍事的失策にもかかわらず、総督に、いっそう広く掛ける網を編むという考えを可能にしたのは、他ならないインドにおける帝国機構の堅固さであった。悪名高いロバート〔Frederick Sleigh Roberts 通称 Bobs, 1832-1914――インド生まれの英国陸軍元帥〕将軍は、再び一軍団の先頭に立って進軍し、カブールを占領しアフガニスタン人が英国に刃向かうことで、どれだけの代償を支払うことになるかを知らしめるために、無差別に人を吊るし、村落を焼き払った。しかし、アフガニスタン人はその教訓を意に介しなかった。彼らは戦い、英国の侵略者たちを過酷な立場に追い込み、ついに政治的決着を付けることとなった。安々と成功を収められると思ってアフガニスタンに侵攻した軍隊は、面目丸つぶれで敗退した。現代アフガニスタンの創始者アブドゥール・ラーマン（Abdur Rahman）は王座に就いた。そうして彼は、英国の使節を受け入れることに同意はしたが、他の列強と外交関係を結ぶことはせず、アフガニスタンの独立は維持された。

＊　ビーコンズフィールド（Beaconsfield 1st Earl of, 1804-81）　本名 Benjamin Disraeli、通称 Dizzy、英国の政治家・小説家。首相（1844,1874-80）著書 *Vivian Grey*（1826）, *Coningsby*（1844）, *Sybil*（1845）。

アフガン戦役は完全な軍事的敗北で、インドにとっては公債の増額による膨大な負債となった。しかし、戦後確立された政治組織は、実質的には一九一九年に到るまで、変わることなく続けられた。アフガン王国は独立した緩衝国家のままで、インドの行政府の影響はあからさまに及ぶことはなかったが、当事国同士の政治的関係では、インドの行政府は支配的であった。しかし、インドは、一帝国として在ることはまた、お金のかかることであることも知ったのである。言わば東方における全ての戦争は、インド行政府の口座のつけになっていたからである。

ビルマへの介入はもっとうまくいった。とはいえそれは、商業帝国主義の露骨にして鉄面皮な行動の実例であった。すでにダルフージーの時代に、低地ビルマがいかにしてけちな借金に難癖をつけられて合併されてしまったかを本書では既に見てきた。しかし高地ビルマは独立国家であり続けた。高地ビルマは、豊かで未開発の地域を利用できる可能性に、少し以前に関心を抱いていた英国の商業的権益にとっては、目障りな存在であった。ビルマ政府が、木材の会社であったボンベイ・ビルマ公社に過重な罰金を課した行為に難癖がつけられた。その会社の高位の人物に混じって、当時のインドの総督と関係する人物が公社に財政的利害関係を持っていた。また、フランスがインドシナとシャム、さらにビルマ自体にも、大臣の活動を通して影響力を行使していると報じられていることに対して、政治的言いがかりもつけられた。一八八五年、ダフェリン（Dufferin）卿は、ビルマ国王ティーボー〔Theebaw〕に最後通牒を突きつけ、拒絶されると、軍隊をマンダレー〔Mandalay——ビルマ中部 Irrawady 河畔の都市。旧ビルマ王国（1860-85）の首都〕に派遣した。一五日間で戦闘は決着がつき、国王は捕虜になった。再び、軍事費はインドに負担させせられた。しかし英帝国の影響は、今やシャム、インドシナ、さらに雲南（Yunnan）にまで及んだことをともかく付け加えておきたい！

西（アジア）に対して英国のインド当局は、当初からジョン・マルコム（John Malcolm）卿の使節が一八三〇年代に見せたと同じように、かなりの関心を抱いていた。この関心は、ロシアの支配権がペルシャの北の国境にしっかりと確立されると、さらに熾烈さを増した。もちろん問題は純粋にインドに関与するものではなかったが、ロンドンとモスクワの競合といった面でも、中近東における英国の重大な関心事であった。リーダー・バラード（Reader Bullard）卿の言を借りれば、「その論争は十九世紀初頭に開始され、英国王の行政府とインド行政府のいずれがペルシャとの外交関係に責任を持つのかということに関して半世紀近く続いた。インドを代表するマルコムと母国の行政府を代表するハートフォード・ジョーンズ（Hartford Jones）の立場にかかわる事態の難しさは、さしあたり、ペルシャへの全権使節としてゴア・アウスレイ（Gore Ousley）卿を任命することで解決されたが、原則に関わる問題は一八六〇年まで解決を見なかった。その年に、外交関係は外務省の手に委ねられ、インド行政府はペルシャとの外交機関の樹立の費用を負担するとの合意を見た(8)」。

仮にペルシャが分担責任だとすれば、言わばチベット介入は紛れもなく、利害関係についてはインド行政府の関与する問題であり、その結果はもっぱら英帝国の政策のせいであったのである。十八世紀末までに、チベットと貿易を行うために様々な試みがなされたがいずれも不成功に終わっていた。一八八六年、チベット人がシッキム〔Sikkim――インドの北東部。Nepal と Bhutan の間にあるインドの保護国〕へと侵入し支配権を主張した。しかしインド行政府は、そこの統治者とすでに関係を確立していたところから事態に介入して、一八八七年、侵略者たちを駆逐した。後に一八九〇年、中英委員会によって国境が定められ、同時に貿易に関する協約も結ばれたが、チベットはそれらを阻むこともできた。しかしカーゾン卿が関与することとなって、事態は変化し始めていた。チベットの孤立主義と、外部との自由な交流を許可せずとするダライ・ラマ〔Dalai Lama――チベットのラマ教の教主で統治者。十七世紀の頃よりこの称号で、現代のダライ・ラマは第十四世（1934‐）である〕の拒否行為は、インドにおける英国の権威にとっては侮辱に等しかった。というのもカーゾン卿は、「一大文明を有する権威ある領域に近接しているからこそ、チベットは、交流と貿易の双方の僥倖を心ゆくまで享受しているのだ」と思っていたのである。英帝国は、インドのサムラジヤー（Samraiya）の旧い教条主義や、中国は世界帝国であるという観念を持つ近隣の王国に、自らの比類なき地位を認めさせたがっていた。

言いがかりは間もなく用意された。今日ではほとんど事実とは思われていないが、ロシアがダライ・ラマに触手を延ばしていると言われたのである。ドルジイエフ（Dorjieff）なる名のブリアート〔Buriat または Buryat――ロシア共和国東部 Yablonovy 山脈と Baikal 湖に囲まれた自治共和国〕の一仏教僧が――その人物をフォンテンブロー〔Fontainbleau――フランス北部、パリ南東方の町。長い間歴代フランス国王の宮殿の所在地。森で有名〕の知恵の管理者とする晩年の経歴には関心がもたれるが――ダライ・ラマのグランド・アルモナール（Grand Almoner）の宮殿にたどり着いた。ロシア国籍であるドルジイエフはサンクト・ペテルブルクの高官に書簡を送り、その手紙が、カーゾンにラサ〔Lhasa――拉薩。ラマ教の聖都。中国チベット自治区の首都〕におけるロシア人の陰謀を見届けたとする、格好の口実を提供した。(9) 一九〇二年、英帝国の役割を果たさんと渇望していた総督は、ラサへの使節団派遣に同意するよう国務大臣に圧力をかけていた。最初、ロンドンの中央行政府は反対したが、カーゾン卿は、チベットに対して不可能な要求を突きつけて問題の決着を強要した。拒否されるとチベット人は敵意を示し、英国は挑発的であると主張した。遠征隊が国境を越え、使い方も訓練されていない旧式の銃をもったチベット人たちを撃ち殺し、謎に包まれた都市の占拠という栄光を手にせんとラサに侵入したが、ダライ・ラマはすでに蒙古へと逃避していた。摂政に対して協定が強要されたが、ロンドン行政府でさえ、このいわれのない帝国拡張の展開に衝撃を受けたほどであった。国際場裡もチベット領土からの軍の撤退を強く要求し、英露両列強は、チベットに中国の宗主権を認めることで合意に達した。チベット遠征は、インドにおける「英帝国」の絶頂期を示すものであった。

仮に、リットン卿が英帝国の教条の創始者であるとすれば、カーゾンはまさしく一大帝国が近隣の諸国家にその偉大さと栄光を顕示せんとした時期における、インドにおける英国の権威を表明する思想の権化、最も象徴的な人物であった。カーゾンは総督に任命される以前ですら、インドの国境地域を広域に亘って旅行し、きたるべき任務の準備をしていたという事実は意味深長である。総督としてカーゾンは、モーレイ（Morley）卿がチベット遠征で言及したように、あたかも大ムガール王が帝国の施策を実行するかのような幻影を抱いていた。総督としての彼にとって、インドはすべてがその周りを回る世界の中心であった。彼はペルシャ湾を訪れ、穏健な手段で成功を治めようと、アフガニスタンやネパールでもインド行政府の影響を強めようと努力し、遠く広く、まるでインドが独立国でもあるかのようにインドのために南アジア問題での枢要な立場を主張した。

事実、ある著名な英国人の評者が記しているように、当時インド帝国こそがインドに拠点を置く「大陸の秩序」であり、その権威はアデンから香港にまで及んでいた。ウィント (Guy Wint) 氏が述べるには、「そのアデンから香港に到るまでの広がりは、英国とインドの協力、英国の中産階級の移民と彼らが組織したインド人のマンパワーのなせる業である」。インドは、大英帝国なしでは帝国を築き得なかったであろうし、大英帝国はインドなしでは存在し得なかったであろう。拡張主義の政策を計画した張本人たちは全て英国人であった。しかし、彼らが建設した帝国はインド人の必要性に基づいたものであって、英国の必要性に基づいたものではない。英国は、インドの安全を目的とする以外に、ペルシャ湾に、チベットに、あるいは新疆省に、さらには英国が介入を始めた問題の全てに、いかなる権益を有していたと言うのだろうか？　新しい地域へと群がっていったのは、インド人の移民であって英国人ではなかったし、英国資本が鉄道、鉱山、農場、さらに新しい産業を建設する一方で、インド人の金貸したちは土地を手に入れていた。アジアでの活動の際に、英国人は、一部にはインドの事業を受け持ち、英国の国王というよりはむしろインド皇帝の使用人として振る舞ったという事実が、そうした事実を度外視すれば模糊としていたであろう英帝国の過去と現在を物語っているのである。

「インド帝国は、かく考慮されるべきであろう」、――ウィント氏は続ける――「直轄された保護的外皮をもつ豊かな領域の核を成している。この外皮は、一部には、ブータンやネパールのような部分的に山岳地帯や砂漠を備えた、部族単位で構成された人々の生息する小さな、いくぶん低開発の国家からなっていた……これらインドとその外域の両者のグループの上にあって、インド行政府は、さまざまな形態を持つ世界を統制したが……両者の共通の目的は他国との関係を先導し、言わば抑制し、少なくとも他国が両者に敵意を抱くものに利用されることのないようにすることにあった。

さらに遠隔の地に、外塁（出丸）の正面に開かれたある種の緩衝地帯として、インド行政府は、ペルシャ、アラビア、チベット、アフガニスタン、さらに一時期、新疆省の一部をさえも加えて、中立国の環を形成していた。片側には、インドの権益が及ぶ極限、バグダッドとダマスカスの間にアラビア砂漠が存在し、その地はヨーロッパを向く諸国とアジアを向く諸国の間に位置し、さらにかってはローマ帝国の境界線であった……。インドの先にはインドネシアやインドシナへとインド帝国の権益が延びていたが、さまざまな理由から、対西側に比べてさほど熱を入れて気を配ることはなかった。

インド陸軍の特殊部隊とインド行政府の外務省は目立たないように、時として謀議、言わば秘かなる慣例を遂行するといった風に、確実に政策を継続遂行した。それをめぐってロマンスが生まれた。――英国海軍によって踏破された幻想の海、北インドの山岳地帯の辺境の三千マイル、その地を越えて、古典を学んだ役人たちは想像する。ローマ帝国のライミーズ〔limes――古代ローマが外民族の襲来を防ぐために造ったローマ帝国の辺境の城壁〕の向うは、まさに未開人の領域に思われ、いつの日か南の熱帯地で敵対する部族を襲撃するために軍隊が集合し融合する神秘的中央アジア、部族民との戦闘にあたる辺境の小部隊は、（少なくとも、耳にするときは）部外者にとっては、聞くも楽しい歴史的事件に思われたのだが、無数の平和な農民を保護し、キップリング〔Joseph Rudyard Kipling, 1865-1956――インド生まれの英国の作家・詩人。*The Jungle Book* の作者〕のキムの仲間のような諜報部員たちが、貿易商人やラマ僧に身をやつして、ルピー銀貨と測量用標尺棒を携えて、山岳地帯を飛び回るのである[10]」。

かくして、この時代は増大する「印僑」、英帝国の熱帯地域へと流れ込む大規模なインド人の移民が見られ、彼らは自分たちの農業と労働技術ばかりか、改良されたインドの社会制度、宗教、寺院や慣習を携えていった。南アメリカ、東アフリカの英国植民地、英領ギアナ、トリニダッド、ジャマイカといった遠隔の地に、繁栄するインド人の植民地が、インド人の国内生活にとっても大変な世界が実現していた。この壮大に展開して行く世界に対して大した協力者とはなり得なかったせいで、インドの地位は改善されることはなかったが、インド帝国の立場は高められアジアでの一大勢力となっていた。

（1） 原著者による、*Indian States and the Government of India* を参照。
（2） Tompson and Garret : *British Rule in India*, p. 474.
（3） 同右文献の五二六ページより引用。
（4） Cecil Woodham Smith : *Florence Nightingale*, London, 1950, pp. 550-1 を参照。
（5） *Olive in India.* London, 1913.
（6） Lord Lytton : *Indian Administration*, p247.
（7） Lord Lytton : *Indian Administration*, p358.
（8） Bullard : *Britain and the Middle East.* London, Hutchinson, 1951, p. 90.
（9） 権威ある Bell の報告書 : *Biography of the Dalai Lama.* を参照。
（10） Guy Wint : *British in Asia*, pp. 21-3.

第二章　中国——四面楚歌

すでに先の章で、北京の王室に署名を強いた協定で、いかに英仏連合が治外法権なる教義を確立したかを見た。この協定には、中国全土で布教にあたる宣教師の自由、宣教師と改宗者の保護も含まれていた。天津が条約港に加えられ、条約を結んだ列強の使節団は、北京に公使館を開設し常設することを認可された。それまで諸外国とよそよそしい関係を維持するのみであった北京の王室は、これらの協定によってほとんどそうした行動に対する準備もないままに、首都で日常的に外交的圧力に悩まされ続けた。英国とフランスの使節団は、一八六一年三月に北京に到着し、ロシアの使節は同年七月に到着した。時に、アンソン・バーリンゲイム〔Anson Burlingame――米国外交官（1820-70）〕なるアメリカ人は――彼は後に数奇な運命に見舞われるのだが――広東からのどかな旅を終えて、一八六二年に北京に到着した。かくして中国は、長い歴史の中で新たな一ページを開くこととなったのだが、その新たな一ページの際だった特徴はと言えば、協定を中国に押しつけた列強代表への屈従と隷属であった。その協定の下で、列強は今や、権利、特権、尊厳、特典を要求した。忌憚なく言えば列強は、軍事力を背景に五十年間に亘って、実質的には、中国人の生活のあらゆる側面を抑制するいわゆる国際法に基づく特殊な外交団へと発展していったのである。「竜を鎖に繋いでおくために」いかに協定の規定が利用され、その陰で、いかに中国の資源の帝国主義的搾取の組織網が着々と組織的に構築され、果ては、漢、唐、明、清の誇り高き帝国、帝国旗下の領土が密かに奪い去られたことか。列強が実質的にはその広大な地域を「勢力圏」へと分割し、完全に無気力な状態へと落としめてしまった歴史は、史上例を見ない。

この全時代に亘って、中国の命運は運命の歯車の不幸な回転の故か、無知な退廃した無節操な女性、歴史上は慈禧《じき》太后〔Empress Tzu Hsi, 1835-1908〕として知られ、通称「老仏」(Lao Fu) として知られた、葉赫那拉《エホナラ》(Yehonala) の手に委ねられていた。彼女が摂政の一人となった一八六〇年から一九〇八年十一月十五日の死に到るまで、皇帝が権力を主張しようとした僅かな期間を除いて、この女性は紛れもない独裁者として中国に君臨していた。葉赫那拉は三つの際立った性格の持ち主であった。第一に、威圧的で、実に傲慢な女性で、命令するために生まれてきたような人間であった。第二に、宮廷での奸計の才、そしてまるで猫のように危険を察知し不意に襲いかかり、相手を打ち倒す能力に際だった才能を備えていた。第三に、彼女は良心も道徳観も持ち合わせていなかった。恐らくは、昔の献身的恋人、栄禄*の場合を除いては、いかなる家族の絆、いかなる人間関係も彼女を拘束することはなかったであろう。彼女は国家の権益を気まぐれと思いつきで処理した。

* 栄禄 (Jung Lu, 1836-1903) 字・仲華。謚・文忠。号・略園。姓・瓜爾佳。満州正白旗人。清朝末の満州族官僚。端郡王、剛毅等の積極宣戦派に対立して、奕劻、王文韶等と和平派の立場を取った。娘は、醇親王・載灃に嫁いで、溥儀〔宣統帝・ラストエンペラー〕を生んだ。義和団事件の収拾の際に留京率辨大臣、一九〇一年、督辨政務大臣となり「光緒新政」に参与する。

葉赫那拉は一八三五年に生まれた満州貴族の娘で、一八五六年までは皇帝・咸豊〔Hsien Feng――在位 1851-1861〕の妾妃の一人に過ぎなかったが、その年に一人の息子をもうけ、内妻としての第一等の位に昇格された。当初から皇位推定相続人の母として、彼女は皇帝にかなりの影響力を持つようになり、英仏連合の要求に抵抗する政策でも皇帝を激励していた。ジェホール〔Jehol＝熱河省。現在は河北省、遼寧省に属する〕での皇帝の死に際して、彼女は、軍機大臣で昔の知己である栄禄の助力を得て、権力を確立するために有力な満州の親王たちが企てた謀議を打ち砕き、専横な「年少の妹」に何もかも明け渡してしまった公平な無力な婦人（東太后）から、皇族配偶者にかかわる全権力を引き継いでいた。

今や慈禧太后、慈悲深き幸運なる皇后として知られる葉赫那拉が、取り組まねばならなかった最初の問題は、太平天国の乱(1)であった。この奇妙な擾乱は、ある意味では諸外国の抑圧がもたらしたものであった。天帝・洪秀全〔Hung Hsu-chuan, 1814-1864——広東花県の人。太平天国を創始し、南京を首都として天京とし、みずから天王と称した。後、内訌を生じ病死〕の勢力に与した愛国的団体の目を見開かせ、けっきょく反乱を深刻な事態に追い込んだのは、一義的には他ならない西洋の侵略に暴露された清朝政府の脆弱さであった。二義的には——洪秀全の作り上げたキリスト教は、自身をキリストの秀でたる弟と唱える思い違いも甚だしいものではあったが——キリスト教の産物であるとも言える。洪秀全は自らを神の子と称し、天なる父を代弁しての教義を説き、自らが天帝として世界を支配すると公言した、奇妙なキリスト教の特異な申し子であった。

西側との最初の深刻な戦闘で中国軍が敗北したことは、先に見たように、概してアジア全体に深刻な影響を及ぼしていた。日本の為政者たちは、中国がかくも容易に打ちのめされてしまったことに仰天した。諸外国の力についてとても信じられないような噂が広まり、多くの人々はそれを等しくキリスト教と関連づけていた。当の中国では、清朝の軍隊の敗北は、帝国内の全ての不満分子、特に南部地域における反清運動に常に積極的であった秘密結社の目を開かせる役割を果す結果となった。イッサカー・ロバート〔Issachar Roberts——中国名・羅孝全〕の教えは、洪秀全に真のキリスト教思想を伝えたとは思えないが、未来の天帝はその宣教師の館から離れると、世界を救済するためのメシア（救世主）の化身の教義に目覚め、自分がその新救世主たりと、様々な幻想に基づいて信じ込み、世間にその事実を公言し、上帝会なる団体を創設した。洪秀全は自分ばかりか息子の神格をも主張した。

一八六〇年の勅令で、洪秀全は誇らしげに宣言した。「天なる父と兄（キリスト）は地上に降臨され、聖なる国を創造され、この地にまつわる事象を正さんがために我と我が子を使わしたり。天なる父と息子と孫は、共に新たなる天国の主たらん」。

洪秀全は次のような詩を読んで、自らの昇天を詠っている。

彼、天に帰りたり、
かの地にて、天帝、
彼に、大いなる権威を供与す。
大慈の母は、優にして、
まさに、雅なり、
極めて、優美にして、高貴たり、
比類すべきもの、世になし。

天帝の長兄の妻
美徳溢れ、思慮深く、
たえず、長兄がために務めたり、
事を、慎重に成就せんがために。

Hail.（p. 93）

かくして、二つの要素、キリスト教の狂信と反清朝の民族主義が混交し、その混交が帝国の広大な地域に亘って広がり、皇室以外のほとんどを巻き込こみ、大いなる活力に満ちた革命勢力を生んだのである。広東（Kwangtung）と広西（Kwangsi）の地域から、反乱軍は湖南（Hunan）に広がり、湘江（Hsiangchiang）に沿って猛攻を加え、大都市・長沙（Changsha）に到達するまで、途中でさまざまな都市を占拠し、長沙の地で休暇中であった役人、曾国藩〔Tseng Kuo-fan, 1811-1872――清の政治家。字・伯涵。諡・文正。湖南湘郷の人。著書『曾文正公全集』『曾文正公手書日記』等〕に組織された決意に満ちた軍隊に遭遇した。長沙で頓挫したとはいえ反乱軍は北に向かって移動し、大した反撃にも会うことなく、武漢（Wu Han）の都市漢口（Hankow）、武昌（Wuchang）、漢陽（Hanyang）に到着した。これは一九二六年に蒋介石〔Ciang Kai-shek〕の軍隊が、同じように易々と通過したのとほとんど同じルートである。一八五三年、彼らは南の首都・南京（Nanking）を占領した。上帝は本拠地をその地に定め、丸十年に亘ってその地を統治した。

一八六〇年、英仏戦争が終結し、慈禧太后はジェホールから宮廷へ帰還する途上で摂政を引き継いだ。太平軍はまだ揚子江流域を制御し、上帝は南京の宮殿から支配権を振るっていた。彼のおもだった副官は、史上、忠王（Chung Wang）の名で知られた李秀成（Li Hsiu-ch'eng）であったが、この人物は戦士にして行政の天才であった。彼は一兵卒として進んで太平軍に参加し、運動の当初から実質的にあらゆる重要な活動に参画していた。一八五六年の決定的な勝利の後、彼は一軍の司令官に任命され、後に王の地位へと昇進した。曾国藩自身の編纂になると言われ、ウォルター・T・レイ（Walter T. Lay）によって翻訳された忠王の自伝は、最も重要な資料である。(2) 忠王は揚子江南部にかけての広大な地域で、反乱軍の首領としての権威を維持していた。清王朝はこの由々しき脅威に直面し、摂政は反乱軍に対して実効ある作戦を組織することを決意した。一八六四年、南京は清朝軍の曾国藩の手に落ち、上帝は自殺して天なる父のもとへと逝世した。忠王に後継者と宣言された洪秀全の息子はほんの短期間支配権を確保したが、その年の七月、息子とこの簒奪者・李秀成（忠王）は捕らえられて処刑された。

太平軍に対する作戦の成功は、際立ったな三人の国家的政治家を生んでいた。彼らはこぞって続く四十年間、帝国に威勢を振るい、さらに、増大する諸外国の圧力に対峙して勢力の限りを尽し、帝国の内部崩壊という最悪の状態から救った。最年長で、他の二人の指導者、左宗棠[*1]と李鴻章[*2]のグールー〔guru――ヒンズー語で精神的指導者〕であった曾国藩は当初、太平軍打倒をその使命としていたが、後に彼は、北部の大戦略地・直隷省（Chihli）の総督となった。諸外国の行政府との関係が成功裡に維持されたのは、他ならない、主として彼の卓越した宮廷内での影響力のお陰に他ならない。

＊1　左宗棠（Tso Tsung-tang, 1812-1885）　字・季高。諡・文襄。湖南省湘陰県の人。洋務運動に務め、国の自強に尽す。軍機大臣、総理衙門大臣、欽差大臣等歴任。

＊2　李鴻章（Li Hung-chang, 1814-1864）　清末の政治家。字・少。号・儀叟。安徽合肥の人。外交に貢献。日清戦争（下関条約）、義和団事件（北京義和団議定書）の調印に関与。直隷総督、北洋大臣、内閣大学士等を歴任。

曾国藩の名声は、上海製鉄所建設の功績によるところも大きかった。後に、それは江南兵器廠（Kiangnan Arsenal）となった。中国の最初の近代船舶の造船事業で容閎〔Yung Hung――*My Life in China & America*, 1909 の著者〕を支持したのも他ならない曾国藩であった。曾国藩と共に太平天国の乱の平定に参加したもう一人の著名な役人・左宗棠[3]は戦略家であったので、戦略家嫌いの曾国藩に気に入られることはなかった。とはいえ左宗棠の果たした役割は目覚しいものだった。彼は捻匪〔Nienfei――捻子とも呼ばれる。清朝の咸豊同治年間に洪秀全に荷担し北方の数省で徒党を組んで乱を企て、李鴻章に平定された一派〕の鎮圧の任に与っていた。しかし彼の最大の業績は、一八六四―七八年の一四年間に亘って山西省（Shensi）と甘粛省（Kansu）を蹂躙したモスレムの反乱を鎮圧したことであった。優れた指導者であるヤクブ・ベグ〔Yakub Beg――耶各伯克〕に率いられた新疆省（Sinkiang）は実質的には独立しており、諸外国列強との外交関係を結ぶべく乗り出していた。清朝が直面していた状況は、様々な面で太平天国の乱よりもさらに急を要していた。太平天国の動きは中国人の反乱であった。その成功は単に王朝に影響を及ぼすものであったが、北西のモスレムの反乱は、中華帝国に対する反乱であった。インドの英国と中央アジアのロシアも、自国の国境付近で起きている事態に関心を示し始めていた。当初、中国の支配地にこの広大な地域を包含していた康熙帝と乾隆帝の業績を回復するのは不可能であるかに思われた。この事態を救ったのが、他ならない左宗棠であった。彼はその地域にゆっくりと進軍し、前進する前に慎重な準備を怠ることなく平定した。極めて策略に長けた手練と政治的手腕、そして必要とあらば比類ない残忍さを示して、左宗棠は新疆に侵攻し、ヤクブ・ベグが建設した新国家を破壊した。一八七八年、カシュガル〔Kashgar――喀什噶爾〕とヤールカンド〔Yarkand――或いは、Soche 莎車〕は降伏し、中国が再び新疆(4)の盟主となった。

李鴻章(5)〔Li Hung-chang, 1823-1901。政治家、外交家、将軍。日清戦争の和議に下関に来港し、伊藤博文と会談する〕の仕事は、主として一八七〇年の天津事件の時代から一九〇一年の義和団事件の議定書締結を見るまでに到る外交分野に関係するものであったが、話のなり行きにしたがって取り上げることとしよう。ここでは、李鴻章が際立った存在となったのは、先輩で彼の擁護者であった曾国藩と同様、太平天国の乱に対して取った独自の愛国的行動にあったことにだけ触れておこう。李鴻章の行動について情報を得ると、曾国藩は直ちに彼を自分の配下に置いた。最初に、西洋式軍隊の組織の件でアメリカ人の冒険家・ウォード〔Ward〕と、後にゴードン*と提携したのは、他ならない李鴻章であった。かくして役人としての初仕事から、三十年に亘る複雑な外交の時代に、常に割に合わない弱者の立場での主役で、大方は敗北を味わわされる側の主役として諸外国の人物との交渉にあたり、大いに国家に貢献したのである。

* ゴードン（Charles George Gordon, 1833-85）　英国の軍人・将軍。太平天国の乱を鎮定するに力を貸した。後に、スーダンのKhartoumでMahdiの反乱軍に教われ戦死、通称Chinese Gordonと呼ばれた。

太平天国の乱と捻匪の平定（一八六五年）から日清戦争に到るまでの間、清朝は大いなる繁栄の様相を呈していた。新疆のモスレムが反乱に失敗した後は、国境地域においてさえ、平和が中国の端から端まで行き渡っているかの感があった。大いなる貿易の復活と国家の財政は健全な様相を見せていたかであった。一群の経験豊かな役人たち、大清王朝最後の世代が、かなり能率よく、国の行政を仕切っていた。国内的には、王朝と帝国の威信は意気軒昂であった。天津事件やそれに続くフランスの行動が、やがて起きるであろう事態を暗示してはいたが、諸外国列強とは深刻な紛糾は存在しなかった。

しかし、この間に諸外国列強は、中国を無力な状態に引きずりおろし、侵略の餌食にするために、その関係の在り方を練っていた。天津条約*の条項を隠れ蓑に、西洋列強は、特に英国は、密かに目立つことなく中央政府の統帥権を制限する政治的、商業的、経済的足枷をはめ、地方の権威を浸食し、その地方を英国の「保護領」に変えて、広域に亘って経済的影響力を確立していった。同時に、アメリカとフランスは、計画的に精神的侵略を実行に移していた。一方はキリスト教とアメリカ交易の名において、他方はカトリック教会とフランスの政治的影響力を及ぼすために、中国征服を意図していた。二十年も経ないうちに政治的利益をもたらし、中国を半植民地の領域にと変えてしまった、列強の用いた政策を綿密に考察する必要があろう。

＊ 天津条約　アロー号事件の結果、一八五八年六月、英・仏・米・露四ヶ国と清との間に結ばれた条約。中国におけるキリスト教の信仰・布教の自由、港市の開放、国内旅行の自由などを定めた。一八八四年の朝鮮における甲申の変の翌年、全権大使伊藤博文が李鴻章と締結した日清間の条約。両国の朝鮮駐屯軍を撤退すること、以後朝鮮に軍隊を派遣する必要がある時は両国互いに通知することなどを内容とする。

貿易に開かれた港では協定の下、外国人は居住して商売をすることが認められていた。海港――中でも重要な広東（Canton）、汕頭（Swatow）、廈門（Amoy）、福州（Foochow）、寧波（Ningpo）、上海（Shanghai）、青島（Tsingtao）、芝罘

（Chefoo）、天津（Tientsin）――は、南は広東から北は天津に到るまで、中国の全沿岸に亘って広がっていた。なお沿岸地区の港とは別に、南京と漢口を含む鎮江（Chinkiang）から重慶（Chungking）に到るまでの揚子江流域の数多くの町が、内域およそ一千マイルの距離にさかのぼって、条約港と見なされた。こうした港では、外国人は居住し貿易を営むことを許可するとの条項に基づいて、ゆっくりと密かに「居留地」を建設し、自治制度と裁判所を設置する権利を主張し始めていた。かくして、揚子江を何百マイルも遡った漢口には、英国、フランス、ドイツ、ロシア人の居留地が存在した。外国人は、治外法権を得ていたので、こうした地域に裁判所を設置していたし、数年後には、中国の到る所に小さな半自治領が点在し、そうした地域から中国の権力と司法権は追い出され、時には様々な種類の不法取引の中心地となっていた。

こうした「居留地」の他に、租界なる地域が存在した。中でも最も有力なのが、上海の国際租界とフランス租界、天津の英国、イタリア、ドイツ、（後に日本）の租界、広東の英国とフランスの租界であった。上海の国際租界の興隆の物語、国際的な抜け目ない策略、弱者を犠牲にした富の巨大化、悪徳の黙認、様々な非行を伴った投機、商業主義、西洋の協力の下になりたつ行政、警察、さらには商業経営者たちの興奮に満ちた波瀾万丈の物語は、中国との西洋の関係にまつわるこの一章を要約する役割を果たしてくれる。一八四二年、上海は、河口で揚子江とつながる黄埔（Huang pu）の入り口の城壁を巡らされた小さな都市であった。

その重要性は、揚子江峡谷の河口に存在したことから始まり、一八四二年の条約で上海は諸外国の居住地と貿易のために開かれた五つの港のリストに含まれていた。協定に従って、英国、フランス、後には、アメリカの領事たちが地方当局から「居留地」、言わば自国民の住居のために区分された地域を獲得した。領事館が存在するようになり、それに伴って、企業の代理店が中国貿易に携わった。その地域を巡る司法権は何ら問題にされなかったが、英国の領事館員たちは、即座に幼稚な自治制度を確立し始め、その機構はまた、様々な用務のための委員会を設けた。その後二十年に亘って、彼らは、その立場を強化し、一八六九年、監督権に基づく自治委員会が、いわゆる土地規制法なるものを公告し、その法の下で、税率と税を割り当てる権利、衛生と警察の統率権を奪い取っていた。これは、司法官・フィーザム（Feetham）が、奇妙な独特の南アフリカ式論理である、協定の尊厳を保持するものとして宣言した、言わば自前の上海憲章であった。

その土地規制法の下で、上海自治委員会は、居留地から通じる道路建設の権利を主張した。これが自治体の要求する「権利」の拡大に口実を与えてしまった。かくして、さらに広い地域に亘る主張が徐々に進められた。端的に言えば、天津条約後の最初の二〇年間、一八六〇年から一八八〇年の間に、上海の「国際租界」は、中国から独立した支配権に左右される都市国家となっていたし、そこでは、中国の警察権は機能することも許されず、中国の裁判所は自国の問題に関してすら何らの司法権も行使することもできず、中国の法律は適応外で、さらに酷いことに中国人は劣った人種として取り扱われ、あからさまに表示された掲示板には、「中国人と犬は、公園に入るべからず」と告示されていた。アメリカ人と英国人の租界が合併され、いわゆる国際都市が生まれ、膨大な数の外国人と中国人を抱え込んでいた。

この金融と商業の巨大都市の成長は、目には見えなかったが、中国に多大の影響を及ぼしていった。十八世紀末のインドでわれわれが経験した時と同じように、何世紀にも亘って土地に依存してきた国家の経済生活は、今や、中国の沿岸地域の都市、特に上海へと流入し始めていた。この都市の買弁経済は、間もなく商人階級を産み、彼らの経済力が旧い商人のギルドと手を組んだ時、仲買人、銀行家、外国企業の代理店は、中国の国内事情に連動して無限の力となっていた――インドの港湾都市のセス（the Seths）たち、すなわち、商人たちがインドのムガール王朝と関係した時とまさに同じ状況であった。上海は事実上、北京に拮抗する都市となっていた。

中国国内全土に点在する居留地と租界の展開とは別に、この時期に諸外国列強は、国内の大水路を巡って監督権を行使しはじめていた。天津条約（五十二条）には、英国の軍艦は、敵対行為の目的を持たず到来したり、海賊の追跡に携わったりしている場合には、中華帝国の領土内の全ての港湾に寄港する自由を有するものとする、と規定されていた。この条項は、英国の軍艦は、外国の船積業務に開かれた港湾に寄港する権利をのみ供与するという中国人側の見解を歪曲蹂躙し、英国当局とそれに倣った他の列強諸国も珠江（Chu-chiang）と揚子江を臨検するために、砲艦の船団を維持していた。かくして、重慶（Chung-ch'ing）から上海に到るまで、中国の中心部は、一五〇〇マイルに亘って、外国海軍の制御に任されることとなった。港湾を訪れる権利の意味するところを、この驚くべき拡大解釈によって、条約権というものをいかに甚だしく悪用したかについて、これほど如実に示す例はない。英国は揚子江海軍少将なる奇妙な称号を持つ将官さえ抱えていた、それにつけても、大西洋では、内陸航路であると主張したことはなかったにもかかわらず、ドイツ皇帝・ヴィルヘルム二世*が、自らを称して大西洋司令長官と格好をつけた時、どんなにか英国が怒ったかを思い起こすならば、中国人の考えがよく理解できるかも知れない。揚子江を自由に巡航する砲艦の船団は、列強の地方の代理人たちにとっては、示威行動や爆撃の脅迫によって、しばしば無理難題をふっかけるためのお定まりの援軍であった。宣教師、私的債務者、さらには平凡なキリスト教の改宗者のためにさえ、この種の「砲艦外交」が用いられた事例は数多く存在する。

* ヴィルヘルム二世（Wilhelm, 1797-1888）　ドイツ皇帝。プロイセン王の孫で、ビスマルクを斥けて政治にあたり、世界政策を掲げ、軍備を拡充、近東への進出を図り、英仏露と対立、一九一四年第一次世界大戦に突入。敗戦の結果、一九一八年ドイツ革命で退位、オランダに亡命。日本ではカイゼルの名で知られる。

キリスト教と砲艦外交

地方の介入事件を除いて、キリスト教徒と宣教師のために砲艦外交が政治的権力の主張にも利用された二件の悪名高い事例がある。一八六七年、宣教師たちが内陸部の一都市・揚州〔Yangchow――明・清朝時代の府名、今の江蘇省江都にある〕に修道院を開設した時、その地方の住民がその開設に反対して町に暴動が発生した。

宣教師は、誰も殺害されなかったが、宣教師団の事業所は焼き払われた。この件で、上海の英国領事・メドハースト（Medhurst）は、役人を脅しつけた後に、四隻の軍艦に護衛されて南京に出向き、今度は総督を脅迫して、暴動が発生した地方の行政長官を罷免させた。キリストの正当性が擁護され、英国の砲艦の力が露骨に発揮された。

フランスも負けてはいなかった。フランス人の司教たちは権力をかさに着て、直接、総理衙門（Tsungli Yamen）――中国の外務省にあたる――に自分たちの伝道事業について直接書簡を送った。奥地の二つの伝道事業所の略奪に言いがかりをつけて、フランスの代理大使・ドゥ・ロシェ・シュワール伯爵（Comte de Roche Chouart）は、二隻の軍艦に護衛されて揚子江を上り、南京の総督を訪問した。

中国における外国権益の構造は、条約国・列強の治外法権に基づいていた。居留地と租界において領事たちは、司法権に関して全く途方もない要求を突きつけた、ある地域の英国の領事に到っては、成功こそしなかったが、英国人居留地のアメリカ国籍の住民の住居にも警察権を行使できるようにすることを要求した。警察の司法権とは、保安官、刑務所、控訴裁判所等を意味し、まるで当然のように、英国は最高裁判所を含めて上海のあらゆる施設を維持していた。しかし、他の列強の多くは、こうした施設を有してはいなかった。他の領事館法廷への上告はヨーロッパの首都へと回されていた。列強の全ての領事たちが、治外法権を持たないヨーロッパ人の裁判では、ある種の受託信任者権（fiduciary interest）を要求した。限られた地域に限定され、宣教師たちが奥地で名前を偽ったり、改宗者たちが要求した保護のせいで、こうした事例の全てが見落とされたかも知れない。条約の下で、宣教師たちは、どこでも好む場所に駐在し、所有地を獲得する権利を与えられていた。しかし、フランス人は、中国側に気づかれないうちに、条約に密かに一条項を挿入していた、その条項によって、フランスは、中国人改宗者も含めて、カトリック信者を保護する概括的権利を要求した。ともあれ、中国人改宗者は迫害されてはならないという条項が、他の列強との条約でも、諸外国の領事には、中国人キリスト教徒が介在している訴訟に、介入する権利を供与することができると主張されていた。この問題は後の章でいくぶん詳細に取り扱いたい。ここで強調しておきたい重要なことは、一八六五—八五年の間に、カトリック教徒や中国内陸伝道団ばかりか、数多くの他の宗派の団体までも、自治権と中国人キリスト教徒を保護するためとの主張を盾にとって、中国の最果ての地まで浸透して行ったことである。事実、これは「租界」、居留地、領地の拡大化などよりも、さらに、中国人民の主権と威信の大いなる侵害であった。

またこの間に、列強は、中国の宗主権を受け入れていた国家を中国から引き離す政策を取り始めていた。カンボジア、安南はまず最初に引き離された。一八八六年、高地ビルマは英領インドに合併された。中国は、これら双方の変革に同意を余儀なくされた。周辺地域に対する圧力は、中国が第二次世界大戦後に完全に主権を回復するまで続けられた、しかし、日本の朝鮮、満州、蒙古での行動に対する外国の批判という観点からすれば、中国から遠隔の地域を侵略し、徐々にその地を中国から引き離すというパターンは、先ずカンボジア、安南、トンキンについてはフランスによって開始され、ビルマに関しては英国によって同じことが踏襲されていたことを強調することが望ましいと言える。

当時の中国に対する列強の態度は、天津大虐殺として知られる事件に照らしてみると最もよく理解できるであろう。こうした最初の事件が、後に、全列強諸国が成功を収めるに到った、中国の支配権への襲撃の、まさに序曲として重要なのである。

一八六九年、天津のある寺院の用地に——そこはまた皇帝の宮殿でもあったが——何ら合法的立場にもないフランス人たちが、ローマ・カトリックの教会堂を建設した。フランス人たちがその事件以前、天津に定住してからの十年間、フランス当局の一般的態度についてアメリカ人の歴史家・モース（Morse）が簡潔に述べている。「天津で、フランスなる国とカトリックの宣教師たちは、概して嫌悪されていたと言っても言い過ぎではない[6]」。また、天津には、カトリックの修道女の団体によって、孤児院が建設されていた。こうした修道女たちは、孤児院に運び込まれた子供一人につき一定の金額を支払っていた。はっきり言えば、一種の購買制度を取っていて、非良心的な中国人の仲介人に、子供たちを誘拐してくるようにと奨励していた。さらに、確かに洗礼を受けた直後の死は、魂の安寧を保証されるとの敬虔な信念から、病で死の直前にある子供たちに対してもお金が支払われた。当然ながら、中国の大衆は、人に子供の誘拐を唆したりするようなやり方や、また多くの子供たちが洗礼の直後に死亡し、キリスト教の教会堂の共同墓地に埋葬されるといったやり方に対して大いに心を動揺させられた。この頃、疫病が孤児院を襲い、孤児院の多くの子供たちが死亡した。その事件が持ち込まれた中国の弁務官は、直ちに、領事とその問題を取り上げた。中国人の委員会がその施設を調査するという合意が交わされた。しかし、フランスの領事は、自らの権威を侵害されたと思い込み、いかなる調査にも反対した。大衆の憤懣は高まった。中国の弁務官の報告からの次の抜粋は、その領事の気性と態度をよく示している。「彼（領事）を出迎えようと出て見ると、領事がすぐ目に入った。彼の振る舞いは猛々しく、二丁の拳銃をベルトに挟み、一緒にやって来た外国人は刀で武装していた。彼らは私に向かって突進して来た。領事のM・フォンタニエ（M. Fontainer）は、私に近づいてくるとすぐさま無礼な態度で話し始め、ベルトから拳銃を抜くと私の目の前で発砲し始めた。弾丸は幸運にも当たらず、彼は捕らえられた。個人的な衝突を避けるために私は退いた」。興奮していた領事は、衙門から帰る際に、群衆に向かってピストルを撃った。そこで彼は殺害された。ついで、群衆は教会堂に火を放ち、キリスト教の施設は破壊された。一八七〇年六月二十一日、群衆は手が着けられなくなり、フランス人たちに報復した」。

その事件は、北京行政府に合同文書を送り込むために、列強によって利用された。ついで、兵士を随えたフランスの海軍司令官が天津に到着し、間もなく英国、アメリカ、イタリアの海軍の艦船が加わった。西洋列強は一線に並んだ。

フランスは、関係する役人の打ち首による死刑を要求し、他の列強もそれを支持した。さらに、仮にその要求が入れられなければ、フランス領事はその事件に対応すべき責任を海軍当局に移譲すると脅迫した。丁度フランスとドイツとの間に宣戦が布告されており、フランスの使節はパリの上司たちと同様にフランスの優位性を回復せんと勝利を望んでいた。中国側は、裁判にかけずに役人たちを打ち首にすることを拒否し、二十名の暴徒を処刑し、役人たちを追放すると申し出た。プロシャ（当時、フランスと戦闘状態にあった）、英国、ロシアとアメリカの代表たちは、再び合同文書を送りつけ、その申し出には不満足であると通告した！　当時、丁度、李鴻章が直隷総督に任命されており、その交渉の任に当たる地位にあったが、彼は断固とした態度を取り、主として普仏戦争の後フランスは苦しんでいるという理由で、ある居留地が供与された。今や中国は、列強が連合していることを思い知らされたのであった。

この簡単な解説が、太平天国の乱の平定に始まった二五年間は、中国と西洋との関係史の中で最も至難の時代であったことを物語っている。国家の外見上の繁栄はまやかしであった。条約港が繁栄する一方で、国家の国内経済は破綻に瀕していた。実際には、中国には支払うべき負債など存在しなかったが、事実上、この期間中に中国の権威はあまりにも土台を浸食され、行政府と国民の尊厳が完全に傷つけられたがために、帝国主義のワルブルギスの前夜祭*の下準備をしていたと言い得よう。その結果十年後の一八九五年、日清戦争の憂き目を見ることとなったのである。

＊ ワルブルギスの前夜祭（Walpurgis Night）　昔のドイツの民間伝承では、この夜魔女たちが箒の柄にまたがって、各地の魔の山に集い、宴を張ると信じられた。Walpurgis は、イングランドの修道女で、ドイツの地で修道院長となった。

中国と西洋諸国家との外交関係に持ち込まれた紛糾の主要因の一つは英国によって唱導された英国人の商業共同体の態度が、取り分け解りにくかったことである。無限の交易に纏わるキマイラが、彼らを内奥へと引きずり込んでいった。中国の中心に横たわる幹線路・揚子江は、今や公開されていた。「居留地」と交易事業所は、あらゆる主立った都市に存在した。しかし、理由はともあれ、その結果はひどく思わしくなかった。夢に描いた中国貿易はついぞ実現されることはなかったのである。

商業共同体は、自分たちの失敗を、相手方の中国の役人や面倒くさい税金のせいにした。彼らの救済法は、開かれたあらゆるルートを通して英国行政府に圧力をかけ、中国に強制的に英国製品の購入を求めることであった。彼らの切なる願いは、中国の消費者との直接取引なる「条約の強要」であった。彼らが公然と表明した要求は、全国土が、地方の役人の全既得権を伴う広大な条約港にと拡大され、彼らと取り引きするにあたって領事は、最終的論議の際に砲艦を召集する権利を与えられるべきであるということであった。彼らは臆面もなく、少なくとも、揚子江流域を巡って保護領が設置されるべきだと主張し、そうなれば、ランカシャーは無限の市場を獲得することとなり、さらに、ポッティンガー〔Henry Pottinger, 1789-1856――英国の軍人、植民地政治家、初代香港総督（1843）マドラス総督（1847）〕の言によれば、「ランカシャーの紡績工場全部をもってしても、その一地域のためのストッキング類さえ満足に生産できない」ことを保証すると。

これは単なる空しい馬鹿げた楽観論に過ぎないということを、経験ある領事館の役人たちも指摘し得なかった。

香港の副行政長官・ミッチェル（Mitchell）は、重商主義的主張の愚かさを外務省に対して説明し、中国の商業的展望に関する注目に値する分析をしていた。様々な規制が排除されてから十年たっても、中国はオランダが消費した半分も消費していないように思われることがいかに奇異かを指摘した後に、ミッチェルは説明している。「われわれが十年前に、この国の沿岸地区を英国の貿易のために開拓した時、我が国の生産品を求めて跳ね上がる需要で、大変な商売が成り立つと思い込んでいた。マンチェスターの友人たちと現地の相棒たちは〝三、四億の人間〟との自由な取引が可能となるといった考えに、みんな狂ってしまったかに思われる」。

領事の一人は、十年の経験を経た後に、次のように報告している。「家庭用品を除いては、中国人がわれわれの長い衣装を着ているのを目にしたことがない、彼らは、日雇い労働者で、日々の糧を稼がねばならないのだ」。領事館の役人たちの中には、英国の外務省に、定期的に「中国人の根強い世帯の倹約ぶりを変えようなどというどんな希望」にも反対して警告を発する者もいたが、条約港の商人たちは、別のことを考えていた。彼らは、一般の中国人は、官吏によって自由に購入できないようにされているのだ、仮に、彼ら商人が邪魔さえされなければ、中国の一省だけでも、ランカシャーが生産するもの、あるいはそれ以上のものを、全部消費できるのだと彼らは確信していた。

外務省は、最終的に、領事館の役人に提示された見解の正しさに頷きはしたものの、商人の意見は、常に妥協の必要を促すほど強力であった。しかし、商売上の儚い夢は、貿易よりもむしろ投資が英国の財政的権益の目的となった鉄道の時代が到来するまで、不愉快な様相を呈したままであった。

国の内部へと浸透した諸外国の通商業務が拡張された結果、思いもかけなかったことが起きた。強力な中国人商人階級の台頭がそれである。一八六九年、ラザーフォード・オルコック卿*は、国内での貿易の流通が中国人商人によって取って代わられていることに注目した。

＊ラザーフォード・オルコック卿（Sir Rutherford Alcock, 1809-97）　外交官、医師。一八三七年に中国撫州の領事となり、一八五八年、日本の首席領事。一八七一年、再び北京にて英国政府の代表を務める。

廈門における外国貿易が、中国人商人たちに取って代わられていることが領事の注目を引いた。さらに福州では「言語、市場、またより廉価な間接税に関して、いっそう豊富な知識を持つところから、中国人たちは、ほとんど流通業を独占しているに等しい」と報告された。同様の状況が、インドでも当初から存在したことが思い起こされた。英国の支配権が確立された後も、英国の商品を流通させたのは、他ならないインドの商人たちであった。こうした強力な商人階級の成長は、沿岸地域のみか揚子江全流域に沿ってみても、後に見られるように、実に有意義な社会改革であった。

この時代を離れるに前に、述べておきたい当問題に関するもう一つの側面が存在する。それは、中国の海上貿易の税関業務の開設である。天津条約に付帯されていた貿易規定は、開港された港湾地域では、関税は一律に課せられ、外国人は、中国人の意に従ってこの監督権を補佐するために任命されるべし、と規定されていた。一八六〇年、北京での会議の結果、中国から取り立てられる賠償金が、関税収入で支払われることとなった時、諸外国の代表は、抵当権として関税の監督権に直接関与することとなった。一八六三年、アイルランド人のロバート・ハート（Robert Hart）が、名目上は中国行政府に所属する海上貿易関税業務の監督長官に任命されたが、事実上はほとんど、独占的に西洋の国籍に所属する外国人によって関税業務は運営されていた。業務そのものは公正で能率的であったことは認められているが、中国当局の明白な権限が定められていたことはあまりにも無視され過ぎていた。

しかし、外国人自身によって管理されていたこの業務を、英国商人の共同体が、自分たちの貿易の成長にとっての主要な障害だと見なしていたことは注目に値しよう。様々な話し合いの場で、規制を強めようとする税関当局の行為が、非愛国的で、かつ反ヨーロッパ的であるといった口実で、概して、列強が反対すべき問題として妨害された。上海と香港の外国商人たちは、密輸は中国の法律に違反するものではなく、単に条約に違反するものであり、したがって、中国の税関当局は、領事館の認可なくしては、そうした違反を取り締まることはできないとの見解をさえ公言していた。

中国と中国人に対する一般的なヨーロッパ人の態度は、いわゆる「豚（苦力・豬仔貿易 (chu-tzu : Pig Trade)）」として知られていた奴隷貿易を拡張しようとしていたことからも判断できよう。一八四七年以来、中国人労働者たちは、清朝政府の抗議にもかかわらず、奴隷労働の場である植民地の鉱山、所有地、農場へと、不法に船で送られた。一八六三年以前に、サンフランシスコだけでも十万八四七一人の中国人労働者が連行されていた。ポルトガルとスペインの属領とオーストラリアとカリフォルニアが、主な受け入れ地域であった。労働者は、一人いくらの人頭料金を受け取る契約人たちによって募集され、労働者は集積場に運び込まれ、悲惨な労働者たちは、ひとたびその集積場の構内（豬仔館）に連れ込まれると、もはや、彼らを救助するのは至難の技であった。「浮き地獄」として知られる船で輸送され、言わば、半奴隷労働者の死亡率は、しばしば四五パーセントにまで及んだと言われる。募集なるものが、誘拐や人さらい（一八五九年に広東の総督は、八人の誘拐犯の首を切って処刑した）を業とする半奴隷売買の組織によって行われ、無数のスキャンダルを生んだ。中国当局が、移民を禁止する法令を撤回する条件として、ある種の規制を強化することを主張すると、奴隷売買は、マカオへと移され、その小さな植民地からたった一年で、中国人労働者五二〇七人が誘拐されてキューバへと、さらに八四一七人がペルーへと船で運ばれた。

中国がやっと腰をあげて、諸外国に外交機関の開設の決定をしたのもこの時期であった。この件で着手された第一段階の法策は、奇妙なバーリンゲイム使節団であった。北京のアメリカ公使であったアンソン・バーリンゲイムは、退職するとすぐ中国の移動大使に任命され、西洋の全王室への信任状を授けられた。バーリンゲイムは、まず印象的な随員を随えてアメリカに到着し歓迎された。彼は、その地で平等条約を交渉した。その条約には、中国の領土保全を維持する条項、貿易と駐在の互恵権利を定めた条項が含まれていた。バーリンゲイムは、本来アメリカ公使であったところから、中国に対する西洋の外交上のかけひきを心得ていた。そうして、ロンドン滞在の間に、中国の主権を侵害するような権利を確保するために不当な圧力が行使されるべきではないことの保証を求めた。不幸にも使命を果す前に、バーリンゲイムは、サンクト・ペテルブルクで他界した。彼の使命は、二つの観点から見て重要であった。まず第一に、彼は、アメリカと英国の双方から、北京の中央行政府とのみしか話し合いをしないとする保証を取り付けた。したがって、かつて、列強が総督と直接交渉し、その結果、英国の商人が固執していた、中央行政府の権威を無視するといった危険は避けられた。この頃の上海の商人の口癖は「何時になったら外務省は、中国が多くの国の連合体だということに気が付くんだろう？」であった。第二に、中国行政府が海外に恒久的外交使節団を派遣することの必要性を認識したことであった。とはいえ、北京当局が、やっと西洋の首都に公使館の開設を決定したのは、数年後のことであった。

かくして帝国は生き延びた、だがその精神的支柱である権威はぼろぼろで、自国民を掌握するのもままならず、外国に配置した外交機関も確固としたものではなかった。そんな時に、日清戦争の結果として、西洋と中国の関係に新しい局面が開かれた。本書の目的にとって中国と日本の関係は、事態がヨーロッパとの関係に影響を及ぼさない限り論ずるのは不必要であろう。朝鮮は、中国がある種の一般的宗主権を行使していた国であった。朝鮮の皇帝は三百年以上に亘って、進んで北京王朝の保護を受け入れ、毎年朝貢を怠らなかった。様々なヨーロッパ諸国が、朝鮮への介入を計っていた、かって（一八六六年）フランスの代理大使は、中国の外務省に朝鮮を併合する意図を通告さえした。実際に侵略が行われ、どっちつかずの戦闘の後に、フランスは余儀なくその計画を放棄させられた。その後、朝鮮人は、友好関係を強制しようとするあらゆる列強の試みに抵抗した。唯一の深刻な企てはと言えば、アメリカ人が行った一八七一年の行為であった、時に、あるアメリカの海軍司令官が、提示した要求に対して何らの返答も受けないままに戦火を開き、沿岸地域の砦を占領し、数人の朝鮮人を殺害した。しかし、その行動が期待したような影響を及ぼさなかったことから失望して撤退した。そのアメリカの行動がもたらした唯一の影響は、有効な保護を求める朝鮮行政府による中国の皇帝への公式の懇請であった。

日本が舞台に登場したのは、まさにこのような時期であった。日本もまた、朝鮮に対してある要求を突きつけていた。というのも、朝鮮の君主は、公式行事の際に、日本の皇帝に朝貢を携えた使節団を送るのが慣わしとなっていた。日本が、一八六八年、朝鮮に送った使節団は、どちらかというと非礼な取り扱いを受け、さらに二年後にも、再び同様の取り扱いを受けていた。このことが朝鮮への懲罰の遠征を含めた日本の要求につながり、感情は高まったが、天皇は、事を平和裏に収めることを望んだ。しかし、一八七六年、日本は朝鮮に対してある条約の締結を強要し、その条約には、朝鮮はあらゆる面で完全なる独立国である、したがって、今後、日本の要求に対して門戸を開くべきであると規定されていた。

しかし、朝鮮は相変わらず宗主国として中国を認め続けた。そこで、ソウルに外国公館が設立されると、激しい外交戦が首都で開始された。一八九〇年までに、日本は、必要ならば決意を強行する準備が整っていた、事は反乱を生み、特に、日本に対して向けられたかに思われる排外運動にまで発展した。しかし、反乱はやがて謀反にと発展し、朝鮮行政府は、鎮圧することができなかった。そこで、ソウル行政府は、保護勢力であった中国に嘆願した。中国は、小規模な軍隊を派遣してその嘆願に答えた。日本もまた海軍を派遣した。短期間の準備交渉の後に、日本は「朝鮮改革」の決意を表明した。朝鮮行政府は、中国による保護の権利を維持したがっており、この強圧的改革案に同意しなかった、そこで、日本は、宮廷を攻撃し、皇族を捕らえて、日本公使館に拘禁した。

その結果起きた戦争は、短く迅速なものであった。陸上でも海上でも中国は決定的に敗北した。朝鮮の陸上部隊を撃破すると、日本軍は鴨緑江（Yalu River）を渡河し、満州に侵入し、一方、艦隊は、大連（Talien）港に移動して、旅順（Port Arthur）を包囲した。中国は、時に交渉を申し出たが、日本は、他の問題の解決も望んでおり、中国は列強の介入要請に傾いていた。しかし中国海軍は、威海衛（Wei-hai-wei）に閉じこめられ降伏し、中国本土が侵略された。外国の介入は何らの助けにもならないことを知ると、北京行政府は、平和を懇請し、李鴻章が条件を交渉するための特使として派遣された。その結果、下関条約〔一八九五年〕が結ばれ、中国は朝鮮の独立を認め、台湾、満州の澎湖諸島と遼東半島が割譲され、加えて、二億両《テール》の賠償金支払いに同意した。日本は、また治外法権を含めて、ヨーロッパ列強が享受している全ての特権の供与を要求した。李鴻章は、和平交渉を行う出発前に、すでにロシアの大使と接触し、日本が中国における領土的利権を要求した際にはロシアが介入するとの保証を受けていたかであった(7)。条約に署名する前に、彼は、またベルリンの代理人、デターリング（Detering）から、ロシアはドイツ外務省に中国の行動を支持するようにと説得済みであるとの保証を得ていた。ともあれ、条約が署名されてから八日後に、ロシア、フランス、ドイツは、遼東半島は中国に変換されるべきであるとの要求に合意し、日本は、不承不承、その要求に屈したのであった〔三国干渉〕。

下関条約は、中国の西洋との関係史の分岐点であった。領土的損失は、中国にとってさほど問題ではではなかった。朝鮮に対する宗主権は確かに重要ではあったが、中国は以前から、朝鮮に対してはたいして意義を認めてはいなかった。彼らは、台湾と澎湖諸島〔the Pescadores――台湾海峡にある小群島〕の損失は大目に見ることができたとしても、こうしたこと全てにも増して極めて深刻な事態は、その後半世紀に亘って完全な回復を得られなかった自らの国際的立場に負わされた取り返しのつかない損害であった。腐敗が中国の内臓に深く食い入っていたことは誰の目にも明白な事実であった（事実、海軍は弾薬は不十分な供給しか得られず、したがって、戦闘もままならず、戦艦は輸送に使用されたに過ぎなかった）。行政機関は、全く非能率的で、皇室は享楽に没頭し、無知で下等な宦官たちに支配され、国家に対して何の指導力を発揮することもできなかった。旧支配階級は、（条約）港の商業経済の結果、威信と権威のほとんどを失ってしまっていた。言わば中国は、外国のいかなる侵略の前にも全くなすところがなかったのである。

国家を破滅に導くこととなった新たな紛糾が、日本との条約によってもたらされた。膨大な賠償が支払われねばならなかったし、宮廷の途方もない贅沢三昧と戦費が国庫を空にしてしまっていた。そこで借款交渉が行われ、その結果、帝政ロシアの行政府の保証の下に、フランスとロシアの銀行が立て替えることに同意した。他の列強、特に英国とドイツは、抗議を申し込み自分たちも中国に貸付を行うことを主張した。これもまた名目的再建のためであった。これらの貸付は、税関にとツケにされ、揚子江流域の塩と釐金（lichin——貨物に対する地方通過税、清朝の咸豊年間に設けられた中国の国内税の一）の歳入が、また借財の返済金を賄うために担保に入れられた。この事態が借款によって手かせ足かせをはめられた規制時代の前触れであった。

続く事態の行動様式を詳細に描写するのは困難をともなうが、一般的概略を簡単に述べることとしよう。ヨーロッパの全列強は、大小を交えて、特権を求めて北京に圧力をかけ始めた。鉄道の敷設が第一の課題であった。すでに商業的拡張の夢が絶たれたことは先に言及した通りである。今度は、最低に見積っても限られた政治的統制を利用して、より簡単に利潤が上げられる方法が、鉄道敷設の利権の展望から開けるかに思われた。一九〇〇年代に入ってすらも、中国市場は際だった拡張を見せることはなかった。例えば一八九四年、中国におけるランカシャーの商品の受入高は、インドの二〇パーセント以下であった。したがって、香港上海銀行公司（Hong Kong and Shanghai Banking Corporation）に先導された大きな商業利権が中国の最も利益ある実業として、資本の輸出へと方向転換していた。「南方」（雲南（Yun-nan）と三つの南の省）のフランス、「北京―漢口」のベルギー、「漢口―広東」

のアメリカ、「満州」のロシア、「揚子江流域と山西のアングロ・イタリアン・シンジケートの黒幕の下の山西」の英国——これら全てが、一八九六—九九年の試練の三年間に、様々なヨーロッパ国家の統制の下に、中国の領土を包み込み、ドイツは、当時ヨーロッパ最強の国家であったが、こうした全ての略奪から取り残されると思い、乱入すると、中国に自分たちも分け前の収奪を決意した。山賊による二人のドイツ人宣教師の殺害（一八九二年）に関する古くさい言いがかりをつけ、ドイツは、軍隊を上陸させ、青島から駐屯軍を駆逐し、港を占拠した。次いで、ドイツ公使が政府の要求を提示したが、それには賠償金、役人の処罰、謝罪碑の建立と他のお定まりの西洋の要求とは別に、鉄道建設、山東省の鉱山発掘のための全権、さらに海軍基地として膠州湾（Kiachow）の貸与を要求した。

間髪を入れず、他の列強諸国の同種の要求が続いた。まずフランスが、いわゆる「はんだづけ」理論なる手前勝手な屁理屈を思いつき宣言した。その考え方は単純なものであった。フランスはインドチャイナがフランス領であったところから、その地に近接する地域は、インドチャイナに「はんだづけ」さるべきであると主張した。雲南省の巨大な地域は、鉄道でトンキンに連結されることになっていた。一八九九年、保護領となった膠州湾は、海軍基地として接収された。広西、雲南、貴州（Kweichow）と四川省（Ssuchuan）、実質的には、中国本土の全領域の四分の一が、インドチャイナに「はんだづけ」された。フランスは獲得途上で、インドにおける英帝国よりも大きな帝国を夢見ていた。英国は当然ながら警戒した。ロンドンの中国協会（the China Assocation）は、書簡でソールスベリ卿〔Arthur Talbot Salisbury, 1830-1902——英国の政治家、首相（1885-92,1895-1902）〕に通告した。「これら幾つかの鉄道幹線は、局地に持ち込まれる数多くの政治的利害関係にあるとの見解から、いつの日か、交通遮断線によって包囲する努力がなされるべきであり、協会は、香港の後背地に、フランスの利権を認知することを誠に遺憾に思っている」。英国の商人は、南中国を自分たちが政治的影響力と貿易の特権を有する地域と見なしていた。単なる香港の後背地をである。

「勢力範囲」なる教義は、一八九九年、英国によって公認され、英国は、広く全揚子江流域に亘って独占的支配権を主張していた。こうした主張は、いわゆる、英国が高圧的態度で、北京―漢口間の鉄道の利権に関して取った行動から判断できるであろう。中国行政府は、ベルギーの会社にこの路線の建設を承諾していた。英国公使は、この事実を知らされると、直ちに「英国も、北京―漢口協定と同一条件で要求する利権」を供与さるべきであると主張した。さもなければ、中国行政府は、我が国に対して故意に敵意を示したものと考え「われわれは事態に即応した手段を取るものとする」と付け加えて脅迫した。

かくして、一連の策略が計られた。その目的は、将来の要求に釘をさすものであった。この事態は、いわゆる非譲渡宣言で回避された。フランスは、再び、中国は、海南島（the islands of Hainan）を他のいかなる列強にも譲渡しないと宣言すべきであると蒸し返し始め、英国は、揚子江沿岸地域に関して同様の保証を求め、日本は、台湾の向かいの福建（Fuchien）にそれを求めた。ロシアは、旅順港を占拠し、英国は威海衛を占拠することによってそれに答えた。要求は、税関と塩の管理の主導権に関する恒久的国家の権利に向けられた。イタリアは、競合からのけ者にされたと思い、浙江省（Che-chiang）の三門湾（San-men Bay）に海軍基地の設置を要求したが、この時は中国は拒否し、自国の領域をこれ以上侵害する場合は、武力によってでも抵抗すると宣言した。

かくて、日本との条約締結後ほんの三年で、中国は、まさに経済活動、政治的影響力、鉄道の敷設で包囲されてしまった。端的に言って、雲南とインドシナの国境地域は、フランスの領域と主張され、広東と揚子江流域、さらにその二つの間に横たわる広大な地域は英国領、ロシアは満州に地歩を確立し、ドイツは山東省を掌握し、日本は福建省に目をやっていた。中国を横断して諸外国の管理する鉄道が交差していた。沿岸地域と国内の水路は、自由な航行をする外国船舶のなすがままであった。

英国の商人が長い間押しつけてきた「勢力範囲」は、ついに実現された。続く「勢力の均衡」なる教義は、仮に、ある列強が余分な権利を手にした場合、他の列強も等しくバランスを取るために供与さるべきであると言うことを意味していた。西洋にとって、不幸にも、この中国を分割するという計画は、後に「門戸開放」政策として知られるようになったアメリカ合衆国の宣言によって、思いがけない妨害に出会った。フィリッピンを獲得することで、アメリカ合衆国は大西洋の一大勢力となっていた、中国の権益を求める競合が頂点に達したとき、アメリカの国務長官は、「(勢力範囲)なる主張は、他国の条約上の権利を犯さないこと、あらゆる地域における関税の徴収は、中国当局によってなされるべきであり、いかなる特恵関税や鉄道運賃もある特定の列強の支配権をのみ利することのないように」と全ての利害関係を有する列強からの公式の保証を要求した。これは、率直に言って、中国国内で、他の列強の独占的影響力下へと急速に移行して行く地域におけるアメリカの商業権益の防衛を意図した政策であった。しかし、間接的にはこのことは、特にあらゆる地域の関税の徴収は中国当局によってなされるべしという条項は、中国の統一を維持する手助けとなった。この宣言が隅々まで行き亘るには直ぐという訳にはいかなかった、それというのも、一八九九年には、次の五十年間に亘って極東地域で演ずべきアメリカの役割を予見する者は誰もいなかったからである。

義和拳の登場

割譲の危険は、誰にも明らかであったし、ついに宮廷すらもそれに目覚めていた。地方の総督たちは、特に侵略に立ち向かうように指示された。膠州湾の大規模なドイツ軍の強化ばかりか、中国海域におけるイタリア艦船の存在は、当局に警告を発していた。一八九九年全体を通して、北京は毅然とした態度を表明し、慈禧・西太后は新しい力を得ていたかに思われた。光緒帝の維新運動〔百日維新〕は失敗に終わり、西太后は、クーデターによって名目的に放棄していた完全なる支配権を手にしていた。全ての反動勢力が西太后の周囲に集まったが、列強は、王室が無力で、行政機構は諸外国列強の政策に見合うように、いかようにでもなると思っていた。しかし、諸外国の高官たちが過小評価していたのは、中国人民の愛国主義と気性であった。地方の住民が熱狂的怒りをもって立ち上がり、見放された世界から無教育で迷信深いが激しい愛国心を持って義和団〔Yi-ho-tuan—the Society of Harmonious Fists（Boxers）と言われるのは「拳法」からなぞらえたヨーロッパ人の呼称〕として知られた運動が澎湃として沸き上がり、地方にその姿を現し始めた。民衆の怒りは、当初、地方の住民や改宗者たちの周りに群がる、宣教師たちに向けられた。宣教師たちは、帝国主義とキリスト教の尖兵として、さらに、キリスト教への改宗者たちは、第五列と見なされた。二十年間の歴史、天津事件に続くフランスの侵略、マーガリー殺害事件[*1]後の難癖で権益をもぎ取ろうとする英国の企み、さらに、引き続くあらゆる種類の権益を求めて北京王朝に加えられる圧力——取り分け、中国は割譲されるために存在しているのだとする列強の勝手な憶測が、一般人の愛国心を目覚めさせていた。その運動は、当初、山東省に姿を現した。「興朝滅洋・扶清滅洋（Cherish the dynasty, exterminate the foreigners）」が義和団の標語であった。これは明治維新以前の時期に日本で神道一派が唱えたと同様の方策であった。その運動は、本質的には民衆の感情に基づいたものであったが、外国人と直接の接触を持たなかった清朝の高官、特に山東省の巡撫[*2]行政長官・毓賢（Yu Hsien）のような人物の支持と、満州貴族の端群王[*3]と荘親王[*4]の後援を得ていた。ついに、皇太后も、また彼らの側へと方向転換をした。一九〇〇年までに、義和団の活動は、大きな民衆の力ばかりか、西太后自身の支持をも得ていた。

＊1　マーガリー殺害事件／雲南事件　ビルマから雲南を経て揚子江上流に到る貿易路調査のために、イギリスが派遣したブラウン大佐（H. Brown）の統率する探検隊に参加するべく陸路雲南へ赴こうとした通訳・マーガリー（A. R. Margary）が、不案内のため、雲

南・ビルマ国境で殺害された。この事件は一八七六年芝罘条約（Chi-fu）締結により解決。
＊2　巡撫　明代には地方に派遣して巡視および軍民を慰撫することを任務としたが清代には一省の行政と軍事をつかさどるもの。
＊3　端群王（Prince Tuan, 1856-1922）　載勛、氏・愛親覚羅、道光帝の孫、咸豊帝の甥。義和団事件の際の辛丑条約で、首謀者として死刑を求められたが、皇族であるという理由で、爵位剥奪と新疆へ流罪、後に北京に帰り死去。
＊4　荘親王（Prince Chuang 生歿年不祥）　載勛、端群王と「撫拳滅洋」に務めた。

義和団の行動は、本来、国民的愛国的反応であったということは疑うべくもなかったが、西洋人たちは、それを狂信的外国人嫌いと見なしていた。無思慮な人物と見なされていた裕禄（Jung Lu）でさえ、北部の義和拳は、略奪に意欲を燃やした訳ではなく、宗教的熱狂に触発されたのであると書簡の中で認めている。総督・李鴻章は、義和団に与えられた激励の言葉に対して抗議の意を込めて皇帝への覚え書の中で次のように述べている。「国家の防衛を強化する道を求めざる者は臆病なり、最後の審判の日を求めざる者は恥知らずなり……中国が栄光と勝利に満ちた戦いを挑むことが可能であるとするなら、私の喜びがいかなるものであるかは言うまでもない(8)」。景善（Ching Shan）の日記は、著名な一学者にして高位の役人による日々の出来事の記録と印象記だが、一般の中国人の世論は、義和団の行動を純粋な愛国心の発露として、同情をもって見守っていたことを示している。

「老仏」——中国・清朝の西太后・慈禧

　この国民的運動の力が列強に警告を発した。列強は、今や義和拳の弾圧を要求するまでに到った。彼らは明確に「こうした結社に所属したり、そのメンバーを匿ったりする者は、中国の法律に違反する犯罪者である」と規定した勅令を発布すべきであると示唆した。さらに、外国の侵略と宣教師の活動に対する民衆の敵対行為をも犯罪と見なそうとさえもした。しかし、この的外れの動きは、義和団を弱体化するどころか、以前にも増して諸外国列強が中国を崩壊せんと意を尽くしていることを明らかにしたに過ぎなかった。宮廷は、諸外国列強の連合した反対に直面して、直隷省の総督と山東省の巡撫にその運動を鎮圧するように命令した。直隷省の総督は、事実そうした声明書を公布した。しかし、ヨーロッパの使節団は満足しなかった。彼らは、宮廷を威圧するために、直隷湾で海軍の示威運動を命令した。しかし、彼らが対峙していたのは宮廷ではなく激怒した民衆だったのである。

五月、義和団は、事態に対処すべく一団となって北京へと殺到した。彼らの関心は、主としてキリスト教改宗者、彼らの言を借りれば、第二の夷狄（二毛子）たちに向けられた。外国公館は、護衛と軍隊の派遣を求めた。英国は、天津に海軍の部隊を上陸させた。北京と天津の双方で、事態は刻々と悪化していったが、義和団の活動は、主として歓迎されない宣教師たちに向けられていた。列強の代表者たちは、行動の時来たれりと思っていた。天津の海軍司令官たちは、強襲して太沽の城塞を占領した。外国人居留地域は、あわてて張り巡らされたバリケードの陰で、愛国主義をもって自己防衛をしたが、公使館の領域外では、特に宣教師やキリスト教徒は、多額の通行料金を取られていた。内部でも、また総督が義和団の活動を鎮圧できるほどの勢力を維持している所を除いては、宣教師の館は略奪され、従業員たちは殺害された。

仮に、無知な中国人の義和団員が宣教師や改宗者たちの取り扱いに残酷さを示し、暴行と残虐行為を行ったとしても、勝利を手にしたヨーロッパ列強の振る舞いも、等しく極端な報復に満ちた恥ずべき行為であったことは否めない。当時の確かな報告書によれば、列強の連合軍の軍隊は天津では略奪者に変身した。ある年代記編集者が記している。「軍隊の急襲は四方八方からなされ、十戒最小の三項目が、絶えず大規模に犯されたことは明白である」。北京では事態はさらに悲惨であった。ヨーロッパ列強の兵士たちは、中国の首都で文明の虚飾をも剥ぎ取って、馬脚を現したのであった。前イタリア使節で帝国主義の忠実な闘士・ダニエル・ヴァレ（Daniele Vare）ですら、「北京の市民は、仮に太平天国の反乱軍に略奪されたとしても、これほどに苦しむことはなかったろう」とまで言ったほどであった。(9)

平和が、再び李鴻章によって交渉された。列強は、過重な罰金を課し、義和団議定書（the Boxer Protocol）として知られる過酷で屈辱的和平条約が、中国に押しつけられた。犯罪者の処罰と無謀なドイツ人宣教師のための記念碑の建立の他、この議定書の主だった条項は、外国人が干渉された都市で五ケ年に亘る科挙〔K'o chu——唐・宗の時代以後清朝まで続いた官吏登用試験〕の禁止である。これは、宣教師に教育された若者やキリスト教徒にも公職に就ける機会を与えることを意図した策略であった。二年間に亘っての武器と弾薬の輸入禁止、中国側が支払う四億五千万両《テール》、一九四〇年に到るまでの年間約一億ポンド強の賠償金の支払い、領事館地域の外国人保留地（中国人を除外した）、さらに、北京自体に軍隊を駐屯する権利を伴う領事館の自己防衛、加えて、太沽城塞の取り壊しが規定された。賠償金は、海運関税、塩税、国税の歳入によって保証されることとなった。列強はこれで、行政の主立った部門で、外国人による支配権が確保されたと思っていた。銘刻板や公共墓地の贖罪の碑の建立等の屈辱的条項は、外国人の特権拡大を意味していた。

居留地は、義和団事件の二つの性格を証言していた。反宣教師感情と中国に負わされた屈辱に対する列強への遺恨である。宣教師たちは、居留地に多すぎるほど派遣されていた。彼らは、賠償金の分け前に与れることになっていたし、宣教師たちは、長い間、自分たちの知的支配への主要な妨害事項として、科挙に対する不平を募らせていたのだが、これは五年かけて廃止された。列強は、北京の一部を軍営にと変え、言わば、首都の中心地で紫禁城を見下ろしながら中国人の上に君臨できたのである。しかし、こうした極端な状況が自らの墓穴を掘ることを予見した者はほとんどいなかった。次の半世紀間の中国と西洋の関係を特徴づけた極度の苦しみを跡づけているのは、他ならない、義和団議定書（Boxer Protocol）なのにである。

危機が北京を恐怖に陥れたとき、身をやつして、不名誉にも西安に蒙塵していた西太后は、再び紫禁城に居を構えるために、ゆったりとした輿に揺られて帰還した。彼女は、もう一生涯外国人との面倒に出会うこともないであろうと、高を括っていた。中国の独裁君主であった彼女は、外交官夫人たちを満足させる用意もできていたし、宣教師の夫人たちさえも受け入れ、概して、誰に対してもにこやかで、あたかも何物も友好関係を妨げるものはないかのように振る舞っていた。事実、続く数年間は、彼女の長い統治に日没の輝きさえも加えていた。中華帝国は、見せかけの統治権を維持しているに過ぎず、膨大な借金を負わされてはいたが、繁栄の雰囲気を有するまでに回復していた。また、極東はほどなくして、一大闘争の中心地と化していた。日露戦争である。その戦いは、大列強の歓迎されざる注目を中国から一時期逸らすこととなった。西太后は一九〇八年に他界しており、王朝は、宣統帝*なる帝王の称号をもって溥儀に継承され、革命が中国を席巻するまでの三年間の余命をつないだが、際だって記録に値するようなことはなかった。

＊ 宣統帝（Hsuan Tung, 1906-67） 清朝第十二代目皇帝、姓・愛親覚羅、名・傅儀（Pu Yi）、在位1906-12。醇親王・載灃の子。辛亥革命により退位、日本の傀儡政権として一九三二年満州国の執政、一九三四年皇帝・康徳帝。日中戦争後、戦犯、一九五九年特赦。著書『我的半生』。

義和団事件の収拾と清朝の没落までの十年間は、中国における西洋権力の全盛期であった。宣教師は、事実上独占的に教育を牛耳っていた。外国人が統治していた沿岸地域は、新生活の中心地となっていた。広東、上海、天津は、財政と経済の中心地であったし、その地域は、圧倒的にヨーロッパ人の手に握られていた。揚子江は、外国の砲艦によって治安維持がなされていた。外国の領事、王侯、ご主人様たちは、自分たちの領地、それもヨーロッパ諸国よりも大きな領地で、求める者すべてに保護を供与できる特権によって、漲る満足感を味わっていた。しかし、こうした情況の水面下で、顕著な変化の波が中国に押し寄せてきていた。ヨーロッパ資本と手を組み、自分たちの国で外国人たちが享受する機会を羨ましがって目にしていた中国の新しい階級が、租界地域の経済活動の中で重要な構成要素となっていた。中国の資本主義の成長は目覚ましいものであった。一八六五年、江南造船所（Kiangnan shipyard）が建設された。一八七二年、中華輪船招商局（China Merchants Steam Navigation Company）が、外国人が沿岸線や河川水路に海運網の敷設をもくろんでいた独占企業と競合するために組織された。絹製糸場、紡績工場、マッチ工場、製粉工場等が、上海と他の沿岸地域の都市に林立し始めた。これらの商業主たちは、買弁経済を代表していたのだが、ヨーロッパの実業家たちが享受している特権に反撥して、民族主義的主張を支持する方向に傾いていった。

革命派グループは、居留地の政治的自由を利用した。強力な民族主義者たちの活動が反動的王朝とはつながりを持たず、実際には敵対して、こうした地域で活発な成長の兆しを見せており、そこから内地へと広がっていった。同盟罷業《ストライキ》が政治的重大事の際には強力な武器として利用された。一九〇五年、広東の中国人たちが、アメリカ合衆国における中国人の不当な取り扱いに抗議して、大規模なアメリカ（製品）のボイコットを開始した。一九〇八年、さらに強烈なボイコットが日本人に対して実施され、その事件が中国の新しい民族主義の力に対して帝国主義列強の目を見開かせた。数多くの若い中国人学生が勉学のために留学し始め、帝政ロシアの力に立ち向かった日本の勝利が、ついに、決定的にアジアにおけるヨーロッパ人の威信を失墜させた。かくして、革命が一九一一年一〇月に漢口と武昌で反乱として起こり〔辛亥革命〕、清朝が一撃を受けることもなく崩壊した時、その屈辱的崩壊は、君主政治の体制が芯まで腐敗した状態のせいであり、軍事力と詐欺行為とペテンによって七十年に亘って入念に構成された機構のせいでもあったことを理解していたヨーロッパ人はほとんど存在しなかった。当初の数年、革命が実効的成果をもたらさなかったことから顕著な影響は見られなかったものの、十年も経たないうちに、中国におけるヨーロッパの体制は、清朝の君主政体が崩れ去った時と同じように、何の抵抗も戦闘もなく、崩壊し始めていた。

（1） この反乱の歴史について、その宗教的論理と鎮圧された方法については、ヘイル（Hail）の『曽国藩と太平天国の乱』（*Tseng Kuo-fan and the Taiping Rebellion*）を参照されたい。Yale Historical Publications, XVIII, New Heaven and London ;『太平天国の乱の事件』（*Events in the Taiping Rebellion*）, Egmount Hake, London. Allen, 1891.

（2） この自伝に関する詳細な分析は、多くの引用を含めて、*Journal of the Royal Asiatic Soceity, North China Branch*, 1926（pp. 92-109）の Faithful Prince に関する、Mr. J. H. Teesdale 氏の論文が有用である。

（3） W. L. Bales の左宗棠の興味深い伝記がある。Kelly and Walsh. Shanghai, 1937.

（4） 一八七六年、左宗棠が反乱を鎮圧したとき、英国外務省は、中国の使節・郭嵩壽〔訳者の名前は Kung Sung-Tao とあるが Kuo Sung-Tao の間違い〕に、ヤクブ・ベグの下、中央アジアにイスラム教王国を建設することは、中国のためになるであろうとさえ提案したが、それに対して左宗棠は、仮に英国がイスラム教国家を望むなら、インドの領土内に設けたらいいだろうと答えた。（Bales, pp. 360-1）

（5） 李鴻章に関しては四つの伝記がある。最良の伝記は、J. O. P. Bland のものであろう（1917, London）。また、R. K. Douglas の『李鴻章とリトル氏』（*Li Hung-chang and Mr A. Little*）, 1903. を参照

（6） Morse and MacNair の *International Relations*, p. 404. を参照。

（7） J. O. P. Bland の『李鴻章』（*Li Hung-chang*）London, 1917, pp. 179-80. を参照。

（8） 同右、p. 306 を参照。

（9） Daniele Vare, *The Last of the Empresses*. John Murray, Albemarle Edition, p. 205.

第Ⅲ部第二章のための文献覚え書き

この時期の中国に関する参考文献は広範囲に亘っているが、一面的である。下記の文献は西洋の観点から見た、公平な見方をしたものの代表的な文献である。

Ballero, E. : *Overture de la Chine à l'influence française en cours des XIXe et XXe siècle.*

Brine, L. : *The Taiping Rebellion in China.*

Gros, Baron : *Negociations entre la France et la Chine en 1860.*

Hail, W. J. : *Tseng Kuo-fan and the Taiping Rebellion.* New Haven, 1927.

Parliamentary Papers : *The Taiping Rebellion.*

Colquhoun, A. R. : *English Policy in the Far East.*

Documents Diplomatiques : *Affairs en Chine.* Paris, 1885.

Jenkins, E. : *The Coolie, His Rights and Wrongs.* London, 1871.

Letters regarding the Tientsin Massacre. Shanghai, 1870.

Wheeler : *The Foreigner in China.* Chicago, 1881.

Williams : *Anson Burlinghame and the First Chinese Mission to the Foreign Powers,* N. Y., 1912.

Japan, 1853-64. Translated Satow. Tokyo, 1905.

Satow, E. M. : *Japan.* Cambridge Modern History.

Vladimir, F. J. : *China-Japan War.* London, 1896.

太平天国の歴史に関しては、Hail の『曽国藩と太平天国の乱』(*Tseng Kuo-fan and the Taiping Rebellion*) を参照。

Lindlay, A. F. : *The History of the Taiping Revolution.*

Vizetelly, H. : *The Chinese Revolution*, 1853.
Li Hake (Egmont) : *Events in the Taiping Rebellion.*
Bland, J. O. P. : *Li Hung-chang.* London, 1917.
Douglas, D. K. : *Li Hung-chang.* London, 1895.

義和団の反乱（事件）は、数多の文献の主題となっているが、中国側の見解を示すものは全くない。もっともそうした見解に近いものは、景善の日記（*the Diary of His Excelency Ching Chan*）を含む以下のもの。

Bland and Buckhouse : *China under Empress Dowager.*
Beresford : Lord C. *The Break-up of China.* London, 1899.
Clements, P. N. : *The Boxer Rebellion—A Political and Diplomatic Review.* N. Y., 1915.
d'Harrison : *Loot of the Imperial Palace.* Smithsonian Annual Institute Report, 1900.
Hart, R : *The Peking Legation.* Shanghai, 1900.
Hewlet : *The Diary of the Siege of Peking Legations.*
Weale, Putnam. : *Indiscreet Letters from Peking.*

下記の文献は、当時の西洋との中国の関係に関して、特異な側面について関心のもたれる著作である。

Bau, M. J. : *Open Door Doctrine in Relation to China.*
Barry, A. J. : *Railway Expansion in China.* London, 1910.
Bland, J. O. P. : *Recent Events and Present Policies in China.* London, 1912.
Liu, S. S. : *Extraterritoriality : Its Rise and Decline.* N. Y., 1925.
Reinsch : *World Politics at the end of the Nineteenth Century as Influenced by the Oriental Situation.* London, 1900.
Stiger : *China and the Occident.* New Haven, 1927.
Wellington Koo : *Status of Aliens in China.*

第三章　日本――列強への道

ペリー来航

ロシア、英国、さらに、他の列強諸国が日本との貿易関係を締結しようとした努力、そして、徳川幕府がこうした企てを受け流すことに成功したことは周知のことである。一八四四年のカリフォルニア州の征服は、アメリカ合衆国の太平洋沿岸への進出を可能にしたが、議会の海軍諮問委員会による報告書は以下のように声明した。「カリフォルニア州の取得は、無視できない中国との貿易と通商の便宜を提供することとなった」。十八世紀の中期までに、アメリカ当局は長い間、西洋諸国家に対して巧みに閉ざされてきた門戸を押し開かせる時がきたと判断した。全東洋諸国家の中でも、日本は西洋列強の意図と軍事力についてかなりの知識を持っていた。概観してきたように、西洋の知識に関心を抱き、国家防衛のために、執拗に難儀して獲得した知識を適用しようと腐心する人士が着実に増加していたのである。英国との戦いにおける中国の敗北は、特に、この危機に対して日本の目を見開かせ、南京条約締結（一八四二年）に続く期間に防衛の強化と国家の独立保全のため、日本には緊張した動きが存在した。日本人には、間もなく列強が外交関係を持つために、ある手段を行使することは分かっていた。事実、オランダ国王は、幕府に対して数多くの個人的書簡で、貿易のために日本が開国することを強く希望すると提唱していた。

四人の戦略家を引き連れて、ペリー〔Matthew Calbraith Perry, 1794-1858――一八五三年、東インド艦隊長官〕提督が浦賀の沖合に到着した(1)(一八五三年七月八日)。提督は、フィルモアー〔Millard Fillmore, 1800-74――米国第十三代大統領(1850-53)〕大統領からの書簡を携えていた。その書簡は幕府に対して親愛の情を込めてはいたが、提督は、翌年満足行く回答を手にすることを期待してさらに多くの軍隊を引き連れて再来する、というそれとない脅迫が秘められていた。この書簡の中で彼は、前触れをするかのように記していた。「日本を訪問すべき大いなる戦艦が、この海域には未だ到着していないが、頻繁に航行している。この書簡の署名人は、友好的意図の現れとして、四隻の小型船舶のみを引き連れてきているに過ぎないが、必要とあらば、来年春さらに大規模な兵力を引き連れて、江戸に再来したいと願っている」。

日本は「アメリカ式生活様式」へと力によって開かれることとなった。その脅迫は功を奏した、それというのも、日本人は自らの弱点を知り、また中国での戦争から教訓を学び取っていたからである。当時、幕府で最も先見の明があった井伊掃部頭《かもんのかみ》・直弼は、覚え書きの中で、西洋の夷狄に抵抗することの不可能なことを指摘し、日本が西洋の秘術を学び、彼らと同等の条件で渡り合えるまで、譲歩することを進言した。そこで、ペリーが、言葉通りさらに強力な兵力を随えて戻ってきたときペリーは期待通りの好意ある回答を受けとり、二つの港がアメリカ貿易に開かれ、領事代表部を設置することが認められた条約が、三月三十一日〔一八五四年〕に調印された〔日米和親条約〕。大英帝国、ロシアとオランダがその直ぐ後に続き、同様の条約が締結され同様の特権を付与された。

しかし、この条約によって、幕府は立場を弱体化させてしまっていた。貴族や武士階級は、ほとんど満場一致で夷狄に開国する政策に反対し、皇室もまた敵意を抱いていた。この危機に際して、将軍・家慶は――彼の指示の下に条約は交渉されたのだが――逝去してしまったが、直系の嫡男がいなかった。その上、将軍の譲位が引き起こした混乱が未だ解決のつかないうちに、初代のアメリカ全権公使が日本に到来し、ペリーとの協定の延期を求めた。幕府に抵抗の余地はなかった。二つの条約港におけるアメリカ人の居住地と治外法権といった不合理な原則の受諾を求めた条項を含む条約が長崎で締結された。以前、中国に掛けられたように、日本にも鎖が掛けられた。明記されるべきは、タウンゼント・ハリス〔Townsend Harris, 1804-78――初代日本総領事、後に公使（1858-61）〕が、重大な結果になると脅し、広東における中国の苦境に注意を喚起した後に、日本が始めて同意したことである。英国とフランスは、ほとんど同時に後に続き、類似の条約を要求した、その条約によって、これら列強と後に続く他の諸国が、外交権、領事代表部と治外法権の特権を獲得していた。

この問題で、自国の独立を侵害されたと見た保守派と他の者たちは、今度は、屈辱的条約を撤回するよう皇室に目を向けた。かくして、幕府は極めて見苦しい立場に追い込まれた、それというのも、排外と反幕府の感情が首都では高まり、天皇は意外にも承認を差し控えることに固執していることが明らかになったからである。「尊皇攘夷」の叫びが日本国中に響き渡り、天皇は、外国人は数年以内に追放するとの了解の上に立ってのみ条約を批准することに同意した。幕府は、外国人排除の約束に同意していたところから――一八六三年六月二十四日――板挟みの状態にあった。幕府は、一八五七年と一八六三年の間に、世論は大いに沸き立ち、外国人への襲撃が頻繁に起きた。さらに、地方の大名たち、排除と定められた約束を真剣に受け止めていた大名たちは、幕府が外国人代表の懐柔に腐心している間に外国艦船を攻撃し始めていた。外国への外交使節としてある程度の目的を果たして帰国した伊藤博文――後の伊藤公爵――のような責任ある人物の意見は、夷狄に対しての鎖国にもとづく旧い考えは、もはや妥当性を欠き、仮にも、日本が外国支配の脅威に立ち向かうとするなら、政策の変更が必要であるとの認識を持っていた。この重大な問題で国論は二分され、幕府は、権威回復へと無駄な努力をした後、明治維新（一八六八年）への道を開いたままに崩壊した。G・サンソムは、外国の研究者たちが見ているように、主として、日本を鎖国から引きずり出そうと誘引する西洋列強との闘争に関連している。ある外国の著者が、日本政府の狡猾な権謀術策と、当時、国中に蔓延していた外人嫌いの一般的雰囲気があったことを、どうしても強調せざるを得ないと述べているのは、その一つの現われであると言える。

「ペリー来航と一八六八年の明治維新の間の歴史は、しかし、別の観点から考察すると、こうした局面は、第一義的重要性を持つというより、むしろ偶発的なものなのである。ある社会が衰退し、本質を変えることなく再生する過程の証として関連する事実が研究されるとき、本来の関心事が浮かび上がってくるのである。是認を強要する外国人の到来は、日本人の政治世界に潜在したある種の争いを白日の下に晒し、解決さえした。その点では西洋の影響は明白で、決定的なものでもあった[2]」。

明治維新には、幕府と幕府の政策からの明確な決別が意図されていた。それでもなお、幕府は、その末期に選抜された若者たちを海外留学に送り出し、帰国すると彼らが改革部門の特殊なグループを構成したということは注目に値する。復古した朝廷は、再び幕府の役人たちに大きく依存しなければならなかった。事実、そのことが王政復古による新しい勢力にいっそう強大な行動の自由と確固とした支配権の本源を供与し、それを背にして、新生日本を画策する人々が断固とした実行力をもって行動することを可能にしたのである。幕府を排除した党派の指導者たちは、こうした利点を手にしていたし、慎重な足取りで、日本に掛けられた鎖を断ち切るための注意深い計画を立てることができたのは、他ならない彼らの手柄であった。

日本の置かれた立場は、論理的には、南京条約以後の中国の置かれた立場と同じであった。外人居留地が街の中に設置され、港湾は外国の運輸に開かれたものとして指定され、長崎において、英国は、国内に海運の適当な施設と埠頭を確保するために軍事力をさえ使用した。パークス＝スミス（Pakse-Smith）によって発行された英国領事館の記録が、外国の役人は地方当局に対して攻撃的な態度を取り、また密かに、軍隊の護衛を連れ込み始めていたことを物語っている。自治権を持つ組織体が、中国の条約港と同じように即座に設置され、外国人たちの共同社会は、当時日本国内に荒れ狂う内戦と、幕府の勢力が日に日に衰えて行くのを目にしながら、日本もアジア諸国の一般的パターンに落ち込んで行くであろうことを期待していた。

しかし、一八六八年から一八九三年にかけての二五年間で、日本の指導者たちに追求された維新と政策は、日本に掛けられた鎖を完全に断ち切るという、予期しなかった結果を生み、ヨーロッパ世界から完全な独立を堅持する立場に日本を置いていた。日本の復権については、一般的アジアの回復の運動とは、別に取り扱うこととしたい。ここでは、ただ、自らの主権の上にのし掛かる重圧を取り除くために指導者たちが成し遂げた、政治的な変革とその他の変革のみを取り上げよう。

明治維新の後間もなく、天皇は勅令（一八六八年三月）を発した。その中で彼は、人民に対して、日本が諸外国列強と関係を保ち、朝廷がこれらの関係を指示し、国際法に基づいて条約を履行することを宣言した。「よって、全国民が天皇のご意志に従い、かつ行動するものと定められる」。天皇はまた、警告を発した。「将来、外国人殺害、あるいは彼らに対してどんなものであれ暴力的行為を犯す者は、全て天皇の緊急命令に違反し、国家の不幸の原因となるばかりか、これは親善関係によって結ばれた条約国から見れば、天皇自らが国家の尊厳と誠意を損なう原因となる極悪な犯罪を犯すことにもなるのである」。

日本が、慎重に外国人との友好関係を維持する段階を踏み、当初から国家の尊厳について気を配っていたことは明らかである。多くの外国人オブザーバーが、当時においてすら、中国と日本の西洋へのアプローチの方法の相違に注目していた。エルジン（Elgin）卿は、「中国人と日本人の習慣と感情的様態の相違がもたらした一つの結果は、疑いもなく、中国人が絶えず後退し続け、どうみても帝国が破滅するまで後退し続ける一方で、日本人は、たとえ実際には進展の状況になくとも、われわれのことをよりいっそう知るようになったならば、間違いなく適応する能力と熱意の双方を備えており、自らに注がれんとする溢れる光によって利益を享受し、中国人なら蔑視するであろう改良と発明を利用し得る状態にあるということである」と記している。(3)

長い間、ヨーロッパの状況に関して、日本人は中国人以上に警戒を怠らず、より十分に情報を得ていたということは疑いがない。日本人は政治的、軍事的弱点を認識していた。また、早くからその弱点の原因を、科学技術の後進性と非能率的政治機構のせいであると分析していた。これら二点の改善に日本人は努力し、その目的のために、西洋の援助を歓迎し、真剣に西洋の技術の習得を心がけるのみか、物質的進歩にとって必要な科学的背景の理解にも意を尽くしていた。しかしこうした目的とは別に、特に、一九三〇年以前の時代に日本人は西洋文明に感銘を受け、またその道徳的優秀性をも受け入れたと西洋の著述家たちは思いがちであるが、それは間違っている。事実、後の章で見ることとなるが、国家建設の熱意をもった日本の指導者たちは、近代化路線に沿って陸軍、海軍、さらに他の行政機構を勤勉に西洋に倣い、その適応に努める一方で、西洋の考え方が日本に浸透することのないようにあらゆる細心の注意を払っていた。実際のところ、彼らは、西洋世界の基本原則の拒絶を基本に据えた人種論、政治思想、国家倫理の確立に努めていたのである。

しかし、日本帝国は、他の諸国家と共存すること決意し、一時期、自らの主権に課せられた制約に甘んじたものの、改革の道に乗り出した。その第一の目的は、列強諸国家に対して、日本は、事実上、西洋諸国と等しく文明化され、もはや「土着民族(native)」ではないことを納得させることにあった。第二の目的は、一旦緩急あらば、自らの力を誇示することのできる軍事力を創設することであった。前者は、明治維新の所産であり、西洋に送り出した機敏な観察者たちの勧告に基づいて行動がとられた。後者は、幕府によって緊急事態として認識され、アメリカ人とオランダ人の勧告に基づいて海軍の再編成が図られ、陸軍の再編はフランス人の勧告に基づいて開始された。かくして、一八六八年四月十八日、明治維新の数ヶ月後に、明治天皇は当時六隻の艦船からなる聖護院宮・海軍総司令官に指揮された日本海軍を閲兵できたのである。日本名を持つ旗艦・天領丸ともう一隻を除いて、他の艦船が外国名――コスモポリテ（Cosmoolité）、ジェラール（Gérard）、コケット（Coquette）等の〔フランス風の〕名称――が付されていたことを興味ある事実として記しておこう。[4]

西洋の知識、特に科学的、ならびに実利的特質を習得しようとする日本の願望は見せかけではなかった。蘭学者たちの献身的努力――彼らは、並外れた執拗さと勤勉さをもって西洋の科学に関心を持ち続け――、彼らが収集し普及させた膨大な情報は、少なくとも日本人の知識人階級を、中国人とは異なって、「ヨーロッパ」の学問に偏見を持つことなく、早くから国家の安全にとって西洋科学文明の吸収が要求されているとの結論へと導いていた。『日本のジャン商会』[5]（*Jan Compagnie in Japan*）の中で、C・R・ボクサー（C. R. Boxer）は、地図作製、地理学、軍事技術、医学、植物学や天文学の分野で、蘭学者たちが大量の情報を収集しては、普及していたことを示す印象的な例証を集めて書き記している。したがって、天皇は、自ら記した五ヶ条の誓文の中で、臣下にあらゆる所から知識を求めることを命じた時、実に驚くほど西洋の学識の習得に熱意を示したのである。

一八六八年の五ヶ条の誓文は一大改革の始まりであった。それは、次に示す五項目からなる短い誓文であった。

一、広く会議を興し、万機公論に決すべし。
二、上下心を一にして盛んに経綸を行ふ可し。
三、官武一途庶民に到る迄各其の志を遂げ、人心して倦まざらしめん事を要す。
四、旧来の陋習を破り、天地の公道に基づく可し。

五、知識を世界に求め、大いに皇基を振起すべし。

結語の項、「大いに皇基を振起すべし」は、この真に歴史的発展の全体像に対する糸口を与えている。明治時代の政治家は、まさに目覚ましい知恵と慎重さと精神力をもって事に望んだ。あらゆる分野の技術の専門家が招かれ歓迎された。数多くの分野の優れた専門家が、顧問、教師、あるいは各部門の役人として到来した。一時期、五千人を越える外国人が雇用され、その中の千三百人以上が高官の地位に就いていた。日本がこうした異なった国籍の専門家から真剣に学び取りたかったことは、いかにして世界最強の国家と同等の立場を希求できる強力な国家となり得るかということであった。また、教育法や社会機構も軍事技術や科学技術に劣らず重要事項であった。工業生産、農業の改良、国際貿易、近代的通信機関や海運の専門家——これらは間違いなく最も緊急を要する重要事項であった。さらに日本人はまた、自分たちが近代的社会体制に見合う近代的法律、議会、政治機構も整備しなければならない事も認識していた。

これら全てを構築すべく緒についた日本は、一世代で外見上近代化されていた。その第一義的目的は、列強に伍して日本が西洋の水準に近づき、事実上皮膚の色を除いて日本人はヨーロッパ人であることを説得することにあった。この現実について外国人を説得するためには、「丁髷」を切り捨て、西洋の髪型を受け入れ、議会や公式の儀式（一八七二年）の際に洋服を着用する必要があり、また天皇自身に天皇の旧い形式の衣服は時代に相応しくないことを知らせる必要があったのだが、新生日本の指導者もそれに異論はなかった。事実、その西洋かぶれの時代には、数多くの奇妙な事態が生じたが、全ては日本の近代化と効果的西洋化を主張することにあった。サンソムは、こうした傾向を大変な偏見を持って論じているが、こう結論づけている。「他の列強諸国と同等であるという立場で、新しい条約を確保するという問題は、全て他の問題にも係わることであり、その全期間を通して外国の政策ばかりか国内政策にまで影響が及んだといっても過言ではない。西洋の制度や慣習の適用に対処する当局の態度は、西洋諸国家に日本人は己の要求を正当化し、文明開化された近代国家の一員として取り扱われるに足るほど西洋文化を消化吸収している、ということを懸命に示そうとする懸念に満ちている」[6]。

条約の改定を確保するために日本人は、個人的にもまた公的にでさえも西洋文化は優れているということを受け入れるに当たって、大変な苦しみを覚悟していた。彼らは、神聖にして犯すべからざる天皇と議会制度の調和に腐心して憲法を作成さえし、一八八九年に憲法が発布された時には先進国に類する権利を与えられてしかるべきだと思っていた。彼らは、なおキリスト教に関してはいささか疑いの目を向けていたが、海外に派遣されたオブザーバーたちが伝えているように、もし条約改定の条件がキリスト教宣教師の活動を認めることにあるならば、天皇は完全なる宗教・信仰の自由は日本の法となるべきであるとの条項を進んで憲法に入れるつもりであった。

天皇制と不平等条約

日本側が不平等条約の修正を確実にするために直面した主たる難問は、極東の諸都市におけるヨーロッパの外交代表団の見解の一致であった。当時ロシアだけが完全に受け入れていなかったが、アジアの宮廷との取引に際して、列強は互いに要求を支持しあって、一般的権利の要求に際して、相互に矛盾した政策を絶対に取らないということが、原則的に誓約されていた。かくして一八七三年、日本はイタリアとある条約を交渉し、その条約の下でイタリア人は国内を旅行することを許され、そこでイタリアとしては治外法権の特権の修正に応じたが、他の列強はこれに抗議して批准を妨害した！　アメリカ政府も当時、日本の近代化を同情をもって見守ってはいたが、日本の平等を認めた仮条約に署名したために、他の列強の間に大きな恨みをかった。しかし、実際には平等の状態を獲得しようとする闘争で、日本に加担してくれたのはロシアであった。樺太島（Sakhalin）は、しばらくの間二つの帝国間の争いの種であった。それは、一八五五年の条約によって決定を持ち越され、交渉は長引いた。やっと一八七五年、その問題は千島列島（Kurile Islands）をめぐる権利の承認と交換で、日本は樺太への権利を諦め条約は締結された。条約は、二つの同等の列強間の条約として締結され、それは世界の列強と同等の立場に立つ一列強の範疇に日本の参入を認めた最初の国際協定であった。

日本の政治制度もまた異なった形態を取り始めていた、そのことも、立場を認知させるための戦いで、帝国政府の助けとなった。薩摩反乱の敗北（一八七七年）は、結局、封建制度の行政府を、少なくとも形式的には排除する結果となり、代議員制度に向かって第一歩が踏み出された。一八八一年、天皇は新制度の礎石となる西洋の範例に基づく、議会の設立を約束する勅令を公告した。

伊藤博文は、先進国の政治制度の比較研究をした後、日本は、君主制の議会政治制度が、漸次、段階を追って確立さるべきであると進言した。第一歩は、この方向に向かって行われた、一八八五年の国家統治のための組閣であった。続いて、英国の制度を踏襲して、同じような名称で経験ある政治家、著名人からなる枢密院が設けられた。一八八九年、最終的に憲法が公式に発布され、日本は世界に向かって、文明国家の礼譲をもって声明を発した。

天皇の地位を行政府の議会制度と調和させることはさらに至難であった。しかし、伊藤博文と協力者たちは何ら矛盾を見いだすことはなかった。憲法の第一条には次のように規定された。

「大日本帝国ハ万世一系ノ天皇之ヲ統治ス」。第三条には、「天皇ハ神聖ニシテ侵スヘカラス」と記された。伊藤博文自身、次のようにこれらの条項について意見を述べている。

「神聖なる皇位は、天地開闢以来確立されてきている。天皇は、天より降臨され、神にして神聖なり。天皇は、全ての臣下の上に顕在（pre-eminent）せられる」。

単に君臨するのみでなく統治する天皇を戴いては、議会の責任は存在しない。内閣は、皇位の責任に与り、国会は、単に天皇をして人民の望むところを確認せしめるに過ぎない。国会の憲法規定の中で伊藤は、上院と下院なる英国の範例を踏襲した。こうした行動の結果生じた威信の発揚は、不平等条約の修正を獲得するという緊急目的を押し進めるために、帝国政府によって役立てられた。これに対する主な反対は英国からでてきた。日本人は熱心に英国なる列強に言い寄ってご機嫌取りに始終した。当時、日本人に取って自らを極東の英国とほのめかすことが流行っていた。英語の学習が特に奨励され、事実、日本人は、英国の大いなる熱愛者であり、英国の使徒と思われることに意を尽くしているとの印象を与えるためのあらゆる試みがなされた。

それまで、相次ぐ外務大臣、とりわけ井上馨伯爵*によって継続的交渉が行われていたが、何ら実質的な達成を見なかった。しかし、英国における日本の宣伝活動は、歯の浮くような賞賛を込めた言辞で、日本人の考え方を示し、狡猾なお世辞も加えつつ望んでいた結果を獲得した。グランヴィル（Granville）卿は日本の要求に慎重に同意した。一八八六年、東京で条約修正のためにある会議が開催された。開催前に、日本は西側の首都での慎重な外交を通じて、アメリカ、英国、ドイツの支持を確保することができた。

＊ 井上馨（1835-1915） 通称・聞多、号・世外。長州藩士。倒幕運動に参加する。維新後は外務、農務、内務、大蔵大臣歴任。経済政策に功あり。晩年、元老。

交渉は他の条項に加えて、外国人の公判に際して、日本の裁判所は、外国人の裁判官を参加させるという条項を含んだ折衷案で決着した。また、関税制度に関する提案でも、列強は日本の完全な自由を容認することはなかった。こうした事実が伝えられると、その場しのぎの政策では日本は何ら満足するような気分にはなれないと、国内で猛烈な反対運動が起こった。国民の真意は将軍・谷干城子爵*の覚え書きに表れていた、大変に意義深い文書であるが、その中で追従と隷属の政策が暴露され、容赦ない論法で攻撃された。「ご追従主義はさておいて、国内行政府の問題を改善し我が国を軍備によって保全し、……いつかは訪れるであろうヨーロッパの混乱の時を待ち受けん」。この扇動の結果、井上馨の提案は却下された。

＊　谷干城（たに・たてき／かんじょう　1827-191）　軍人・政治家、陸軍中将、土佐藩士。戊辰戦争に功労あり、西南戦役には、熊本鎮台司令官として活躍。第一次伊藤内閣の農商務大臣。国家主義者として井上馨の不平等条約改正案に反対。

憲法が発布され、国会が召集された後に、条約の修正を求める運動は抑制できなくなっていた。国会はその要求に妥協することなく、日本は集団交渉の政策を放棄して、注意を英国にのみに集中することに決定した。一八九四年、五年後には治外法権終結という条項を盛り込み、日本に関税制度の自治権を返還するとした条約が、英国との間に締結された。他の諸国家も追随し、日本が朝鮮における戦いに勝利を収め、軍事的列強として頭角を現すと、もはや日本を弱小国家として取り扱う問題提起も、いかなる特権の主張もされなくなっていた。日本は鎖を断ち切り、一九〇二年の日英同盟の締結によって、有力な一列強として国際舞台に歩を踏み出していた。

（1）　ペリーの遠征の最も興味ある記録は、アーサー・ウォールウォース（Arthur Wallworth）の *Black Ships of Japan*, 1946 に見られる。
（2）　Sansom : *The Western World and Japan*, p. 325.
（3）　M. Pakse-Smith : *Western Barbarians and Japan*, J. L. Thompson & Co. Kobe, 1930, p. 140 より引用。
（4）　M. Pakse-Smith : *Western Barbarians and Japan*, pp. 280-1.
（5）　*The Hague. Martinius Nijhoff*, 1936.
（6）　Sansom : *The Western World and Japan*, p. 401.

第四章　東南アジア――ヴェトナムvsフランス

「同化」政策と「連帯」政策

一七四七年から一八五〇年にかけての百年間に、フランスが宣教師とペテンと軍事力を行使して、東南アジアの半島地域の支配権を獲得しようとした試みについては、後ほど概観することとしよう。好戦的ピニョー・ドゥ・ベエヌ*司教のロマンチックな努力の後も、フランスの地位は決して良くなったとは言えなかった。ジア・ロング〔Gia Long, 1762-1820――嘉隆。ヴェトナムの皇帝（在位 1802-20）、フランスの援助を得てグエン（阮）王朝を建てた（1802）〕の後継者たちを、司教は王座に戻してやったが、彼らは前任者たちよりもさらにフランスの支配に反抗した。ナポレオン三世下のフランスは、あらゆる企てが失敗に終わり、暴力的手段を用いてアジアに自らの帝国を建設することに決定した。難癖は、相も変わらず教会の保護であった。一八五八年の十一月十四日、『ル・モニトゥール・ユニヴェルセル』(*Le Moniteur Universel*) 誌に発表された公報に、ルイ・ナポレオンは声明を掲載した、「我が国の宣教師に対する残忍な迫害で、一度ならず何度にも亘って、我が戦艦を安南王国の沿岸へと派遣したが、なお、行政府と関係を持たんとするわれわれの努力は無益であった。皇帝の行政府は、我が提案が拒否されるのを許す訳には行かない。したがって、遠征軍の派遣が検討されている」。フィリッピンのスペイン当局が協力し、彼らの総司令官は、次のようにその必要性を強調した。「わが神聖なる宗教と敬虔なる宣教師たちへの侮辱に対する報復である」。

＊　ピニョー・ドゥ・ベエヌ（Pigneau de Behaine, Joseph George Pierre, 1741-1799）越南名・百多禄。フランスのカトリック宣教師。パリ外国宣教会より派遣された。一八六五年コーチシナに赴き布教に従事した。ヴェトナムの内政に参与し、一部貢献はしたものの、内戦の結果現地で歿。

戦闘は、フランス人たちが思っていたほど容易ではなかった。その地のキリスト教徒たちは何の助けにもならなかった。フランス軍は河口を強奪し、半島を防衛していた砦を奪ったのは、やっと五ヶ月後のことであった。一八五九年二月、サイゴンは攻撃を受けて陥落したが、安南人たちは有能な指揮官グエン・トリーフォン（Nguyen Tri-phuong）の下で街を執拗に攻め立て、フランスの守備隊をあらゆる面で不安に陥れた。しかし、新たな軍隊が中国での戦闘を終えて、シャーナ（Charner）海軍司令官に率いられて到来し、包囲網は解かれた。包囲網を解くと司令官は、より友好的態度を示していたカンボジアの国王に取り入った。一八六三年八月十一日、カンボジアとの間で条約が調印され、結果、カンボジアは、保護領に甘んじて外交問題の処理は独占的にフランス当局の配下に置かれた。その条約の他の条件は、王国の用務を監督するフランスの弁理公使の任命、旅行の自由、宗教活動を行うフランス人宣教師の権利、フランス人による森林開発の権利であった。地方の王たちを通して行われたインド式行政の影響は、インドのベンガルの反乱のあと再確認されていたが、これは明らかに半島を侵略するための言いがかりであって、宣教師に関する強制的な条項を除いてこれらの取り決めには顕著にみられたものである。シャムとのその後の条約（一八六七年七月十六日）で、フランスは、シャム王国の境界線を構成していたメコン（Mekong）川とトンク・サップ（Tonc-Sap）川を航行する権利を獲得していた。その後の仮条約（一八六九年一月十五日）で、メコン川の全流域の監督権がフランスへと移譲され、安南王国に対しては河岸沿いの地域の航行を制限した。

安南王国は、まだその制度に組み込まれていなかった。皇帝・トゥードック（Tu-Doc）は、一八七二年、低コーチシナ〔Cochin China――インドシナの南部にあった旧フランス植民地、一九四九年以降ヴェトナムの一部となる〕の東部のみをフランスに供与した条約に調印していた。フランスの侵略と安南〔インドシナ東海岸にあった王国、首都Hue。旧フランス保護領。今はヴェトナムの一部〕の抵抗は一五年間に亘って続いた。一八七三年、フランス軍はハノイ（Hanoi）に進軍し、またソンコイ川（紅河）〔the Red River；Song Coi――中国南西部からインドシナを通りTonkin湾に注ぐ。長さ八〇〇キロメートル〕のデルタ地帯全体を占拠した。そこで、トゥードックは、北京の宗主国に訴えを起こした。中国政府は、フランスの侵略に直面して無力なことをはっきりと認識していたが、属国を援助するため密かに軍に出向くように命令した。ハノイのフランス軍は敗北を喫したが、その行動は、最終的には居留地へと道を開き、それによってフランスは安南皇帝の主権を認め、彼に全ての外敵に対しての「保護」を約束した。トゥードック側は、コーチシナをフランスに譲与し、フランスの商業行為にソンコイ川を解放することで、外交政策の問題をフランスに委任することに同意した。一八七四年三月十五日のこの条約が、コーチシナ、安南帝国、カンボジア王国、さらにラオス公国といった分離した地域を抱えるインドシナ*と呼称される政治機構の存在を生むこととなった。

＊ インドシナ〔半島〕（Indo-China） Bengal湾と南シナ海の間に横たわるアジア南東部の半島、旧フランス領インドシナ（French Indochina）タイ・マライ半島・ビルマを含む。Farther Indiaとも呼ばれる。

その条約は、半島におけるフランスの地位を決定づけたが、直ちに問題の解決とはならなかった。宗主権を問題にもされなかった中国は、その立場を受け入れるような雰囲気にはなかった。インドシナ自体でも、地方の愛国者の群が中国の黒旗軍の助けを得て、組織的反復攻撃の政策をとり続けていた。やっと安南王朝の依頼を受けて、北京当局はその地域を鎮圧すべく軍隊を派遣した。この事態が中国の宗主権問題に決着を付ける機会となった。大総督の息子でパリの全権公使であった曾紀澤*は好戦的態度を取ったが、フランスは無視し、一八八二年、軍事行動を拡大し始めた。中国の外務省の抗議に対するフランス側の回答は、この件に関して中国は提訴権を持っていないとの立場を取った。フランスの外務大臣・ドゥ・フレシネ（De Freycinet）は、「われわれはインドシナ政府に対し、一八七四年の条約を完全に適用するように指示を与えた、その条約は二つの調印国が関与するのみである。われわれは、中国政府にいかなる説明をもする必要はない」と述べた。李鴻章がフランス側の大臣、ブレー（Bourée）と協定の交渉にあたり、それによってトンキン湾〔Tonkin――海南島の西南にある南シナ海の湾で、インドシナ東方部の地方。ヴェトナム北部の中心部を占める。元フランス領〕は、二つの勢力下に分割され、フランスは、引き続き安南の宗主権を犯さないことに同意したが、キ・ドルセー（Quai d'Orsay）将軍によって拒否された。敵意を抱き続けていた黒旗軍は、一八八三年五月十九日、指揮官・リヴィエール〔Rivière〕の軍隊を包囲し粉砕した、これによって、フランスはブエ将軍（Bouet）とクールベ（Courbet）海軍司令官の指揮の下に、大遠征隊を組織した。中国との事実上の決裂はなかったし、交戦状態はしばらくの間偶発的に行われていたに過ぎなかった。交渉によってその問題に決着を付けるべく李鴻章は画策していたが、否認され、中国軍はトンキン湾へと進軍し始めていた。フランス軍は、その進軍を食い止めそこなった結果、ドゥージェンヌ（Dougenne）連隊長は六月二十三日、バクル（Bacle）で敗北の憂き目にさらされた。

＊ 曾紀澤（Tseng Chi-tse, 1839-90）字・劼剛、湖南省湘郷に生まれる。清朝末の官僚、外交官。曾国藩の長男。駐英・米公使。イリー（伊犂）返還問題に功績あり。

フランスは、今や事態の深刻になったことを悟り、過激な手段に着手した。事実上の交戦状態となり、クールベ海軍司令官は中国艦隊を撃破した後、揚子江封鎖に着手した。ここで始めて中国は、ダンカン＝キャンベル

(Duncan-Campbell) を通じて交渉に入った。最終的決着で、中国は、トンキン湾を巡る支配権と安南の宗主権を放棄した(一八八六年四月二十五日)。

一八六一年から一八七六年、この間を征服の時代とでも言えようが、フランス当局は、統率権を、その間ほとんど力の政策を唱導する一連の海軍司令官に与えていた。その領地に関わる「本国当局」(パリの)は、海運省と商業省に交互に委託された。これら二つの行政機構は、領地管理の適切な経験もなく、行政府の問題を活かす取り決めを仕切れなかった。インドシナの中国人官僚と劣悪な公務員たちは、当初から非協力政策を踏襲し、その結果、一八六二年から一八八二年まで、地方の領域は原住民局のフランス人監督官に直接に管理された。社会機構全体が外国人の支配の下で崩壊した。インドシナ民族の法律と政治制度は高度に発達し、民衆に支持された組織体を備えていたが、排除されていた。代わりに、本国で行われている行政を押しつけた「同化」政策が、フランスの植民地管理当局によって執拗に遂行された。その結果は、誰でも考えれば予期できたように、社会的権威の失墜であった。最初のインドシナの文民総督・ル・マイアー・ドゥ・ヴィラー (Le Myre de Vilers) は、一八八五年次のような言葉で、適切にその状況を分析している。「われわれは、過去を破壊しそれに代わる何物も有していない。われわれは、征服の期間中に始められた社会革命の前夜にあるのだ(1)」。

またフランスは、英国の友人から学んだのだが、東方におけるヨーロッパの支配権に頼る威信の維持に汲々とし、人種的優越感を助長していた。この態度は、ファン・ツゥ・トゥリン (Phan Tsu Trinh) の小冊子に巧みに詳述されている。植民地のフランス人たちが、隠す必要さえ考えもしなかった、インドシナ人に対する軽蔑心に言及した後に、筆者はこう述べている。

「あなた方の目には、われわれは野蛮人と映っている。善悪の判断さえもできない物言わぬ畜生である。あなた方は、われわれを同等に取り扱うことを拒否するばかりか、まるでわれわれが不潔な獣でもあるかのように、懼れて近づくことさえしない……日中に堪え忍んだあらゆる屈辱を振り返る時、夕べの瞑想の折りに、心の中には溢れる悲しみと恥辱の感情が湧き上がる。われわれの精力を奪い取る組織に拘束され、われわれは無気力なままに落ちぶれる。このことは、乞食たちがなぜフランス人の仕事場にのみあえて姿を現すのかということを物語っている」(2)。

フランスは道路、ダム、電信・電話や鉄道の建設を含めて自分たちなりの行政を継続した。しかし、一般大衆は、フランス当局に従わなかった。安南、トンキン、カンボジアでは、反乱と地方の暴動がよく起こった。名だたる有能な指導者・シ・ヴァター(Si Vattha)王子の下で、カンボジア人は一八ヶ月に亘って、猛烈な戦いを遂行した。デタム(Detham)の反乱は、鎮圧に一六ヶ月の日月を要したし、一方トンキンでは、摂政自身が一八八四年に反乱を起こし、フランス人を擁護するキリスト教徒の大虐殺へと続いた。鎮圧政策が不成功に終わったことは明白な事実であった。誇り高き文明の継承者たるインドシナ人は、「同化」されるつもりなど全くなかった。

「同化」政策は、間もなく「連帯」政策によって手加減された。連帯政策の始まりは、一八八六年に、ベール*によって設立された名士委員会(the Councils of Notables)の中に見受けられる。インドにおける英国の政策に賛辞を呈した人物、チェイリー(Chailley)は「フランスの支配」に対して「原住民」の尊敬を得るための始めての試みであると自賛した。ポール・ベールは、紛れも無い知恵者であり、彼の考え方は、フランス当局に制限を加え、地方の行政は安南人たちに任せることにあった。ある面で彼の政策は、インドのリポン卿の政策の焼き直しであった。安南とトンキンの総弁務官として、彼は、数々の演説で説明してきた新しい政策を公表した。彼は、トンキンの名士たちの会議で語った。「お分かりのように、フランスには一つの望み、すなわち自分たちの道徳規範の下で、人民大衆に繁栄をもたらすこと以外にはないのです。われわれは、今まで低地インドシナにおいて強制されてきた直接行政機構を引き継ぐ気持ちはありません。知識人階級は、排他的階級ではなく非常にしっかりと確立されているので、忠実である限り権力を維持できるでしょう。その機関が権威の中心であり、全官吏を選ぶ根源であり続けるでしょう。われわれは、これらのオリエントの民族に自信を抱いています、われわれは、そうした人々により明るい未来への道程を示してきたのです。私は、このヨーロッパ的なるものとアジア的なるものの出会いから生まれる、素晴らしい未来をのみ予見する者です(3)」。

＊ ベール（Paul Bert, 1833-86） 生理学者、政治家。教育を宗教から独立させることに努めた。文相を経て安南、トンキン方面の総督となる。無償義務教育制度を築いた。

ベールの死後「連帯」の政策を真面目に行使した唯一の人物はドゥ・ラネッサン（de Lanessan）であったが、あまりにも急激に促進し過ぎると思われてか、召還されてしまった。無政府状態と混乱が、再び頭をもたげる結果となった。しかし、東洋で最も成功を収めたフランスの植民地総督・ポール・ドゥメール〔Paul Doumer, 1857-1932――政治家、インドシナ総督、上院議員を経て大統領となる（1931）が暗殺される〕統治の下のインドシナには、一時期、健全な行政が行われていた。しかし、ドゥメールは、同時代のインドのカーゾン卿同様、帝国の栄光に思いを馳せていた。己の業績を自負し、ドゥメールは、恐らくは、カーゾンが呟いたであろう言辞で、公言した。「インドシナの強固な組織、財政と経済機構とその大いなる力は、フランスの威信を維持するために使用されている。五年間で商業活動は二倍以上となった。

着手された公共事業は、アジアで匹敵するものはない………インドシナは、フランスを大アジア勢力にする、未来への道程を容易ならしめている(4)」。

しかし、フランスを一大アジア勢力とするに当たって、行政を中央集権化し、インドシナ行政府のさらなる高能率化を促進することで、ドゥメールはカーゾン同様、再び安南人の憎しみを増幅させたに過ぎなかった。安南人は、ますますフランス的行政の考え方で自分たちが統制されていくのを感じ取っていたし、大衆の苦しみは、近代的扇動や宣伝活動等の手段で武装された民族主義的団体の漸進的発展へと道を開いていった。日本の台頭と、アジアの一国家が西洋の一列強に伍して陸と海の双方で獲得した勝利は、インドシナに大変な影響を及ぼした。多くの学生が勉学に出かけていった日本で、様々な組織が形成され始めた。宣伝文書が大衆へと浸透し始めていた。そうした中の一小冊子は言明していた。「君たちの僕《しもべ》である小生は、無名の学生だが、新しい書物と新しい教義を学ぶ機会を得て、日本の現代史の中に、無能なヨーロッパ人をいかに凌駕したかを発見した。この理由から、われわれはある組織を形成した……われわれは、安南の青年たちの間から、最も活力ある勇気に満ちた才能を持つ人々を選び、勉学の目的で日本に派遣してきた……フランスがこの運動に気づくこともなく数年が経過した……われわれの唯一の目的は、将来のために大衆を育てるということにある」(5)。

日本人の勝利に続く時代に、極東で激しい民族主義の成長を見たのは興味深い。インドでは、ティラック (Tilak)、ラジュパット・ライ (Lajpat Rai) や他の人たちの指導の下で、民族主義はますます先鋭な形態を取るようになった。好戦的グループは、広域に亘るテロ行動を組織し、概してその運動は、革命的様相を呈してきていた。同様の傾向がインドシナでも顕著であった。日本で訓練された学生たちが、フランス人をインドシナから追放せよと、公然と扇動した。その運動はあまりにも広域に及んだので、フランスは、大規模な指導者の逮捕や軍隊への依存によって、権威の維持を図るのみであった。

ヨーロッパ、不滅の確信

それでもなお、二十世紀初頭の十年間、フランスは他の西洋列強と等しく、アジアをめぐるヨーロッパ人支配の不滅を確信していたことを記憶に留めておく必要があろう。当時、モーレイ (Morley) 卿のように「進歩的」と思われていた思想家の中にさえ、ヨーロッパ人がアジアにおいて政治的支配の終焉を告げる時が急速に近づいているとの認識は全くなかった。中国の老練家（Old China Hands）たちや日陰者にされた英化インド人やフランスの植民地人ばかりか、ロンドン、パリ、ハーグの教養ある専門家たちの知的意見でさえも、ぬるま湯につかった中で確信を抱きつづけ、ヨーロッパ人の支配権は無限に延長されるものと確信していた。彼らは、この基本に立って、行政、政治、経済の政策を計画した。クロブコウスキー（Klobukowsky）の後を嗣いだアルバート・サロート（Albert Sarraut）は、インドシナにおけるこの政策の栄えある闘士であった。植民地相としての休止期間を除いて、総督としての二期の間に、彼は大改革を行い、広く衛生と医業を再組織し、サイゴン（Saigon）とハイフォン（Haiphong）の港を改良し、事業部門の組織を改革した。彼の後継者たちも主要な公共事業に携わった。事実、二十世紀当初の三十年間、インドシナのフランスの行政府は、最高の植民地行政機構として効率的に組織されていたばかりか巧みに運営され、広域に亘って張り廻らされた道路、鉄道や他の通信網を建設し、大衆に近代行政機構の完全な設備を提供し、大多数の民衆に恩恵をもたらす経済手段が行使された。また、インドシナの歴史と文化に関心を抱き、過去の記念建造物を大切に保存し、東洋研究の著名な研究所を維持していた。

しかし不幸にも、全てこうした善意に満ちた大いに望ましい活動も、力の政策に終始した前政権同様、インドシナ人を納得させられるとは思えなかった。フランス人に対する反感は、高まりを見せ続けた。フランスは、我が善良なる政府は自治政府の代わりでもなく、異国の衣装を纏った文明は、服従を強いられているものにとって何の魅力もないことを、しぶしぶ認め始めていた。様々な改革案が試された。サロートの弟子で後継者のモーリス・ロング（Maurice Long）は、選挙による地方自治行政委員会を設立して「若い安南人」を懐柔しようとした。コーチシナの植民地委員会に、インドシナ人の代表が増加した（一九二二年）。しかし、こうしたことの全てが、単なる国民の権利の問題を下手にいじくり回すだけのものであった。この本当の狙いが一九二五年十二月二十一日の社会主義者総督・アレクサンドル・ヴァレーヌ（Alexandre Varenne）の委員会での演説に垣間見られるのである。

「人も思想も双方ともに、さらにアジア自体が変化を余儀なくされています。今日、東洋は、近代文明のより高度な形態へと続く道程の上に立っているのです。インドシナは、解放を求めてもこの動きからは逃れられません。われわれの教訓が、東洋へと伝えられたのです。インドシナは、その教訓について思いを巡らしています。未来に問いを投げかけ、自らの運命を決定づけるべく努力をしているのです。未来は、われわれに何を提示しようとしているのでしょうか？　仮に、平和がわれわれのために維持され、インドシナが自由に発展できるとしたら、インドシナは、より自主的で高度な世界を熱望し、いつの日か偉大な国家となるでしょう」(6)。まさに勇気ある発言ではあったが、ヴァレーヌは、故国の世論によって考え方の修正を余儀なくされた。一九二七―三四年の間の総督・ピエール・パスキエ（Pierre Pasquier）は、フランスが、インドシナに自分たちの立場を維持したければ、民族主義的主張をある程度まで懐柔することが必要であると理解していた。第一次世界大戦は、ヨーロッパ人の倫理的立場を揺さぶり、インドと中国双方で事態は急速に変化していた。一九一九年、インドでは、部分的改革が行政府の機構に変化を及ぼしていた。地方の行政機関に限度はあったが、インド人の生活規範を導入していた。しかし、大衆を満足させるどころか、これらの変革は一九二〇年の一大非協力運動へとつながったに過ぎなかった、その運動は、二十年間の闘争の後、「インドを去れ！（Quit India!）」の運動の頂点へと必然的に国を導くこととなった。

インドシナの事情への影響として、インドの運動よりさらに重要だったのは、中国の国民党の出現と一九二四―二七年の革命的政策の進展であった。後に適当な箇所で、ヴェトナムにおける民族主義の台頭の要因に与えた影響を論ずることとしよう。ここでは、ピエール・パスキエの「改革」案を正しく見定めることのみが重要であると言えよう。彼は名士委員会と、いわゆる人民代表会議を再組織した。いかに「改革された」人民代表会議が構成されていたかは、選挙人団体の構成から判断できよう。それらは州、あるいは郡の首長、または首長の助手、年金受給の役人、陸軍、海軍、義勇軍の年金受給者である下士官、あるいは総督等によって指名された役人や名士からなっていた。その上こうした委員会では、政治的意見を発言することは禁止されていた。

端的に言って、それは「買収可能なものは買収する」とする——いわゆる名士——買収と代表といった見せかけであって、植民地の規制をカモフラージュする、二つの政策の組み合わせであった。いわゆる「進歩的」時代にあってすら、フランスの政策の最も顕著な特徴は、民主主義に対する徹底した不信と、民衆と権力を共有することの拒否であった。フランス人が最も身を入れてやった事は、大衆が漠然と国益と認めていることに反対する人々に、「地位に在る人」は影響を及ぼせるといった奇妙な思い違いであり、全ての植民地行政に携わっていた高級官僚を自分たちの政策に与させることであった。実際のところ高級官僚と議員の年金受給者たちは、こと外国の規制に反対する大衆扇動の問題となると、インドの騎士（勲爵士）やラジャ（首長・王）同様、何の役にも立たなかった。

フランスの打算は、日本が一九四一年に侵略するに到るまで、なおうまく働かなかった。彼らは「交際仲間」が増えて行くにつれて、民族主義者たちの運動はだんだん衰え、遂にはフランスとの協力政策が過激主義者たちの不毛な反対党と入れ替わるであろうと主張しあった。国内の民族主義者たちの運動は、完全な独立と、いかなる形態であろうともフランスの支配権を排除するといった基本路線の上に立って組織されていた。その運動は、明確な一貫した目的と、フランスはインドシナの民族独立問題を直視しなければならないことを明確にした組織の力を、インドシナ外部の活動の様々な中心地、パリ、バンコク、香港、広東、さらに東京から、国内の運動に効果的に供与するように方向づけられていた。

第一次世界大戦後のインドシナの発展とヴェトミン*とフランス軍との戦闘に関与するには及ばないであろう。

しかし、極東における実効ある政治的支配権からのフランス人の排除は、既成事実となっていた。

＊ ヴェトミン（Viet Minh, *Viet Nam Doc-Lap Dong-Minh—Vietnam Federation of Independence*）ヴェトナム独立同盟・第二次世界大戦中に日本軍に抵抗する為に組織された独立運動の団体。

（1） *Des institutions civiles de da Cochin Chine*, Paris, 1908 参照。
（2） *Dépêche Coloniale*, August 1909, Innes の *French Policy in Indo-China*. に引用。
（3） Mager による引用。p. 150.
（4） Doumer を参照。*L'Indo-Chine Française*, Doumer 自身の行政の業績に関する記述。
（5） Ennis に引用されている。*French Policy in China*, p. 178.
（6） *L'Asie Française*, March 1926, pp. 108-13. に引用。

第五章　シャム（タイ国）――英仏の抗争の狭間で

中国軍の敗北と北京の宮廷を巡るヨーロッパ支配権の確立に到るまでは、シャムと西洋諸国家の関係は、あらゆる面で満足のゆくものだった。一九二六年のバーニー（Burney）船長の条約は、「シャム国を訪れる英国籍の人は、あらゆる面においてシャム国の法に従って行動すべし。すなわち、英国籍の人も殺人の場合は死刑によって罰を受け、シャムの役人に対して暴言を吐いたりした場合は鞭刑、罰金、あるいは投獄によって報いられるものとする」。一九三三年、同様の条約がアメリカとも締結された。しかし、この立場は中国の立場が変化した結果、改変を余儀なくされていた。ジョン・バウリング卿[*]は、一八五五年の条約を交渉した人物であったが、英国籍の人々のための治外法権の原則、教会の建設と阿片輸入の全ての関税の控除の許可を取り付けたのであった。また、英国が、ビルマの一部を合併したことで、シャムの行政府は国境地域に恐ろしい巨大国家の存在を控えて、神経質になっていた。

＊ ジョン・バウリング（John Bowring, 1792-1872）　言語学者、政治経済学者。一八四九年、広東領事、一八五四年、香港総督。アロー号事件の交渉の際の彼の中国側に対する横柄な脅迫的態度の結果、第二次中英戦争となる。

新しい脅威が間もなく北の国境で展開された。ルイ十四世の統治下にあって、フランス軍は当時シャムの宮廷で「外国貿易の監督官」を務めていたギリシャ人の山師、コンスタンチン・フォルコー〔Constantin Phaulkor〕と共謀して、バンコク（当時は首都ではなかった）を占拠する許可を得ていた。しかし、外国軍の到来は、宮廷内に激しい敵意をむき出しにした。フォルコーは殺害され、フランス軍はバンコクを離れたが、大変厳しい思いをして、やっとポンディシェリに到着した（一六八八年）。その不成功に終わった事件の後、シャムは、フランスに煩わされることはなかったが、フランスの投機家や安南の宣教師たちの行動は、バンコクの宮廷によって注意深く見張られていた。しかし、一八五八年のナポレオン三世の介入と一八六三年八月二日のカンボジアにおけるフランスの支配権の確立後の事態は、シャムにとって緊急問題となっていた。シャムは、カンボジアをめぐって、漠然とした宗主権を主張していた。フランスがカンボジア王に圧力を掛け始めたとき、カンボジア王はバンコクの宮廷に助けを求め、一八六三年十二月一日、シャムと秘密協定を調印していた。

続いて外交論戦が始まり、その結果、フランスとシャムの間で協定が結ばれ、それによってシャムは、アンコール〔Angkor――カンボジア北西部にあるKumer王国の遺跡Ankor Watで有名〕とバタンバン〔Battambang〕の二省と引き替えに、カンボジアをめぐる主張を撤回した。フランスはまたメコン川〔the Mekong――中国南西部Tibet高原に発し、タイ・ラオス国境沿いに流れ、南シナ海に注ぐ。全長四二〇〇キロメートル〕を航行する権利を得ていた。

この後者の権益は、さらに複雑な問題であった。少なくとも十九世紀の始め以来、安南の山岳地帯の国境に到るまで、メコン川の左岸の流域はシャムに帰属していた。その地域を占拠し、後年、時機到来となれば、シャム侵略を目指してその地を切り開いておくのがフランスの密かな目的であった。条約が調印されるとすぐ、遠征隊がドゥダール・ドゥ・ラグレー(1)〔Doudart de Lagrée〕とフランソワ・ガルニエ(2)〔François Garnier〕の指揮下に準備された。他のフランスは、ただちに一八六三年の条約でシャム領として承認されていたアンコールとバタンバン、さらに他のシャム領に対して要求を突きつけてきた。インドシナにおけるフランス自体の問題とトンキン〔ヴェトナム北部の地方〕をめぐる北京の王室との問題といった点から見て、何ら実効はあげられなかったが、継続的にバンコクには外交や他の圧力がかけられた。一八八五年のフランスによるシャムを中立化する提案は、英国の反対にあって失敗に終わり、シャン〔Shan――ビルマ東北部の山岳地域に棲息する有力な一族シャン種族の支配領域〕とシャムのマラヤとの国境地域における英国の領土拡張主義者たちの考えもまだ実現されてはいなかった。やっと、インドシナの「和解」が十九世紀の最後の十年間に達成されると、フランスはシャムに関心を思うままに向けることができた。一八九三年、間もなく、国境地域の事件に難癖がつけられた。時に数人のフランス人の生命が失われたが、帝国主義諸国家が過去においても弱小国家を取り扱う際に使用した手段・難癖をつけるのにはもってこいな事件だった。バンコク爆撃という脅迫の下に、メコン川の東までの全領域と河川内の島、さらに西河岸一五キロの地点までが、警察と軍隊の撤退と膨大な賠償金を要求された。ところが、これだけが全てというわけではなかった。フランスは、どこでも好きな場所に治外法権を伴う領事館を開設する権利を与えられることとなった。

この条約（一八九三年）の下で、シャムは安南の運命を共有することとなり、特に治外法権の権利を奇妙な拡大解釈をすることによって、リソールティサン〔*ressortissants*――二〇世紀初頭の海外在留者、自国民、自国国籍保有者〕と名付けられた身分がフランス人のみかフランス領のアジア人領民やフランス領事館に登録した中国人にも適用された。三年後には、フランスの保護の資格を得た者の数は、二百人から三万人に跳ね上がったと言われている。しかし、シャムは二つの理由で脅迫の危険から救われていた。第一の理由は、フランスと共通する国境を持たないとする英国の決定であった。アジアにおける英国の政策は、緩衝国を必要としていたところから、シャムにその立場を維持させる必要があったのである。第二の理由は、それ以上の紛糾を避けたチュラロンコーン王*の知恵と手腕と能力であった。シャムにおけるフランスの拡張主義に対立する英国の介入は、元来ビルマ国境にフランスを近づけないことにあったが、結果として一八九五年の一月十五日の英仏協定を生むこととなった。この協定は、中央シャムを中立化することにあったが、国の東部と西部地区の立場は不明瞭なままに残されていた。英国は、マラヤとシャンの領域の不法占拠を望んでいたし、フランスは、自分たちの植民地の境界領域を不法占拠しようとしていた。英仏協定は、チュラロンコーン王が望んでいた十分なゆとりを与えた。彼は実に有能な君主であった。広く旅行をし、西洋諸国も訪れ、西洋の力の根源に注目していた。奴隷制度の廃止も含めて、一連の本質的変革を導入していたし、国家行政機構が再組織された。一八九五年、立法権を有する審議会と行政内閣と近代的行政府機関が実現した。事実、続く十年の間に、チュラロンコーン王は鉄道の建設、電信電話、貨幣制度の改革、近代的郵便組織網の設置等、国の近代化に大いに努めた。新しい刑法が起草され、それは一九〇八年になって始めて実施されたが、法の執行は一八九九年よりも遙かに改善されており、シャム行政府は治外法権下で行使される司法権を制限する協定を英国と交渉していた。

＊ チュラロンコーン王（1859-1910） タイ国王、ラーマ五世。チャクリ改革と呼ばれる国内統治制度の近代化を達成し、タイの植民地化を防いだ名君として知られている。在位 1868-1919。

こうした変化は、フランスに取っては決して望ましくなかった。それというのも、フランス行政府が心に抱いていた真の野心は、シャム全土を保護領内に収めることにあったからである。英国の反対は、そうした政策は問題があることを示唆してはいたが、ヨーロッパ自体の状況の悪化が英国とフランスの敵対関係を余儀なく収束させる結果となった。この事態がシャムにおけるフランスの行動の自由に制限を加えることとなった結果、フランス行政府は、バンコクの宮廷に領土の割譲を迫り、さらに租界を増やすようにと強制した。かくして、一九〇四年、フランスは、自分たちの領土の支配権を広大な地域に亘って延長し、「中立地帯」を造り上げた。一九〇七年、その後の条約改正によってシャムは、その中立地帯の割譲をも強要され、シャムが受け取った唯一の見返りは、フランス系アジア人タイ居住者に関する治外法権は、一〇年後に廃止されるということのみであった。

英国は、南部地域に密かな構想を抱えていたところから、この合併に合意した。ケランタン〔Kelantan――マレーシア北部の州〕、トレンガヌ（Trengganu）、ペルリス（Perlis）とケダー〔Kedah――西マレーシア北西部の州〕は、英国がフランスの北部地域の合併を認めたことで獲得した代償であった。密かに、これら二国はなんの断りすらもなく、二万五千平方マイルの領地をシャムから略奪した。しかし、シャムが生き長らえたのは、その代償の故ではなかった。その理由は、帝国主義の狼たちが小羊になったという訳でもなく、新たな地域が吸収され侵略の新たな局面が計画される前に、報い、すなわち一九一四―一八年にかけての第一次世界大戦が、ヨーロッパ自体で西洋諸国家に襲いかかっていたからなのである。ラーマ六世下のシャムは、さらに自国を強化するためにその小康状態を利用できた。国際関係の変化を悟り、シャムは一九一七年、ドイツに宣戦布告さえして、その結果ベルサイユ会議に列席する地位を確保した。

（1） Doudart de Largrée : *Eplorations et missions*, Paris, 1863. を参照。
（2） Garnier : *Voyage de l'exploration en Indochine.* Paris, 1863. も参照。

第Ⅳ部　ロシアと極東

第一章　ロシア革命以前——内陸アジアと西洋列強

中露の攻防——ネルチンスク条約から愛琿《アイグン》条約へ

ロシア（帝政、ソヴィエットの時代を問わず）と中国の関係を研究するに当たって、忘れてはならないことは、双方共にかってはは大蒙古帝国の支配下にあったということである。中国における「元」（Yuan）王朝の追放とロシアの蒙古・黄金軍〔Golden Horde、韃靼、Tatar、タタール〕の崩壊に続く、異国支配の軛からの両者の解放は、事実上、同時代であった。その結果、十五世紀のウラル（Urals）からモンゴリア（Mongolia 内外蒙古）にかけては政治的真空地帯であった。時に、明王朝が中国に地位を確立し、大帝・イヴァン（Ivan）三世（一四六二—一五〇五年）は、全ロシアの皇帝として自ら声明を発していた。イヴァンが蒙古タタール軍団のカーン（Khan 汗）に朝貢を拒否したのは、やっと一四八〇年になってからであった。一四八三年から、ロシア人はシベリアへと広がっていった。一五五五年頃までに、本来オゴタイの封土に属していたシビールのカナーテ〔Khanate of Sibir；khanate——汗の位・領土、汗国、汗の領民〕がモスクワの支配下に入り、以後、ロシア人は東方に向かって洪水のように広がっていった。ウラル地方の国境沿いの地域はゆっくりと植民地化され、真空地帯は組織的に占拠されていった。シベリアの大水系を利用しながら、ロシア人は、広大な禁断のステップ（大草原）を手中に収めていった。シビールのカナーテの降伏より百年後、モスクワは大カーン（汗）の遺産の地に踏み込み、太平洋へと到達した。

かくして、北部の地域がロシアによって占拠され、同じような経緯をへて、南部からは中国による占拠が行われた。世界制覇をなしたジンギス・カーン（Jinghis Khan 成吉思汗）と他の種族たちの故国は、中国人の占領下で静かに消滅した。満州の領土拡張政策が老衰した明王朝と入れ替わった時、北京行政府は、自らの力の及ぶ範囲にユーラス（Eulaths）、カルカス（Kalkas）と他の種族をその支配下に収めていた。アムール川流域は、事実上中国の支配権の下に組み込まれた。かくして、モスクワと北京は大カーン（汗）の遺産を両者の間で分かち合った。かっての二つの属国が、宗主国の権力を握っていたのである。

モスクワと北京の両帝国の間でのカーン（汗）の帝国の分割は、第三ローマ帝国のシーザー（Caesar）と天子を対立させた。二つの巨大な陸上勢力は、論争の的となった地域の広い領土を要求した。歴史的には中国にもロシアにも所属しない地域をである。本来アムール川を横断して展開していったのは、中国人ではなく満州族だった。一六一六年、満州族はアムール川を横断した。さらに、一六三六年に彼らはオホーツク海（the Sea of Okhotsk）に到達していた。彼らは、当然の権利として、西方に向かってネルチンスク〔Nertchinsk 尼布楚――ロシア東部の Chita の東方三〇〇キロメートルのシベリア鉄道沿線の都市〕までを主張した。ロシア人も同じ頃アムール川に到達し、一六三六年、ある一団が渡河していた。やがて満州族の活動は中国征服の方向へと向けられた。こうした事態が、北部へのいっそうの展開を途絶させたが、満州族の主張は、今や中華帝国の威信によって強化されていた。このことがロシアの拡大政策に歯止めを掛けた。満州族が万里の長城の南側で支配権を確立している間に、ロシア人は、特にヤルカ・パヴロフ・ハバロフ（Yarka Pavlov Khabarov）の指揮の下、組織的かつ継続的に、遠征隊はアムール川流域の種族を統御していった。ロシアの政策は、冒険好きの民間人が「民間遠征隊」を組織してこの仕事に携わることを認めていた。清朝も、一度北京に地盤を築くと、北方に起こっている変化に注意を向け始めた。一六五二年、順治帝の下で最初の遠征隊が、侵入してくるロシアの冒険家に対応するために派遣されたが、中国人たちは、その地域のロシア人の勢力を過小評価していた。一六五三年、戦闘が再び行われた。散漫な戦闘の後に、小隊を随えた「ロシアの遠征隊」を指揮していたオヌフリア・ステファノフ（Onufria Stepanof）は敗北を喫し、大多数が戦闘で殺害された。中国側の記録は次のような言葉でその事件を物語っている。

「十二年（治世）軽車都尉・明（安達哩）が、軍を率いて北京より出発する。彼は、彼ら『ロチャーロシア人』（the Locha-Russians 羅刹—俄羅斯）をクマール（Ku-mar）と他の箇所にて攻撃しある程度の成功を収めたが、間もなく糧食不足で撤退する。十四年（一六五七年）、防衛司令官・サルグダ（Sarguda）が彼らを打ち破る。翌年も再び彼らを打ち破った。十七年、サルグダの息子・バハイ（Bahai）が、彼らに対して圧倒的勝利を収めた」。しかし、中国の記録は、戦闘では勝利を収めたが、「我が軍は、ロチャ（the Locha 羅刹）を服従させることなく撤退し、彼らは引き続き断続的に姿を現していた」と付け加えている(1)。

康熙（Kang Hsi）大帝の政世となり、新しい世界が開かれた。康熙帝は、最高軍司令官の下に国境駐屯地の組織を確立した。ロシア人もまた、一時的に撤退してはいたが、相手の軍事力と対峙することを知り、民間の遠征隊の時代に終止符が打たれた。彼らは、二つの街、ネルチンクスとアルバジン（Albazin 雅克薩）の建設から手を着けたが、その二つの街は、後の歴史において際立った様相を呈する運命にあった。一六五六年、ネルチャ川（the Nertcha）の河口に建設されたネルチンスクの街はある程度の力を備えた砦であった。康熙帝はこの事態を重く見て、軍事基地、通信機関、河川運輸の建設、吉林（Chirin）の造船所も含めて適宜な準備を計ると、侵入者を懲罰するために遠征隊を派遣した。アルバジンは一六八五年に占拠され、砦は破壊された。ロシア行政府は、やっとその事態に気が付き、賢明にも、事態は全て民間の山師の愚かさから発生した国境紛争として処理し、北京政府とアムール流域の国境問題を討議し解決せんと使節を任命した。

しかし、中国もロシアも同じように、当時、相手の勢力と方策に関して等しく無知であったことには関心が持たれる。ツァーは、漠然と中国帝国がいかなる国家であるかを知るのみで、宗主権を受け入れるようにと天子に要求した。康熙帝は、北方の夷狄をユーラス族やカルカス族同様のいささか強力なもう一つの種族に過ぎないと見なし、当然のようにモスクワの支配者が北京に朝貢使節団を派遣することを期待した。彼は以前、順治帝（Shun Chih）の時代にも朝貢使節団が派遣されていたとすら公言した。確かにテオドール・バイコフ（Thedore Baikoff）の使節団は北京に到来していたが、何ら手続きを踏んだ協定にも達せず、特使は叩頭をすることも信任状を皇帝以外の人物に手渡すことも拒否した。使節団は失敗に終わり、何らの交渉もせず、また持参した信任状も提出することもなくモスクワへと帰った。次の特使・イヴァン・プリリエッフ（Ivan Pullieff）は皇帝に迎えられたかに思われるが、バッドレイ（Baddley）によれば、ロシアの報道は、中国側は「汝ら確かに朝貢し、我ら受領せり、しこうして見返りに、我らは汝らに贈物と恩寵を下賜せん」と返答したと述べている。(2)

その後、一六七〇年、いささか驚いたことに、ツァー〔ロマーノフ家のアレクシス大公〕は康熙帝に書簡をしたため、中国の皇帝は我が封臣となるべしと要求したのであった。次に見られるのが当書簡の文面である。

「全ロシア、大・小・白ロシアの独裁君主、偉大なる支配者・アレクシス・ミハイロヴィッチ（Alexei Mikhailovich）大公に忠誠を誓うツァーと国王あり。偉大なる支配者は慈悲深く、配下（彼ら）に国王の賜物と恩恵をありがたくも賜らん。

ボグドイ・ツァー*は、等しく、全ロシア、大・小・白ロシアの独裁君主・アレクシス・ミハイロヴィッチ大公の恩恵と賜物を求めよ。しこうして、ツァー閣下の庇護の下に自らを置け。

* ボグドイ・ツァー（Bogdoi Tsar）　中国の皇帝。Bogdoとは、聖山で、外モンゴリアのラマ教徒の神権政体を言うが、そのBogdoを意味するものと思われる。iは形容詞形の語尾か？

しからば、全ロシアの独裁君主・アレクシス・ミハイロヴィッチ大公、大・小・白ロシアと数々の王国の君主であり所有者は、一度了承せば、ボグドイ・ツァーに賜物を贈与し、汝を我が慈悲深き配慮の下に置き、汝を汝の敵より保護せん。同時に、ボグドイ・ツァーは、違うことなく永久に、汝がツァー閣下の独裁の下に来たりて、彼・大公に貢納せよ、さすれば、大公の臣民と汝が臣民、双方にて自由に交易することを許さん。

さらに、ボグドイ・カーンが決定したることをば、自らをして、これらが同じ使節団を通して、汝がツァー閣下に伝えせしめよ(3)」。

この書簡の趣旨は伝えられなかったように思われる。それというのも、「汝がツァー閣下」大公自身の使節団は、天子の面前で叩頭し、国境の紛争に対して型通りに諭された。使節団は何の成果も上げず引き返した。次の特使が、（一六七五年五月十五日）ニコライ・スパーサリ（Nikolai Sparthary）に率いられて来ると、使節団は、双方の皇帝の呼称の形式を定めた後に、他の要請に加えて、中国人橋梁建設者をロシアに派遣するようにと強く望んだ。

再び交渉は予備交渉の段階で決裂した。というのも、中国が関心を抱いていた問題、アムール川（黒龍江）の論議は、討議の課題に含まれておらず、中でも特使が「従順でなく、膝をついて宗主よりの賜物の受領を拒否した」からであった。

自惚れていたツァーは、アルバジン（雅克薩）の砦の陥落の報に接して衝撃を受けた。ロシアの宮廷は、中国は従来接触してきた他の諸国家とは同じように取り扱えないことを知って、正式の使節を派遣し、仮に可能であれば交渉で事態を収拾することを決定した。テオドール・アレクセイヴィッチ・ゴロヴィン（Theodore Alexeivich Golovin）が、ピョートル大帝（Peter the Great）によって大使に任命され、一六八九年八月、セェレジンスク（Selezinsk）に到着し、中国側の使節団は、内大臣・ソンコ・トゥ（Songo-tu 索額圖）と他の高官に率いられて、イエズス会の修道士・ガービリオン〔Gerbillion――中国名・張誠〕とペレイラ〔Pereyra――中国名・徐日昇〕を通事に随え、ほとんど時を同じくして到着した。会議はだらだらと長引き、双方は相手が認め難いとする要求を突きつけあったが、中国側が決意と説得力を示し、やっと協定が締結された（一六八九年八月二十七日）[4]。これが、ネルチンスク条約である。その条項に従って、二帝国の国境は、アイグン（Argun 愛琿）の北方の源流よりアムール川に到るまで、外キンガン山脈（Outer Khingan Mountains 外興安嶺）に到るまで、ウディ川（the Udi 烏地河）の源流に到るまでの河線に沿って定められた。内外興安嶺の間に横たわるウディ河の渓谷は中立地帯と決定された。アルバジン（Albazin 雅克薩）のロシア軍の砦は破壊された。

この重要な条約は、中国と一ヨーロッパ国家との間に締結された最初の条約であり、百五十年に亘って維持された、ロシアの南への拡張を制限した。しかし、その時すでに、日本との貿易関係を樹立せんとするロシアの慎重な行動が始まっていた。オホーツクに基地を築くと（一六四九年）ロシアは、その地域を踏査し始め、一七〇〇年、アルタソフ（Altasov）は、モスクワに日本の近辺のクリール（the Kurile Islands 千島列島）の存在を報告した。千島列島には一七一三―一四年に到達し、サハリン（Sakhalin 樺太）に上陸した一人のロシア人が、一七一四年に占拠した。ベンヨウスキー（Benyowski）伯の驚くべき冒険[5]は、幕間の興味ある出来事ではあったが、北極圏からのロシアの拡張政策に警鐘を鳴らされた日本にとっては、重大な意味を持っていた。一七九二年、ロシアの総督ザベリア（Zaberia）が、査察団を送り出したが、再び不成功に終わった。しかし、この散発的な行動は、沿岸防衛の問題の重大性を日本に自覚させ、将軍家と幕府はシベリア方面からの動きに対して警戒することとなった。

ネルチンクス条約の後、中国とロシアの関係は、概して友好的であった。とはいえ、時折、アムール川のロシア船舶の航行の問題が持ちだされた。例えば、一七五七年の中国の記録に従えば「ロシアは、アムール川を経由する食料品輸送の権利を要求した。皇帝（乾隆帝）は条約違反と見なし、認可を拒否した」。

ロシアの極東政策の決定的段階は、ニコライ皇帝*の時代になって始めて取りあげられ、彼は一八四七年、三八歳のニコラエヴィッチ・ムラヴィエフ（Nikolaevitch Muraviev）を東シベリアの総督に任命した。ムラヴィエフは、ウエルズリーの野心とダルフージーの才能を備えていたし、先の二人のアジア史の作成者・植民地総督より以上と思われたのも尤もである。アムール川にロシアの支配権を確立することが彼の最初の目的であった。この目的を心に抱いて、彼はヴァガノフ（Vaganov）なる一士官をアムール川下流へと派遣した。しかし、この人物の消息は二度と聞かれることはなかった。ムラヴィエフは、遠大な計画を抱き、今度はペトロパヴロフスク（Petropavlovsk）に海軍基地を建設することを心に決めた。彼にとってアムール川は、基地の保全のためには不可欠であるかに思えた。樺太とその海峡、並びに、その近辺の海峡と本土探検を任命されていたネヴェルスキー（Nevelski）海軍司令官と共同して、ムラヴィエフはアムール川河口の獲得を決定した。

* ニコライ（Nikolai Pavlovich, 1796-1855）　ニコライ一世在位（1825-55）。デカブリストの乱を鎮圧、徹底的な専制政治を敢行。近東への進出を企図、クリミア戦争（1853-55）を起して失敗。

モスクワ当局は、これを認可しなかったが、ネヴェルスキーはその指示を無視して、一八五〇年一月十三日、アムール川の河口にロシア国旗を掲げた。ロシアの首相・ネッセルロード（Nesselrode）は、この頑固な反抗に腹を立て懲罰を要求したが、皇帝の個人的見解は異なっており、ムラヴィエフとネヴェルスキーを擁護した。アムール川河口に対する中国の主張は、ともあれ、曖昧なものであった。権力の頂点にあった康熙帝の統治の下でのみ、中国はロシア当局を抑え、その地域を効果的に統制することが可能であった。実際の所、中国の宮廷は、しばしロシアの取っている行動に全く気がついていなかった。一八五一年五月、中国にその現実の事態を知らせたのは、他ならないロシア政府であった。

その後ロシアは、トランスバイカル（Transbaikal）地域で自国の立場を巧みに強化し始めていた。当時、北京行政府は、太平天国の乱に直面していたばかりか、英国とフランスの圧力で無力な状態であった。したがって、自国が攻撃に晒されている時に、己の帝国主義的主張を押しつけることなどは不可能であった。一八四五年、ムラヴィエフは、アムール川を下って押し進んだが、純然たる中国領を通過するときには、中国の許可を求めるほどに慎重であった。彼は戦略に長けており、また協調的で、北京宮廷に対して「全ての軍事的装備と必需品はいささかも中国に対して損害を与えることなく、自力で供給された」と報告した。[(6)] また、注意に値するのは、ムラヴィエフが、ロシアがシベリア領土を効果的に防衛することは中国にとっても利益になると強調したことであった。

しかし、アムール川の要塞を強化するというムラヴィエフの意図は、英露戦争の間の太平洋の英国の行動を考慮すれば、事態が満州の地に関わることだけに、北京にとっても重大な関心事であった。国境設定のための交渉が行われた。長期に亘る討議の結果、中国はついに愛琿条約*によって、アムール川の北岸地域の合法的権利を譲歩した。この条約は、天津条約によって補足され、当条約には他の列強諸国家にも開港された港での海運貿易の権利と全権大使の任命を保証するとの条項が付け加えられた。

＊ 愛琿条約　一八五八年、中国黒龍江省北部の愛琿にてロシアと清国の間に締結された条約で、両国の国境を黒龍江と定め、ロシア人の航行権を認め、沿海州は共有とし、両国人民の相互交易を規定した。

一八五九年、新任の使節・ピエール・ペロフスキー（Pierre Perofski）が北京に到着した。ようやく陸上貿易の拡大を気にしていたロシアは、カシュガル〔Kashgar――中国新疆ウイグル自治区南西部の商業都市〕、カルガン〔Kalgan――張家口の蒙古名。中国北部の河北省の都市〕や他の地域への隊商の権利を要求したが、中国側の反対で回答は何ら得られなかった。ペロフスキーの使命は、イグナチエフ（Ignatiev）によって受け継がれ、彼は英仏連合軍が太沽を強行突破した時に北京に到着した。圓和園を焼き払い略奪した西洋の野蛮な行為は、ロシア大使に、中国に対するロシアの友情を強調し、ロシアは英仏連合軍の野蛮な行為には与しないことを強調する機会を提供した。それは一連の長期に亘る行動の始まりであり、ロシアは、西洋列強に対してよりも大きな中国の心理的、好意的な反応を得ていた。ロシア大使は仲裁を申し出て国境紛争に決着を付け、ロシアに朝鮮の国境に到るまでのウスリー川〔the Ussuri 烏蘇里江――中国東部国境を北流して黒龍江に注ぐ川〕流域を譲渡させ、自ら果たした役割によって利益を得たかに思われる。(中俄北京追加条約、一八六〇年)。

ここで、ロシアの日本との関係の筋道を辿る必要があろう。というのも、この協定でロシアの船舶が、日本帝国の権益と避け難い軋轢を呼ぶであろう領域へと入ることとなり、一七三二年、一隻のロシアの艦船が根室港に入港し、貿易の特権を要求した。一七三九年五月、ロシアの艦船が江戸より百マイル〔一六〇キロ〕内の安房〔千葉〕地区の沿岸近くに現れた。一七八五年、ロシアは千島列島に基地を建設したことが伝えられた。一八〇四年十月、ロシア皇帝に任命された使節、一ロシア軍人・レザノフ(Rezanov)が、ナディエツァーダ(the Nadiezhada)号に乗船して長崎の港に入港した。レザノフは幕府に交渉を求めようとしたが失敗に終わった。一八〇七年、ゴロウシエン(Golowsien)船長が、千島列島を探査中に捕らえられ虜囚となったが、後に、自分の戦艦・ダイアナ(the Diana)号で退去することを許された。その後四十年間、ムラヴィエフ(Muraviefu)がネッセルロード(Nesselrode)に日本と友好関係を開くように進言するまでは大した異変は起こらなかったが、同様の目的でプチアーチン(Putiatin)海軍司令官の指揮の下に一使節団がニコライ皇帝によって派遣された。

プチアーチン海軍司令官は、ダイアナ号で日本に到着した。地震と津波で戦艦は大変な損傷を受け、実質的に廃船となってしまった。シベリアへと帰港するより他に道はなく、司令官は日本の造船業者に二隻の帆船を建造するように依頼した。かくして日本に最初の近代的造船所が建設された。この余儀ない滞在が、すでに日本人と友好関係にあったプチアーチン海軍司令官にある条約を交渉させることとなり、それによって、外交関係の樹立とは別に千島列島の境界線が定められたが、樺太問題の処理は後に持ち越された。

このころ、中国の弱体化が満州・清朝の崩壊へと続くまでは、ロシアの政策は実際には、日本の権益と重大な紛争を起こすことはなかった。樺太の問題は一八七五年に交渉の対象となり、その年に、この問題はサンクト・ペテルブルク（St. Petersburg, cf. Leningrad）で同等の立場で二列強間の条約として決議され締結されたことは注目に値する。事実ロシアは、最初からアジアの諸国民との関係について、ヨーロッパ人的優越感を共有してはいないことを示していた。

中国問題へのロシアの介入

愛琿条約と追加条約の後に、ロシアと中国の関係には何ら重大な事件もなく、正常な展開をみせていた。チャイナトルキスタン〔Chinese Turkestan——中国新疆ウイグル自治区の一部〕のヤクブ・ベグの反乱の間に、ロシアは一時、イリー*を占領したが、秩序が回復した後、直ちに中国政府に返還するという了解であった、中国は、ロシアに強要する立場にはなかったが、帝政ロシア政府はいくぶん躊躇した後に、占領で必要とされた費用が支払われるとその地域を返還したことを、帝政ロシア政府の名誉のために言っておくべきであろう。

＊　イリー（Ili 伊犁）　中国新疆ウイグル自治区の一部。光緒七（一八八一）年、イリー（伊犂）条約で中国はロシアにバルハシ（Balkhash）湖一帯の地域を割譲した。イリー川は、新疆ウイグル自治区の北西部に発し、ロシア領バルハシ湖に注ぐ。

ロシアを際だって中国問題に介入させたのは、先にも述べたが、朝鮮と朝鮮王国への日本のあからさまな野心のせいであった。一八七六年の条約の後、日本は、特権を持つ独立国として「朝鮮」（the Land of Morning Calm）に対処していた。中国当局も動き始めていた。李鴻章は、朝鮮の管理機構を再組織するために、フォン・モーレンドルフ[*1]を任命し、袁世凱[*2]をソウル（京城）へ駐韓公使として派遣した。モーレンドルフは、ロシアに対して陸軍を再組織するために将校を派遣するように提案し、帝政ロシア政府は快くこれに応じ、代償として朝鮮の東海岸のラザレフ港（Port Lazareff）の使用を認められていた。日本人は、ロシアに不凍港を占拠されたことで、朝鮮における自分たちの計画が阻害されたばかりか、安全さえも脅かされていると思ったのである。彼らは、行動を起こす時が来たと思っていた。ロシアは、当時、中国の宗主権を拒否することを日本によって強いられていた朝鮮に関して何ら特別な関心を抱いてはいなかったし、何の野心も抱いてはいなかったが、日本では、指導者たちが朝鮮の状況に戦々恐々として神経をとがらし、朝鮮の支配権と権益を放棄するか、軍事力によって朝鮮を支持するのかの二者択一を中国に対して迫る政策に乗り出していた。先に論じた日清戦争がその結論であった。

＊1　フォン・モーレンドルフ（Paul Georg von Mollendorf, 1848-1901）　ドイツ人。一八六九年、中国訪問。一八七四年、ドイツ天津駐在領事となり、一八八三年、李鴻章の命を受けて、朝鮮国王の顧問となるも、朝鮮とロシアの協定を計ろうとして策動し、李鴻章の知るところとなり、罷免。寧波で歿。

＊2　袁世凱（Yuan Shi-kai, 1859-1916）　政治家、河南項城の人、一九一一年、辛亥革命によって中華民国初代大統領となり、次いで、一五年自ら帝位につこうとしたが、反帝運動起こり憤死。

その戦争の経緯と結果は、様々な箇所で取り上げてきた。中国の敗北に続く事態が中露関係の発展に計り知れない影響を及ぼしていた。周知のように英国とアメリカは、中国の再三に亘る要求にもかかわらず、中日抗争を仲介して敵対行為をうまく収拾することを拒否した。したがって北京の宮廷は、下関条約によって自国の安全に重大な意味を持つ遼東半島を明け渡すことを余儀なくされた。中国政府は、友人に裏切られたかの感があった。

だが、奇妙なことに、抗議して再び中国へその領土を返還するように要求したのは、他ならないロシアであった。一八九五年から中露関係の新しい時期が始まるのである、その事態の支配的要因は、中国自体の問題ではなく、日本の朝鮮を支配しようとする既存の野心であった。遼東半島の明け渡しに対するロシアの態度は、それまでは大英帝国とアメリカ合衆国との提携の擁護者であった李鴻章を中露協力の朋友へと変えてしまった。一八九六年、李鴻章はロシア皇帝の戴冠式に中国皇帝の代理として出向いた。その折に、日本の侵略の際には陸海双方で相互援助を行うという秘密協定が調印された。その条約の第四項でロシアは、北満州を横断してウラジヴォストーク（Vladivostok）に到るまでの直行シベリア横断鉄道の敷設権を供与されていた。中露共同銀行が東中国鉄道を建設し運営することとなった。その鉄道協定は三六年後にその幹線（当然シベリア横断を除外して）を買い戻す中国の権利を留保し、さらにいかなる場合でも、八〇年後には、中国に返還復帰することとなっていた。一九〇四年、日露戦争以前に、満州におけるロシアの鉄道の総延長は一五九六マイル〔約二五六キロ〕に及んでいた。李鴻章とヴィッテ伯爵（Count Witte）が予見したように、中国への脅威は日本側からのものであったとすれば、その条約はどう見ても中国に対する侵略であったとは言えない。事実、李鴻章は中国の安全保障はロシアのこうした鉄道建設にあり、ロシアの助力があって始めて日本に抵抗しうると確信していたのである。しかし、一八九七年以降、新事態が――主としてドイツのヴィルヘルム二世〔通称 Kaiser Wilhelm, 1859-1941――ドイツ皇帝及びプロイセン国王(1888-1915)。第一次大戦後退位〕の影響によってであったが――ロシア政策に支配的になっていた。ヴィルヘルム二世の政策は、ハンブルグ（Hamburg）おける彼の演説に反映されている。彼は、その演説の中で、「ドイツのミハエル〔Michael――神の戦士。大天使〕は、断固（！）中国の地にドイツの荒鷲の業をもって盾を打ち建てたり。仮にも我らが正当なる権利を損ない、我らが名誉を毀損するものあらば、汝が武力行使に立ち向かわん」と述べていた。ロシアは、ドイツの計画に密かに関与しており、自らの分け前としてポート・アーサー（旅順口）とダルニー（Dalny大連）の貸用を決めていた。しかし、ここでも再び一八九八年の北京（三月二十七日）とサンクト・ペテルブルグ（五月七日）での二つの協定は、明白に中国の支配権を留保している。旅順口は、海軍基地となることになってはいたが、ロシアと中国の艦船以外には閉鎖され、大連は貿易港となることとなっていた。ロシアは、また、二つの港をハルビン（Harbin 哈爾賓）で連係する権利も享受していた。

一八九七年から一九〇四年までの七年の間に、ロシアは西洋諸国家群の政策において、中国の弱点を完全に有利に利用できる積極的な関与者となっていた。ロシアは、貸付金取り決めに参入することを要求し、鉄道建設では特別な権利を持つものと自任しており、中国に圧力を掛ける際に、他の列強と与する準備はできていた。ロシアは、満州鉄道の支配権を拡張し始め、満州に関して領土の主張を全面に押し出すことはなかったが、明らかにその地域をロシアの勢力範囲にあると見なすといった明白な様子が見受けられた。これは恐らく、その地域が自国の国境に近接していたところから、クリミア戦役*の際の北太平洋における英国海軍当局の行動――その行動は不毛に終ったが――以来、言わばロシアが気にしていた英国の影響をそこから締め出したがっていたからであったろう。

* クリミア（Cremea）戦役　トルコ領内の聖地エルサレム（Jerusalem）の管理権をめぐってロシアとトルコが開戦（一八五三年）。一八五四年、イギリス・フランス・サルディニア（Sardinia イタリア北部の旧王国）がトルコに荷担し、旧ソ連ウクライナ共和国南部の軍港セヴァストポール（Sevastopol）を攻囲した戦争。一八五六年パリでの講和条約の締結で決着を見る。

不凍港のロシア海軍基地という夢と、英国の抑制から解放された海への出口は、ついに実現されたかに思われたが、この行動によってロシアは、海運勢力と張り合う羽目となり、日本の野心と対決することとなった。またそれは、中国を疎外する結果ともなったのである。日露戦争が――時に、日本は英国の精神的支持を得ていたが――その結果であった。その結果、ロシアはポーツマス（Portsmouth）条約*によって満州から閉め出され、その地域における権益は勝利者日本へと移譲された。その後、帝政ロシア政府は中国事情に関して消極的となった。ロシアが東方で自らの地位を回復する前に、第一次世界大戦が勃発し、大革命がそれに続いた。アジアの人々にもたらされた革命の影響は、後でいくぶん詳細に亘って考察することとしよう。ここでは、一九一九年七月、人民委員会副委員長・カラハーン〔Lev Mikhailovich Karakhan, 1859-1937――ソ連の政治家、外交官〕が、ソヴィエット政府は自発的に治外法権の権利を放棄し、帝政ロシア政府に不当に奪い取られた権利を中国に返還する用意があると声明したことを言えば、充分であろう。

＊ ポーツマス条約　明治三十八（一九〇五）年、日露両国全権がアメリカ合衆国ニューハンプシャー（New Hampshire）州のポーツマス（Portsmouth）で締結した日露戦争の講和条約。日本の首席全権は小村寿太郎。ロシア首席全権はウィッテ（Sergei Yulievich Witte, 1849-1915）であった。条約の内容は、日本の韓国における権益の確認、ロシアの満州撤兵、関東州の租借権、長春・旅順間の鉄道の譲渡、樺太南半分の割譲などを定めた。

ここで、少しシベリアにおける帝政ロシアの拡大政策の特徴とロシア行政府の政策と海洋の列強、特に英国とフランスの政策との間の際立った相違を考察してみることとしよう。(7) アメリカの立場は、宗教的侵略と教育活動を除いては、常に西洋ヨーロッパ諸国の政策とは異なっていた。ドイツとイタリアは、ある役割を果たすことを願っていた。特にドイツは、指導的役割を果たすことを願ったが、両者は極東地域では後塵を拝し、首尾一貫した政策を行使する時間に欠けていた。ドイツは確かに膠州湾を占拠し、広範囲に亘る権利を獲得はしたが、他の列強の周辺でいささか日の当たる場所を得て、略奪品の分け前に与ったに過ぎなかった。西洋諸国家の政策は、英国とフランスによって先鞭をつけられた歴史的伝統に範例を得ていた。ロシアの政策は、次のような本質的な点で彼らの政策とは異なっていた。

ヨーロッパ諸国家群の間で、ロシアだけが、中国との三百年に亘る接触の期間中戦争に訴えることは決してなかった。阿片、宣教師といったようなことに難癖をつけ、英国やフランスやドイツが、事実上の戦争、あるいは戦争まがいの行為を行う一方で、ロシアは、これ見よがしにお高くとまっていた。ロシアは権益を獲得するにあたっても、強圧的手段に訴えることはなかったのである。

第二には、先にも指摘したように、ロシアの拡張は「(満州問題)が展開されるまでは」中国自身も拡張を願っていた係争中の地域に留まっていた。英国が第一次中英戦争後に香港を、その後フランスがトンキンを——この双方共に歴史的に中国の枢要な部分であった——占拠したり合併したりする一方で、ロシアは沿岸地域へと拡張し、またアムール川の北流域を占領した。この地域は、中国が当然自分たちの保護下にあると主張する領域ではあったが、事実上は中国の占領下にはなかった。このことは、中国当局が、ムラヴィエフとその仲間たちの行動に関しては、ロシアが北京に通報するまで気付きさえしなかったという事実によって証明されたのである。これら二ケ所の占拠に対する中国人の態度は基本的に異なっていた。漢民族が占める領土の場合の中国人の感情は、あたかも中国という己の身の一部を奪い取られたかの感があったが、トランス・アムール(trans-Amur)の領域の場合は、役に立つ類のものでは全くない、権利主張の範疇外であったし、いずれにしろ、中国本土の領土に接して影響を及ぼすものではなかった。

ロシアは満州に関してさえも、疑いもなく積極的政策を取っていたが、帝政ロシア政府は中国人の感情を刺激しないように留意し、北京の宗主権を補完するといった形式で、少なくとも気を配っていた。

こうした二つの配慮よりさらに重要なのは、ロシアは二つの政策——中国に阿片を押しつけることと人身売買——に全く係わることはなかった。その二点は、中国の大衆と政府が遺恨に思い、中国人が口外できないほどの屈辱を中国人に与えたものである。かくも品位を貶められ、悲惨な、中国人にとって面目丸つぶれの状態を引き起こし、軍事的敗北の直接の原因となった阿片取引の元凶は英国であった。「苦力の売買(豬仔)」——すなわち植民地や鉱山への中国人労働者の強制移送——では、再び政府の命令や民衆の抗議をよそに、この新しい奴隷貿易では、時として移送されたものたちの四〇%が途中で死亡した。これにはアメリカも含めて全西洋列強が深く関与した。ロシアは、理由はともあれ、それに何ら加担することはなかった。中国人の感情に激しい怒りを掻きたて、激しく排外的にしたのは、他ならないこれら二つの「毒薬の貿易」と「豚の取引＝苦力貿易」であった。

ここでもロシアは、中国に対する宗教的征服に、意図的に積極的な役割を果したり、その分け前に与ることはなかった。後半の章で、西洋諸国家、特に英国、アメリカ、フランスが、中国を精神的に侵し、社会的、倫理的伝統を覆し、帝国主義と治外法権の権益の名の下に、中国人が全く明確に拒否した宗教を押しつけようとした方向へと導いた、思い違いも甚だしい狂信的行為の影響について検証することとしよう(8)。

最後にロシアは、これ見よがしに一八六〇年の圓明園の焼き討ちと略奪といった野蛮な破壊行為に与することもなかったし、西洋同盟軍が容赦なくドイツが布告した政策を遂行した義和団事件の時ですら、ロシアの使節と軍隊は北京から撤退していた。遠征軍が一九〇一年の四月に派遣された時も、ロシアは参画することはなかった。ロシアの代表は、しばし躊躇した後に、北京の公使館の救援と賠償金の取り立てについて他の列強に協力はしたが、独自の態度を取ったことも注目に値しよう。実際の所、当時ロシアが条約締結以前に軍隊を撤退したことは、列強の非難の的であった。和平議定書のための交渉の最中に、ロシアの代表が中国側の交渉人・李鴻章と直接の接触を維持していたことはよく知られており、李鴻章の宿舎はコサック兵によって護衛されていた。

ロシアの態度は、西洋の見解からすれば「礼儀知らず」と思われていた。ロシアの公使は、英国代表の反対にもかかわらず、「全権議定人」として、李鴻章を認めさせようと躍起になっているかに思われた。事実、ロシアの使節は中国側の交渉人との友好関係を深め、さらに顧問となっていた(9)。また、和平交渉が行われた後、他の列強が報復と懲罰を課すことに熱を入れていた時も、ロシアを代表していたドゥ・ジアー男爵（Baron de Giers）は、「懲罰令」を回避するための助力と数多くの中国人に公的保護を与えるために、進んでできる限りの努力を惜しまなかった。加えて、ロシアの外相・ラムスドルフ（Lamsdorff）伯爵は、サンクト・ペテルブルクの英国の大使に、自国の政府は、「宣教師には何らの関心をもたず」と、したがって、宣教師を襲った者について懲罰を要求する他の列強には与しないことを宣言したことも忘れてはならない。[10]このことは、宣教師を攻撃した者たちの処刑を執拗に求めた西洋列強の要求とは、著しく対照的であることを加えておきたい。

こうした状況下で、中国人指導者の西洋化された教育とアメリカや英国が、引き続く行政機関で行使した影響力にもかかわらず、ロシアに対する中国人の態度は、取り立てて敵意に満ちたものでは決してなかったし、折に触れて中国中に荒れ狂った排外感情にも、ロシアはほとんど煩わされなかったことは何ら不思議ではないのである。

（1） 朔方備乗　何秋濤、*Shuo fang pei shung.* Introduction, p. 5.

（2） Baddley : *Russia, Mongolia, and China.* Macmillan, 1919. London. Mission of Pulilieff and Abbu, pp. 167-8.

（3） John Dudgeon : *Historical sketch of the ecclesiastical, political and commercial relations of Russia—Drawn chiefly from original sourcesf.* Pekin. 1872.

（4） これらの交渉の成功の功績の多くは、疑いもなく中国の代表の主査、索額図（Songo-tu）親王の顧問を務めたガービリオン（Gerbillion）に帰すことができよう。

（5） ベンヨウスキー（Benyowski）は、ヨーロッパの戦争で捕らえられ、カムチャッカでロシア人に投獄されたポーランドの貴族で、地方長官の娘を伴って日本に逃亡してきた。彼は、日本人と極めて親しくしていたように見えたが、彼の持ち前のじっとしていられない性分から、台湾へとさらに進み、その地で支配者としての地位を確立しようとした。その計画に失敗すると、舟で立ち去り、マダガスカルに到達し、その地で自ら王に選ばれた。この王の地位で、彼はアメリカ合衆国を訪れ、新しい共和国と条約を結ぶべく申し出た。彼は王国に戻ったが、フランス人と争って、その後間もなく殺された（一七八六年）。彼の経歴は、ヨーロッパではかなり関心の的となり、コッツェブー（Kotzebue）がドイツ語で戯曲化し、W・レンダー牧師（Rev. W. Render）によって、英語に翻訳された。（一七九八年）

（6） 籌辨夷務始末、の Vol. 8, p. 方清澂、Fang Ching-chen の *Eclipse of Manchuria.* に引用。

（7） ロシアの中央アジアでの拡張はシベリアでの方法とは違ったパターンを取っていた。中央アジアでは、拡張は占領によってであり、ロシアの帝国主義は西洋諸国の帝国主義と類似していた。

（8） 中央と西アジアでは、ロシアの記録はさらに良くない。十八世紀には、ヴォルガ峡谷のタタール族は、特異な蛮行によって宗教的理由から迫害された。

（9） Daniele Vare : *The Last of the Empresses.* John Murray, p. 208.

（10） Bland : *Life of Li Hung-chang*『李鴻章の生涯』、pp. 205-9.

第二章　アジアとロシア革命――その影響

ロシア十月革命がアジアの民衆に与えた影響は、本書の主題とする範疇外ではあるが、その歴史的事件によって掻きたてられた影響力の簡潔な分析は、一九一八年と一九四八年の重大な期間におけるヨーロッパとアジアの関係を的確に理解するために必要と言えよう。この時代に、アジア大陸における西洋の支配は終焉を告げたのであり、最終的に自由を勝ち得たアジア諸国における民族運動が、ソヴィエットの存在とソヴィエット勢力の台頭によって影響を受け、ある時には鼓舞されたが、その影響がどのように作用したかを理解しておく必要があろう。したがって、ここでは、十月革命とそれを動かした思想が、どのような影響をヨーロッパとアジアの関係におよぼしたかを理解する程度に、その問題を論ずることとしよう。

アジアにおけるソヴィエットの影響について一般的考察に入る前に、アジアにおけるソヴィエット前の帝政ロシア帝国の性格について概略を述べる必要がある。ロシア人の中央アジアへの動きは、ウイント氏がその研究の中で指摘しているように、「蒙古からロシア帝国へのモスレム君主たちの忠誠心の転向を受け入れるのと差異はないに等しい」[1]。中央アジアへのルートの主だった遊牧民、コサック族は、二つの大集団に分けられ、その内の一集団は、自発的にロシアの保護を求めた。やがて、たいした戦闘行為をすることもなく、シベリアとヤクサルテス川〔Jaxartes――Syr Darya の古名。ロシア南西部 Kazakstan 共和国南部を流れる。天山山脈に源を発し北西に流れ Aral 海に注ぐ。全長二二一二キロメートル〕の間に横たわる広大な地域が、帝政ロシアの支配下に収まっていた。中央アジアで、実際に組織された国家は、チムール帝国と学問と文化の中心地としてのキーヴァ〔Khiva――ウズベキスタン共和国の Aral 海南部、Amu Darya 河畔の都市〕のカナーテス（Khanates）、ブハラ〔Bokhara――ウズベキスタン共和国ブハラ州の首都〕とコーカンド（Khokand）といったイスラム史上名を馳せた国家のみであった。コーカンドは、やがて合併されたが、キーヴァとブハラは、自分たちの君主に戴いたカーン（汗）のもとに、正式な自治を維持していた。かくして、ロシア帝国は、アフガニスタンとペルシャの最前線まで延び、それ以前には太平洋までさえも延びていた。

帝政ロシア帝国の性格は、英国の帝国主義とは自ずから異なっていたが、次のような言葉で、オーエン・ラティモア*によって巧みに叙述されている。「ロシア帝国は（英国の）寄せ集め的経過によってではなく、結合的経過によって建国された。その領土は広大な延々と続く大陸に横たわり……民衆も領地と同様に結合体である。一般のロシア人は、市民というよりは、むしろ領民であり……非ロシア人がロシア人の地位に引き上げられたのである……それぞれの民族の支配階級の一部がロシアの支配階級の地位に吸収されたのである……」。

＊　オーエン・ラティモア（Owen Lattimore, 1900-89）　アメリカの東洋学者。中国、モンゴル地方に滞在しアジア関係の優れた著作が多い。一九四二年、ルーズベルト大統領の事務的代表として蒋介石の幕僚となる。一九五二年、マッカーシズムの弾劾にあう。

この相違は、民族運動の高まりと共にますます際立ってきた。民族主義の台頭は、英国や他の西洋諸帝国における人種的疎外、支配階級であった人々と支配階級になろうとする人々の愛憎によって加速された。一方、帝政ロシアでは、ラティモアが強調しているように、「民族主義革命を含めて、いかなる形態の革命も、隣り合わせに、あるいは、互いに混在して生存しているロシア人、非ロシア人の双方に影響を及ぼすこととなるのである」(2)。当然のことながら、支配階級は、ロシア人も非ロシア人も、帝政ロシアでは共に結束した。したがって、革命が起きたとき、当初は、エンヴェル・パシャ〔Enver Pasha, 1881-1922――オスマン帝国の軍人、政治家。青年トルコ党の一指導者〕が中央アジアでモスレムの反乱を組織しようとした時には、皇帝の失踪と同時に、アジアの領土がロシアからバラバラに分離してしまうかに思われた。

分離は起きなかった。事実、アジアの民族主義者たちは権力を得ようとした。しかし、ヴォルガ地域、アゼルバイジャン〔Azerbaijan――ロシア、コーカサス地方の共和国。首都 Baku〕、ブハラ、さらに、グルジア〔Georgia――ロシア、コーカサス山脈南部の共和国。首都 Tbilisi〕で、彼らは、あっという間に、ボルシェヴィキに鎮圧されてしまった。ロシアのアジア帝国は現状を維持した。

概して言えば、ボルシェヴィキ・ロシアは、その権威を維持するにあたって、ほとんど余分な紛争を経験することはなかった。革命の大義のために、アジア民族自身の一部の協力を得ることができたのである。(3)

さらに、アジアの闘争に明け暮れる保護領、植民地、半植民地諸国家に対して、ロシア革命は、抗し難い訴えかけを備えた明快な国家政策を持っていたことも忘れてはならない。レーニンとスターリンの連名で署名されたロシア人民の権利宣言(The Declaration of the Rights of Peoples of Russia)は、ロシア人民の平等と主権に加えて、少数民族の発展の自由に対するロシア人民の権利を宣言した。これは、まさに爆弾宣言であり、自由を求めて闘争するアジアの全ての国家が新しい希望に燃えてそれに傾聴した。国家の自決権と少数民族の人種的分離を強調するこの宣言は、続く四半世紀の間に、アジアの世論を形成するに当たって計り知れない影響を及ぼした。

当初からソヴィエットは、また、革命のスローガンとしてのみではなく、帝国主義はそれ自体が資本主義の総括であり、したがって、ブルジョア民族主義運動によるその破壊は、改革の一革新的段階であるという見地から、インド、中国、インドネシア、さらには、インドシナにおける独立闘争を支援すると声明していた。それ故に、支援するに値するのであると。すべてのアジア諸国家における民族主義運動が、単なる革命ロシアの存在によって、精神的活力を得たことは疑う余地はない。インドのように、かなり長期に亘って民族主義運動がすでに存在していた国では、共産主義の論理はほとんど支持されなかった。しかし、インドネシアやインドシナでは、ロシア革命後に独立運動は目覚ましく進展し、共産主義者が解放運動の勢力の中で重要な役割を果たした。こうした国々には、一九二〇年から二三年にかけて共産党が誕生した。インドネシアでは、共産党員は一九二六年頃までにかなりの影響力を及ぼしていたし、時に、共産党員の活動は、その年にジャヴァで胎動し、オランダにむけられた広範囲に亘る治安妨害活動で嫌疑をかけられたのである。インドシナでも、また、その運動は、民族主義者のグループの間に急速に広まっていた。

中国では、共産党は、一九二一年に上海で結成された。しかし、党を結成した小さな集団は、当時の進歩的国家の指導者たちの革命運動に広範に亘る影響を及ぼすことはなかった。このことは、革命の父であり中国の民族主義の代表者・孫逸仙が、力強く復権し始めた中国に対する、西側列強とアメリカの態度を心底見抜くや、公然と次のように述べたことからも判断できるであろう。「われわれは、最早、西洋に目を向けることはない。われわれの顔はロシアに向いているのだ」。ソヴィエットの指導者たちも、また、中国の民族的覚醒の主流は、時に、孫逸仙と彼の政党によって代表されていると認め始め、現地で問題を調査すべく中国を訪れたH・マーリング（H. Maring）の報告に従って、ソヴィエット政府は、孫逸仙と接触するために、アドルフ・ヨッフェ〔AdolfJoffe, 1883-1927――ソ連の外交官。一九一七年には独ソ平和条約の首席代表を務める〕を派遣した。二人の指導者の間で行われた討論は、上海の国際租界の安全な場所で行われ、中ソ協力に関する共同声明となった。この有名な文書の中で、ソヴィエットの代表は、「中国の主要な最も急を要する問題は、国家の統一と完全な国家の独立を達成することにある」との見解を表明した。革命ロシアによるアジアの民族主義に対する支援は、このようにして公然と宣言された。

民族主義運動が享受した付帯的力よりさらに重要な事柄は、主として、革命思想に影響された民族主義自体の性格的変化であった。十月革命以前には、インドと中国の民族主義運動は、リベラルでもっぱら政治的であった。問題は、概ね外国支配からの脱却であった。民族主義運動としての政治的要旨は、議会制自由主義と代議政体に基礎をおいていた。その運動の目的は、明確に社会的でも経済的でもなく、その意味で言えば、模糊として理想主義的であった。ロシア革命は、こうした目的意識を全て変えた。三民主義は、混乱しているかに見えたが、経済的教理を明確にしていたし、その要点は、農民に対する土地問題であった。インド会議派は、政党綱領の前面に、不可触賤民制度廃止を押し出した。これは、それ自体、重大な意義をもつ革命的手法であった。また民族主義運動は、「計画立案」の段階から考慮された。相次ぐ五ヶ年計画の達成は、自国を弱体化し秩序を乱し、従属せしめた植民地機構からの脱却と生産的経済機構を望む全てのアジア諸国家にとって刺激となった。西洋に対する攻撃は、ヨーロッパにとって最も重大な領域——経済生活の分野——に向けられた。アジア諸国は、もはや、ヨーロッパ産業の市場で甘んじることはなかった。数年の計画生産で、ロシアのような「後進」国が、主要な産業国家として浮かび上がった道程が、アジア諸民族に産業の再生と経済的独立の夢を与えたのである。

西洋が長く行使してきた知的支配も、ロシア革命によって事実上覆された。二十世紀最初の二十年間に、デューイ、バートランド・ラッセル、ベルグソンやクローチェのような哲学者、ラスキやコールのような政治思想家、ショウ、ダンヌッチオ、アナトール・フランスやピランデロのような知的指導者たちが大流行した。しかし、一九二〇年代の終わり頃までに、ロシアに始まった革命的傾向を反映して、新しい運動が展開され始めていた。進歩的作品が単なる流行でなく潮流となった。中国の魯迅 (Lu Hsun)、インドのプレム・チャンド (Prem Chand) の出現と共に、西洋文学の一世紀に亘る支配は、終焉に近づいていたと言えよう。

ロシア革命がアジア諸民族の自立的律動を早めたということは誰も否定することはできない。さらに、何らの疑義も抱くことなく西洋から受け入れた数多くの事象の妥当性について、思慮深い人々の心に疑惑を抱かせ、大衆を目覚めさせる手助けとなったことも疑う余地はない。等しく、その一般的影響は、アジアの諸民族にのしかかる西洋の枷を弱めたこともまた確かである。しかし、これら全てを上回る一つの有意義な特質が存在する。言わば、ロシア革命は、それぞれの民族に、異質な影響を及ぼしたのである。社会機構改革がある程度行われ、さらに百年に及ぶ改革の結果、旧い伝統が破壊されてしまったインドのような国々では、ロシア革命のメッセージは、中国やインドシナと同じような効果をもたらすことはなかった、こうした国々では、先に検討したような歴史的背景の故に、西洋は古い社会機構を、何らそれに代わる機構を構築する手助けをすることもなく、単にその転覆に手を貸したに過ぎなかった。かくして、社会的また倫理的無政府状態が創出された中で、ロシア革命の思想は、支配的影響を及ぼしはしたが、インドではその影響を確実なものにし得なかった。イランやアフガニスタンのような国々では、社会機構はどんなに保守的（反動的）であっても統一を保ち、中国やインドと同様の圧力に晒されるようなことはなく、直接的影響はさらに少なかった。かくして、中国や安南の真空状態を満たすかのように浸透してきた共産主義の象徴的現象が見られた。一方、真空状態が、前もって社会の部分的改革と宗教改革によって埋められていたインドでは、共産主義思想は、主として知的展開を示し、西洋の支配を排除する手助けとなった。最後に、ほとんど社会的、あるいは宗教的侵略が行われなかったイラン、アフガニスタンやシャムのような独立国では、共産主義思想は、概して関心を引くことはなかった。

日本の場合は全く異質の範疇に属している十月革命は、日本では何の希望も奮いたたせず、逆に、大変な危機意識を引き起こした。日本は「侵略者」の隊列に加わっていたし、日本の関心は当然の事ながら、西洋に対立するアジアでのいかなる革命も、もっぱら民族独立のためで、社会の過激な変化をもとめるものではなかった。したがって、プロレタリアートへの訴えかけと「被搾取階級」への積極的激励を旗印にするロシア革命は、西側諸国と同様、日本にとっても一種の脅威であった。日本は、ロシアへの介入を最も声高に擁護した国であったし、ソヴィエット領から東シベリアを分離させようと計ったが、不成功に終わっていた。他のアジア諸国家が、最も保守的な国でさえも、西洋との闘争にあって、新生ロシアに同盟の可能性を見いだそうとしたが、日本は、ロシアを国家一大事の最も危険な敵と見なした。この感情こそが、英国とアメリカによる不条理な行為に苦しめられた感情を抱いて、反共同盟でドイツとイタリアに日本を加担させる結果となったのである。

（1） *British in Asia*, p. 137

（2） Owen Latimore : *Situtation in Asia*. p. 17.

（3） 実際に、レジスタンスに遭遇した場所では、ロシアは、無情に抵抗運動を抑圧した。コサック（Kazakh）人民の運命が、その一例である。

第V部　後退するヨーロッパ　1918-1939

第一章　ヨーロッパの内戦（第一次世界大戦）とその影響

一九一四―一八年の第一次大戦は、アジア人の目からすれば、ヨーロッパ諸国家共同体内部での内輪もめであった。この争いで、直接関与を余儀なくされたアジア諸国家は、協約を結んだドイツに敵対する列強（*entente* Powers）に教唆、誘引されたのであり、ひどくドイツ人の恨みを買った。アジアでのこの事件の展開について、総体的な意義を認識するために、当のヨーロッパの争いに関する内面的性格を強調しておく必要があろう。

われわれは、すでに二十世紀の始めにヨーロッパ諸国家が、かってないほどの経済的繁栄と政治的特権に恵まれて世界を継承し、アジアにおける自らの優位性は永遠であり、宿命的に神の摂理のなせる業であるかのように揺るぐことなく維持される、と確信していたことを知っている。それは、まさにキップリング〔Rudyard Kipling, 1865-1936――イギリスの作家。*The Jungle Book* の作者〕の言う白色人種の担うべき義務の時代であったし、東方を無条件に相続の地として確保することは、白色人種の自明なる命運であるかであった。まず第一に、周知の通り、アジアの日の当たる場所に己の場を求めたヴィルヘルム二世統治下の新ドイツの野心というものがあった。かって存在することのなかったある種の矛盾と競合が、東方における英国の権威が絶対視されていたときに、植民地を有する列強の地位をめぐって展開されたのである。中国の分割〔中国語では通常、瓜分〕が、少なくとも勢力範囲にしたがって割譲されることが、最大の目的であったし、領土的また非領土的問題を争う帝国主義者たちが衝突したとき、瓜分はまさに実現寸前であるかに見え、中国は格好の餌食であったが、〔第一次大戦によって〕たまたま決定的執行猶予を得たかであった。アメリカは、当時、全ての領土的権益を放棄し、他国に認められた特権から、最大の利益を獲得する政策に関心があり、中国領土の分割要求を放棄した、非領土的帝国主義の立場であった。したがって、旧体制は、帝国主義者の中でも二組の新来者によって二重攻撃の重圧に晒されていた。ドイツと日本は、領土の支配権獲得を望み、アメリカは中国全土が、等しく、自国にも開かれる事を望んでいた。

ヨーロッパの覇権の第二の亀裂は、極東における一列強としての日本の台頭であった。一八九五年以来、日本は、ヨーロッパ列強と足並みを揃え、事実上ヨーロッパと同一の政策にしたがい、ヨーロッパ列強と等しく扱われることを期待すると宣言した。したがって、形式的には、日本は、同盟軍に参画して中国に対応したが、当初から、極東のどこにあってもヨーロッパの影響力を可能な限り排除することと、富国強兵の目的を持って中国に対処し、集団的ヨーロッパの行動組織を利用していたということは明らかであった。

ヨーロッパ戦争の直接的影響は、アジアにおける西洋の結束に修復不能な亀裂が入ってしまったことであった。こうした事態が発生した大舞台は、もちろん中国であった。一九一四年八月三日、当初、中国は、自国の中立的立場が尊重されるべきであり、外国人に貸与された中国領において、いかなる敵対行為も取ることのないよう求めたが、列強は無法にもそれを無視して、中国の領土保全を尊重することを拒否した。日本軍は、英国の分遣体隊の援助を得て、中国領土に上陸し青島を攻撃して陥落すると、膠州半島を占領した。*日本の当局がひき続き取った異常な行動と中国に押しつけた二一ヶ条は別に論ずるが、ここで強調すべき点は、この行為こそが、アジアの一勢力が、アジアにおける一大ヨーロッパ勢力・英国を始めて駆逐し、以後、アジア情勢に影響を及ぼす立場から締め出し、しかもそれが、英国の積極的援助によって行われたことである。また忘れてはならないが、その英国の援軍を指揮した将軍は、日本の総司令官・神尾将軍であった。

＊ 膠州半島占領　日本がドイツに宣戦布告したのは、一九一四年四月二十三日、神尾司令官が膠州湾岸に上陸したのは、同年七日。さらに十月十一日、ドイツのワルデイック総督との間で正式に日本へと青島の受け渡しが行われ、山東省はドイツから日本の勢力範囲となった。

次いで、時の経過につれて戦闘状況はますます危機的となり、英国とフランスは反ゲルマン主義の怒りも露に、躊躇いがちな中国政府に、次から次へと口実を設けて、ドイツの財産を接収し、中国におけるドイツの影響力をすべて根絶するように扇動した。特に英国は、中国の港湾に抑留されたドイツ船舶の統制に意を尽くしていた。フランスの圧力のもとで、中国におけるドイツの産業、銀行、商館や他の企業は閉鎖された。租界は没収され、もちろん治外法権も例外ではなかった。こうして中国にとって、将来、大いなる利益をもたらすことになった先例が確立された。ついに中国は、同盟国〔Central Powers――第一次世界大戦当時連合国（the Allies）に対抗した、ドイツ、オーストリア、ハンガリー、トルコとブルガリア〕に対して宣戦布告をするように勧められた。

一九一四年、ドイツの侵略者たちがマルヌ〔Marne――フランス北部の県〕に到着したとき、英国の士官に率いられたインド陸軍師団がフランスに急遽派遣され、ドイツ軍の怒濤の襲来を食い止めようと危機に瀕していたフランス軍の救援にあたった。ついで、インド陸軍師団は、多方面に亘ってスエズ運河や中近東の防衛、アフリカの到る所で戦闘活動に利用された。一九一七年、シャムがドイツに宣戦布告をした。インドシナの労働力が募られてフランスで労働に携わった。一九一七年八月十四日、中国も連合国軍に参加した。かくして、アジアのすべての国家がヨーロッパの内戦に引きずり込まれた。しかし、インド、中国、さらには日本においてすら、当時の世論は、同盟国贔屓というよりは、どちらかというとドイツ贔屓であった。インドでは、支配階級の王侯の間を除いては、英国贔屓の風潮はなく、世論はドイツ勝利の一つ一つの報せに喜び、連合軍が勝利した時には落胆した。

中国は、全く不本意ながらも、日本の侵略計画を阻止する緊急目的のために、やっと宣戦布告をしたに過ぎなかった。日本自体は、山東の作戦行動の後に、連合軍に対する感情はとりわけ際立っていた。一九一六年の年末には、英国に対して悪意に満ちた猛烈なプレス・キャンペーンが行われた。実際には、アジア諸国家は、連合軍側で勝利を収めたのだが、東方の世論はいずれの側においても、アジア民族と友好を望むこともない内戦として、その戦いを捕らえていたし、仮に一方の側がアジア民族の同情を買うとしたら、それはアジア征服の前例を持たないモスレムの主勢力・トルコと同盟したゲルマン民族の同盟なのであった。

しかし、アジアの民衆の戦い（欧州大戦）への参画は、広範囲に及ぶ結果を生んでいた。マルヌで戦ったインドの兵士は、数十年の間、公的宣伝で信じ込まされてきた英国人のサヒブ〔Sahib――閣下、旦那〕たちについて異なった思いを抱いて帰ってきた。インドシナの労働団体は、以前には考えもしなかった民主主義と共和制についての概念を抱いて安南へと戻ってきた。当時フランスへと出かけていった中国人の中には、共産党員となって滞在していたが、中国人労働団体のメンバーとして活動したせいで追放された周恩来〔Chou En-lai, 1898-1976〕という名の青年がいた。

こうした影響にも増して重要なことは、アジアのフランスと英国の行政機関が道義的支持を得るために、従属国の民衆に援助を求めねばならなかったことであった。インド人とインドシナ人に、民主主義の防衛のために軍事費の寄付を申し出たり、ドイツの文明（*Kultur*）によって世界が圧倒されることのないように援助を求めることは、自分たち自身が民主主義の契約によって、さらには、文化的自由に裏付けられない限り、奇妙で無神経な皮肉に響いたことであったろう。軍事費の寄付を依頼された上、インド人とインドシナ人は、民主主義を救うために参加し戦うことを押しつけられた時、植民地の行政官自身にとってさえも、自分たちの矛盾した立場が浮き彫りとなっていた。インドでは、戦争の支援が国民的問題と考慮される以前に、政治的問題に関して先立つ同意が必要であると、民族主義指導者は公然と主張した。

政治的には植民地と帝国主義者の立場のいっそうの弱体化が始まったのは、ウィルソン大統領の一四ヶ条*の宣言の結果であった。その宣言がヨーロッパ列強に抑圧された諸民族に、どのような影響を与えたかはともかく、アジアでは、自由を求める運動の教義として歓迎された。全連合国は競って、ウィルソンの新しい信条に対して誓約を宣言した（その後間もなく、それはドイツに対する宣伝運動で当然の「戦争目的」として利用された）ところから、植民地を有する列強は、その信条に基づくアジア諸国家の要求に、面と向かって反対したり公然と拒否するのは難しくなっていた。アジア民族が、ヨーロッパ人と協力し、遠く離れた戦場で戦い命を失うための大理想を打ち立てるべく、民族自決を公言することは困難となったが、たとえどんなに素晴らしい理想であったとしても、ヨーロッパ人は、自分たち自身にそれを当てはめることはできない相談であった。かくして、植民地自治政府が認められ、それに対する要求も、もはや擾乱扇動とか時期尚早といったレッテルを貼って退ける訳にはいかなくなっていた。

* ウィルソンと一四ヶ条　トマス・ウッドロウ・ウィルソン（Thomas Woodrow Wilson, 1856-1924）はアメリカ合衆国第二八代大統領（1913-21）。民主党員（新しい自由）のスローガンの下に政治改革に従事する。第一次世界大戦中、一九一七年にドイツに宣戦布告。一九一八年、国際連盟の組織を含む一四ヶ条を提唱し、一九一九年のパリ講和会議に参画した。ヴェルサイユ条約の規定に従って国際連盟は一九二〇年に成立し、世界平和の確立と国際協力の促進とを目的とする諸国家の団体となり、加盟国五十数ヶ国に及んだが、ウィルソン大統領自身は、アメリカ合衆国上院でヴェルサイユ条約の批准を得られなかった。したがって、アメリカは当初から連盟には不参加。日本は一九三三年に満州問題で脱退。後にドイツ、イタリアも同調した。ソ連も一度は加入したが、フィンランドとの戦いのせいで除名され、遂に連盟は、有名無実の存在となった。

中国には広範囲に亘って、当然のことながら民族自決に即座に適応し得る地盤が存在していた。不平等条約にもとづく法的に無力な地域とは別に、外国人が司法権を行使している地域が存在した。日本の膠州湾占拠は、民族自決の教義からすれば、明らかな侵害であった。中国の関税制限、港湾地区の数多くの居留地、中国本土の外国軍隊駐留地域の維持、こうした全てが、中国の民族自決に影響を及ぼしているかに思われた。

こうした政治的に配慮すべき問題の他に、戦争によって生じた経済力の問題も西洋の優位性を切り崩すのに与っていた。日本は欧州大戦の四年間を、東方における貿易の計画的拡張に利用した。ドイツは競合から排除された。英国とフランスは、全生産体制が戦の勝利を目指して方向づけられた致命的闘争に携わり、その分野（貿易）は、すっかり無防備となっていた。インドは始めて産業化への大道を歩みはじめ、英国の経済権益を引きずりながらも、インドの国民経済は、優位な立場に立っていた。事実、ヨーロッパ資本主義の弱体化の最終的結果は、戦後になって始めて明白となったのだが、比類なきロンドンがアメリカの挑戦を受け、なお強力ではあったものの、インドにおいては防戦一方になっていた。インドにおける資本主義企業の成長、産業の発展、さらに様々な領域におけるインド人の資本参加は、それまでのところ英国人によってジュート（インド麻）のように独占的に扱われていたものが、英国経済の地位の衰退に伴って、直接に影響を受けていた。

一般的特質を持つ二つの別の結果例を挙げてみよう。まず第一に、西ヨーロッパ諸国における強力な左翼運動の高まりは、東方の帝国における様々な事件の具現に直接的影響を及ぼした。英国の労働党は、その成長期にインドの民族主義運動と密接に関わっていた。実際の所、戦後の社会党の党首・ラムゼイ・マックドナルド〔James Ramsay MacDonald, 1866-1937――英国の政治家、首相（1924,29-31,31-35）。はじめて労働党内閣を組織する〕は、当初から闘士の一人であった。同じく安南の民族主義は、フランスの左翼の党と手を取り合っていた。戦争直後、民族問題に顕著な影響力を持ち、後に見るように、旧態依然とした政治支配の絆をゆるめた様々な政策に影響を与えるのに役立っていた。

第二の要因は、もちろん先に別の章で取り扱ったロシア革命の影響であった。

ここでは、十月革命が（欧州）大戦の結果の一つとして、全連合国が目的として受け入れた原則に新しい意義を添えたと言えばこと足りるであろう。帝国主義は資本主義の最後の段階であり、従属国の民族の植民地支配からの解放は、資本主義に対する闘争の一部であるとするレーニンの定義が提示された後には、帝国主義の意味は全く異質の様相を呈していた。

最後に（欧州）戦争は、到るところで運動のペースを加速した。例えば、インドでは、一九一四年には知識階級に限られていた独立運動が、一九一九年には、膨大な大衆を巻き込んだ運動となった。様々なところで同じような状況が見られた。事件の速度は、一九一八年にはほとんど誰も予見しなかったし、誰一人予測し得なかったような弾みを加えていた。（欧州）戦争は、一九一四年八月以前と一九一八年以後の時代を、深淵によって分断する一つの大いなる世界革命であった。

際だって思想の亀裂を示す一事実は、欧州大戦争に続く時代の帝国主義者たちの理想に信念が欠如しているということであった。チャーチル〔Winston Churchill, 1874-1965――英国の政治家、首相（1940-45）〕なる人物の唯一の例外を除いて、英国のどの政党にも白色人種の支配する使命感なる信念を是認した大物は、一人として存在しなかった。インドの総督を継承してきたリベラル、保守、無党派の人物たちは、インドの自由に意を尽くすことを公言した。エドウィン・モンターギュ（Edwin Montagu）からペシック・ローレンス（Pethick Lawrence）に到るまで、また国務大臣、サミュエル・ホーア・テンプルウッド（Samuel Hoare, Lord Templewood）卿のような保守派の忠実な党員をも含めて、自分たちは、インド国民の自由のために努めたのであって、英国の支配を維持するためばかりではないと主張した。フランス人も等しく、言辞は確かに勇ましくはあったものの信念は消え失せてしまっていた。

こうした事態は、中国に対処するに当たってますます際立っていた。以前には厳しく対処したであろうし、そのために、領土や賠償金が取り立てられたであろう事件が、今や単に穏やかな抗議を申し入れるといった問題となるのみであった。蒋介石の軍隊が漢口の租界地を占拠し、香港は何ヶ月も集中的に貿易の排斥運動に晒された。こうした事件は以前ならば、即座に圧倒的海軍力の誇示につながったであろう。一九二六年の英国は、我慢強く交渉する覚悟を心に決めていた。中国の老練家たち(old China hands)ですら、突然のヨーロッパの失墜を残念そうに見守り、クラブで頑迷な保守派〔the Blimps――一般に俗語では「でぶ」の意〕を気取っていたが、二度と再び砲艦を背景にして中国に西洋の権威を再興するなどとは全く考えることもなくなっていた。ヨーロッパの優越感や理想のかけらも、もはや残されてはいなかった。

第二章　インド——英国の後退

歴史的都市・デリーにおけるジョージ五世の戴冠式を祝うためのダーバーの華麗な行列と儀式は、インドにおける英国の絶頂期を示していた。インドの華麗さを背景にして、シャー・ジェハーン〔Shah Jehan, 1592?-1666——インドの Mugul 帝国五代目の皇帝（1628-58?）。妻のために Taj Mahal を建造した（1632-52）〕の大謁見室に腰を下ろし、ジョージ五世は皇帝として、大侯や権力者たちの表敬を受けた。有名な古代の名家の御曹司たちが国王と后の近習として振る舞った。インドの支配者たちは、国王の高級副官としての栄誉に浸っていた。どこから押しても、大衆が認めていることは明らかで、何ら抗議の声など聞かれなかった。それはまさに大英帝国の力と威信の誇示であった。とはいえダーバーの際に発表された声明書には、大衆の抗議に対して、意義ある譲歩決議案が盛り込まれていた。カーゾン卿の政策の傑作と思われたベンガル分割——その地域の民衆がそれに対する根強い抗議運動を行っていた——が却下された。その厳粛で威圧的儀式に参画した誰しもが、当のその日に英国支配の輝かしき時代が絶頂期を過ぎ、三五年後には、英国の旗がその砦から消えるなどとは思いもよらなかった。

状況の変化を思わせる事態が起きたのは、それから間もなかった。数ヶ月後に、総督・ハーディング（Hardinge）卿が、首都をカルカッタからデリーに移し、その新首都を公式訪問をしたとき、ベンガルの革命家・ビハリ・ボースが、一個の爆弾をハーディングに向かって投げつけた。ボースは、後に、日本に亡命し第二次世界大戦中、日本に設立された暫定「インド自由政府」に参加した。一九一四年、（欧州）大戦が勃発したとき、インドは、比較的平穏であった。しかし、戦争が進み影響を受ける可能性がますます鮮明になってくるにつれて、当面の「お家の仕来り」（*Home Rule*）――当時そう呼ばれていた――に対する要求が際立ってきた。国務長官を務めていた保守派のオースティン・チェムバレン〔Sir Joseph Austen Chamberlain, 1863-1937――英国の政治家。ノーベル平和賞受賞（1925）〕でさえも、重大な政治的変革を求められる時代が到来したということを認識せざるを得なかった。インドに関する英国の政治的配慮もまた、この頃著しい変化を経験していた。ライオネル・カーチス（Lionel Curtis）は、「インド人民への責任ある政府についての書簡」と題された有名な政治文書の中で、責任ある行政を伴う議会民主主義こそが、インドにとって唯一の改革路線であり、したがって次の段階は、社会的活動分野の人々への地方の明確な責任の移譲にあると主張した。一九一七年の八月の英国政府の声明は、インドに対する政策を「大英帝国の不可分な立場にあるインドに、責任ある行政府の漸進的実現を考慮した自治制度の段階的発展として」と規定した。

* ビハリ・ボース（Behari Bose, 1886-1944）　インドの民族運動の指導者。一九一五年、イギリスの追及を逃れて亡命。第二次大戦中、インド独立連盟の総裁として日本に協力する。

責任ある行政府という考え方は新たなる出発ではあったが、それは単なる見果てぬ夢に過ぎず、提案された当面の処置は自治制度の開発のみで、それもまた漸進的なものに過ぎなかった。インドでは誰も、その不手際な発言と偏狭な声明に満足した者はいなかったし、その改革案は、その起草者たちに因んでモンターギュ＝チェルムスフォード改革案と銘打たれたが、ほとんど、大衆の支持を得られなかった。しかし、国政の矛盾とは別にその頃インドで目覚しい進歩を見ていた別の分野が存在した。ロイド・ジョージ〔David Lloyd George, 1863-1945――英国の政治家、首相（1916-22）〕がロンドンで編成した戦争内閣に、二人のインド人が任命された。さらにインドは、それまでは共和国の自治会員にのみ参加が許されているに過ぎなかった帝国議会にも招聘された。インドの立場は、和平会議において自らの場を要求し、国際的に自国の直接的権益に影響を与える事態に、多少なりとも耳を傾けさせるところまで進歩していた。

（欧州）大戦が終焉を告げると、一般大衆はその改革の方策にはまったく不満足であったし、モスレムたちは、トルコ人居留地に提案された条件の過酷さに大いに憤慨して、パンジャブ（Punjab）の当局を震撼させた強力な世論が沸騰する中で団結を示していた。地方行政府は、戒厳令をひき、反乱と称して事態を鎮圧するために、極めて過酷な措置をとった。その行動の過酷さは、特にジャリアンワラ・バーグ（Jallianwalla Bagh）の大虐殺は、いっそうインドの大衆を激怒させ、扇動を全国的大運動にと変質させたに過ぎなかった。英国本土でもこの残酷な無法行為は、民衆の良心に衝撃を与えた。（インド）国民がジャリアンワラ・バーグの屈辱に唇を噛み締めていたその頃、他ならないマハトマ・ガンジー〔Mahatma Gandhi, 1869-1948〕が、国家の先頭に立って非協力運動を展開していた。

マハトマ・ガンジーの考え方はシンプルなものであった。彼は、インドの英国当局はインドのあらゆる階級の民衆の協力の下に存在するというところから、その協力の撤回が、必然的に、行政府の息の根を止めるに違いないと説いた。ガンジーは、四億の人口を抱える一国家での協力撤回計画は、まず第一に民衆の覚醒が必要であり、第二に、行動するに当たって倫理的義務を感得すべきであり、第三にその運動は厳格に規律が守られ、統制され、さらに万人に納得のゆく原則に基づくものでなければならないことを認識していた。そうした原則を、ガンジーは、非暴力主義・サッチャグラーハ*の中に見いだしたと主張した。当時、モスレムたちの世論は、西洋連合諸国の間で、トルコの本土を分割するという英国政府の挑発的行動にひどく動揺させられ、カリフ〔*Khalif*——イスラム教国の教主としてのトルコ国王の称号〕復活の運動がインドのモスレムの間で広く支持されていたが、これはガンジーによって民族運動の計画の一部として受け入れられていた。

＊ サッチャグラーハ（Satyagraha）　原義は「真実の把握」（truth-grasping）satya-truth ＋ agraga-clinging。無抵抗非服従運動、一九一九年、M. K. Gandhi によって提唱された抗英闘争の戦術。

非協力運動は、ガンジー氏の指導のもとに、三段階目を経験していた――第一期に、カリフの（*Kalifat*）管区の指導者たちと同盟した時、ガンジーはその運動を開始し、莫大な力を備えた大衆運動にと育て上げた。これは、一九二〇―二四年の間に行われた。第二期は、ダンディー（Dandi）の行進と塩のサッチャグラーハ（一九二九―三二年）と共に開始された。第三期は、一九四二年の「インドを去れ！」（*Quit India!*）の運動であった。ガンジー派の運動は、一九四七年、最後の勝利を勝ち得た。時に、英国は、協定によってインドを去り、一七五七年のプラッシー（Plassey）に始まった歴史の幕は閉じた。

一九一九年以来、時代はまたインドにおける立憲・議会制行政府の発展を経験していた。先に言及したモンターギュ＝チェルムスフォード改革案は、インドの地方行政に部分的責任を伴う議会制行政機構を導入した。

この制度は、両頭政治（dyarchy）として知られたが、広範囲に亘る問題に関して、立法機関の責任を与える人望のある長老の手に監督権を委ねたが、一方「法と秩序」と財政は、引き続き任命された英国の役人の手に握られていた。世論は、その計画を拒否したが、多くの地方で英国贔屓の分子を通して施行された。両頭政治は、地方では一九三六年まで継続され、議会の反対と民衆の熱意の欠如から、さほど顕著な成功を修めることはなかったが、その時期に、さらに、帝国主義的立場から後退を見せていた(1)。

この後退で最も顕著な段階を簡単に述べてみよう。第一に、「インドの中央立法府とデリーの行政府の双方が同意した時には、インドの財政に影響を及ぼす問題には、ロンドンの英国行政府自体は介入しない」、という誓約の下での財政の自治に関する協定である。実質的には、これは、英国の権益はデリーの行政府の政策決定に当たって、インドの権益を無視することは許されないということを意味していた。インドの民族的主張とそれに対応する英国の権益の後退のもう一つは、インドの製造業の差別的保護政策を適用することを受諾したことである。英国自体は、自由貿易政策をいやいや諦め、自己保全の政策を適用していた。したがって、英国は、インドの行政機関が、揺籃期の産業保護の目的で、関税率に関する慎重な政策を打ち出すことに論理的に反対できなかった。鉄鋼、砂糖、セメント、絹、また、綿でさえも関税政策によって恩恵を受け、それらが始めてインドに工業的発展の機会を提供した。しかし、海運業に限って言えば、英国の既得権は、認可されていたいかなる保護条項も防御可能なほど強力であった。

インドのための連邦準備銀行の設立は、ロンドン市場の統制からのルピー〔Rupee――インド、ブータン、パキスタンの通貨単位〕解放の第一段階であった。この期間のインドの銀行と保険業務もまた、インド資本の増大する力の証明であった。

非協力運動が政治的武器として使用した外国商品非買同盟は、ヨーロッパの産業の比類なき支配権が余命幾ばくもないことを知らせるに与って力となった。その結果、インドと英国の資本が、ある種の限られた分野で協力する傾向が見られた。世論の圧力のもとにインドの行政府はまた、鉄道の国有化政策に乗り出していた。二十年間に亘る英国企業の所有であったインドの鉄道幹線は獲得された。このような大市場からの英国資本の排除と国家による鉄道幹線の運営は非常に有意義な展開であった。

行政上の統制管理部門でも、民族主義が着々と進んでいた。インド陸軍は（欧州）大戦以前には、独占的に、英国人士官によって統率されていたが、徐々に圧力に屈して、戦後は、一定期間のサンドハースト〔Sandhurst――英国陸軍士官学校の所在地〕での訓練の後に、インド人の士官候補生に国王の将校任命辞令を認める政策が開始された。軍隊のインド化は、穏健派の一致した要求の一つであったし、一定数の連隊の創設が、議会の圧力の結果として実行に移された。インド独立時代に、インド陸軍の指揮に当たったのは、他ならない第一次世界大戦後に任命されたこうした将校たちのグループであった。英国インド海軍は、一九二四年に創始され、さらに、空軍の創設準備が開始され、双方の分野で、数人のインド人が士官任命の辞令を受けていた。軍事力は、なお英国人が圧倒的であったが、インドの英国当局が依存していた独占は、事実上こうした政策によって亀裂を生じていった。

行政の分野でも、政治的圧力によって、高度な業務にあたるインド人の任命は全体の五〇％に及ぶという状態を確保できた。英国は、いわゆる高度な業務――インドの文官業務、インド警察業務等――を仕切り、統制することで巨大なインドの官僚制度に基づく行政機構を作り上げていた。こうした高度な業務に携わる官僚は、英国で開催される競争試験で募集されたが、十九世紀最後の数十年間にあってさえ、数多くのインド人が採用を確保し得たものの、未だ比率は低かった。戦後、公務員試験はインドでも行われ、公務員の任命の比率が増加するにつれて、緩慢ではあったが、行政府の性格に重要な変化が現れ始めていた。

中央諮問委員会でも、戦後はインド人代表が概ね五〇％を占めていた。ただし内務と財政の重要閣僚は、ヨーロッパ人に占められていた。地方でのインド人比率はさらに高く、時には、財政の重要な役職でさえもインド人に委任された。かくして、行政の分野にあっても、政治や経済の分野に劣らず、一九三五年の行政府のインド統治法によって、インドの民族主義の要求と修正された英帝国の支配権との調和を図るための新しい試みがなされる度に、英国の権威は一歩また一歩と確実に後退していった。

すでに述べたように、一九一九年の改革案は、インドの世論を何ら満足させることはなかった、その結果、ボールドウィン〔Stanley Baldwin, 1867-1947――英国の政治家、首相（1923-29,35-37）〕の保守政府は、一九二八年、問題全体に亘って調査・報告するために委員会の設置を任命した。

この報告書は、直ちにさらなる前進の必要性を認める一方で、地方自治と中央行政のための連邦評議会を伴う限定的自治政府を勧告したに過ぎなかった。もちろん、それは、インド人の期待に遠くおよばず、全党派のさらに厳しい激論に晒された。そうこうする中に、労働党政府がラムゼイ・マックドナルドのもとに権力の座につき、懐柔策として新しい計画が一連の円卓会議の召集によって行われた（一九三〇―三三年）、その円卓会議にはインドとヨーロッパの全ての主要な財閥が参画した。これらの会議の討論に、ガンジー氏傘下の国民会議派は、たった一つの審議会に参加しただけだったが、地方自治行政と君主制国家に基づく連邦制度案の策定への道を開いた。憲法は、大体において、従来、提案されてきたことに関して実質的進歩を示してはいたが、一九三五年のインド統治法に関する行政が議会に基づいているところからして、それは宗教を根幹に据えた封建的支配層の王侯と反動的党派からなるインドの後継政機構を作りだそうとの企てであった。その上憲法は、英国の実業と資本の権益のための特別保護法によって中央政府の監督権に制限を加え、憲法条項に記入する支配階級の藩主と他の特殊な階級の権利を保護し、永久に保持するというものであった。国民会議派は新改革法案を否決し、一九三六年には地方で権力を獲得し、インド統治法が課そうとしていた様々な制限を無効にすることができた。第二次世界大戦が勃発し、立憲的実験が放棄されたのは、会議派の行政が多少なりとも成功裡に地方で機能していた時のことであった。

両大戦の間にインドの英国当局が完全に後退傾向にあったことは周知のことである。帝国支配の旧態な考え方は、第一次大戦と共に消え去り、一九二〇―二九年の間の政治行動の全てが、停滞気味な後衛行動に等しかった。英国当局は、政治的にも経験の上でも優位な立場にあったから、最終的にはインドが獲得するであろう独立を修正し制限しようと企んでいた。彼らは、自分たちの立場を支持する階級と一緒になって利権を生み出すことで、インドの将来を英国の意に適った方策に基づいて遂行しようとした。本来の計画は、インドの領土の五分の二を占める君主制国家を仲違いさせ、彼らを直接英国王室の配下に保持して、インドの統一を覆すことであった。早くも一九一七年、モンターギュ＝チェルムスフォード改革案が討議され、王侯会議（*Chamber of Princes*）の設立への段取りが図られたが、インド独立の問題は実行可能な政治問題の範疇外に思われるとして、当時の中央政府の統制から解放されるべき支配者たちの要求には、呼び水すらも与えられなかった。非協力運動の台頭と広範囲に亘る新民主主義の要請につれて大藩主国の支配者と英国の反動主義者の間で同盟が容易に結ばれたわけであるが、その論理たるや、藩主に関わる宗主権は英国国王の特権である、したがってインドの藩主は英国と結ばれているのであって、インドと結ばれているのではないというものであった。しかし、独裁的藩主の支配的野心と英帝国の権益を結合しようとしたこの試みは、啓蒙された藩主らの反対に遭って失敗に終わった。反対した藩主は、漠然とではあったが、民族的主張に逆らうことは家臣たちに非愛国的であると思われ、インドの統一を破壊しようとする近視眼的努力は長い目で見れば危険であると悟ったのであった。諸州の連合と藩王国で中央に連邦政府を造り上げるという考え方はここから派生したのだが、ここでもまた英国の権益の擁護者たちは、反動的宗教団体と藩主の代表を合わせて大多数を獲得できる中央機構を造りだす方向で自衛手段を探り始めていた。

民族主義者たちの徹底的反対と完全な独立を伴う分離国家を求めるモスレムたちの要求が、一九三五年のインド統治法を流産させる結果となった。英国政府は、自分たちの努力が不毛であったことを認めて、スタッフォード・クリップス〔Richard Stafford Cripps, 1889-1952――英国の政治家、社会主義者。蔵相（1947-50）〕卿を通じて、戦争期間中ある種の臨時的制限を加え完全な支配権の地位の委譲を申し出たが、その計画は役人と当時の総督・リンリスゴー（Linlithgow）卿の非妥協的態度のせいで実現に到らなかった。ついに一九四七年、インドは、モスレムが大多数を占める地域をパキスタンなる新国家を形成するために分離した後に、独立を達成した。インドにおける英国政府の統治は、一九四七年八月十五日に終わりを告げ、英国皇帝はインド皇帝の称号を取りはずした。

（1）　*Working of Dyarchy in India by Keralaputra* (K. M. Panikkar). Bombay, 1928. を参照。

第三章　中　国——復権への戦い

中国における満州帝国〔清朝〕の崩壊に続く状況は、インドにおけるムガール王朝の没落の後に続く状況に酷似している。ムガールも満州も双方共に自分たちが占領した国で全国的君主国家を打ち立て、二百年間、大陸国家に確固とした権威を維持し、諸外国の侵略者を撃退し、海洋国家の勢力と権威を海運輸送の貿易へと限定していた。周知の通り、双方共に主として沿岸地域からの圧力の結果、力の根源を弱体化させられ、国内の経済を覆され、ついには、自国民の目前で権威を失墜し崩壊した。インドと中国双方の事後の成り行きも、また顕著な類似性を示している。中国では、インドにおけると同様、名ばかりの権力者が中央に維持され、業績を上げた将軍たちが、合法的に得た地位で権威を利用して、他者を侵略する口実を設けていた。例えば、北京の権威を利用した中国の安福〔Anfu・地名〕の徒党は、大ムガール帝国の権威を強化すると主張したマラサ（Maratha）族の将軍・マフダジ・シンディア（Mahdaji Scindia）に匹敵する。インドと同じように、中国の地方の総督が軍閥としてのし上がり、税金を徴収して諸外国の列強と関係を結んだ。満州の張作霖*は、デッカン（Deccan）のニザム－アル－マルク（Nizam-ul-Mulk）やベンガルのアリヴァーディー・カーン（Aliverdhy Khan）と同じ型の人物であった。北京の権威が弱体化した後に、地方の行政を取り仕切った数多くの小規模の盗賊や将軍たちは、アミール・カーン・ピンダラ（Amir Khan

Pindara〕、ジャスワント・ラオ・ホルカー〔Jaswant Rao Holkar〕やボパール〔Bhopal――インド中部Madhya Pradesh州の首都〕のドスト・モハッメッド〔Dost Mohammed〕などに相当する。

＊ 張作霖〔Chang Tso-lin, 1875-1828〕 字・雨亭。遼寧省海城の人。軍人・政治家、瀋陽（奉天）を中心とする軍閥の総師。馬賊出身。一九一九年東三省を支配、二六年東三省保安総司令官、一七年北京で大元帥、同年、国民党北伐軍と戦い大敗、二八年、瀋陽に列車で入ろうとした時、日本・関東軍の陰謀にて列車爆破され死亡。

しかし、違いが一つだけ存在する。インドでは、中央政府の崩壊後、東インド会社が台頭した軍閥を徐々に次々と征服し傘下に治めることでインドに英国の権威を確立する一方、（欧州）大戦に続く期間の状況と列強の競合関係が、中国を襲った命運と同様の状況を妨げる結果となった。しかし、日本が満州国に傀儡政権を、北部にはその保護下に地方行政機関を樹立するというやり方で、本土における領土拡張政策が英国のインド征服のパターンを踏襲したことを強調しておく必要があろう。このことは後に論ずる。

満州（清朝）崩壊に続く中国における政治的事件を、予備知識として簡単に述べておこう。一九一二年二月一二日の満州（清帝）の退位に引き続き、南京で急遽召集された革命国民会議によって臨時大統領に選ばれていた孫逸仙〔Sun Yat-sen, 1866-1925〕は、王朝政府が当時頼みの綱としていた袁世凱〔Yuan Shih-Kai, 1860-1916――中華民国初代大統領（1913-16）〕を支持して、自らは退いた。大統領、副大統領、国家諮問委員会と両院が許認可する形式の議会を規定する憲法が三月十日に発布された。一年後に、議会が招集されたが、院内で大多数を占めていた革命派と実権を握る大統領との間で、行政運営を実質的に不可能にしてしまうような争いが展開された。袁世凱は、空の国庫を抱えたままに、また、議会が議事妨害をするといった雰囲気の中で、国内の難事の克服と自己の行政運営に国際的支持を取り付けることを望んで、外資借款交渉といった安易な方法を選択した。これこそ待ち受けていた列強の思う壺であった。列強諸国――英国、フランス、アメリカ合衆国、ドイツ、ロシア、そして、日本は――

全ての借款を提供する独占的権利に関して中国の明確な承認を条件に、銀行共同借款機構（Bankers' Consortium）に必要な貸付金の前貸を、快く認可すると宣言した。列強は保証として、すでに外国人に牛耳られていた海上関税局に管理される塩税の抵当権を要求した。しかしアメリカ合衆国は、当時、選挙されたばかりで、ホワイトハウス入りをしたウィルソン大統領が「貸付の条件は、まさに、中国の行政上の独立を脅かすように思われる」と感じたため、この取り決めの支援から撤退した。しかし、再編された二千五百万ポンドの貸付金は、他の五列強の資本で賄われ、この資金が二ヶ月後に勃発した軍事的反乱の鎮圧に際して袁世凱の助けとなった。

その反乱は、袁世凱に革命党の指導的人物を追放する口実を与えた。その後の袁世凱のとるべき道ははっきりしていた。選挙が命ぜられ、召集された議会では、大多数が袁世凱を国家の元首として選んだ。今や列強は、この上承認を差し控える理由など、全く必要なかった。

まず議会から身を引いて、次いで玉座に自ら登るという袁世凱のお膳立ての詳細については立ち入る必要もないであろう。国内の民主主義的感情は、四年の間に大変に高まりを見せ、袁世凱は洪憲（Hung Hsien）なる皇帝の称号の下に皇帝に選ばれたはものの、反乱のせいで、実際の即位式は延期を余儀なくされた。袁世凱はその後数ヶ月して他界した、一九一六年六月であった。彼の死と共に、軍閥がそれぞれの地域で権力を行使し、続く一一年間、蒋介石*が北伐の後に、全国規模の権威を再構築するまでは、中国には、実質上、中央政権は存在しなかった。名目的行政府が外国人の役人の管理下にある関税行政と塩税のお余りの歳入に頼って北京に存在していた。この危機の時代に、中国は関税、塩、さらに、郵便通信業務を管理する全中国事業機関により維持されていたと言っても過言ではない。

＊　蒋介石（Chang Chieh Shih, 1886-1975）　浙江の人。政治家・中華民国総統。日本の振武学校「留学生の為の陸軍士官学校予備校」卒。第二次大戦中、反共政策を取り、米英両国の援助を得て抗日戦を遂行。後、国共内戦に敗れ、台湾に退き、反共復国を唱

え続けた。

こうした事態は、北京からの撤退後の孫逸仙に組織された国民党（Kuomintang）の勝利の行進によって終止符が打たれた。西洋諸国が袁世凱に提供した支援、特に、銀行の共同借款機構の貸付促進に落胆しひどく傷つけられた孫逸仙は、東京へと退き新党結成を始めていた。この間の彼の理想は日本であったし、彼は日本の政治家からも支援を得ていた。当時の日本に関する彼の見解は敵意あるものではなかった。彼が言うには「日本は、世界列強の中の一つである。日本の国民は古い偏見を棄て、西洋の教訓を得て行政機構を改革し、陸軍と海軍艦隊を編成し財政機構を組織した。しかも、この全てを五十年間でやってのけたのである」(1)。しかしこの見解は、彼がロシア革命の影響を受ける前のことであった。一九一七年、孫逸仙はすでに南部に「行政機構」を造り上げていた。しかし適切な支援を得られず失敗に終わり、彼は上海の国際租界の安全な場所に身を潜めた。一九一九年七月二十五日付けの中国人民への声明文の中で孫逸仙は、自由を求める闘争をするに当たって、ロシアの人民こそが、「唯一の中国人民の盟友であり朋友」であることを確信すると、公然と宣言した。レーニン〔Nikolai Lenin, 1870-1924〕との接触が直ちに計画され、一九二二年、アドルフ・ヨッフェ〔Abram Adolf Abrahamvich Joffe, 1883-1927――ソ連の外交官。一九一七年に独ソ和平条約の主席代表を務める〕が、ソヴィエットを代表して中国を訪れ、一九二三年一月、上海で孫逸仙と会見した。話し合いの結果、ソヴィエットの支援を誓約した共同声明が発表された。この協定の後に広東へと戻った孫逸仙が真っ先に取った行動は、赤軍の訓練と軍事組織を研究するために、蒋介石をモスクワへと派遣することであった。

モスクワから蒋介石が帰国すると、彼の指導の下に黄埔軍官学校（the Whampoa Military Academy）が設立され、ロシア人指導官、顧問、さらに武器供与の恩恵に与った。創設された新軍は、国家統一機関を目指していた。それに加えて政治宣伝機関も付設された。一九二四年、第一回国民党国民会議が広東で開催された。その決定事項には、党に共産党員を受け入れることの一項が盛り込まれていた。新軍が討伐の行進を開始する以前の一九二五年、孫逸仙は他界した。一九二六年までに国民党・共産党の同盟軍は、軍閥の占める中国全土、揚子江南部を掃討し、呉佩孚〔Wu Pei-fu, 1872-1939――山東省蓬莱県の人、北洋軍閥直隷派。蒋介石の北伐に敗れ、北京に隠棲〕を打倒し、漢口を占領、孫傳芳〔Sun Chuang-fang, 1885-1935――山東省・歴城県の人、北洋軍閥の一人〕将軍の軍隊と直接対峙した。孫傳芳将軍は、軍国主義に対する新運動の脅威を知ると、仲間の軍閥の勢力を糾合したが、国民運動の潮流は大きく胎動しており彼と彼の軍隊を併呑してしまった。蒋介石は、太平洋地域のヨーロッパ人の威信の象徴、上海の入り口に立っていた。

この極めて重要な時期の中国とヨーロッパ諸国の関係の予備知識を得るために、その間の事件の概略に触れてきた。基本的には、明記さるべき二つの事柄が存在する。一つは、袁世凱の死から一九二七年の南京における国民党政府の樹立までの、十年余の間、実質的中央政府が存在しなかったということであり、一つには、大衆運動の底知れない、紛れない勢力は、混乱し指導力に欠け明確な綱領もなかったにもかかわらず、国民党が軍閥政体をまるで玩具の大軍のように掃討する余力を持たせ得たということであった。

袁世凱は、自らの政治的威信を犠牲にして、二千五百万ポンドの借款交渉に成功はしたものの、一九一四年のヨーロッパ戦争勃発以前に、自分の政治計画を結実させる時間的余裕を持てなかった。全勢力の集中を求められたお膝元の戦闘（第一次大戦）が、最大の関心事となった英国、フランス、ドイツ、ロシアは、袁世凱を日本と対峙させるがままにしていた。当然の事ながら日本の政治家たちは、ヨーロッパでの戦争を天運とばかりに、中国からヨーロッパの影響力を排除することに努め、アジア大陸の至上権を求めて歩を踏み出していた。口実には事欠かなかった。八月七日、英国の大使は、中国の海域に存在するドイツの艦船の掃討に日本の協力を要請していた。ドイツに対して全面戦争の宣言を要求した訳ではなかったが、日本は日英同盟による自らの責任についていかにも高邁な見解を示すと、朝鮮戦争後のドイツの抗議を思い起こさせるような内容で、ドイツに最後通牒を突きつけ、宣戦布告に踏み切った。日本の行動の事実上の領域は中国であった。その地へ向かって中国の権益には一顧だもせず、日本は、英国当局と共謀し中国領土に上陸し、膠州のドイツ人租界に対して非道な軍事行動に出ていた。ドイツ人租界を占領後、さらにどの程度まで西洋同盟諸国家が中国における日本の政策に介入できる立場にあるかを見極めた後、日本当局は中国本土そのものへと意を向けた。天皇の顧問たちは、今回を除いて二度と再び中国問題を解決する機会は「数百年間は訪れることはあり得ない」ことを確信していた。さらに「中国の現状は計画の遂行に最適である」とも指摘された。日本の指導者たちが決定した計画は、千載一遇の好機とばかりに、直ちに実行に移された。

二一ヶ条要求*（一九一五年一月十八日に袁世凱に提示された）に含まれたこの計画は、常時、包括的に中国における日本の権益の至上権を確保し、中国問題から他の外国権益を排除し、日本の特殊な勢力範囲として山東省、台湾の向かいの福建省を留保し、日本の特別保護区の名の下に満州と東内蒙古を日本統治下に置くことを認めさせ、合同行政機関を通して重要な地域の警察行政の統制を確保するために考え抜かれたものであった。

＊ 二一ヶ条要求　第一次世界大戦中、一九一五（大正四）年に日本が中国に対して権益拡大を求めて強要した、最後通牒を伴う要求状。最後通牒により、山東省、南満州、さらに東部内蒙古、漢治萍（カンヤヒョウ・大総合製鉄会社）公司などに関する利権、また中国の港湾、島嶼の不割譲などの条約を強要した。中華民国はこの不当な要求を自国の恥辱として、当要求を受諾した五月九日を「国辱記念日」としている。

五月七日、エドワード・グレイ〔Edward Grey, 1862-1933——英国の政治家、外相（1905-16）〕卿は真面目くさった顔をして中国政府に対し、日本の要求を受諾するように勧告した。アメリカの態度も等しく奇妙であった。一九一五年三月十三日、ウィルソン大統領の国務長官・ウィリアム・ジェニングス・ブライアン〔William Jennings Bryan, 1860-1925〕は山東省と満州に関する日本の要求に、多々公式的留保条件を付けて、「合衆国は、領土の隣接状況が日本とこれら地域の間に特殊な関係を構成していることを率直に認めるものである」として同意した。こうした言質は、中国でのヨーロッパの道義的威信の失墜を示したものと言えよう。というのは、アメリカも英国も、一方では、中国に日本の条件を受け入れるようにとまで勧告しながら、もう一方では、北中国と日本の特種な関係を認めるとしたあまりにも軽率な同意を示した後、二度と再び以前に維持していた地位を回復することがなかったからである。

強化された外交的立場を利して日本は、袁世凱大統領に決着を迫る時が到来したと考えていた。五月七日、日本は、要求の全条項に対して明白な回答を求めるために、中国に最後通牒を突きつけていた。北京政府は、承諾以外取るべき道はないと判断した。五月二十五日、袁世凱大統領の政府は二つの協定に署名し、一三の覚え書きを交わした、その条約は少なくとも書面上で、中国を日本の保護国の立場に貶めていた。アメリカの国務大臣・ブライアンは騙されたことを知り、両国政府に対して、アメリカは条約の正当性、並びに中華民国の領土保全を毀損するいかなる協定をも否認留保すると通告したが、日本はこの留保を無視した。

条約は日本の天皇と中国の大統領によって批准されたが、中国憲法は、議会による条約の批准を規定していたので、当初から中国のあらゆる世論によって、その条約は無効で、中国政府を拘束するものではないと思われていた。一九一五年から二一年後の二国間の宣戦布告に到るまで、中日関係の歴史は、条約と協定によって獲得したと主張する至上権を実行に移そうとする日本の行動と、それに対して中国人があらゆる手段を行使して力の限り日本の全主張に抵抗した、双方ともに等しく決意に満ち努力の限りを尽したものであり、それは、これらの要求を巡る実録なのであると言えよう。日本の政策の究極的かつ決定的破綻は、中国における自軍の降伏と膨大な資産の喪失ばかりか、満州からの撤退という事態をもたらしたが、主としてその原因は、八年間に及ぶ防衛戦争を中国に戦い抜かせた民主主義勢力の発展に起因していた。日本が犯した過ちは、まさに日本が、ヨーロッパ諸国は中国の独立保全のためには戦うことはないとして、ヨーロッパ諸国の反対を過小評価したことにあったのではなく、日本が、革命が計り知れない力を秘めた解放勢力を有し、袁世凱と彼を受けついだ軍閥に代表された弱体中国は国内で発展する真の局面を示す指標ではない、ということを予見し得なかったことであった。

さらに、アジアにおける日本の政策は基本的矛盾を孕んでいたことをこの場で述べておこう。日本の第一目的は、アジアからのヨーロッパ権益の排除であり、その点ではアジアの大衆の支持と同情を得ていた。これに歩調を合わせて、拡張政策に関してはヨーロッパ列強の利発な学徒でもあり、アジア諸民族へ皇道を広めることが自らの神聖な使命であるかに錯覚していた。インドにおける英国式政策に関する研究に学んで、軍事力と間接統治の方策を駆使して、中国の膨大な資源統制の可能性を思い描いていた。二十世紀の状況の変化をよそに、日本は、インドの複製品を、少なくとも北中国では創り上げることが可能だという想定に基づく政策遂行にあたって、国際情勢を利用することを決意していた。大日本帝国支配の、雲を摑むような幻影は悲惨な道程へと日本を導き、三十年に亘る空しくも必死の努力の果てに、忍耐強く築き上げてきた地位から失墜し、誇り高き民族を外国の支配下に置くこととなったのである。

中国は、列強同盟国に宣戦布告したが、その第一目的は、日本の侵略に対して向けられたものであった。日本は、「中国における政治的、経済的至上権」を求めて、ドイツとの関係を打ち切るために、中国に対する連合国の主張に与することを拒否した。この日本の態度は、ランシング〔Robert Lansing, 1864-1928——米国の法律家・政治家。国務長官（1915-20）〕——石井協定*で決着を見たアメリカ政府との意見交換となり、その協定でアメリカ合衆国は日本の「中国における特種権益」を再確認し、一方日本は、自国の立場で、隣国の「領土権不可侵」を是認することに同意した。しかし、中国の戦争への参画は、北京にとってはある種の成功であった。その理由は、その行動が中国に平和的解決の叫びをもたらしたからである。

＊ ランシング―石井協定　一九一七（大正六）年、臨時特命全権大使・石井菊次郎とアメリカ国務長官・ランシングとの間で結ばれた協定。後のワシントン会議で廃棄。石井菊次郎（1866-1945）は、外交官、駐仏大使。大熊内閣の外相。

ヴェルサイユ会議で、中国は最初、王正廷[*1]に、次いで顧維鈞[*2]と施肇基[*3]によって代表された。母国は統一されてはいなかったが、会議では、中国の代表者は一貫した見解を表明した。その目的は、中国の完全な主権の回復であった。中国の立場は、英国、フランス、またイタリアが、既に、日本による山東省のドイツの権益保持を約束していたところから不利なものであった。しかし、この問題で、領土権を主張しないとする帝国主義のアメリカは、領土の取得は道理に反するとして強硬であった。再び、日本の外交政策は勝利を収めた。それというのも、パリ平和会議は、日本側にただ口約束で山東省のドイツの権益を移譲していたからであった。これを受けて中国の代表団は、ヴェルサイユ条約への署名を拒否した。

＊1　王正廷（Wang Ching-tin, 1882-1961）　字・儒堂、浙江省寧波府奉化県城に生まれる。同盟会以来の国民党員。政治家、外交官、教育者。クリスチャン。日本に二年滞在、アメリカに渡る。米国コーネル大学卒。ヴェルサイユ条約にて功績あり。

＊2　顧維鈞（Ku Wei-chün, 1888-1985）　字・少川、欧名 Wellington Koo。江蘇省嘉定県（上海）に生まれる。米国コロンビア大学卒。駐メキシコ、米国大使（1908）。ワシントン会議全権代表となり、不平等条約に強く反対。鋭く執拗に廃止を要求した。一九二四年カラハンと中ソ協定調印。駐米・国連大使（1946-56）。リットン調査団に対する中国代表。

＊3　施肇基（Shih Chao-chi, 1877-1958）　字・植之、欧名 Alfred Sao-ke Sze。江蘇省震澤（現在の呉江県）に生まれる。米国コーネル大学卒。ワシントン会議では中国代表団首席代表。一九二四年、国際阿片問題会議に全権として出席。駐英・米公使、米国大使（1929）など歴任。

ヴェルサイユの決定は、中国が未だかって経験したことのないほどの全国的規模の運動を巻き起こした。北京の学生たちに先導され、一九一九年五月四日、大衆デモが行われ、日本贔屓の大臣〔曹汝霖、陸宗輿、章宗祥ら〕の屋敷を取り囲んだ。行政当局との間に数多くの事件を引き起こし、首都は大混乱に陥り、北京大学学長〔蔡元培 Tsai

Yuan-pei）は「洪水與猛獣〔洪水と猛獣のぶつかり合い〕」と奇しくも表現した。大衆の同情は明らかに学生側につき、政府はついに自国に新しい勢力が台頭した事を認め、学生たちの攻撃に回った大臣を公然と罷免した。日本商品排斥の声が、国の到るところで響き渡った。事実上、日本に対する反対運動は政府から国民へと移っていた。

　太平洋における海軍力制限に関するワシントン会議*が開催されたのは、このような雰囲気の下であった。中国人は、海軍の軍備に関してほとんど直接的関心を持たなかったが、山東省の問題は、太平洋に影響を及ぼす大きな問題の一つで、会議とは別に特別条約の問題となっていた。アメリカの圧力と中国の交渉人たちの執拗な折衝の結果、以前のドイツの租界は指定された賠償金の支払いに基づき中国へ復帰するという取り決めがなされた。一九二二年十二月十七日、日本軍は山東省を離れ、膠州＝済南鉄道は中国に譲渡された。これは、中国側の最初の外交的勝利であったし、最初の租界の返還であり、日本の侵略の始めての公然たる撤退であった。時に、中国はなお分裂しており、中央政府は全く無能な状態のままに置かれていた。

＊　ワシントン会議（Washington Conference）　第一次世界大戦後の一九二一年十一月から一九二二年二月、ワシントンで開かれた海軍軍備縮小問題と極東・太平洋問題に関して開催された国際会議。イギリス、アメリカ、フランス、イタリア、日本の海軍の主力艦の制限が約された。九ヶ国（アメリカ、イギリス、中国、フランス、イタリア、日本、オランダ、ポルトガル、ベルギー）条約・四ヶ国条約が成立し、日英同盟は廃止された。

　この特異な問題に加えて、施肇基を団長とする中国の代表団は十大原則を携えて、司法権と関税の自治に関する制限の完全撤廃と列強によって主張された特権の廃止によって、国の主権の完全な回復を求める要求を会議の前面に押し出した。ワシントン会議は実際のところ、中国が帝国主義諸国家の告発者として毅然として立ち向かい、列強諸国を抗弁する側に立たせた、始めての国際的公開討論の場であった。実際に、これらの「権益」を進んで抗弁するために立ち上がった者は誰もいなかった。日本でさえ、加藤男爵*を通じて領土拡張を全面的に否定し、一方フランスは、中国国境の不明確さに関して、トンキンについては懸念を持って見守るとあえて述べたに過ぎなかった。この奇妙な見解に対して、顧維鈞は断固として答えた。「中華民国の領土は、我が国の憲法に明確である」。さらに、代表団は、この問題は論外であるとした。

＊ 加藤友三郎（1861-1929） 広島生まれ。軍人、政治家。子爵、海軍大将・元帥。日露戦争連合艦隊参謀長。海相として八八艦隊の実現に努力。ワシントン会議首席全権代表。のちに首相となる。

会議は、また中国問題で踏襲されるべき原則と政策に関して、全列強九ヶ国の間で一条約に同意を見た。その条約の第一項——それを起草したエリヒュー・ルート〔Elihu Root, 1845-1937——米国の弁護士・政治家。国務長官（1905-09）〕の名に因んでルート決議案として知られる草稿に基づいていた——によって、関係する列強は、中国の主権、独立、領土と行政の保全を支持することに同意した。実効ある安定した政府の実現、その維持のために中国を支援すること、全ての国家の商業及び産業に対して平等の機会を有する原則を保持するために、それぞれ自国の影響力を行使すること、未解決の条件につけ込むことを差し控えること、また他国の市民権を奪うような特権あるいは恩典を求めざること。

これらの条項は、中国の主権の保持というよりは、日本の領土侵害に対する諸外国の商業的、経済的権益を保護することを意図していたことは注目に値する。それは西洋諸国家の立場として、共同して自分たちの権益を防御するといった試みであった。とはいえ、その目的がいかに利己的なものであったとしても、中国側からしてみれば、二つの真に実質的な収穫があった。一つは、二一ヶ条要求を葬り去ったことである。言わば日本は、ワシントン条約に署名するに当たって、事実上それら要求のよって立つ原則の放棄を余儀なくさせられた。もう一つは、西洋諸国家の要求についても、条約は、維持できるものなら事態を出来るだけ維持しようとするていの西洋諸国家の単なる自衛行為に過ぎず、中国の権益を従来以上に侵害することにはならかったのは明白であった。

また中国は、首尾良く関税の自治、外国の郵便業務、治外法権に関する諸問題を提起し得たのであった。（欧州）大戦の結果、当時、まともな中央行政府の存在すら危ぶまれた一国の代表によって提示された要求に対応する西洋諸国家の態度以上に、立場の変化を明白に立証するものはなかった。顧維鈞の関税制度の自治の要求に対して、どの列強も異論を述べることはなかった。条約では、中国の関税制度の自治には言及されなかったが、列強は、その総体的問題を討議するため上海で会議を招集することに同意した。中国における郵便代理店業務に関する決議案では、外国の郵便代理店の撤廃を望む中国政府によって表明された要求の正当性が認められ、関係する列強諸国家は、一九二三年一月までに、一定条件の下で特権を放棄することに同意した。

したがってワシントン会議は、ヨーロッパ諸国家撤退の重要な第一段階であり、その後の展開に、見逃すことのできない意義を有している。しかし中国は自らの主権問題に関しては、何ら直接的満足を得られなかったことは確かである。日本の場合、代表は、公然と満州と東内蒙古に関して自分たちの立場を主張さえした。とはいえ中国の外交的立場は大いに改善され、国内事情でまとまりを見せてきた権威に応じて、中国の要求に対する抵抗が減少していったことは極めて明確になっていた。中国の立場は、ワシントン会議後の日英同盟の破棄によってさらに改善され、そのことで日本は、積年の侵略について外交的側面の防御を余儀なくされた。戦後の日本の政策に対するアメリカ合衆国の率直な不信感と反対表明もまた、中国に自己の権益を主張できる立場を回復する手助けとなった。

その後、中国が打開する機会はほとんどなかったが、民族運動の勢力の増大は、対峙する軍閥同士が断続的に内戦を継続していた時でさえ目につくようになってきた。中国にとって次の重要な展開は、ソヴィエットが中国に示していた友情であった。中国へのアドルフ・ヨッフェの使節団と孫逸仙との間の協定についてはすでに述べた。西洋諸国家は孫逸仙と国民党をさほど重要視してはおらず、もっと著名な将軍たちを中国の事実上の権力を行使する人物と見なしていた。しかしソヴィエットは熟知していた。ソヴィエットは、そうした将軍たちは、組織化された民族主義運動が自己主張を始めた時には取るに足らない存在となることを知っていたので、北京当局と実質的交渉を継続する一方で、国民党との政治的な関係も展開していた。北京の外務省とカラハーン〔Lev Mikhailovich Karakhan, 1889-1937――ソ連の政治家・外交官〕によってまとめられた協定の下に、ロシア政府は、租界（利権）を放棄し、治外法権も棄却し、西洋列強とのこの種の論戦にかかわる中国の立場をさらに強力にしていた。

中国の増大する力は、（上海）租界の警察官がデモ行進に参加している学生に発砲した一九二五年五月三十日の上海事件に引き続く激動の間に、目覚ましく展開された。宣伝があらゆる港湾都市に広がり、英国の駐留軍が、中国のデモ行進の参加者たちに発砲した広東ではなおさらであった。中国人たちは、香港の港湾封鎖や英国商品の不買運動によって一年以上に亘って報復を繰り返した。

取り分け有意義であったのは、こうした香港の港湾封鎖、英国商品不買運動や英国に対する熾烈な宣伝活動にもかかわらず、中国人に実質的報復が行われなかったことであった。一九一四年以前なら、そうしたデモ行進への返事は砲艦外交によって返ってきた。ロシア革命以前の清朝宮廷は、最も過酷な罰金を課されて脅迫されたものであった。しかし、一九二五年、公然と敵対行為が続けられていた時に、英国は、関税自主権を中国に返還する手段を講ずるために、北京での会議に参加していた。列強の中国撤退は総崩れとなった。中国の歳入のために、実質五％の関税を確保する関税表を改訂する税率改定委員会が上海で開催された。しかし中国は、一九二五年の会議で、関税問題での主権回復を目指していた。

一九二五年十月二十六日、北京で本会議が開催された。中国代表団の団長・王正廷の要求は簡潔そのものであった。それは一九二九年一月一日までに、全ての関税制限を撤廃することであった。これは列強によって「原則的に」承諾され、後に拘束（力のある）決議（a binding decision）として列強に受諾された。ワシントンで同意を見た関税率が、直ちに実行に移されるべきであるという決議も採択された。

ワシントン会議の決定にしたがって、平行して治外法権に関する委員会も北京で開催された。しかし、広東の民族主義者たちは、それは討論に値する問題ではないと思っていたし、中国法廷の運営に異議を申し立てていた列強は、中国の主権を否定していた。治外法権に関する委員会は、当問題について報告書を作成し、一連の改革案を勧告した。勧告事項が遂行された時に「列強は各自の治外法権の権利放棄に際して安全を保証される」とされた。

その間に、中国の国民政府が実現し、中国在住の外国人の特殊な立場を容認できるような雰囲気にはなかった。南京、漢口、さらに揚子江流域の他の地域で、民族主義者たちの軍隊が外国の居留民と衝突した。当時の民族主義者たちの総体的態度は、こうした問題を直ちに力で切り抜ける決意に溢れていた。しかし、蒋介石の左翼分子との決別と革命の自由主義的民族主義政権への移行（一九二七―三六年）の後、ある種の警戒感がその交渉に付き物となった。国民党のその後の記録は、最初の十年間の行政上の際だった業績、特に中国の主権回復の分野において忘れられてはならない。これら諸問題は現代史に触れるので、ここでは論ずることなく単に要約するに留めよう。

南京に遷都したこと自体が、列強の立場に深刻な危惧を与えていた。南京には自衛の守備隊、警察、さらに防衛措置を備えた「公使館地区」は存在しなかった。広大な庭園、宮殿や他の全ての尊厳を示す環境は、このたった一つの行為（遷都）によって、一夜にして消えてしまった。一九二八年、日本を除く全列強諸国が中国の関税自治を容認し、通常の相互無差別の条件と各々自国に対して最恵国待遇を得たのみであった。ある列強は、特にイタリア、スペインとポルトガルは、原則として税金を支払うことに同意した。日本についても、条約改定措置の問題が取り上げられた。ぎりぎりになって日本は関税率の改定を承認したが、一九三〇年五月六日、別途の条約を結ぶに到り、三年間の互恵仮条約によって貿易権益を保全した。

同時に、さらに難解な治外法権の問題も国民党政府によって取り上げられた。一九二九年四月二十七日、中国政府は、アメリカ合衆国、英国、フランス宛に同一の覚え書きを送付し、中国の主権に関する制限を「できる限り速やかに排除さるべきこと」と要求した。三大列強全てが、自国の権益を放棄できるように、一九二六年の委員会の勧告が履行されるべきであるとの公式見解を発表した。その委員会に、国民党は参画していなかった。中国政府はこの立場を論駁したばかりか、適用不能となった条約に関して国際連盟が勧告することを認めるという条項の下に、国際連盟にその問題を提起した。同時に一九二九年十月二十八日、政府はある指令を公布した。その法律は一九三〇年一月一日以降、中国領土内の諸外国全体に適用されると宣言し、また同時に列強の望むいかなる申し立てをも討議すると申し出た。列強の回答は、「一九三〇年一月一日は、治外法権の段階的放棄の過程が、原則として開始されたる日として取り扱われる」ことに喜んで賛意を表明するというものであった。

またこの期間中に南京政府は英国から、漢口、九江（Kukiang）、鎮江と廈門の英国租界の中国への明け渡しを確定した。威海衛もまた返還された。上海、天津、国際租界、及び北京の公使館領地の特別区域を除いて、中国は実質的に本土からの西洋権益の撤退を確かなものとした。中国は、なお残された二つの大きな課題、揚子江と国際租界ならびに各国家の租界における戦艦を含めた外国船舶の中国国内の水路の利用と治外法権の完全放棄の件を、北方で日本との間に展開されていた危機的状況のせいで取り上げられなかった。日本と中国の関係は、そのどちらかの国の関係が西洋に影響を及ぼすものでない限りこの研究課題の範疇に適合するものではない。簡潔に言えば、一九三一年の日本の満州介入が、蒋介石に西洋諸国家へと支持を求めるよう方向転換をさせ、その結果しばらくの間、蒋介石は国民党が一九二四年以来一貫して取り続けてきた敵対的態度を和らげ、ヨーロッパに対して協調政策を取り始めざるを得なくなっていた。

南京の国民政府が諸外国政府と条約を交渉していた一九二七年と一九三〇年の間、国民党政府が主張していた中国の統一支配は、実質的というよりはむしろ名目的なものであった。張作霖が、一九二八年の死に到るまで満州を実質的に支配し、さらに彼の息子、若き将軍・張学良[*1]は、しばらくの間、日本贔屓で反ロシア政策を遂行していた。「キリスト教徒の将軍」馮玉祥[*2]と山西省の軍閥・閻錫山[*3]は、南京政府の受け入れを拒否し、自分たちの権力失墜を懸念した小軍閥の支持を得て、北部に一政府の成立を画策していた。一九三〇年、六ヶ月におよぶ戦闘の末、蒋介石は、「若き将軍」張学良が民族主義者の側に立つと苦渋の決定をした結果、やっと反乱軍を追い散らした。若き将軍は、南京救出に馳せ参じたばかりか、満州独立の政策はもはや不可能で、中央政府の支配の下に広大な地域を置くことの方が愛国的でもあり賢明でもあると自覚したかに思えた。一九三〇年十月九日の国民党への張学良の接近は、中国統一と過去の歴史的領土をめぐる国民党支配を受諾した最も明確な証拠であったが、日本が看過することのできない事件であった。日本は、満州侵略をもってこれに答えた。

＊1　張学良（Chang Hsueh-liang, 1898-）　軍人・政治家、張作霖の息子、父の死後、東三省の実権を握り日本の反対を退けて国民政府と一緒になる。満州事変で東三省を追われ、西北掃匪副司令官となり、抗日救国を要求して蒋介石を軟禁（西安事件）。国共内戦後台湾に逃れるも、事実上軟禁。

＊2　馮玉祥（Feng Yu-hsiang, 1880-1948）　安徽省巣県の人、軍人・政治家、蒋介石の北伐に呼応したが、日中戦争後、内戦反対と反蒋介石政権となった。李徳全は彼の妻。

＊3　閻錫山（Yen Hsi-shan, 1883-1960）　政治家、日中戦争後、台湾に逃れ、国民党政府行政院長（1945-50）。

（1）　孫逸仙：*Memomoirs of a Chinese Revolutionary*. London, pp. 114

第四章　日本――列強との訣別

一九一二年、封建時代の国際的孤立から、前例のない権威と力を有する地位への台頭を経験した明治天皇は、自己の偉業の全盛期に逝去した。当時の日本の国際的立場は栄えある威信に満ちていたし、西洋の列強は日本の政策に関して際だった疑惑と不信感を示すことはなかった。事実、列強は己の難攻不落の立場に、絶対の確信を抱いていたところから、国際外交場裡への日本の参入を憤慨するというより、平等な一大勢力としてむしろ歓迎していた。優越感を抱きながらも友情と敬意を払って、英国は、もともとは自らの立場とロシアの勢力との均衡を計るために東方の同盟国を激励し、朝鮮合併と日本の満州におけるロシアの権益収奪を黙認した。一九〇七年の英露の意志の疎通が、本来の日英同盟の目的を暫時弱めたとはいえ、ドイツの海軍力の台頭に続く国際情勢の悪化が、英国にとって日英同盟の価値を低減するどころか高めていた。ドイツは、膠州湾にかなりの勢力を備えて自国の立場を確立していたし、また太平洋に一群の島とパプアに大きな領地を有していた。欧州大戦に際して、太平洋におけるドイツの立場は、英国にとって致命的なものとなりかねなかった。したがって、欧州大戦の際の極東における英国の権益の防衛にとって、日英同盟は特異な意義を持っていたのである。

(欧州) 戦争が勃発すると、日本は、目ざとくもその戦争が日英同盟の名の下に平和を標榜しつつ進み出て、極東問題で指導的立場を得るために与えられた僥倖であるかに認識していた。英国の不承不承の同意を得て、日本はドイツに宣戦布告(一九一四年八月)したが、ロンドン当局は、日本の行動範囲を快く思ってはいなかった。英国はその段階ではただ単に、中国におけるドイツ海軍と陸軍の勢力を日本が除去することを望むだけで、ドイツへの宣戦布告を口実に日本がさらに南方へと行動範囲を延長することを望んではいなかった。他国の疑心を躱《かわ》すために、英国の外務省は声明を発表して宣言した。「日本の行動は、太平洋の日本の航路の守備に必要な程度までであり、支那海を越えて太平洋へ、また中国の西方に向かうアジア海域を越え、東アジア大陸のドイツの占有する領地を除いて、いかなる外国の領土へも延長されることはないと了解済みである」。しかし日本は、この一方的宣言を、何ら自分たちを拘束するものとは見なさず、日本の一艦隊が南太平洋のドイツ所有の群島の前に現れ〔一九一四年十月、第一艦隊、ヤルート島に上陸。ドイツ領南洋諸島を占領〕、伝えられるところでは、マキシミリアン・フォン・スピー(Maximillian von Spee)提督のドイツ極東艦隊を追跡したと言われる。

青島の占領と中国のドイツの勢力排除に帰結した山東省での軍事行動の後、日本は周知のように、中国における至上権を得るための立場を確立するのに懸命であった。日本は、ヨーロッパ諸国は西方で激烈な戦争に明け暮れていたにもかかわらず、間もなくヨーロッパ諸国家が一致して日本の行動に反対の立場をとり、英国は日本の政策に公然と反対こそしなかったものの日本との「同盟」は歓迎されていないことを知っていた。そこで日本は、全ヨーロッパ諸国の首都において個々に、列強から中国における日本の行動の是認、言わば自国の大望のために一種の「憲法的勅令」〔pragamatic sanction——皇帝の発布する諸勅で国家の基本法としての性格を持つ〕勅定典範・国本勅諚を取り付けるための猛烈な外交活動に乗り出していた。他の列強の合意を得ると、日本はアメリカに注意を向けた。石井子爵に率いられた特命全権使節団が派遣され、協定〔前出の石井—ランシング協定。一九一七年十一月締結〕が締結されて、両国は門戸開放政策を堅持するものであり、中国の独立と領土保全を脅かすような特種権益、言わば、特権の取得に反対することを再確認する一方で、「領土的近接が国家間に特殊な関係を作り出すが故に、アメリカ合衆国政府は、日本が中国において特に日本の領土が隣接する地域においては日本の特権を認める」ことを是認した。この協定の矛盾（自家撞着）が、（欧州）大戦後に続く十数年に亘って、日米の間に展開された熾烈な敵対行為の萌芽となったのである。日本はこの協定で、アメリカが満州と内蒙古における日本の特権を認めたものと理解した。アメリカは、日本が明瞭に中国の独立を脅かす権益、すなわち特権を要求しないものと思っていた。日本の見解からすれば、日本の至上権は少なくとも北支（北中国）ではその協定によって是認されていた。アメリカの見方からすれば、中国の主権を侵し、アメリカが擁護者であった門戸開放政策の原則を脅かすような権益までも認めてはいなかった。

日本は袁世凱との協定の下に、自国が主張した権益に関して、関係する列強諸国の外交的承認を確保できたことに満足して、（欧州）戦争でいっそう重要な役割を果たすべく身構えていた。英国とフランスは、一九一七年以来ドイツが開始していた危険な潜水艦作戦行動に対して、地中海で海軍の救援を迫られていた。開戦当初、英国がいやいやながら中国外部での日本の行動に賛意を示し、事実日本はこの限界に同意しているという印象を世界に与えていたので、日本に対して地中海に兵力の派遣を依頼すること自体気詰まりなことであった。しかし日本は、英国とフランスが赤道以南に位置するドイツ領有の群島に対する日本の要求を支持すると言う条件で、艦隊を派遣することに同意した。この同意の下に日本は、佐藤提督の指揮下で巡洋艦・明石と三駆逐艦隊を率いて地中海に入った（一九一七年六月）――この重大な歴史的事件については、いささか詳述を要すると言えよう。

ヨーロッパの戦艦が、十六世紀当初からアジア海域を支配している間、ヨーロッパ海域へ入ったアジアの艦船は、一隻も存在しなかった。大トルコ艦隊は、ハイルッディン・バルバローサ（Khairuddin Barbarosa）の統率下で、一時期、地中海を支配したが、実際には、レヴァント（Levantine）人の艦隊であって、アジア人の艦隊ではなかった。

インド洋と太平洋における西洋海軍の支配は、一五一〇年、アフォンソ・アルバケルクに始まったが、実際には、津島海峡の海戦で始めてアジア艦隊の挑戦を受けたのである。次の階梯は、ドイツ太平洋艦隊の追跡〔一九一四年十月〕であった。今やそのおよそ二年後に、アジアの一艦隊が海戦の戦闘行動を取るためにヨーロッパ海域の心臓部へと航海して入ったのである。

（欧州）大戦後、日本は、勝利に関与した大列強の一国として、ヴェルサイユ会議の場でアメリカ、英国、フランス、さらにイタリアと同等の地位を提供された。だが待ち受けていたのは幻滅であった。会議を仕切ったウィルソン大統領は、日本の要求に対して執念深い敵意を示した。英国とフランスは分け前を用意し、日本の要求に対して、どちらかというとしぶしぶ支持を与えはしたが、アメリカ大統領は、日本の要求は倫理的に間違っており政治的に非道であると考えると糾弾した。同盟諸国の支持を得て、日本は名目的には点を稼いだが、アメリカの支援を得て中国が条約調印を拒否したところからその問題は治まらず、後日早々に機会を見てアメリカがその問題を持ち出すことは必至だった。

次の方策はワシントンで取られた。（欧州）大戦は、ヨーロッパからアメリカへと、最初の重大な政治的勢力の推移を示していた。戦後のアメリカの意見は、太平洋における闘争を予見し始めていたところから、日英同盟に対してますます批判的になっていたし、ワシントンは太平洋における抗争を予見し始めていた。赤道以南の群島への日本の拡大政策は、アメリカが戦争期間中に既に感じ取っていた日本の政策に対する疑惑と不信感を増幅させていた。アメリカは、日英同盟こそが北支における日本の侵略的外交を擁護し、日本の権益を制限するアメリカの意図を妨げていると感じていた。日英同盟は、ドイツの脅威が差し迫ってきた一九一一年に更新されたのだが、一九二一年には消滅することになっていた。英国自体でも、ドイツの脅威が今や除去されたからには、東方における英国の行動の自由を束縛するアジアの一国と同盟を継続するのは無意味であるとの感情が盛り上がっていた。カナダでもいくぶんアメリカの感情を反映してか、日英同盟の更新に激しく反対した。カナダの首相、アーサー・メイエン（Arthur Meighen）は、日英同盟の撤廃を激しく主張し、帝国議会において、日本を敵に回した時の東方における英国権益への事の重大性を危惧したロイド・ジョージ〔David Lloyd George, 1863-1945——英国自由党党首。首相1916-22〕やチャーチル〔Sir Winston Churchill, 1874-1965、英国首相（1940-45,1951-55）〕の公然たる反対にも対立し、自分の考え方に多大な支持を得たのであった。その会議で宣言された目標は、太平洋における軍備制限であった。南方への日本の拡大にともなって、日本は遠隔地の権益防御のため海軍力の増強を余儀なくされていた。こうした状況下では、海軍力増強の軍備競争は国際協定による以外に回避は不可能であった。

したがって、ハーディング〔Warren Gabriel Harding, 1865-1923——米国第二九代大統領（1921-23）〕大統領は、太平洋問題を討議するための会議〔ワシントン会議〕に、直接関係する諸国家を招聘した。日本は、それが日本を孤立化させ、中国と関係するあらゆる問題、特に山東省の居留地問題を持ち出して日本の活動を制限する計画であると認識していた。そこで日本は、特定の列強にかかわる特異な問題、例えば既成事実に関するような問題は、会議では提起しないことを明確にした後、始めて、アメリカの招聘を受諾した。日本は今やその方式で、ヴェルサイユ条約に基づく山東省の権益の防御と、特定の列強に特に関わる問題の範疇に含まれる満州での日本の立場を擁護することに専念した。

アメリカの目的は、会議の総会でヒュージ（Hughes）国務長官によって多少なりとも率直に表明された。日英同盟に対する攻撃は、英国が気を入れないばかりか四大列強太平洋条約〔the Four Power Pacific Treaty——一九二一年八月、米国の日本招請に回答〕の提案にもその同盟を更新しないとの弁明が盛り込まれていたところから、圧力を掛けられることもなかった。四大列強太平洋条約によって、英国、アメリカ、フランスと日本は、太平洋地域における相互の権益と立場を尊重し、交渉によっていかなるなる争点も解決するということで同意した。この協定に基づいて、日英同盟には終止符が打たれることとなった。五ヶ国海軍条約〔the Five Power Naval Treaty——海軍軍備制限条約・一九二二年二月〕が、英国・五、アメリカ・五、日本・三の包括的比率で締結され、太平洋における海軍基地の増強は、パナマ運河地帯、ハワイ諸島とアラスカを除いて行われないと規定された。

その会議で中国問題が取り上げられたことはすでに言及した。中国にとってワシントン会議は転機であった。なお中国を拘束する複雑な条約機構が残っていたがかなり緩和され、山東省の居留地は別として、長い間、不可侵と思われていた関税自治と治外法権の二大問題が白日のもとに晒され、早期討議の議事日程に組み込まれた。日本にとっても、等しく転機であった。日本は、ヨーロッパ諸国が以前の同盟国も含めて、自国に対してブロック〔bloc 同盟〕を形成し、外交的に孤立化させられたことを実感していた。四ヶ国条約（the Four Power Treaty）と海軍協定で、一時的には、日本の立場は防衛されたが、太平洋でのアメリカの主導権は確固として形成され、将来、日本が全西洋の団結した反対に立ち向かう覚悟をしなければならなかった。

この困難な状況下で、日本は踏襲すべき唯一の政策を決定した。すなわち国際情勢の新しい局面が日本に新たな同盟国をもたらすまで、自国の立場を防衛できるように国力を増進することであった。日本は、一大工業国となるべく、他国に依存せず空・海軍力を増強し、食糧生産を増大し、貿易を向上させるためにあらゆる努力を尽くして奮闘した。あらゆる方面で国力増進を指向した計画経済が導入され、首尾良く遂行された。しかし、日に日に日本の指導者たちには、鉄、石炭の適切な資源もなく、食糧供給の保証もなくしては、自国の立場はひ弱な状態から抜け出せないことが明白となっていた。そうした資源は、日本がすでに居を構え、特殊な立場を主張することのできた広大な領地・満州でのみ取得可能であった。かくして満州に目を向け、日本はその地を自国の貯蔵庫と兵器庫にすることを決意したのである。

革命に続く十数年間は、中国の万里の長城の北に横たわる広大な領域は、張作霖将軍の支配下であった、彼は、当初から奉天（Mukden）における自分の独立した立場は、日本当局と関東軍の支持にかかっていると自覚していた。したがって表向きは日本の立場に同調するかに見えた張作霖が満州軍閥である限りは、日本は戦略的、経済的計画達成のために満州の権益の取得と確保に直接介入は不必要であると日本政府は認識していた。国民党が台頭してくるまでは、状況は深刻な問題を提起してはいなかった。満州と内蒙古は、事実上日本の保護領に組み込まれていた。しかし、南京の中央政府が成立し、その組織に張作霖の息子で後継者であった張学良を取り込もうとした中央政府の企てが明らかになるにつれて新しい局面がもたらされ、日本がポーツマス条約〔一九〇五年九月〕に続く四半世紀の間に構築してきた機構の、まさに基盤そのものを脅かすかの様相を呈していた。中国は、一九二九年から自己資金のみで三つの鉄道路線の建設を開始していた。二つの新しい港・営口（Yinkow）と葫蘆島（Hulutao）が内陸と連結する大連（Dairen/Talien）との競合を目指して開港され、それによって、日本が運営する鉄道路線の価値の低減を計った。ついに一九三〇年、張学良が蒋介石・国民党と運命を共にすることを決意したとき、日本はおとなしく自国の立場を放棄すべきか、権益を擁護して戦うべきかの二者択一を迫られていた。

日本は戦いを決意した。南満州鉄道の爆破が格好の機会を提供した。一九三一年九月十八日、日本は奉天を占領した。数日にして、満州の全戦略拠点が占領された。中国は国際連盟に提訴し、日中関係は再び国際的重大問題となった。日本の回答は、その問題は純粋に極地的なものであり容易に直接交渉によって解決できるというものであった。国際連盟での外交合戦は、何の結論も得られないままに延々と続いた。討議の第一段階での唯一の重要な結論は、審議会の審議におけるアメリカ合衆国の、参加メンバーではなかったが、オブザーバー的な参加であった。そこで再び日本に対する西洋の団結が強調された。

その年の末までに日本は満州の大部分を占領し、日本の都合のよいように中国の団体を組織し始めていた。一九三二年一月二十八日、上海の日本人保護と公式に扇動された不買運動への報復を理由に、海兵隊が上海に上陸し、閘北（Chapei）の中国軍に攻撃を加えた。この事態は当然、西洋の列強の間に紛糾を巻き起こした。列強は、それまで自分たちの領域と思っていた地域を日本が攻撃したと感じていた。列強の抗議にもかかわらず、日本の陸・空軍がその戦闘に加わった。アメリカの国務長官・スティムソン〔Henry Lewis Stimson, 1867-1950〕は、日本に対して九ヶ国条約の公式な発動を要求した。

事実、アメリカの政策は新しい方向を見せていた。スティムソンは、満州に関しては非承認主義をハッキリと声明し、事実上状況のいかなる合法性をも受け入れられないし「中華民国の主権、独立、あるいは、領土的、また行政的保全に関与する事柄も含めて、中国におけるアメリカ合衆国とその市民の条約上の権利を犯す政府、あるいは、代行者によって締結されるいかなる条約や協定も、……さらに、パリ協定の契約条項と義務に反する手段によりもたらされるいかなる事態も条約も協定も承認するつもりはない」と強調した。上海で事件が起きると、直ちにアメリカ合衆国は旗艦・ヒューストン（Houston）号を駆逐艦数隻と歩兵一個大隊と共に「予防手段として」急派した。九ヶ国条約の発動の企てに失敗した後にアメリカ艦隊は、不気味にもハワイに集結させられた。

日本に対するスティムソンの高まる敵意は、公式声明なるお定まりのアメリカ式手法で、世論誘導をさえ試みたのであった。一九三二年二月二十三日付けのボラー（Borah）議員宛の書簡の中で国務長官は、共同声明を出そうとする自分の意図は、ジョン・サイモン（John Simon）卿に却下されたが、国際連盟の総会で触れることになる「特定の国家に対する、将来起こり得る行動に関する提言」であり、「中国への激励と日本に対する警告」を意味するものであると説明した。国際連盟はアメリカの主導権の下に、日本に対してますます敵対的行動を取り始め、非承認主義の受諾をほのめかす決議を可決し、上海における敵対行為の停止に関する報告をし、さらに、「必要と思われる緊急手段を提案するため」の委員を任命した。

アメリカは、再び西洋列強諸国間に、日本に対する強圧的一致統合を促した。上海問題に関する日本の態度は防衛的行動であり、何ら政策的変化を伴うものではなかったところから、日本は停戦〔日中停戦協定調印、一九三三年五月〕を取り決め首尾良くまとまり停戦が遂行されると、三月四日に兵力を撤退させた。しかし、満州に関しては日本の立場は異なっていた。日本は領土を占領すると、満州独立の運動を組織し始めた。この政策を擁護するためのもっともらしい合法的状況が存在した。本来満州は、ノルマンディーが英国の一部でないのと同じように、中華帝国の一部ではなかった。中国を征服したのは満州であって、その逆ではない。したがって満州帝国（清朝）が滅びた時、中国の他の部分と満州を統合するという主張には「合法的根拠」は存在しないし、事実、第一革命（一九一一年の辛亥革命）以来一九三二年に到るまで、満州の太守の地位は多少なりとも北京から独立していた。日本の政策は、満州の主張、すなわち、溥儀皇帝の継承権にもとづく合法的権利の要求を復活させることにあり、溥儀は中国の皇帝の座を放棄した時、満州国皇帝の称号を保持していた。一九三二年二月十八日、満州国は、溥儀を最初は摂政、後には皇帝として、独立国を宣言した。

二十世紀に入ってからの人口は圧倒的に中国人（漢民族）が占め、満州国皇帝の地位の正統性も満州の人口統計を変えることはなかった。満州人は、北部への中国人移民の大波の底に沈んでしまっていた。また、その合法的立場がどうあれ、概して世界の人々も中国の民衆と満州の大多数の人々も、その地域を中国の一部と見なしていた。

一方では、リットン委員会が満州の状況を調査しており、調査結果は国際連盟に報告された。その報告書は、妥協の産物であったが、満州を巡る中国の主権を主張し、また、その頃までにアメリカの指導の下に日本に反対する方向に誘導されたことから、世界の世論は日本の意見とはさらに懸隔を示していた。ジュネーヴで討論が行われている間に、日本当局は山海関（Shanhaikan）を強行突破し、万里の長城の内側のジェホールと他の地域を脅かしていた。国際連盟と日本は決裂途上にあった。国際連盟は、日本に鉄道地帯から撤退し国際連盟の委員会主催の下で、中国とその問題を交渉して解決するように勧告した。委員会は中国に対して、中国の主権の下に満州国の自治を認めることを勧告し、さらに国際連盟の参加国に満州国承認に同意しないよう警告した。日本の孤立化を計ったアメリカの政策は勝利を収めた。日本は立場上、国際連盟を脱退すると回答し〔一九三三年三月〕、連盟の決定に拘束されるものではないと結論した。

日本はヨーロッパと袂を分かち、今や中国において自らの決定を強行する決意であった。ゆっくりと段階を追って日本は南部へと移動した。しかし国民党は、当時激しい派閥闘争に明け暮れていたところから、日本の行動はほとんど表だった反撃に遭遇しなかった。とはいえ中国の民族感情は、徐々に侵略者に対する統一戦線を構築していた。一方日本は、熱河省の基地から蒙古の王侯たちと友好関係を結び、国境地域への侵入を開始していた。蒙古では自治運動が実現した。北京では蒋介石が逡巡していた。この駆け引きの間に潤色された日本の主権体制が、いわゆる何（応欽）[*1]—梅津協定[*2]として知られる協定の下に整えられ、それによって日本側に異議ありと認められた役人は湖北（Hopei）省（北京の所在地）から引き上げさせられ、国民党の軍隊と中央政府の出先機関が同省から撤退させられることとなった。今や北支（北部中国）は自治区として取り扱われていたのである。日本の援護の下に東湖北の反共産党政権が旗揚げされた。蒋介石と南京政府は、湖北—察哈爾政治会議の組織体設立にすら同意していた。

＊1　何応欽（HoYing-chun, 1890-1987）　軍人・貴州興義県人。日本の陸軍士官学校卒。蒋介石の腹心で、中国の内戦に破れて台湾に逃れ国民党の軍の要職を歴任。
＊2　何応欽—梅津協定　一九三五年七月六日、反日運動が激しくなると、日本はその責任者として河北省の首席・于学忠とそのほかの反日的官僚の罷免を強要し、国民政府の勢力を河北省地域から事実上排除するような軍事力を背景に脅迫的条件を提起し、中国側は全面的に屈服した。北京軍事分会委員会・何応欽と北支駐屯司令官・梅津美治郎少将の間で協定されたのでこの名称がついた。

日本はかって英国がインドでやってのけたように、傀儡政権を樹立し承認するといった道程を一歩また一歩と前進し、首尾良く歩んでいるかに思われた。しかし中国の愛国主義者たちは、武器を手にして立ち上がった。蒋介石は、西安（Sian）派のクーデターによって、日本に抵抗する統一戦線を組むことに同意させられた。この決定と共産党の指導者の方針に従って、中国は抵抗運動の政策を決定した。日本もまた、西安宣言の結果樹立した民族統一戦線が実力を身に付ける前に攻撃することを決定した。その結果が、蘆溝橋（Lu-kou-ch'iao - Marco Polo Bridge）「事件」（一九三七年七月八日）となったのであり、まさにその事件こそが一九四一年からの第二次世界大戦の引き金となったのである。

日本は周知のように、ワシントン条約後外交的に孤立させられていた。日本の態度は当然のことながら、西洋「自由主義」諸国家に対するある種の敵意を伴っていた。したがって、一九三三年、ヒットラーの下に再びドイツがヨーロッパの盟主となった時、日本外交は、西洋に台頭してきた国際情勢が自分たちに有利に働くと思っていた。ヨーロッパもまた当時、絶望的なまでに分裂しているかであった。ローマ＝ベルリン枢軸同盟が、エチオピア戦争の後に実現を見ていたし、さらにその二人の独裁者の結びつきは、ファランヘ党〔Falangist——一九三六—三九の内乱後、政権を握ったフランコ将軍旗下のスペインのファッシスト党〕のスペインに支持され、西ヨーロッパ列強の勢力は、実質的に均衡しており、日本は東方で自由行動を許されるままに、アメリカの無力な怒りを処理しさえすれば事足りるかであった。ドイツ、イタリア、さらにスペインは、防共協定を締結した（一九三六年一一月二十五日）、それは、極東の帝国（日本）に、英国とフランスの反対に対処するに当たって、もってこいの共通項を見いだしていた。日本は——それは思い違いであったのだが——やっと外交上の障害を打破し、今や思うままに中国と取引ができる立場にいるとの思いを抱いていた。

しかしこれは、一九三七年になぜ世界を敵に回す道を選んだかということの唯一の理由ではなかった。日本が中国で自国に満足の行くような方法で問題を解決し、最終的に自国に対立して組織された中国と西洋の、さらにこの場合は、アメリカの影響力復活の可能性の排除が日本の望みだとすれば、直ちに行動を起こすことが必須なことは自明の理であった。日本は、中国における環境の変化、その増大する政治的、工業的力と目覚めた民族意識について十分に認識していた。一九三五年の南京政権は比較的弱体で、政治的争いと行政の無能さに戸惑っていた。しかし、それに先立つ別の行政府に較べれば蒋介石の行政機関は格段に強固であった。それはなによりも民族的であった。陸軍の支持を得て、その権威は、第一革命後のどの行政機関の権威よりも、広く受け入れられていた。仮にこの強化政策と再組織化の過程が妨げられることなく、もう数年間継続されていたとすれば、東アジアの旗手たらんとする日本の夢は全て雲散霧消してしまっていただろう。日本は早くも一九一五年の時点からこの可能性に気づいてはいた。このことは、「中国は（欧州）大戦に参加すべきである」と英仏露各国政府が袁世凱大統領へ提案し、それぞれの大使からその提案の支持を要請されたことに言及して、一九一五年、石井子爵が「日本は、平静に見て現行の中国の軍隊組織を戦争に積極的に参加を求められるものとは見なせない。なお日本は、四億人を有する国家の経済活動の解放を危惧をもって見ざるを得ない」と言明した事実に示されている。一九一五年に日本の政治家たちの予見していた脅威が、一九三一年には、現実に近づいていた。国民党の軍隊は、本来ソヴィエットの顧問に訓練されていたのだが、当時は少なくとも統一された戦闘力であった。ともあれ近代様式で武装され訓練された国民軍が実現した。また、北京の圧力をよそに、一行政府が存在し、それはまた完全に近代的外交術を習得しており、日本の行動を阻止するために国際連盟によって供与された機会を十分に利用し得ていた。日本が危惧していた「四億人を有する国家の経済活動の解放」もまた現実となっていた。国民党政府は、アメリカ合衆国の積極的支援を得て、民族主義的経済政策を取り始めていた。長い間、列強の間での競合関係にあった鉄道建設でさえも、今や国民党政府によって直接手がけられ、資金提供がなされていた。したがって、日本に取っては今や時間との競争であった。日本は、眠れる龍が回復する前に痛めつけ、不能にし、慎重に練られた中国側の計画を完膚なきまでに零落させる必要があった。

日本が、中国を征服するという考えを念頭に置いたことがあったとは思われない。日本の至上権構想は、満州国で完成を見ていた。湖北―察哈爾政治会議（the Hopei—Chahar Council）も同様の原則の延長線上にあり、大規模な敵対行為が発生する以前に蒋介石に提示された様々な申し出も、中国政府の間接統治と経済発展への漸進的参加といった考え方に基づいていた。それは円ブロック（円経済圏）の確立と共栄圏計画の教義であった。

ワシントン会議とアメリカの日本孤立化政策の成功後、日本に対するアメリカの政治的見解は、自由主義的政策は失敗に帰し、日本に対してアメリカの目的は達成できないとの見方に激しく方向転換していた。政治問題に決定的発言権を有する日本の元老たちは、慎重な政策の遂行を心がけ、主として政友会に依存する政党政治の形態を保っていた。政友会は、戦時中非常に有能な政治家・原[*2]（敬）の下に統制されていたが、原は愛国者（右翼）から優柔不断で「ヨーロッパ贔屓」と見なされ、一九二一年十一月暗殺された。その時から一九三六年にかけての日本では、暗殺によって沈静化された議会政治は奇妙な様相を呈し、攻撃的な愛国（右翼）政党は、全ての政治指導者を国の潜在的裏切り者と見なしていた。「提督の内閣[*3]」に参画した政党の代表はお飾りに過ぎなかったが、その幕間狂言の後に元老たちが再び任用され、政友会、いわゆる立憲政党が、資本家の利権に従って幅を利かせていた。一九二四年以来、重大な変化が日本の政界を襲っていた。それは既成政党とそれら政党を通して台頭してきた政府内の大企業の巨大化する権力であった。朝鮮、満州、北支における経済の拡張政策と東南アジアとの貿易の増加は、日本を大工業国家の地位へと押し上げていた。軍部は事態に敏感に即応した。大量の融資と大規模な重工業の重要性を認識し、軍部と企業間の恣意的提携が早くも一九二六年には姿を現し始めていた。外見では、一九二四年から一九三一年までの期間はブルジョア支配の様相を呈していたが、実際には軍部が満州と北支の事態を掌握していたのである。しかしこの期間中でさえ、議会と行政府は、浜口雄幸[*4]首相が――彼の内閣がロンドン会議に参加して条約に署名したのだが――愛国者（右翼）に銃撃された時には衝撃を受けていた。事実一九三一年以来、軍部の指導者たちは、愚行には我慢がならないと言明していた。一九三一年、奉天事件に続く満州での行動は内閣さえも知らない状態で行われた。そこで首相と外務大臣は、関東軍が決定した軍事的強行策に対して、どのようにその事態を正当化しうるのかの判断を問われたのである。

＊1　政友会　立憲政友会の略称で、明治三十三（一九〇〇）年、伊藤博文が憲政党や一部の官僚を母胎として組織した政党で、ほとんど常に第一党の地位を確保していた。第三代党首・原敬が平民宰相として最初の本格的政党内閣を組織し、二大政党の一つとして憲政会（民政党）と対抗した。昭和十五（一九四〇）年解散。

＊2　原敬（1856-1921）　盛岡出身。外務次官、朝鮮公使。退任後大阪毎日新聞社社長。後に逓信、内務大臣を経て、政友会総裁。一九一八（大正八）年、平民宰相として最初の政党内閣を組織した。東京駅南口で刺殺される。

＊3　斎藤実内閣（一九三二年五月より七月まで）のこと。斎藤実（1858-1936）は、陸中水沢（岩手県）出身。軍人政治家、海軍大将、朝鮮総督、内務大臣、首相を歴任。二・二六事件で殺害される。

＊4　浜口雄幸（1870-1931）　土佐出身。政治家。大蔵・内務大臣を歴任し、民政党初代代表として首相となる。緊縮財政を施行し、ロンドン海軍軍縮条約を締結する。東京駅にて右翼に狙撃され、それが原因で歿。

そこで一九三一年以来内閣は、主として軍部に受け入れられるような政治家で構成され、最初に任命されたのは犬養毅[*1]であった。彼は、三井財閥と陸軍の支持を得ていた。軍民主制（Mmilitary democracy）の立役者であった荒木[*2]（貞夫）将軍は、大多数の人々同様に、政党政治の腐敗にこの上なくショックを受け、軍部のみが真の民主主義の確立を計れると思った。栄えある日本の伝統を度外視した自由主義と代議員制度を西洋の模倣と見なすといった思想を持つ一派が出現したのである。これが、一九三二年の五月十五日の擾乱[*3]へと発展したのだが、時に青年将校、士官学校候補生や学生からなるテロリスト集団が、犬養毅首相を暗殺し、牧野[*4]（伸顕）侯爵の屋敷、警視庁本部、政友会の事務所に爆弾を投げ込んだ。言わば、政府と政党は既得権益に操られていて、西洋諸国家に対抗し、さらに危険分子を根絶するに足る力量にも欠けるとした。全てが純粋に「愛国的（右翼的）動機」に起因していた。既得権益、腐敗した政治家たちと政党が、今や天皇の名において支配しているからには、維新は未だその目的を達していないという感情がますます高まりを見せていた。国家を代表する天皇の権力が、政治家と資本家によって簒奪されてしまっている、したがって、今日望まれていることは、国益の視点で事態を考慮しない実業家と政治家の影響力を国から排除する「昭和」（当時の天皇の治世名）維新であると主張された。これはどう見ても、当時ヨーロッパで流行していたファッシストやナチの思想の反映ではなく、常に日本に根強く存在し、ヨーロッパの威信が高邁な時代に一時的に失墜を見ていたに過ぎない、真性日本主義の復活であった。ワシントン条約と産業化社会への激変に続く西洋に対する幻滅、さらに兵士たちがかき集められてくる小農階級に影響を及ぼした不景気もともなって、純粋神道の教義が新しい形で再び復活を見ていた。それは本質的には、議会政治と閣内政治の視点で語る第二の異（夷）人（西洋かぶれの人士）を含む、言わば「尊皇攘夷」同様の叫びであった。

＊1　犬養毅（1855-1932）　岡山県出身。号・木堂。慶応義塾出身。第一議会以来、代議士。国民党・革新倶楽部の党首を経て、一九二九年政友会総裁、三一年首相。五・一五事件で暗殺される。これを契機に、政党内閣制度に終止符が打たれた。

＊2　荒木貞夫（1877-1966）　東京出身。軍人。陸軍大学卒。皇道派の首領。斎藤内閣の陸軍・外務大臣。第一次近衛内閣の文部大臣として軍国主義の唱導を推進した主導者。第二次大戦後、A級戦犯として終身禁錮刑。

＊3　五・一五事件　海軍青年将校の指導したクー・デター計画。陸軍士官候補生・愛郷塾（橘孝三郎［1893-1974］が茨城県水戸に創立した農本主義による私塾）の子弟たちが農民決死隊を結成、青年将校と組んで昭和七（一九三二）年五月一五日首相官邸などを襲い、犬養毅首相を射殺、政党内閣制に終止符をうった。

＊4　牧野伸顕（1861-1949）　薩摩出身。大久保利通の子。外務省に始まり、文部、農林、外務、宮内、内務大臣を歴任。政界に隠然たる勢力を保つ。二・二六事件の際に英米派として襲われ、九死に一生を得て政界を引退。戦後の宰相として知られる吉田茂は娘の婿。

その動きは、一九三六年に頂点に達していた。時に、第三歩兵連隊、第一師団の数人の将校と部下たちが、当時、満州国へ進軍する命令を受けていたのだが、実り無き革命に踏み切ったのである。彼らの目的は、「王政復古」であった。首都の様々な拠点に進軍し、組織的に多くの指導的政治家たちと進歩的な将軍たちをも暗殺した。唯一の生き残りの元老、西園寺公は、[*1] 探索されたが見つからなかった。その集団は、警視庁、陸軍省、新議員会館〔永田町一帯〕を占拠し、三日間に亘って、彼ら為政者たちに道義を悟らせるべく抵抗した。やっと勅令が彼らに降伏を促した。改革を意図した行動は[*2]反乱として終焉を告げた。

＊1　西園寺公望《きんもち》（1849-1940）　政治家。号・陶庵。維新の際の軍功により一八七〇―八〇（明治三―十三）年渡仏。のち政友会総裁・首相。一九一九（大正八）年のパリ講和会議の首席全権大使。山県有朋の歿後は、ただ一人の元老として内閣の首班指名、大臣の奏薦の任に当った。

＊2　二・二六事件　一九三六年二月二六日、陸軍の皇道派青年将校らが国家改造・統制派打倒を目指し、約千五百名の部隊を率いて首相官邸などを襲撃したクー・デター事件。内大臣斎藤実・大蔵大臣高橋是清・教育総監渡辺錠太郎を殺害、東京麹町区永田町一帯を占拠。翌日戒厳令公布。二九日に無血で鎮定された。

過激な国家主義者たちは――この集団が彼らの代弁をしたのであったが――一時、西園寺公の分別と節度によって中断させられたものの実際には成果を得ていた。二度と議会政治に回帰することはなく、反乱の六ヶ月後、「国家政策の基本原則」が陸・海軍省によって提示され、新生日本の綱領として受諾された。その文書は、日本の自由主義と西洋化の失墜を明記していた。それは後に、第二次世界大戦後の極東における戦犯裁判の国際軍事法廷判決の際に引用されたが、文書には次のように声明されていた。

一　日本は、列強の侵略的政策を矯正し、海外への拡張という変わることなき政策により皇道の精神を具現すべく奮闘努力すべし。

二　日本は、東アジアにおける安定した勢力として、帝国の立場を保持すべく国家防衛と軍備を完備すべし。

三　日本は、満州国の健全なる発展を期待し、よって日本・満州国国家の防衛の安定を望むものである。経済発展を促進するべく日本はロシアの脅威を排除し、英国とアメリカ合衆国に対処し、日本、満州国、中国間の緊密なる協力をもたらすことを意図する。この政策の継続的遂行に当たって、日本は、他の列強との友好関係に相応の注意を払うべし。

四　日本は、他の列強を刺激することなく南海における民族的、経済的発展を促進すべく意を尽くし、穏健にして平和的手段により勢力の拡張を図るべし。かくして、満州国の建国と共に、日本は、天然資源の完全なる開発と国家防衛の発展を期待するものである。

これは、西洋との決別の政策であったし、日本の侵略的政策のみならず、日本を外交的孤立化に追い込んだ第一次世界大戦後のアメリカの政策の論理的帰結でもあった。

第五章　アジアの他の地域

第一次世界大戦後、ヨーロッパの権力が撤退を始めたのは何もインドと中国だけではなかった。アフガニスタン、ネパール、シャム、インドシナ、さらにインドネシアでも状況は際だった変化を経験していたが、それは疑いもなくある面ではインドと中国の立場が変化したせいでもあった。アフガニスタンのアマニューラ（Amanullah）国王は、英国が父の宗主権に課した制限に拘束されるのを拒否して、英国人の戦争に対する厭世感を利用して、インド国境地域に対して交戦状態に入った。戦争の結果、アフガニスタンは条約で独立した主権国家として認められた。ソヴィエット政府は、直ちに承認の手を差し伸べ、アフガニスタンは間もなく主立った列強と関係を持つようになり、国際連盟に加入を認められた。

ネパールの立場はいささか異なっていた。一九一四―一八年の戦争後、グルカ（Gurkha）王国もまた、国際的独立国家として自国の承認を要求して獲得した。ネパールの公使館がロンドンに開設され、インド政庁とネパール王室の関係は国際的視線を浴びていた。しかし、ネパールは、奇妙にも自国の理由で、それ以上の公的立場に固執しなかった。ネパールの指導者たちは、諸外国との外交関係は、明治維新前の日本の天皇と同じように権力を奪われ陰に置かれていたネパールの国王の地位にかかわる問題が、不可避的に起こるであろうことを認識していた。インドにおける英国政府の歴史的政策は、世襲的に首相の権威を維持していたラーナ（Rana）一家の権力を支持しており、ラーナ家は見返りに、インドにおける英国の支配を無条件で支持していた。

事実、第一次世界大戦の間、インド軍が大陸で帝国の戦争を闘っていた時の兵士は大部分がインドに駐屯していたネパールのグルカ兵であった。ラーナ家は、英国の支持に依存しているネパールの権威が、他国と外交関係を樹立するということは、日本に起きたと同様、君主の立場に法治上の問題を引き起こすことを十二分に悟っていた。したがってネパールは、法的に国際的独立国として認められた立場に満足していた。しかし、後にネパール当局はさらに進んで、ロンドンの使節をパリとローマの双方へ信任状を授けて派遣したが、他国との外交使節の相互交換は、第二次世界大戦後まで締結されなかった。

われわれはすでに、ラーマ国王（King Rama）六世が、シャムの束縛を解かれた統率権の復権を成就させるために、シャムで取った手段を目にしている。しかしシャムが、自国の資源の搾取から西洋を排除せんと意図した政策を打ち出したのは、やっと一九三二年の革命後の時代になってからであった。公には、反対党の二人の指導者、ルアング・プラディット（Luang Pradit）とソングラム（Songgram）元帥の双方とも、この問題に関する限り同じような政策を踏襲し、日本が西洋諸国家と戦争に入る以前の議会政治の十年間、シャムは、民族主義的経済政策を遂行し押し通すことができた。それは多少なりともラーマ六世の治世下で、政治的主権の復権を補完するものであった。

また、インドネシアやインドシナでも、植民地当局は帝国主義が衰退傾向にあることを知っていた。その時代の歴史は、インドと同じように、闘争と大規模な民族の反乱、植民地政府による残酷な抑圧、民族主義者の渇望と母国の経済的、政治的権益の調和のための中道（*via media*）を見いだそうとする、身の入らない所作といったものであった。しかしフランス人は、自国の文明開化の使命（*mission civilisatrice*）を強調する政治指導者たちの非妥協的な言葉をよそに、またオランダ人は、世界におけるオランダの立場はインド諸島の富の搾取に依存していることを知りながら、双方共に、植民地支配の時代は余命幾ばくもないことを感じ取っており、いささかでも余命を長らえる方法がないものかとの望みに支えられているだけであった。フランス人とオランダ人でさえも自分たちの権威の永続性を信じなくなり、後衛戦に明け暮れるのみであった、時に、日本の軍事勢力が介入し、彼らの植民地支配の弱点と政治機構の破綻を等しく白日の下に晒してしまった。

かくして両大戦間の時代は、帝国主義の支配制度の崩壊を目の当たりにしたのである。それは、一つには、(欧州)大戦に続く西ヨーロッパの植民地を抱えた国々の資本主義制度の弱体化の結果であり、もう一つには、アメリカの介入と十月革命の潜在的影響によってアジア諸国家が参加を要請された戦いが解放した民族の力の結果であった。第二次世界大戦は、もはやまともに機能することのなかった、既に崩壊に瀕していた体制に止めの一撃(*coup de grace*)を加えたに過ぎなかった。

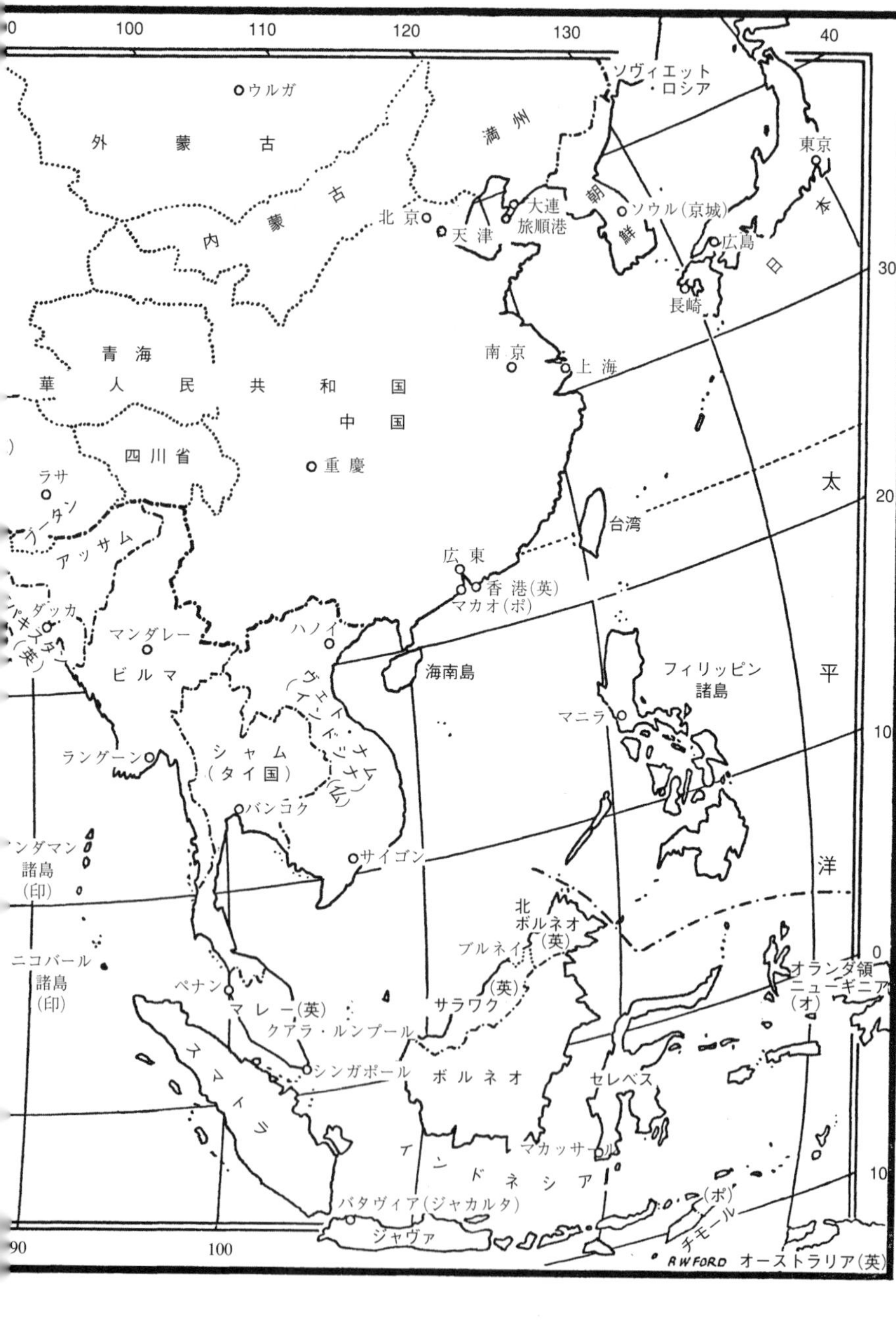
ソヴィエット・ロシア
ウルガ
外蒙古
満州
内蒙古
北京
天津
大連
旅順港
朝鮮
ソウル(京城)
東京
広島
長崎
日本
青海
中華人民共和国
中国
南京
上海
四川省
重慶
ラサ
ブータン
アッサム
台湾
広東
香港(英)
マカオ(ポ)
ダッカ
パキスタン(英)
マンダレー
ビルマ
ハノイ
ヴェトナム(インドシナ)(仏)
海南島
フィリッピン諸島
マニラ
ラングーン
シャム(タイ国)
バンコク
アンダマン諸島(印)
サイゴン
北ボルネオ(英)
ブルネイ
(英)
サラワク
ニコバール諸島(印)
ペナン
マレー(英)
クアラ・ルンプール
シンガポール
ボルネオ
セレベス
スマトラ
オランダ領ニューギニア(オ)
マカッサール
インドネシア
バタヴィア(ジャカルタ)
ジャヴァ
(ポ)
チモール
オーストラリア(英)
太平洋
RWFORD
90
100
110
120
130
140
30
20
10
0
10

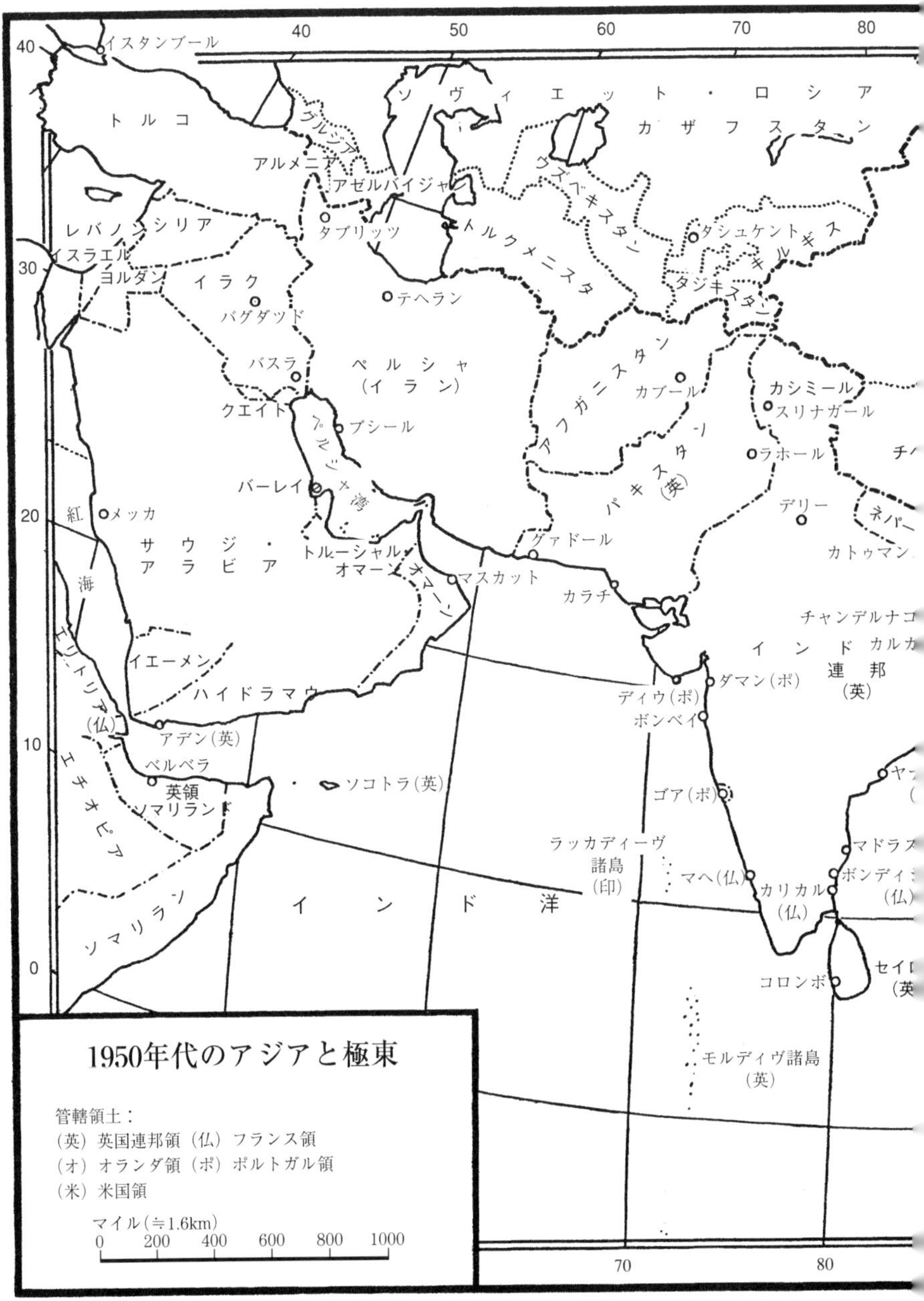
1950年代のアジアと極東
管轄領土：
(英) 英国連邦領 (仏) フランス領
(オ) オランダ領 (ポ) ポルトガル領
(米) 米国領
マイル(≒1.6km)
0 200 400 600 800 1000
イスタンブール
トルコ
グルジア
アルメニア
アゼルバイジャン
ソヴィエト・ロシア
カザフスターン
ウズベキスタン
トルクメニスタン
タシュケント
キルギス
タジキスタン
レバノン
シリア
イスラエル
ヨルダン
イラク
バグダッド
タブリッツ
テヘラン
バスラ
クエイト
ペルシャ
(イラン)
ブシール
ペルシャ湾
バーレイン
アフガニスタン
カブール
カシミール
スリナガール
ラホール
パキスタン
(英)
デリー
ネパール
カトゥマンズ
紅海
メッカ
サウジ・アラビア
トルーシャル・オマーン
オマーン
マスカット
グァドール
カラチ
イエーメン
ハイドラマウト
エリトリア
(仏)
アデン(英)
ベルベラ
英領ソマリランド
ソコトラ(英)
エチオピア
ソマリランド
インド洋
インド連邦
(英)
チャンデルナゴル
カルカッタ
ダマン(ポ)
ディウ(ポ)
ボンベイ
ゴア(ポ)
ラッカディーヴ諸島
(印)
マへ(仏)
カリカル
(仏)
マドラス
ポンディシェリ
(仏)
コロンボ
セイロン
(英)
モルディヴ諸島
(英)
40
30
20
10
0
40
50
60
70
80

第VI部　アジアの復活

第一章　概観──順応・同化・違和・融和

同じような圧力に悩まされ、同様の危険に晒され、インド、中国、さらに日本や、それらに続く小国家群の旧態な社会は、概して平行線上で推移した。アジアの復興はある種の幅広い一般的な特徴を備えていた。

まず第一に、旧態依然の、例えばインドのカースト制度、日本の封建主義、また中国の社会生活の階層化といった関係を調整するために社会を再組織するといった試みは、多少なりとも成功をおさめていた。この再組織化の目的は、外部の圧力に抵抗するためであった。したがって、最上位の階層から再組織されたのである。最下層から始められた所はどこにもなかったし、社会的抗議の高まりは、大衆の苦しみか、意識の目覚めかのいずれかによって引き起こされた。その力は本質的には、本来の物を保全したいとする各国の欲求の中にあり、その指導権は、後に示すように知的伝統によって、本来保守的でありがちな階級から引き出された。アジアの再生の根幹にあったものは、もともと進歩や改善を求める欲求ではなかった。それは、政治的、社会的、経済的、さらには宗教的な、あらゆる方面に攻撃を加えようとする異邦人に対抗しようとする決意であった。アジア共同体の変化の主たる動機は、民族の力を求める欲求であり、革命的変化を求めるものではなかった。このことは、叙述の過程で、不可触賤民の廃止を説くバラモン（Brahman 婆羅門）、改革を命ずる天子、激しく戦うこともなく権利を放棄した日本の大名たちを目にするときに、忘れてはならない。

第二に、当初から宗教改革を差し置いては、基本的社会機構の調整は不可能なことを思い知らされたことがある。その運動もまた侵略に対抗するためのものであった。宗教の持つ力とその外的な弱点の程度の差は、アジア諸国では国ごとに大きく異なっていた。インドでは、根本的信条の全面的再審問、言わば近代的要請に適合する古い信条に関する新しい解釈、インド宗教思想の伝統に基づく一般的世界観の形成が求められた。しかしそれは、西洋の、対立する世界観に対応しうるものでなければならず、なおかつ終局的には、キリスト教伝道施設を通して押し寄せるヨーロッパの集団的猛攻撃に耐えうる純粋な宗教的感情と信仰再生の創造力を要求されたのである。ビルマやシャムのような仏教国では、問題は比較的容易であったが、儒教思想の倫理概念を備えた中国では、外的圧力と内的展開の双方の攻撃に晒され、宗教的信仰もなく、束縛もされなかったせいで、新しい復興の問題は知識階級に限られていた。日本では、神道の再組織化と民族的祭儀への高揚とが、行政府後援の下に取り上げられ、日本民族再生の枢要な部分を形成していた。

アジア復興の第三の局面は、西洋の学問と思想を同化しようとする試みであった。ここでも問題は、民族の生存と力を求める性向であった。アジア諸国家は、間もなく西洋から新しい学問を受け入れ、同化し、さらにその知識によって提供される力を自己の利益のために利用しなければ、生存の機会は言うに及ばず、まして再生などおぼつかないことを知っていた。西洋の知識に対する熾烈な欲求は、十八世紀の最後の七五年間、インド、中国、日本の知識人の間で際立っていたが、それは、多くのヨーロッパ人が愚かにも信じているように、東方の文明を凌駕する西洋の優位性を心から受け入れたということなのではなく、ヨーロッパの力の原動力を理解しようとする欲求とそれを自己の利益のために利用することにあったのである。文学や芸術の本質的面でも、また哲学思想の分野でも、アジアは、考えられているほどにヨーロッパの影響を受けてはいない。インド、中国、日本の文学は、ヨーロッパ文学の形式、言わば定型を借用はしたもの、最近の傾向を除いては、主たる感興は自らの生活と豊かな伝統に由来している。そのことは、ヨーロッパの撤退後、ほとんど既成事実となっている。芸術的創造の分野でも同様の展開が見られる。新しい手法が適用され、新しい形式さえも試みられたが、西方からの刺激は語るに足るものはなかった。アジアの文学と芸術の復興は、新しい知識に起因する知的興奮に触発されたが、基本的には民族的なものであった。

最後に取り上げたい第四の特質は、民族主義の強調であった。民族感情の台頭は、西洋の侵略に対する反応の直接的結果ではあったが、忘れてはならないのは――これこそが、われわれが振り返って直視すべき要点なのだが――排他的民族主義の観念は、ヨーロッパでもアジアでもさほど古いものではない。アジアでは、日本が島国という立場からある種の民族主義的観念を展開したが――それは限定されたもので封建主義の強い観念で目立ったのである――中国に存在したのは、ローマ帝国のそれに匹敵する大帝国の感情であったし、インドを生存せしめたのは、ヒンズー教を通した伝統の継続性であった。こうした感情を国家独立の観念へと転換させたことが、アジア再生の本質的局面であった。こうした一般的特質の枠組みの中でも、問題は、大きく複雑に異なっていた。インド人の生活を再組織するのはいっそう困難であったと言える、その理由は、インドでは、中国や日本でも、かなりの程度まで同様であったが、政治的統一なる観念が、新たに創造されなければならなかった。ヒンズー教なる宗教は、あらゆる生活の局面に触れる幅広い支脈を持ち、カースト制度や継承されてきた慣習や規律を備え、改革者たちに計り知れない複雑な問題を提起した。また改革の必要性は、アジアの他の社会機構の場合に比べて、ヒンズー教の社会では遙かに大きかった。そうした政治状況下では、実行される改革も根本的に異なっていた。インドでは、君主政治の日本やシャムは、その過程を方向づけ、最小限に社会的動揺を抑えて調整を達成した。インドでは、法と秩序を維持しヨーロッパの刺激によって活性化された力で、均一の教育を提供する、全領土を統制する単一行政機構の達成が何ら妨げられることもなく可能であった。一方、中国では、中央行政府の崩壊、不平等条約、特に治外法権によって帝国の主権に課された制限、多様なキリスト教の教派や信仰教義を持つ宣教師たちの手に負えない活動、ついには、勢力範囲の確立に憂き身をやつし、何らの責任感もなく権力を行使する全列強の競合と陰謀が政治と社会機構の双方を破壊しさったその結果、一九一一―一二年の革命となったのである。

ロシア革命の新思想が広がり始めたとき、強固な確立された社会秩序もなく、不完全な改革状態のままに中国は取り残されてしまった、この相違の重大な意義については、後で取り扱うこととしよう。再組織化を指向する運動は、アジアでは普遍的な傾向であり、同じような要因によって触発されたが、それぞれの国が置かれた政治状況と抑圧の度合いによって、結果は大いに異なっていたことに留意することが、ここでは必要であると言えよう。

第二章　インド――固有の文化vsヨーロッパ

十九世紀のヒンズー教の改革は、その巨大なスケールと広域に及ぶ意義からして、現代史の最も大きな展開を伴って起こった時代の大きな動きの一つである。それは、緩慢な過程を経て、英国の支配下の陰で起こったために、部外者にとっては必ずしも明確ではなく、元来、注目を引くこともなかった。その上、その重大さにもかかわらず看過されたもう一つの理由は、それがまさにその性質上、外部の出来事にも触れず、言わば影響を及ぼすこともない内的運動であって、気付かないままに経過したからであった。しかし、インドの独立と現代世界への台頭は、百年余に亘るヒンズー教徒たちの（社会）組織内で起きた、緩慢ではあったが過激な調整なくしては、おそらく不可能であったろう。

この運動を十分に認識するに当たって、十九世紀当初のヒンズー教の立場がどのような状況にあったかを理解する必要があろう。デリーからカルカッタまでのインド・ガンジス川平原に亘る七〇〇年のイスラムの支配は、ヒンズー教を不振の状況のままに貶めていた。それは、従属国の種族の宗教であり、モスレムたちに偶像崇拝として蔑視されていた。何の敬意も払われず、何世紀にも亘ってヒンズー教の儀式は様々な地域で、まさに惨めな境遇のままに、単に黙認されてきたに過ぎなかった。何らの中心的方向性もなく、組織もなく、指導者さえも存在していなかった。英国が、北インドの支配権を獲得した時、ヒンズー教は七百年振りに、やっとイスラム教と同等の立場に立っていた。しかし、新しいより危険な前兆が舞台に顕れていた。キリスト教の宣教師たちは、崩壊寸前に見えたこの社会にこそ、まさに処女地が存在すると思い込み、改宗の仕事に取りかかっていた。イスラムは、時々思い出したように改宗運動をしたが、民衆にその託宣を伝えるための特別な組織体をもってはいなかった。キリスト教の宣教師たちは違っていた。彼らは、イスラム教が折に触れて、限られた地域で逡巡することもなく行使した暴力を行使したりはしなかった。しかし、彼らは、布教伝道主義に武装されてやってきた。後の章で伝道活動の話には触れることとしよう。ここでは、単に彼らの伝道行為が、ヒンズー教の信徒たちの共同体に引き起こした反応を述べるだけに留めておこう。キリスト教のヒンズー教に対する攻撃の最初の結果は、宗教の社会改革に賛意を示した教養あるヒンズー教徒たちの改革運動であった。この指導者は、ラム・モハン・ロイ[*1]で、ヒンズー教改革の父とも言えよう。バラモン[*2]の家庭に生まれ、厳格なヒンズー教徒として育てられたが、当時、公務につきたいと望んだ大方のヒンズー教徒が強制されたように、イスラム文化の教育を受けていた。彼は、東インド会社の職務についた当時、アラビア語とペルシャ語の学習に没頭し、会社でも何となく特異な存在となっていた。この期間中に英語の学習を始め、西洋の自由主義思想の全体像に目を見開いた。時代は、まさに、大ヨーロッパの啓蒙運動の円熟した輝きがヨーロッパの知識人社会に驚くほどの落ち着きと確信を投射していた時期であった。ドルバック[*3]、コンドルセ[*4]、ディドロ[*5]や、百科事典編纂者たちの啓発はいまだ消えてはおらず、十九世紀の大思想家たち、特にベンサム[*6]や英国の一元論者たちの黎明は、インドの思想に、まさに強烈な影響を与えるべく運命づけられていたが、未だその途上にあったのである。

＊1 ラム・モハン・ロイ (Ram Mohan Roy, 1772-1883) ブラーマンの一家に生まれ、ベンガルの Nawab-Nazim を務め、東インド会社に勤務した後に、宗教運動 Brahmo Samaj を創始し、インドの民衆に多大の影響を及ぼした。

＊2　バラモン（Brahman）　インドの僧職階級の四姓のうちで最高位にあたる。四姓とは、ブラーマン（ブラーフマナー）「司祭者、婆羅門」、クシャトリヤ「王族、刹帝利」、ヴァイシャ「庶民、吠舎、毘舎」、シュードラ「隷民、首陀羅」を言う。ヒンズー教の聖典「リグ・ヴェーダ」により権威づけられている。

＊3　ドルバック（Paul Henri, Baron d'Holbach, 1723-89）　ドイツ生まれの哲学者、百科全書派の一人。『自然の体系』なる著作によって、体系的機械的唯物論を展開。

＊4　コンドルセ（Marie Jean Antoine Nicol as de Caritaat, marquis de Condorcet, 1743-94）　数学者、政治家、ジャコバン政府に反対したため、恐怖政治期に逮捕され、獄中で自殺。

＊5　ディドロ（Charles Diderot, 1713-84）　啓蒙思想家、百科事典編纂者。哲学、文学、絵画批評に文筆を振るった。

＊6　ベンサム（Jeremy Bentham, 1748-1832）　英国の法律家、哲学者、功利主義を説いた。「the greatest happiness of the greatest number――最大多数の最大の幸福」の名文句で著名。

ラム・モハンが、インドで自分の周囲で目にしたものは、全くの荒廃と絶望感であった。モスレムたちの規律に基づく古い秩序は、一夜にして消え失せ、その後に残されたものは、あらゆる分野での大混乱であった。ベンガルのヒンズー教は、かつては大いなる活力に満ちたヴィシュヌ＊信仰を維持する宗教の中心であったが、迷信、浪費、不道徳といった、低俗な水準へと落ち込んでしまっていた。真理の探求者、ラム・モハンは、宣教師たちが説いて回っている新しい宗教に目を向けた。彼は、キリスト教をより深く咀嚼するために、ヘブライ語とアラビア語を学んだ。しかし、彼の知識欲は、同時に、彼をヨーロッパの自由主義思想の源泉へと誘って行った。ラム・モハン・ロイは、事実上、最後の百科事典編纂者であった。かくして、彼は、ヨーロッパ思想の幅広いヒューマニズムとその倫理、さらに人生問題への一般的対応の在り方を受け入れる一方で、キリスト教を拒絶した。彼の著書『イエスの知覚表象、安寧と幸福への道標』（*The Perepts of Jesus, the Guide to Peace and Happiness*）は、新しい光にあてたキリスト教の解説書であり、インド人に対する呼びかけというよりは、むしろ宣教師に対する回答であった。

＊　ヴィシュヌ（Vaishnava）　バラモン教とヒンズー教の神の名。自然と人生の明るい面を司る神であり、吉祥天に相当する。叙事詩プラーナ（古譚）時代以降、最高神として崇められる。クリシュナ（七世紀に実在したといわれる）、ラーマヤーナ（インド最初

の詩人、詩文芸の祖とされる)、仏陀はそれぞれヴィシュヌの一〇アヴァータラ(化身)の一つとされる。

このように、ラム・モハン・ロイは、キリスト教の主張を退ける一方で、ヒンズー教の再解釈の必要性を悟っていた。彼はその解釈を、自分が創始した新しいヒンズー教の改革学派・ブラフモ・サマジュ*の実践によって試みた。サマジュは、よく言われるように、その本質においてキリスト教を希釈したヒンズー教ではなく、ウパニシャッド(*Upanishads*)の哲学的概念とヨーロッパの啓蒙運動の思想とを統合したものであった。宗教として、ブラフモ・サマジュは、純粋にヒンズー教の伝統であるヴェーダンタ(*Vedanta*)にしっかりと基づいていたが、その人生に関する見解は、キリスト教でもヒンズー教でもなく、ヨーロッパ的であり、十八世紀の知的傾向に感化されていた。

* ブラフモ・サマジュ(Brahmo Samaj) 英国統治の初期の時代に、いかなる表象(symbols)の助けもなしに無形なるもの(formless)に祈ることを望んだヒンズーの改革派たちによる宗派の一つ。西インドでは、Prarthana Samaj として知られた。

したがって早くも一八二〇年の頃には、インドはヨーロッパ思想と直結した趨勢の中で、ヨーロッパの知的探求の所産に参与し始めていたと言えるかも知れない。ブラフモ・サマジュはこの理想を履行した。その社会的趣旨は、のしかかる慣習と迷信をヒンズー教から一掃し、女性の地位を向上し、ヒンズー教の大衆的側面と高度な側面の間の大きな懸隔を埋め、カースト制度、社会的タブー、一夫多妻制や他の頑迷な悪習に対して執拗に戦いを挑むといった西洋化であった。宣教師たちの攻勢に内心落ち着かなかった教養あるヒンズー教徒たちにとって、ブラフモ・サマジュは一種の救いであった。

ブラフモの教えは、今日あまりにもインド社会生活の一部となってしまっているところから、その際だった貢献を見落としがちである。一義的には、それがヒンズー教を宣教師の攻勢に耐えせしめたという事実にあるのではなく、インドの諸問題に近代的解決法を導入したことにある。インドは、一八二〇年代に、東と西の間の総合体としての新しい文明の構築へと、長い試練の旅に乗り出していた、その意味からすれば、ラム・モハンは、新生インドの先駆者と言えるであろう。「彼は新しい時代精神、探求の自由、科学への渇望、大いなる人間の調和、過去に厳しく反乱に易々と与せず、敬虔の念をもって純粋な道徳規範の転換を具現した」との彼に対する評言は、もって至言と言える。

改革の息吹は、他の分野からも、ヒンズー教に入ってきていた。一八三五年、インド政庁は「英国政府の大いなる目標は、インドの民衆の間にヨーロッパ文学と科学を奨励することにあるべし」と公表すると、西洋教育の政策の遂行に乗り出したのである、その影響については、別に考察することとしよう。上流階級の間での新しい学問の普及は、ヒンズー教の分裂とキリスト教の広範な受け入れを見ることとなるであろうというのが、当計画や多くの他の分野でも様々な計画の擁護者であったマコーレー〔Thomas Babington Macaulay, 1800-1859――英国の歴史家、評論家、政治家。インド最高議会法律顧問（1834-38）。Glasgow 大学総長〕の真摯な望みであった。宣教師たちも同様の見解を持っていたし、熱意を持って教育の分野に参入し、インドの多くの地域で普通学校や専門学校を設立し、ヒンズー教信奉者の生徒にとっても、キリスト教の聖書の学習は義務となっていた。中産階級は西洋の教育をむさぼるように受け入れ、よろこんでキリスト教の聖典を学習したが、期待し予見されたような、ヒンズー教の社会の分裂も、真摯に望まれた知識階級の改宗も実現の兆候を見せることはなかった。一方、ヒンズー教は、新しい知識を咀嚼し、間もなく、インド中でヴェーダンタ（*Vedanta*）に基づく普遍的宗教の再生の中に、その影響は目に付くようになっていた。

忘れてはならないのは、ヒンズー教には数多の教理と宗派が存在するが、その全ての哲学的背景は――仏教も含めて――ヴェーダンタなのである。ヴェーダンタの教理は、三つの権威ある原典――これらは聖典ではない――

に記されている――ブラーマ・スートラ（*the Brahma Sutra*）、ウパニシャッド（*the Upanishads*）と、ギーター（*the Bhagavad Gita*）である。インドにおけるあらゆる正統派は、その権能をこれら三つの原典に典拠しており、先の章で言及したように、それぞれの新しい宗派の主唱者は、いかに自分たちの教えがこれら三つの原典から正統な流れを汲んでいるかを論証しなければならない。したがって、八世紀の改革者・シャンカラ[*]が、自ら集注を記したものも、他ならないこの三つの原典にもとづかねばならなかった。ラム・モハン・ロイも等しく、新しい宗教上の解説の必要性を感じたときに目を向けたのは、やはりウパニシャッドに具現されたヴェーダンタの教理だった。

＊　シャンカラ（Sankara Navayana, 700頃―750頃）　ヴェーダンタ学派の一開祖で、不二一元論学派（Advaitin）によって理論的に整備され、今日に到るまでインド思想の主流を形成している。K. M. Panikkar, *A Survey of Indian History*, p. 99-112 に彼の宗教改革が詳述されている。

かくして、世に喧伝されるヴェーダンタ哲学の改革では、スワミ・ヴィヴェーカナンダ[*1]は、最も広く受け入れられた解説を行っている。ヴィヴェーカナンダは、彼の時代に、ベンガル社会に深い印象を与えた神秘的な人物、ラーマクリシュナ〔Sri Ramakrishna, 1834-86――ヒンズー教の宗教改革者、哲学者〕の影響を受けた、西洋で教育を受けたベンガル人であった。ヴィヴェーカナンダは、ヒンズー教を再生し、その宗教的、社会的教えを純化する欲望に燃えていた。サンヤシ[*2]の行を開始した彼は、ヴェーダンタの絶対真理を説きながら、インドの隅から隅まで旅行して回った。アメリカへの長旅と英国での旅行が、彼の愛国心と、ヒンズー社会を再興しヒンズー教に社会的目的性を付与しようとの願望を燃え立たせた。「寡婦の涙を拭わず、孤児の口に一切れのパンも与えることのない宗教を信じない」との彼の熱烈な言葉は、ヒンズー教が変化した趨勢をはっきりと物語っている。

＊1　スワミ・ヴィヴェーカナンダ（Narendranath Datta (Swami) Vivekanannda, 1863-1902）　インドのヒンズー教の指導者。教師（Swami）とは、インドのヒンズー教で、学者、宗教家などに対する尊称。

＊2　サンヤシ（Sanyasi/Sannyasi）　ヒンズー教のインドの古代法典に示された教理。人生の四段階 Ashrama、ヒンズー教のカース

ト、Brahmans（カーストの第一位・司祭、僧侶）、Kshatriyas（カースト第二位・王侯、武士）、Vaisyas（カースト第三位・庶民）の生涯には四つの住期があり、それぞれを、一、学生期（brahmacharya）、二、家住期（grihastha）、三、林住期（vanaprastha）、四、遊行期（sannyasi）の第四期に区分している。サンヤシとは先の三期を終えて世俗的な所有物や地位をすべて放棄した禁欲主義者・苦行者で、各地を遍歴し修行する時期である。転義、遊行托鉢僧。

彼は質問に答えて、己の使命を次のように語った。「あなたは、インドについてあなたの運動の機能がどうあるだとお考えですか？」スワミは答えた。「ヒンズー教の共通基盤を見いだし、人々に民族意識を目覚めさせることにあります」。その共通基盤をヴェーダンタに見いだした彼は、分かりやすい言葉使いでそれを説明し、インド中を疲れも見せずに説いて回った。

彼は、絶対真理を説いて回ったばかりか、この趣旨を村々の人々に伝えるために、伝道師の団体、学者、純粋生活者、宗教的熱意を持つ人々をも養成した。

他にも無数のサンヤシや学識者たちが存在した、彼らは、特定の宗派に所属してはいなかったが、インド中で同様の道義を説いて回った。事実、ヒンズー思想・ヴェーダンタの再生は、十九世紀の終わりには、国家的意義を持つ宗教運動となっていた。他ならないオーロビンド（Aurobindo Ghosh）が、自らの著書『ギーター』についての試論』（*Essay on the Gita*）と後の『天与の生命』（*Life Divine*）の中で、全ヴェーダンタの教理に古典的解説を加えたのはこの時代であった。これによって、ヴェーダンタは、全ヒンズー教の共通した思想的背景としての場を回復したと言えよう。

教理の一体化そのものがヴェーダンタではあったが、この哲学的研究の抽象的概念は、エリートの関心を引いたに過ぎなかった。大衆的ヒンズー教は、日常の慣例祭祀にもとづいた偏狭な宗派主義で、献身的といった古いしきたりのままに続いていた、とはいえ、また、大変な変化をも経験していた。この太古の樹木の節くれ立った枝は、自然に崩落するか、改革者たちに促進された合法的行為によって切り落とされるかしていった。幼児期の婚姻は、多くのヒンズー共同体では自分たちの宗教に不可欠なことと思っていたが、大衆の激しい主張によって法的に廃止された。寡婦の再婚も認められた。カースト制度にもとづく社会的無能者は自ずから消え去り、カースト社会の職業的基盤も弱まっていった。

寺院は、不可触賤民にも開放され、マドラスの最も慣習に固執する州でも、ヒンズー教の基本財産は公的機関の管理の下に置かれた。抑圧されていた階級の人々の厚生を求めた運動は、国家的役割を保証され、英国支配の最後の時代にあって、彼らの社会と政治世界への参加は重要な役割を果していた。大衆のヒンズー教は、それに先立つ直前の時代にも経験することのなかった活発な世界を経験し、百年の年月の経緯の中で、その特質と気性を変えてはいたものの、その（古い）形態も多く止めていた。広範な変化に富んだ慣習や慣例、迷信を野生のジャングルで蔓延するがままにしてしまったヒンズー教の主要な障害は、改革と統一のための機構の欠如であった。ヒンズー教の制度は、大部分が宗教そのものと見なされたが、実はある種の歴史的要因の結果であった。それらは法律によって維持されたのであって、宗教によってではなかった。ヴィヴェーカナンダは、要点を巧みに突いて、このように記している「仏陀に始まり、ラム・モハン・ロイに到るまで、誰もがカーストを宗教的制度と誤認していた……。しかし、僧侶たちは大声で喚いてはいるが、カーストは、単なる具体化を見た社会制度の一つなのである。それはその役割を終えた今では、インドの環境を悪臭で満たしてしまっている」。

カースト組織、複合家族〔the joint family――親が二人以上の子女の家族と同居する家族形態〕、相続権とそれから派生する関係、それは概してヒンズー社会の際だった特徴であり、法的なものであって、宗教的なものではなかった。それは、何ら神聖な根源を持つものでもなければ、宗教的にも拘束力を持つものでもなく、人間の造り上げた法規制によって保持されてきたもので、寺院、言わば、聖職者によるものではなかった。昨日の法律制度が、今日の社会の必要性に見合うことなく、余儀なく保守的な力として社会的要求に一歩遅れを取るというのは、自明の理とも言えよう。ヒンズー法の偉大な法典が展開されたとき、それは、明らかにその時代の社会的力を代表するものであったであろうが、間もなく時代遅れとなっていた。権威ある解説の継承は、修正の圧力を大いに感じていることを示し、法の権威が不在の時には、それぞれ継承する世代で進歩的解説を加えるといった方法が、ヒンズーの思想家たちにとって唯一適用可能な方法であった。

ヒンズーの法律と慣習の不変性は、決して大法典の著者やその注釈者の原理・原則ではなかった。実際にはケイン博士（Dr. Kane）の不滅の著書『ダールマ・サストラの歴史』〔*History of Dharma Sastra*――ダールマ・サストラは古代インドの法典。中でも最も古くて重要なのはマヌの法典〕に論証されているように、いつの時代にあっても、社会的思想家は、ヒンズーの制度を時代の要請に見合うように調整しようとしていた。仮に、法が変化するものであれば、そのような法律に基づく制度も等しく可変性を持っているということである。ヒンズー社会の大きな弱点は、法律が不変性を保持し続けたことなのではなく、適用された可変性が発作的で、偏狭で、大きく個人的解釈の創意に頼っていたということなのである。それらはどう考えても法的原則の継続的刷新でもなかったし、変化する状況に対応する法的近似値さえも備えてはいなかった。

この社会的な考え方の方向づけに欠けていたことと、反社会的慣習の成長を妨げることに失敗した理由は、間違いなく政治権力の不在であった。概してインドは、単一の統率権の下にあったことがなかったばかりか、マウリア王朝[*1]王朝の時代からハーシャ王朝[*2]の時代（A.D. 637）に到るまで、断絶を時折交えて存在してきた北インドの政治的統一でさえも、八世紀の政治状況によって破壊され、十二世紀のモスレムの侵略も含めて、七百年間に亘って失われていた。その結果、ヒンズーの共同体は、二千年以上も前に成文化され、しかも成文化された時代にあってすら時代遅れだった法に基づき形成された制度により、抑制され続けてきたのである。

＊1　マウリヤ王朝（Mauryas）　古代インド北部に興り、北部を中心にほぼインド全体を支配した王朝（321?-184B.C.）。
＊2　ハーシャ王朝（Harsha）　Punjab の王の息子、Prabhakaravardahana が、一六歳で継承し、北部インドを中心にインドをかなりの地域に亘って支配した（606-647A.）

モスレム国家は立法機構を持たず、インドが英国の支配下で統一され全ヒンズー共同体が始めて共通の行政機構の下で生存するようになった時、東インド会社の当局者たちはまず社会改革を計画し、その後宗教的中立を口実に、大衆動乱を引き起こすかも知れないと危惧された活動から手を引いてしまった。おそらく賢明な行為であったろう。というのは、大規模な社会改革の原動力は大衆そのものから発生すべきであり、立法化とはすでに広範囲に亘って受け入れられた原理原則に法的認可を与えるに過ぎないからである。したがって、ヒンズー教の改革には、社会的法制度の確立が本質的に欠かせなかった。

インドに立法国家が実現したのは、（欧州）大戦後ようやくのことであった。一九二一年に導入された部分的な自治政府計画の下に、選任された民間のインド人が多くを占める中央立法府が設立されて、ヒンズー社会の法律を変え、インドの隅々に亘ってその法律への服従を強要するという二つの任にあたった。地方では行政府の監督権は、大部分が選ばれた司法機関へと委ねられた。社会改革の分野における中央と地方の行政機関の立法上の業績は基本的なものではあったが、どの分野でも一般社会の要求に答えるものではなかった。民事婚姻法〔the Civil Marriage Act――宗教的儀式によらず民事上の契約に基づいて公吏が行う〕と承諾年齢法〔the Age of Consent Act――結婚・性交などに対する承諾が有効と認められる年齢で、子女の結婚年齢は十四歳まで引き上げられることとなった〕は、中央インド立法会議が制定した重要法案の一つであった。民事婚姻法は、ヒンズー教の異なったカーストの男女間の婚姻を正当と認めた。それは正統派バラモンのカースト的概念を根本から揺るがし、マヌ*の法とヒンズー教の他の正統派の法典を無効とするものであった。「不変の法律」によって、ヴァーナーサムカラ（Varna-Samkara）、すなわち、カーストの混交を禁止するとした規律は、このたった一片の、インドの隅々まで施行を強制された法律によって終焉を遂げた。承諾年齢法も等しく革命的であった。少女を思春期以前に婚姻させるというのは、大方の分野の人々にとって二千年余に亘る風習であった。慣習の陰で継承された長い伝統というばかりか、少なくともバラモンにとっては、ある種の権威ある原典に照らされて尊重されてきた義務であった。宗教的権威筋は、その受諾を大いに拒んだが、インドの立法はこの慣習を非合法とし、そうした婚姻の行為は刑法違反となった。

＊ マヌ（Manu）の法典　古代インドの法典のうちでも最も重要なものとされ、成立年代は不明だが、紀元前二〇〇年から紀元後二〇〇の間とされている。宇宙創造の神話に始まり、カースト制度、贖罪法、最後に輪廻について説いている。

かくして、（十九世紀）三〇年目にして、ヒンズー教の改革は、新社会が総体的改善に向かってその社会的力を方向づけるに足る進歩を見せていた。

ヒンズー教の改革をいささか詳細に亘って取り扱ったのは、その結果を理解することなしにはインド社会への西洋の教育の影響が十分に明らかにされないからである。東インド会社の最初の教育的試みは、サンスクリット語とアラビア語の研究を復活することにあったことを忘れてはならない。英語の学習は、しばらくの間、自発的学習にまかされ、二、三のミッション・カレッジ、特にセランポーア（Serampore）のカレッジは、西洋の知識の普及に貢献していた。しかし、マコーレーの激励の下に、インド政庁の政策としてインドでの英語教育を促進する決定がなされたのは、やっと、一八三五年になってからであった。マコーレーは、自分が自明のことと認識していたいくつかの提案を示した。彼は、「最も知るべき価値のあるものを教育するのに、それ（基金）を使用すべきである。英語は、サンスクリットやアラビア語よりも知る価値があり、この国の（土着の）人々を真に良き英語学習者にすることは可能であるし、その目的に向かってわれわれの努力は遂行さるべきである」と述べた。この見解を受け入れて、インド政庁は、英国政府のインドの（土着の）人々の間に、ヨーロッパ文学と科学知識の教育を促進すべきであるという目的を規定した。このことは、長い間、当時の進歩的インドの思想家たちに要求され、近年の論評の中でしばしば忘れられた事実ではあるが、西洋の教育への欲求は、本来インドの指導者たち自身から出ていたのであるということを強調しておきたい。

（インド）政庁の決定にしたがって、（普通）学校や専門学校が地方の主要都市に続々と設立され始めた。しかし、全インドを基盤にした整合性のある組織は、一八五四年になってやっと実現した。この政策の目的の大要が、ある忘れ難い公報に次のような言葉で声明された。「英語を自国語の方言に代用させることがわれわれの目的でも希望でもない……ともあれ、いかなる一般教育制度においても、それら（外国語）の学習は、真剣に取り組まれなければならないし、多くの民衆に伝達さるべき進んだヨーロッパの知識は、これらのいずれかの言語を通してのみ伝えることが可能なのであるということは、避け難い事実なのである」。これにしたがって、総合大学がインドの地方都市、カルカッタ、ボンベイ、マドラスやアラハバードの主要都市で設立され、広大な地域が宣教師活動へと開かれた。

マコーレー制度は強力な行政の後押しを受けて、広大な地域の上流階級の人士を外国語で教育することに組織的努力が払われ、今日も百年以上に亘って続いている。独立後でさえも、インドはその制度を根本的には変えていない。その理由は、英語が、ほとんどの総合大学や専門大学で、未だに教育の手段として使用され続けているからである。

その制度の弱点は多々あるが、容易に要約できよう。その制度は、英語教育を受けた階級と伝統的な方法で教育された人々も含めて、他の階級との間に抜き差しならない亀裂をつくりだした。異国の言語の習得ばかりか、その言語で全ての課目を学習する際に消耗される無駄な労力も大きかった。読み書きの学習に、全く過度な要求がなされた。また、インドの土壌に全く異質の文化を移植するという試みは、順応させるのに何十年もが必要とされ、少なくとも最初の二世代の間は、疑いもなく英語の理解力を伴う、ある種の階級を生み出す傾向が目に付いたが、その価値は不明であり、思想的には不毛で、環境には馴染まなかった。しかし、こうした英語の効用に関する教育制度上の長所や欠点について様々なことが提言され、批判の実体が受け入れられた時、この独特な実験の信用残高は、未だに実質的で、またかなりのものであると言える。

まず、英語による高等教育の制度は、ヒンズーの思想には異質の社会目的にかぶれた階級を産んだ。こうした目的の継続とこだわりは、近代インドの生活が基づく社会宗教的改革をもたらした。英国の行政は、どちらかと言えば時代精神の開放、偏見の絶滅、無知な風習や有害な迷信による被害の根絶、思考力の促進と刺激の付与といったようなことに関してはほとんど何もすることのなかった一方で、全国規模の英語学習の導入を通してインドに入ってきた新知識は、疑いもなくこうしたことをやってのけていた。まさに、インドにおける英国の支配の本質的矛盾はここに存在していた。法制化された行政が、旧来の風習の妥当性を認め、社会正義の原則を否定した法律を維持執行し、社会の緊急な変化に対応する要請事項の法制化を拒否し、疑いの目で進歩的思想運動を見張ると言ったことが上げられよう。一方、公に支持され補助金を供与された教育組織が、行政が支持しようとしていた事の何もかもを阻害していた。学校や大学は、行政がこれを抑圧しようと様々な手段を講じる一方で、若者たちに自由な思想教育をしていた。教育制度の中で行政は、自らの政策が無効な場所で自らの反対党を作りだしていたのである。

ヒンズー教の古い慣習の砦の破壊は大いなる業績であった。というのもそれは一様に、インド中に拡散していたからである。仮に新しい教育がインドの言語で行われていたとすれば、その運動の要点は、使用される言語の柔軟性や性格によって、地方ごとにその展開を異にしたことであろう。ヒンズー教の改革は、確かに起こり得たであろうが、インド全土の規模では起こることはなかったであろう。変化に対応する「基本計画」は、存在し得なかったであろうし、ヒンズーの共同体は統一されるどころか、インドの言語の数ほどに分裂してしまっていたことであろう。さらに、キリスト教社会の内部で、相互に敵意を持った複合体がヨーロッパと同様のパターンを繰り返していたかも知れない。この基本計画のお陰でインドは、マコーレーがインドに導入した共通の教育メディアによって救われていた。

第二に、単一言語で全インドを統一した教育制度が同胞観を生み出すことを可能にしたことは、単一国家としてのインドの改革にとって、一つの重要な意義ある事実なのである。インドに政治思想と行動を可能にした共通の言語を供与したということは、インドの国民性を創造した同胞観、思想、感情、観念を生み出したことに劣らず重要なのである。インドの心は、精神的にはヒンズーの宗教思想によってサンスクリットが具現する偉大なる伝統の結合力によってその伝統を未だに反映しつつ、伝承するインドの言語を通して生存要因であり続け、さらに、英国の教育が支配階級の間に広めた新しい共同体の思想と行動によって結ばれている。これら、三つの要因の中で、最後の要因こそがインドを政治的に結合し、インド人たちを単一国家として行動せしめ、また新しい社会を建設せしめていることを最後に述べたい。最初の二つは、ヒンズー文明の永遠の基盤である。しかしそれらは政治的同胞観の結合力というものは欠いていたから、それだけでは、統一国家を創造する必要も能力も持つことはなかっただろう。ヒンズー教の生活とサンスクリット文化の共通した伝統の結合は、西ヨーロッパのキリスト教とラテン民族の伝統に類似している。地域的言語の強調と日常生活での共通言語による意思疎通の手段に欠けていたところから、ヨーロッパの発展は、分裂を通して行われた。百年に亘る英語による一貫教育がなければ、その結果は、インドでも同様であったろう。

さらに、この英語教育によってインドは、副次的にでも二次的にでもなく、直接にヨーロッパの大啓蒙運動の成果を共有し得たのである。ヨーロッパの十八世紀の思想家たちの歴史的な真に優れた業績は、革命と擾乱の時代の後に、十九世紀の生きた思想となった。様々な経路を経て啓蒙思想は、ヨーロッパの生命を豊穣にしていた。まさにその時代に、英語による教育がインドに広がっていった。激しい革命のスローガン「自由、平等、博愛」は自由主義の高潔な信条にと移植された。伝統主義的な英国においてさえ法は修正を余儀なくされ、間もなく、インドにも影響が及んだ。最大多数のための最大の幸福が、排他的ホイッグ党〔英国の政党。一六八八年以降は、Toryと並ぶ二大政党の一つで、十九世紀以降は今日の自由党となった〕の寡頭政治が、繁栄と安寧をもたらし、一帝国が世界の隅々まで勢力をのばした一国家において容認さるべき信条となった。インドは、この思想の相続人として選ばれた。英国の行政官たちが、主人の言葉を話す土着民のことを、「上役たちの様子を猿真似して型にはまった言葉で喋り散らすが、本来の意味も分からぬくせに」と軽蔑した様子でよく口にしていたが、時代を経て、次々と後の世代がこの思想の下に成長するにつれて、平等と博愛を語るあるバラモンの明らかな矛盾が融和を見たということは否定できない。ヒンズーの中産階級は、当時そのように予想した人々はほとんどいなかったのだが、ある面では、ヨーロッパ思想に順応するようになっていた。

インドでは主として教育を通して、思想が漸進的に、かなり広範囲に亘って代表的階級に浸透し広がって行き、平和革命をもって近代社会として浮上していた。インドの教育制度は大衆へと浸透しそこなったとはよく言われることである。慎重に調べてみるとこの批判は妥当なものではないことが判明する。この計画の立案者たちが、教育の普及の結果、当時崩壊過程にあると思われていたヒンズー社会が消滅してインドの大衆がキリストに救済されることを望んでいたのは確かである。それは、宣教師たちを熱心な擁護者にしていた一大計画であった。しかしその願望は実現しなかった。実際には、キリスト教を指向するどころか、英国式教育の展開は周知のように、ヒンズー教に大規模な改革をもたらし、またその教義をいっそう合理的に解釈する方向へと導いたに過ぎなかった。それは、ヒンズー主義の大衆の心を摑む力の際立った強化と代表的世界宗教として台頭する方向を導いたのである。その意味からすれば、キリスト教を下部に浸透させるとした憶測は、マコーレーや自己満足していた彼の友人たちが想像していたのとは全く正反対の結果を産んでいた。したがって、宣教師の教育者たちが、多額のお金と労力を費やしたことの目的が達成されなかったと考えたのは当然とも言えるのである。

浸透政策の結果、過去半世紀間のインドの（さまざまな）自国語の方言が異常な発達を見せたことが、そのことを最も良く物語っている。ヨーロッパの学者たちは、現代文学の中でこれらインドの言語が多くの栄誉に値する素晴らしい生きた思想と芸術作品を生んだことをほとんど理解しようとしない。一億人を越える民衆に語られているヒンズー語のような言語、七千万の人々の母国語・ベンガル語、グジェラティ（Gujerati）語、マラティ（Marathi）語、テルグ（Telugu）語、タミル（Tamil）語、カナリー（Kanarese）語やマラヤラム（Malayalam）語、それらの言語の中で最も最小の使用人口でさえ一千五百万人を越えているのだが、これら全ての言語において、過去半世紀間に膨大な量の文学活動を見ることができる。しかし、その反響はごく稀にしか西洋には伝わっていない。この活動は、インドが発展させた新しい人道主義の純粋な反映ではあるが、西洋の思考と思想の浸透の結果であることは否定しがたい。インドの知識人たちの努力は、今までの所、英語で書かれたインドの作家たちの作品によって評価されてきている。数においては取るに足らないし、さほど独創的とも言えず、際だった貢献をしているとも言えない印英文学（Indo-Anglican Literature）と名称されている作品を発表する、詩人、随筆家、文学者たちは、現代印度の精神を、言わば、印度の創造的能力の範例と思われているものを代表しているとは言い難いのである。インドにおける英国（英語で）の教育の真の結果は、英語を通して紹介されたヨーロッパ文化の活力ある運動に対するインド人の心の反応である。その中には、タゴール（Tagore）、イクバル（Iqubal）、ブッダ・デヴァ・ボース（Buddha Deva Bose）、サラット・チャンドラ・チャッテルジ（Sarat Chandra Chatterji）、プレム・チャンド（Prem Chand）、K・M・マンシ（K. M. Munshi）、ヴァラトール（Vallathol）、サンカラ・クルップ（Sankara Kurup）や、現代インドの言語による文学を豊かにした多くの優れた作家たちが見受けられる。作品の質に関するある程度の知識は、タゴールの作品の翻訳がヨーロッパで博した人気を通して西洋に届いていた。しかし一般的に言って、それはヨーロッパの学者たちには、閉ざされた書物なのである。

これらの言語の展開には、三つの段階が見受けられる。十九世紀の初頭にこれら各々の言語は、詩的霊感に富む傑作を含む文学を誇りに思っていた。ヒンズー語ではタルシダス（Tulsidas）、スルダス（Surdas）やケサヴァダス（Kesavadas）の偉大な作品、ベンガル語ではヴィディヤパティ（Vidyapati）やチャンディダス（Chandiads）とクリティバス（Krittibas）が存在した。タミール語では、サンスクリット語の栄えある作品にも匹敵すると言われた古典文学が存在した。マラティ語、グジェラティ語や他の言語も、立場も同様であった。真に素晴らしい詩的文学が存在したし、民衆にも大いに鑑賞された。しかしそうした文学が鑑賞されたのは、やはり自国語によってであって、教育が古典語、サンスクリット語とペルシャ語を通して行われたからであった。学習と学識は古典語にのみ関連していた。したがって、これら全ての言語に関しては、新しい教育計画の中で教科書として使用できる書物がなかったのも事実であった。

この時代に、自国語の文学の非宗教化も行われた。先にも述べたように、これらの言語による文学の発展は、ほとんどが詩の領域で、そうした詩のテーマも大方は宗教的なものが主体であった。十九世紀以前の様々な地方特有の言語の文学に出現する有名な名前——タルシダス、スルダス、カビール（Kabir）、ミラ（Mira）、ヴィディヤパティ、チャンディダス、タルカラム（Turkaram）等——は、献身的信仰生活と関わり合っていた人々の物語であった。事実、歴史的に見て、中世の宗教の復活と地方特有の言語による文学の成長は、同じ展開を見せる二つの側面であった。ラーマとクリシュナ崇拝は中世インド人の生活の中で大変重要な特徴を成していたもので、自国語の詩文を通して達成されたので、結果、いわゆる現代インド文学なるものは宗教的伝統をずっしりと背負ったままに十九世紀に始まったのである。これらの文学の世俗的伝統は、主として官能的詩文に限られていた。

文学の非宗教化は、主に英国の思想の浸透の結果として始まった十九世紀初頭の仕事であった。これを展開するために、権威ある辞典と文法研究のような先立つ不可欠な準備活動が、他の言語研究で科学的訓練を受けた、大方は宣教師であった異邦人によって行われた。たとえば、十九世紀の始め、マラヤム語の信頼に足る辞典を書き上げたのはドイツ人宣教師・グンデルト（Gundert）であった。南部の言語学的研究の基礎を形成した『ドラヴィディアン語の比較文法研究』（*Comparative Grammar of the Dravidian Language*）は、コールドウェル（Caldwell）司教の業績であった。ベンガル語の現代的発展の基礎を築いたセランポーア（Serampore）の宣教師たちの業績は、一般に認められるところである。

こうして、確固とした基礎に基づいて、学校で地方特有の言語を利用する可能性が生まれた。第一段階は教科書の作成であった、大方は教育部の命令の下に作成されたのだが、それというのも、旧態の学者たちはこの仕事を自発的に進んでやろうとは思わなかったからである。いわゆる、この教科書作成の時代は、過去には真剣に注意が払われなかった散文形式の文体の世界を始めて産むこととなった。文学として認められるような作品は、この時代には生まれなかったが、基本的散文体が展開され、さらに地方特有の言語によるジャーナリズムの台頭によって散文は大いに進歩した。世界中どこでも、ジャーナリズムの言葉は人為的なものだが、かえってそれが新しい考え方の育成を促し、柔軟な表現を可能にし、時代の政治的、社会的、経済的問題に、そうした表現形式を適用するようになっていた。

第二の段階は、西洋の教育を受けた階級の中に文学的才能の持ち主が現れるようになり、まずは英文の古典の翻訳ついで西洋の巨匠たちの刺激を受けて創意に富んだ作品を生むといった、模倣の時代であった。これは、バンキム・チャンドラ・チャッテルジ（Bankim Chandra Chatterji）がスコット（Walter Scott）の様式で小説を書き、マドハスダン・ダット（Madhusudan Dutt）がミルトンの文体で、また、ドゥイジェンドラアル・ロイ（Dwijendralal Roy）がヨーロッパの技法を用いて歴史的戯曲を書いた時代であった。同様の傾向が、少し遅れて別の言語にも反映されたのは、当時この世界でのベンガルの指導的役割が広く是認されていたからであった。

新しい世代はこれに満足することなく、ラビンドラナス・タゴール（Rabindranath Tagore）にその師を見いだしていた。インド文学における大きな影響力を与えたタゴールの出現と共に、地方言語の近代言語への変換が完成されたと言えよう。新しい世代にとって、タゴールがその世代の象徴的精神であり最高の提唱者であったが、新しい世代はインドの新生活の傾向に表現を与えようと腐心していた。時を同じくしてその運動は、全ての言語へと広がっていった。その時代はまた、ベンガルの分割に続いて、スワデシ*の運動とティラック（Tilak）とアウロビンド（Aurobindo）に率いられた活動派の出現といった、総合的な民族主義の成長をはっきりと示していた。ジャーナ・ガーナ・マーナ（Jana Gana Mana）の時代、一九〇三—一〇年頃のドラマ、小説、さらに詩には、インド人の愛国的動因を発揚しようとする、大きな愛国的激情が目に見えるようになっていた。

＊ スワデシ（Swadeshi） 意味は「自国の」であり、「自国製のもの」、特に衣服を一般化する運動で、政治的武器として使用された。言わばボイコットと同義語。

タゴールの精神はモダニズムの特質を備え、ベンガルばかりかインドの各地でその運動に足跡をしるした。彼は言語自体に活力と柔軟性を吹き込みつつ古い伝統から離脱した文体と形式をもたらし、また大衆化し、ベンガル文学に国際的展望を移入することによって、世界にその自主的立場を確立した。しかしタゴールは、確かに卓越した存在ではあったが、特別な現象ではなかった。他の言語の分野にも傑出した多くの詩人や作家が存在し、彼らも同様の愛国的激情を吐露して、昔の模倣の時代の枷を打ち破ろうとする同様の欲望に駆られていた。中でも特にタミール人の詩人、サブラマニア・バハラティ（Subramania Bharati）と、文学作品で愛国心と反乱の精神を鼓舞したモハマッド・イクバル（Mohammed Iqbal）の二人の名は取り挙げるに値しよう。

二つの大戦の間の時代は「旧時代に対する新時代の反抗」を目にしていた。到るところで新しい表現様式を備えた新しい文学の形態、実験を求めて型にはまった感情表現から逸脱しようとする欲求が目に見えて明らかであった。まさに、社会的不安が、「リアリズム」の中に追い求める理想を見いだしたかに、文学に反映され始めた。イプセン、ドストエフスキー、チェホフや他の人々が、昔日の熱狂を与えた人々と入れ替わった。ガンジーの運動、それは政治の舞台を支えたのだが、若者たちを村々に送り出し、その地方と本来の関係を再構築した。マンシ（Munshi）、プレム・チャンド（Prem Chand）や、サラット・チャンドラ・チャッテルジ（Sarat Chandra Chatterji）は、おそらくこの時代の象徴的な作家と言えよう。バンキム・チャンドラ（Bankim Chandra）や類似の浪漫派の作家たちの小説は、その世代の多くの指導者たちの学生時代の回想録であった。

第三章　日　本――国体の本義

日本の復興は、本質的な二つの点でインドと中国の双方と異なっている。まず第一に、インドと中国では、復興は社会を解放するという欲求にもとづいていたが、それは解放が民主政治の力の根源と思われたからである。この二つの運動は、これら既成社会の破壊から始まり、固有の文明の解体をもって指導者たちに対峙した。インドと中国は、自分たちの社会のための新しい思想的基盤を見いださねば消え去るのみであった。一方日本では、原動力は、後に提示するつもりだが、自由主義的解放ではなく反発であった。日本の指導者たちが直面したのは社会機構の崩壊ではなく、軍事的観点から西洋諸国家に比較して自国は弱体であるという認識であった。日本が求めたものは、自由主義からその力を引き出す社会ではなく、自国の力を強固にするために西洋の知識と技術を急速に咀嚼することであった。

第二に、インドと中国では改革運動は自然発生的なものであった。したがって計画された方向づけはなかった。最初は一般的趨勢と知識人の問題として姿を現し、時が立つにつれて勢力を蓄え、刺激とさまざまな階級の人々の活動によって民族的性格を帯びはしたが、概して政策を考慮してというのではなく、国家の威信を求める心構えとして、倫理と社会の安寧を促進しようとする意欲によるものであった。一方日本は、ひとたび西洋の知識と行動と自国の安全との関係が判断されると、政府によって復興が計画・遂行され、国家統一の維持と軍事的原動力の強化を最優先の重要事項とすることを一時たりとも看過することはなかった。

中国の反応に比べて日本とインドの西洋に対する反応には、一つ共通点が存在する。日本再生の本質的特徴は、国家の祭儀として、また宗教として神道を再組織し強化することであった。インドにおいてもまた、周知のように再生の基本はヒンズー教の改革であった。双方の国家とも、仮に固有の世界を維持し力を増進したいとすれば、精神的統一は国家にとって不可欠であることを知っていた。一方中国では、中国の新思潮――知的解放運動――が基本的に反宗教的であったところから、宗教はどこにあっても廃棄さるべき迷信で、現代生活の場では何ら重要な役割を果たすものではないとの想定の下にことが進んでいたところから、宣教師たちは、残念ながら、精神的混沌を生み出すのに寄与したに過ぎなかった。このことは周知のように、儒教の考え方に基づく倫理概念を持つ覚醒した中国の知識人たちが、常に宗教的生活を過小評価する傾向にあったことと軌を一にしていた。

日本では、秀吉によって鎖国政策が強化された後でさえも、西洋の知識に関心を持つ人士が、少数ではあったが存在し続けていた。彼らは主として出島に在外商館の設置を許されていたオランダ人たちと接触した。日本は、スペイン人がフィリピン群島を占拠したことによって同群島の征服の野心を挫かれた後も、先にも述べたように、疑惑と関心を持って支那海でのヨーロッパ諸国家の動向を見守っていた。役人たちの態度が、疑惑と脅威を秘めたものであった一方で、西洋の知識に関心を抱いていたグループは、オランダ人を通して情報の収集と西洋の科学の探究に固執し続けていた。折に触れて彼らは主として日本に一六九〇―九二年の間滞在していたドイツ人・ケンペル[*1]や、後には、サンバーグ[*2]やシーボルト[*3]などの外国人の助力を得ることができた。

*1　ケンペル（Engelbert Kaempfer, 1651-1716）　医師、長崎オランダ商館医師として一六九〇年長崎出島に来航。後、江戸に日本研究のため訪れる。二年間日本に滞在した後に帰国、日本文化の紹介に努める。

*2　サンバーグ（Carl Peter Thunberg, 1743-1828）　スウェーデン人、医師・植物学を修める。一七七五年来日。一七七六年、江戸参府に随行して日本を去る。

*3　シーボルト（Philipp Franz von Siebold, 1796-1866）　博物学者・医師、文政六（一八二三）年と安政六（一八五九）年の二回来日、日本に関する著作は多い。

広範囲に亘ってというわけではなかったが、「オランダ」の学問への関心は、ある種の知識人のサークルでは興奮に満ちたものであり、オランダ商館の代表の江戸への年次訪問は、科学的問題に関する情報を引き出すために、日本の学者たちによって定期的に利用された。ともあれ、十八世紀の中期には、蘭学者として知られたグループが生まれ、西洋の知識に執拗な好奇心を示していたことは明らかである。こうしたグループの努力の結果、天文学、数学、医学や、植物学に関するヨーロッパの基本的著作は、翻訳、出版されて専門家の間に流布された。

日本の関心がもっぱら科学的問題にあったことは意味深い。この啓蒙の時代に、ヨーロッパで急速な進歩を見た詩、文学、哲学や社会科学の研究に関心を持ったことを暗示するものは何もない。インドのラム・モハン・ロイが、コンドルセ〔Marquis de Condorcet, 1743-94――フランスの数学者、哲学者、政治家。Marie Jean Antoine Nicola Caritat〕と文通をしていた時に、日本の学者たちは熱心に数学の教本を翻訳していた。本来、日本人の関心は西洋の人道主義や思想の自由になどにではなく、西洋の力の秘密を洞察することにあったということなのである。

このことは、高島秋帆[*1]、佐久間象山[*2]、渡辺崋山[*3]や高野長英[*4]、さらには、「元老（Oldmen's club）」の他の指導者たちの生涯に浮き彫りされており、彼らは十九世紀の上半期に西洋の知識に関心を持った人々の中心となっていた。中国が容易に英国に敗北を蒙ったという事実は、日本にとっては青天の霹靂で、権力者たちはこの予期しなかった驚くべき事態の原因を調査し始めた。西洋（を研究する）集団のみがこれに即答し得たのである。佐久間（象山）が、後援者に宛てた陳情書の中で、次のような示唆に富んだ発言をしている、「西洋諸国家が学問に献身し、儒教国家をさえも脅迫の餌食にするほどの力を蓄え得たのは何故なのか？　それは、偏に西洋の学問は合理的で、中国の学問が非合理的であるからに他ならない」。

＊1　高島秋帆（1798-1866）　名は茂敦、字は舜臣、幕末の兵学者、日本近代砲術の祖。
＊2　佐久間象山（1811-64）　名は啓、通称・修理、幕末の思想家・兵学者。信州松代藩士。一九六四年、幕命によって上洛、攘夷派の浪士に暗殺される。
＊3　渡辺崋山（1793-1841）　名は定静、通称・幕府の攘夷策を非難して『慎機論』を著し、蛮舎の獄に連座、郷土に蟄居中に自刃。
＊4　高野長英（1804-50）　名は譲、後に長英。幕末の蘭学者。長崎でシーボルトに学ぶ。幕府の対外政策を非難して、獄舎に繋がれるも放火をさせて脱走、江戸で自刃。

この頃から、外国の学問の進歩は——ふたたび防衛に直結する問題で——無視できなかった。渡辺登（崋山）や高野長英のような人士（前者は影響力を備えた役人で、詩人、画家、学者でもあり、後者は他の事柄に加えて鉱物学、歴史、軍略と幅広く書物を著した著述家）は彼らの考え方を普及させたが、国家の安全は、今や「旧態の方針では改善は図れず」として、これらの愛国主義者たちは西洋からのダイナミックな活力の導入を必要とするとの考えであった。彼らの思想は国家経済、海運業、産業、城塞、流通制度の改革、徴兵制度とあらゆる重要な問題に及んでいた。この集団の中で最も影響力のあった人物の一人横井小楠〔1809-69——幕末の思想家、開国論者。熊本藩士。明治維新の後、暗殺される〕は、公然と日本の世界における指導的地位を擁護した熱烈なる愛国主義者で、日本がアジアで冠たる役割を果たさんとしていた時代に大いにその思想が歓迎された膨張論者でさえあった。

「西洋（を研究する）集団」と横井小楠が代表的存在であった日本の再生論者たちとの間の結束は、特に重要なことである。同時代の西洋科学への関心が高まると同時に、純粋な神道復活に結びついた熱烈な反動的愛国主義運動もまた展開されていた。様々な分派が出現し「古代への復帰」、言わば古学への復帰を説き、徳川将軍家の指導者たちによって支持されていた儒教の支配力の弱体化に大きく影響した。この運動に携わった最も著名な人士は、賀茂真淵[*1]、本居宣長[*2]、平田篤胤[*3]であった。真淵の主意は、儒教思想の普及と神道の衰微が「家臣への権力の移譲と帝（ミカド）の権威の完全なる無力化[(1)]」の真の原因であるというものであった。神道の基本的概念は、天皇と日本人の民族的性格の一体感、天皇は天孫降臨であるという信条が強調さるべきであろう。

＊1　賀茂真淵（1697-1769）　江戸中期の国学者・歌人。岡部氏、号は県居。本居信長や加藤千蔭等の師、古道の復興を図る。

＊2　本居宣長（1730-1801）　江戸中期の国学者、国学四大人の一人。号は鈴屋。伊勢松坂の人。儒仏を排して古道に復帰すべきを説いた。

＊3　平田篤胤（1776-1843）　江戸後期の国学者、国学四大人の一人。はじめ大和田氏、号・気吹舎。秋田の人。草莽の国学者として尊王運動に大きな影響を与えた。

「尊皇攘夷」は民族の教義のモットーであったし、そのことを「純神道」派は鼓吹していた。「西洋の学問」の支持者たちは、儒教を攻撃するといった面では、彼らと同一の基盤に立っていた。というのも、佐久間象山が先に引用した陳情書の中で、中国の学問は合理性を失っており、したがって危険に晒されていると指摘していたからであった。さらに、いっそう急進的な西洋派のある人士は、天皇の下での強固な中央政府こそが、変化した日本の環境の下では唯一の可能性を秘めているとすでに認識していた。この西洋の知識と純粋な神道の奇妙な組み合わせの結果が、明治維新に続く日本の復興の特質にはっきりと現れていた。

本書では既に明治時代の政治史と、新日本の指導者たちが西洋の知識を同化し日本帝国を近代的政治共同体へと移行するために取った足取りをいくぶん詳細に取り扱った。明治時代の政治家の努力は、取り組んだあらゆる問題の処理にあたってすこぶる成功を収めていた。彼らは中央政府を設立し、近代的軍事機構を造り上げ、国民を愛国的共同体へと糾合し、国家を工業化し経済力を伸ばし、日本人の生活に西洋の技術的知識を導入した国家的教育制度を整備し、現代人の物質的環境を造り上げ、事実上日本の列強の仲間入りを果した。それは慎重に考慮され、統制された制度を備えた西洋化の計画で、目的は国力増進であった。この目的に役立ち、言わばこの目的の一助となる事のみが受け入れられ、他は厳しく排除された。明治天皇みずからが詠んだ歌の中でその思いを表明していた。

「よきを取り、あしきを捨てて、外つ国に、
劣らぬ国となすよしもがな」。

明治天皇短歌(2)

(Oh, how I wish to make this country inferior to none

Adopting that which is good and rejecting that which is bad.

この目的が達成に到る過程は様々なところで論じられた。ここでは広い意味で、社会生活の神道国家への帰属化と国家の統一をめざす民族中心主義の儀式制度の活用、日本の将来への信念と日本国家の基本的概念に反するあらゆる思想の排除が試みられたこと、この二つのみ強調しておく必要があろう。明治元年に発布された天皇の勅令は、かく声明していた。

「神への尊崇と祭祀（神道）の尊崇が、我が帝国の大いなる尊厳にして、政教の基本なり……今日この新たなる（皇紀の）再興にあたりて、東京に新首都を配置し、天皇自ら治世に臨みたり。先ず、祭祀を始め、綱紀を粛正すべし。以って宗教と政治の正道（祭政一致）が、回復されるべし*」。

* 右記はこの詔であると思われる。明治元年戊辰十月十七日・詔書・法令第八百五十三。「詔崇神祇重祭祀皇国大典政教基本然中世以降政道漸衰祀典不擧遂馴致綱紀不振朕深慨之方今更初之秋新置東京親臨視政将先興祀典張綱紀以復祭政一致之道也」。

祭政一致の教義は、天皇の詔勅自体が宣言しているように、日本人の民族再生の総体的問題の基本なのである。この宗教と国家の和合の起源は、同じ詔勅によって公告された。さらにもっと重要なのは、同じ日に天皇によって発布された声明書であった、それには次のように記されていた。

「朕、厳かに述べるに、天照大神、国を始め、天壌無窮たり。皇室は万世一系にして継承されたり。宗教的儀式と政体は一にして、等しく億兆の臣民結ばれたり。行政と教育は、上なるものたちに明らかにして、かくして下なる者たち、臣民の作法と慣習は美をなしたり。しかれども、中世の始めに盛衰あり、時に、大道は明暗を分けきたり、さらに、政教の盛んならざること長し。

今、命運の周期めぐりて、事すべて新たなり。政治と教育は国家に明確にして、神への服従の大道は普及さるべし。かくして、ここに新しく国家にその事を布告する伝道者を任命する、汝ら、臣民、この戒を銘記すべし」。

これこそが、日本再生の基本的概念、教育と政治を共にした神道の和合なのである。教育政策に関する政府声明は、一九三七年、文部省によって発布され、『国体の本義』*と銘打たれていた、それには次のように記されている。「教育はその基本において宗教儀式と行政と一致する。すなわち、宗教儀式と行政と教育はそれぞれ個々の目的を有するも、最後には一に帰するものとする」。忘れてはならないことは、近代国家の慣例にしたがって、日本は〔一八九九年八月二日の勅令一二号で〕公立、私立校での国家神道以外の宗教教育を禁止した。以前には宗教ではなく公民の義務観の育成であるとされていたものが、全ての学校において宗教教育におきかえられたのである。かくして、他の宗教すべてが排斥される一方で――なおこれは宣教師たちに大きく影響を及ぼした――神道は最重要な付帯事項として義務的課題となったのである。

* 『国体の本義』　一九三七（昭和十二）年、文部省が国民教化のために記紀（古事記と日本書紀）に基づき、国体の尊厳、天皇への絶対の随順を説き、個人主義と自由主義を排撃した。

「祭祀」、政治、教育の三位一体が、日本の再生の基本を形成した。これは偏狭で思想の自由に敵対的ではあるが、日本が一時期、西洋文明の達成に魅了されていた時には、過渡期を首尾良く切り抜けるのに役立ったのである。(明治)維新に続く二十年間、都会の人々の間では、手放しで無分別な西洋崇拝のうちに西洋の文物が異常なほどに争って求められた。サンソムは次のような言葉でその時代の日本の社会現象を語っている。

「西洋スタイルの衣服と革靴を履くのは、いまや当たり前で……もちろん、一八七五年、あるいはその前後の時代の日本人は、完全な外国の衣装を購入することのできる人はほとんどいなかったが、一、二品の外国の衣服を身につけるのが普通になっていた。その結果、ズボンの上に和服を着たり、刀帯に二本の刀を差して幅の広い長い上着と袴を着るといったような面白い取り合わせが工夫された……

その様子は、一八七八年に子供たちのために作曲されたある歌に一番よく示されている。それは、文明ボールの歌（the Civilization Ball Song）と呼ばれ、幼い心に西洋文化の長所を印象づけるために作られたのである。子供たちはボールを撞いて跳ねるのを数えながら、とりわけ導入に値する十個の商品、たとえば、ガス燈、蒸気機関車等の名称を、暗唱することになっていた」等。[3]

日本人の宗教的統合による偏狭主義（反自由主義）と反動的性格が認められるからといって、科学、人文科学、文学、芸術の分野での日本人の再生の大いなる業績を、十把一絡げにして無視するわけにはいかない。復活した日本の新しい精神は、建設的方向へと精力的に流れ込み、二十世紀にはあらゆる知的活動の分野で際だった復興を遂げていた。細部に及ぶ学問や広範囲に亘る研究活動が大学で促進され、日本の仏教は活力に満ちた国民的再生の兆しを見せていた。制度に固有の矛盾が、独立した政治思想の前に立ち塞がってはいたが、西洋の民主主義政体、議会政治、成人の選挙権、内閣制度と日本人の体系的時代精神との調和に向かって、大いなる研鑽が行われていたかである。

（1） Holton : *Modern Japan and Shinto Nationalism*, Second Edition, 1947

（2） 尾崎行雄の *Voice of Japanese Democracy* より引用。Yokohama, 1918.

(3) Sansom : *The Western World and Japan*, pp. 399-400.

第四章　中　国——儒教との訣別、共産党の誕生

中国の復興では、自由主義者、合理主義者と人道主義者は遅れてやって来た。その影響は注目に値したが、政治的環境がその自然な成長を妨げていた。さらに、新思潮は、激しく押しよせてきたと同じように急速に引いてしまった。文芸復興運動の失敗は、大いなる約束と初期の業績を残したのみで、中国を文化と知識の無政府状態にしたままに、マルクス主義革命思想にのめり込む道を開いていた。

中国は、インドよりもかなりのゆとりを持って、常に自由な批判精神なるものを示してきた。二千五百年に及ぶ中国の知的成長は、挑戦を受けた学者や政治家たちが新しい教条を受け入れ新しい動向に息吹を与えた、注目に値する時代を数多く見せてきた。この批判精神は、しっかりと康有為[*1]等によって受け継がれ、彼は悲劇に終わった百日維新（変法自強策）の構想で光緒帝[*2]を奮い立たせた。

*1　康有為（KangYu-wei, 1855-1927）　清・南海人。本名・祖詒、字・廣夏。甲午日清戦争後、変法自強策によって強学会を設置し、世に言う戊戌政変を画し失敗、亡命する。後帰国して学問に専念。

*2　光緒帝（Emperor Kuang Hsu, 1871-1908）　愛新覚羅載湉、清朝第一一代皇帝・徳宗。在位（1875-1908）。

康有為は広東人であり、協弁大学士宰輔・翁同龢[*]に率いられた多くは南方の人士からなる官僚集団に影響力を

持っていた。翁同龢は、日本が列強にのし上がった路線を綿密に研究し、中国の進歩を阻んでいるのは西洋を学ぶことを拒否しているところにあると思っていた。一八九八年、恭親王（奕訢）〔Prince Kung. I su〕の逝去際に政府内部で内閣改造があった時、翁同龢は優れた天分と際だった能力を持つ人物として、康有為を皇帝に推挙した。皇帝は、康有為の考えに大変に感銘を受け、中国は内部の行政機構の秩序を糺すために、重大な決意をすることなしには難局を切り抜けられないとの確信を固めていた。皇帝の最初の改革ための勅令は、この確信を表明する声明で引用に価しよう。

＊ 翁同龢（Weng Tung-ho, 1830-1904） 清・常熟の人。咸豊進士第一。字・叔平、号・松禅、晩号・瓶庵居士。歴代皇帝の刑・工・戸部尚書を歴任。戊戌政変の折、改革派を賛助して罷免。晩年は自適す。著書に『詩鈔』『瓶庵詩稿』等。

「朕、今、ここに特別なる勅令を布告するものである。かくて、総ての臣下、皇帝の家族より庶民に到るまで、これより改革の目的に意を尽くさんことを。教育の基本は、聖賢の規範によるも、同時に存在する必要性に合致したる西洋の学識のあらゆる分野の慎重なる調査をすべし、かくて空疎なる誤謬に終止符を打ち、熱意によって能力が発揮されん。浅薄なる論理の猿真似の剽窃を避け標語を控えるべし。望まれたるは、無益なるものの削除、学問の進歩は古代の原則に基づくも、時代に適応し調和を持って活動すべし。北京大学は帝国の模範とされるべし、また総ての長官、親衛隊、行政官候補、高官の後裔、満州八旗の世職の役人は、この危機の時代に大学への入学資格を有する者とする。如何なる遅滞も情実も許容することなく、またこれらを閑却せざることを、ここに、帝は訓告する」＊。

＊ 右記はこの勅諭であると思われる。
「欽奉上諭、用是明白宣示、爾中外大小諸臣、自王公以及士庶、各宜努力向上、而憤然為雄、佩聖賢義理之學、採其根本、又須博採西學之切於時務者、実力講求、以救空疎迂謬之弊、専心致志、精益求精、毋徒襲其皮毛、騰其口説、始可化無用以成通權濟變之才。京師大學堂為各行省之倡、尤應首先課學、著軍機大臣総理各國時務王大臣會堂妥速議奏、所有翰林院編修、各部院司員、鑾儀

侍衛、候補選道府州縣以下各官、大員子弟、八旗世職各員、武職後裔、其願入學堂者、均准其入學肄習、以期人才輩出、宏濟時艱、不得敷衍因循、徘徊援引、致負朝廷諄諄告誡之至意！　将此通諭知之。欽此」。

この並々ならぬ決意は、日本の西洋化の成功に刺激を受けたものではあったが、注目に値しよう。しかし、その影響力たるや儚いものであった。古い試験制度（科挙）は廃止され、政治経済学といった学科が教科課程に組み込まれた。

近代路線に沿った大学と諸々の学校が開設されることとなった。海軍士官学校が企画され、鉄道局と鉱山局が北京に設置され、さらに翻訳部（時務報館）が梁啓超[*1]の監督の下に設けられた。数多の閑職（名誉職）が廃止された。矢継ぎ早の法令発布に驚かされた保守派の役人たちは、再び西太后[*2]に権力の座に着くようにと泣きついた。光緒帝は先手を打つ決意をした。皇帝は、袁世凱に内心を打ち明けて、軍改革の特別任務を与えた。次いで皇帝は、彼に西太后を逮捕し獄に拘禁するように委任した。奸計に長けた無節操な袁世凱は、その足で栄禄 (Jung Lu) のところへと赴き、皇帝の信頼を裏切ったのである。老仏 (Lao fu—Old Buddha)、すなわち慈禧・西太后は、皇帝の計画について寵臣からの報告を受けると、間髪を入れなかった。彼女は大会議を招集すると、それを主体にして権力奪還の要求を通してしまった。改革派の皇帝は直ちに退位させられ、幽閉された。かくして、この奇妙な幕間狂言と西洋化の綱領によって改革しようとした皇帝の熱意ある試みは幕を閉じた。

＊1　梁啓超 (Liang Chi-chao, 1873-1929)　字・卓如、号・任公。広東新会人。政治家、文学者。戊戌政変のおり康有為と共に亡命。帰国後、執筆活動に有名を馳せる。『清代学術概論』『中国近代三百年学術史』等。

＊2　西太后 (Hsi ta-hou, 1835-1908)　清朝の文宗（咸豊帝）の妃。満州族の名家・葉赫那拉（エホナラ）氏の出身。穆宗（同治帝）を生み、慈禧太后と尊称。徳宗（光緒帝）の時代に政権を専らにし、戊戌政変、義和団事件の時に反動政策で国を貶めた。諡は考顕皇后。

改革者としての康有為は、様々な面で後の多くの革命家たちよりも優れた人物で、制度の近代化によってしか中国は前に進み得ないとの認識を持った明晰な思想家であった。康有為よりもさらに急進的であったのは梁啓超で、彼は百日維新の際に康有為に同調した。

実りなき百日維新の失敗の後、康有為は香港へと逃れ、さらにアメリカへと逃避し、梁啓超は日本へと亡命した。その地で梁啓超は新聞『新民報』を発行し、精力的に新思想と政治改革のための運動を展開した。梁啓超は湖南人〔正しくは広東人〕であったが、出身地の他の思想家たち、特に譚嗣同は*――譚嗣同は西太后のクーデターの後に他の者たちと共に亡命することを拒否して殉死した――近代で改革を要求して犠牲となった最初の中国人殉教者であった。

＊ 譚嗣同（Tan Ssu-tung, 1865-1898）清・瀏陽の人。字・復生。光緒二四年（1898）新政に参与して、戊戌六君子の一人となるが、袁世凱から事情を知らされた栄禄の密告により、西太后・慈禧に殺害される。

梁啓超は亡命の地から「新民」の思想を説いた。その考えは、中国は自ら思想と理想の完全なる改革を要求されている状況にあるというものであった。事実、中国人は「新民」として立ち上がらねばならなかった。「たとえ、ここを少しあそこを少しと変え、ここを少し塗り替えかしこを少し綺麗にしたところで何の役にも立たない。求められているのは全く新しい精神の創造なのである」〔論新民為今日中国第一急務、『飲冰室全集』参照〕。昔の君主制擁護を惜しげもなく捨て去り、共和制を受け入れた優れた才能を持つ学者で著述家であった梁啓超は、若い世代の進路の方向づけに大きな影響力を持っていた。胡適（Hu Shih）は自伝の中で、自分と友人たちが、どんなにか梁啓超の思想と著作に影響を受けたかを語っている。

国内では、別の勢力もまた、中国社会の改革に携わっていた。阿片問題で有名な帝国の高等弁務官・林則徐（Lin Tse-hsu）は、外国人に関連する問題に自ら精通しようと心がけた。彼は西洋事情を学ぶ日本人学徒のように、改革よりも国家の安全に関心を持ち、外国人の方式で銃や船舶の製造を唱導し始めていた。林則徐が収集した資料は、知州〔州の長官〕の一員であった魏源[*1]へと提供された。魏源は、『海国図志』(*Hai Kuo Tu chih*) なる題名の下にそれを印刷し刊行した。その著作の序文には、次のように述べられていた。「夷狄の問題を取り扱うには、夷狄の関心を知らねばならない。夷狄の関心を知るためには、夷狄の状況を知らねばならない」。魏源は生粋の改革論者で、もう一人の著名な学者・龔自珍[*2]に助力を仰いでいた。彼らの研究法は実用的知識の時代のものであり、学者はすべからく実用的知識の習得に献身すべきであるというものであった。この見解は、「龔・魏の教え」として知られるようになっていた。林則徐と龔自珍と魏源は、宣南会 (the Hsuan-nan Club) を設立した。このサークルについて、ある歴史家が語っている――この会を設立した人士の中で、黄爵滋[*3]が反阿片運動を開始し、龔自珍と魏源が改革に着手し、一方林則徐は彼らの先達となったのである」。彼らこそが、中国における西洋の学問の創始者であった。

＊1　魏源 (Wei Yuan, 1794-1854)　清末の学者。湖南邵陽の人。字は默深、経世実用の学を志した。著作は、『海国図志』『聖武記』、『皇朝経世文編』百二十巻等。

＊2　龔自珍 (Kung Tzu-chin, 1792-1841)　清末の学者。浙江仁和の人。号は定庵。その学風と経世論は清末の改革者たちに影響を与えた。

＊3　黄爵滋 (Huang Chueh-tsu, 1793-1853)　字・徳成、号・樹齋。江西省宣黄県の人。清朝末に中央の官職を歴任、阿片密輸取り締まりに関与し『海防図表』を上進し、国防に尽す。詩文に優れていた。

中でも、異色な人物は、容閎[*]（一八五四年イェール大学卒）であった。彼は、アメリカで教育を受けたところから、政府に対して、アメリカで研究するために百人の有識者を派遣させた。容閎は、次のような言葉で、自らの計画について語った。「一二〇人の学生の教育を考慮した計画は、それぞれ三〇人の学生を四つの組に分割し、一組が毎年派遣される。教育の修了までに一五年が認められる。学生の年齢は十二歳から十四歳とする。第一、第二の組が成功したことが立証された場合、その計画は恒久的に継続される。合衆国に滞在中も中国語の教師が学生の中国語の知識を維持し続けるために提供される。全計画の監査に二人の委員が任命されるべきである」。

＊ 容閎（Yung Wing/Yung Hung, 1828-1912） 字・達萠、号・純甫。本人が自分の名前の使用したローマ字綴りは、Yung Wing で、生地の発音にしたがったもの。広東州香山県南屏（現在の珠海県）に生まれる。清朝末の改革運動家。米国イェール大学卒（中国人最初の同大留学生）。アメリカに帰化したが、さまざまに母国のためにつくした。著書、*My life in China and America*。

総督の曾国藩がその計画を支持し、最初の三〇人の研究生が、一八七二年、アメリカの地に向けて出発した。一二〇人の割り当てが、一八七五年までに達成されたが、その計画が完全に履行される以前に、全派遣研究生が一八八一年の新しい排斥運動の結果、召還された。この「帰国研究生」の最初の一団が近代化の途上にあった中国を救ったということは関心に値する。

西洋化を求めて二つの別の要因が働いていた。一つは、条約港の中国人の増加であり、もう一つは、海外の肥大化した中国人居留地であった。香港や条約港で、特に上海や天津のような巨大都市では、巨大な中国人社会がヨーロッパ列強の保護の下に肥大化していた。植民地・香港では、実に彼らは英国民として生活を送っていたが、広東のような隣接した地域ではその影響たるや大変なものであった。商業都市・上海では、買弁〔comprador――外国商社や商店に雇われて売買に携わる中国人〕階級が経済的にも社会的にも強力な存在となっていた。こうした都市社会は、西太后の時代には政治的にも社会的にも問題にはならなかったが、影響力が宦官や宮廷の貴族、さらに官吏にまで及ぶようになると、概して旧学派の知識人が信望を維持していた地域は別としても、彼らは上昇気流にのった階級であったから、彼らの考え方はいっそう知的な進歩的役人へと浸透し始めていた。キリスト教の宣教師たちの後援の下、上海や各所にヨーロッパの学問を教育する大規模な大学が設立され、近代的教育を受けた人士を排出していた。卒業生の政治的影響力は阻害された。それというのも、一九〇一年までは公務の高い地位は帝国の試験〔科挙〕の合格者によって占有されていたせいであった。したがって彼らは、特に都会地域で中産階級の位置を占めていた。また十九世紀の終わりまでに、多くの青年たちが日本や西洋諸国へと、高等教育を求めて留学し、新生活の中心をなしていた。したがって、「帰国研究生」は、帝国の終焉の以前でさえも社会の変革に重要な役割を果していたのである。

マレー、インドネシア、フィリッピン、ハワイ、米国と、到るところに存在する、「華僑」が大きく繁栄した社会もまた、西洋化運動の重要な要因であった。苦力の輸送は（奇しくも、一八六〇年代には、「豬仔〔chu tzu——豚の子の意〕の貿易」とお為ごかしの表現がなされたが）主として、こうした力強い共同体の成長の根源であった。しかし、年季労働契約の子供たちは人種の優秀性を示し、彼らが定着した場所では経済的に欠くことの出来ない存在となっていた。彼らは中国人としての特質を決して失うことはなく、熱烈な愛国者であったが、環境の変化と教育、また他の文明との継続的接触が、彼らの多くに母国・中国の弱点と改革の必要性を悟らせていた。近代化の擁護者たちは、こうした華僑社会に熱烈な支持者を発見した。

（清朝）帝国が続いている限りは、近代化の運動はほとんど進歩を見ることはなかった。老仏（西太后）と廷臣たちは、義和団事件後、異邦人に対しては法廷で譲歩せざるを得なかったのだが、それでも国内問題に関しては反動的組織を保持することが可能であった。しかし、一度（清朝）帝国が倒れると、それと共に旧社会の大黒柱と支持者も倒れ、それに先立つ半世紀間に勢いを増してきた勢力が一気に台頭してきた。革命自体は、周知のように不成功に終わっていたが、旧政体に復帰することを妨げるに足る大衆の力は十分に備わっていたのである。自ら皇帝の座につき、さらに君主制を復活しようとした袁世凱の意図の失敗は、歴史的な意義を有していた。というのは、革命は中国において十分な弾み、言わば根本的な社会改革をもたらす大衆の支持に欠けてはいたものの、決定的な過去との決別を意味していた。大秦皇帝・始皇帝が確立し、二千年余に亘って続いた帝国の伝統は、ついに回帰不能なまでに破壊されていた。

中国は、政治的、経済的混乱状態・無政府状態に落ち込んでいった。そこには多くの理由が考えられる。一つは、中国をめぐる目に見えない影響力を持つ支配権を行使した権力者たちの競合である。もう一つは、新しい階級の官僚行政機構と能力の欠如である。権力者たちの多くは沿岸地域の出身であったところから、民衆の間に何らの威信も権威も持たなかった。さらにもう一つは、様々な軍閥の下での軍隊の分裂である。新しい潮流と中国の知的自由を求める大運動が具現化され表現され始めたのは、こうした状況の下であった。

この新しい運動の中心は、素晴らしい大学総長・蔡元培[*1]の指導下にあった北京大学であった。著名な指導者たちの中には、陳独秀[*2]や胡適[*3]がいた。一八九八年、大学は公式に、大学学長（Chancellor）に孫家鼐[*4]、校長に英国人宣教師、マーティン[*5]を迎えて設立された。クーデターの後ですら西太后は、大学には手を付けなかった。古い政権の下では大した役割を果たすこともなかったが、一九一七年一月、大学総長に蔡元培が任命されるに伴って新時代が幕開けしたと言えるかも知れない。

＊1　蔡元培（Tsai Yuan-pei, 1868-1940）　学者・教育家、浙江紹興の人。清末、章炳麟らと光復会を結成して、革命運動に参加。民国政府初代の教育総長。後に、北京大学校長として文学革命を支持。一九三〇年代、国民党の独裁政治に反対して、民主主義を固守した。

＊2　陳独秀（Chen Tu-hsiu, 1880-1942）　思想家、政治家、字は仲甫、安徽懐寧県の人、日本に留学し一九一五年『新青年』を発刊、儒教の倫理を排撃した。北京大学教授、新文化運動を指導し、一九二一年、中国共産党初代総書記となるも、一九二九年、トロツキストとして除名される。著作に『独秀文存』あり。

＊3　胡適（Hu Shih, 1891-1962）　学者。字は適之。上海生まれ。アメリカ留学後、北京大学教授。五四運動の際に白話文学を提唱。一九三八年駐米大使。一九四八年アメリカに亡命。著作に『中国哲学史大綱』『白話文学史』『胡適文存』がある。

＊4　孫家鼐（Sun Chia-nai, 1827-1909）　字・燮臣、諡・文正。安徽省寿州の人。清朝末の高級官僚。一八五九年の第一級で進士及第、康有為の第四上書（一八九五年）を皇帝に代奏したが、後に宮廷内で反対に遭って断念した。「中体西用」の立場に立っていたが、老練なる政治家。清朝末期に礼部尚書、吏部尚書、政務大臣、資政院総裁等を歴任。

＊5　マーティン（William Alexander Parsons Martin, 1827-1916）　長老派宣教師。一八五〇年、中国に渡り寧波で布教。アロー号事件でアメリカ代表のW・B・リードの通訳として北京に行き、北京に長老派の伝道会を設立。一八六七年に、同文館（清の同治六[1867]年に通訳養成のため北京に開設された外国語学校で科学・国際法なども教えた）の国際法教師となり、同時に新設の北京大学の総長となる（1898-1900）。北京にて歿。

蔡元倍はライプチッヒで教育を受けた著名な学者であった。彼は、学問の自由の大いなる擁護者で、大学は知識を深めるという神聖なる義務を有しその活動は排他的なものであってはならない、とする人物であった。蔡元倍は、雑誌『青年』の編集長として一般社会に認められた改革の旗頭であった陳独秀を招聘し、大学の文学部の学部長に任命した。陳独秀は、様々な方面で中国史に名を連ねる運命にあった。後の共産党創立と指導の業績、後に、その運動の記録文献に、党路線を逸脱した者と名指しはされたが、新文化活動の指導者としての彼の五年間の活動には、アジア現代史の中で、高い地位を与え得るものであろう。陳独秀による「敬告青年」と題した巻頭論文の掲載された『青年』の第一号は、一九一五年九月に発行された。それは、中国の威信の再建に向かって、戦いは皆の双肩に掛かっているとする青年への呼びかけであった。それは中国の青年の愛国心と自由な知的生活を求める渇望への訴えかけであった。第一号は版を重ね、部数は二〇万部余にも及んだ。武昌で最初の一発の銃弾が放たれた以上に、革命の真の始まりと位置付けうるものであった。

この初期の段階で、陳独秀はすでに状況を真に把握していた。彼は、革命後の中国人の無能力さの問題を「あたかも、対岸の火事の如き民衆の中立的態度」に起因するとして、覚醒の欠如、古い思想にしがみつきいやでも降り懸かる変化を前にしての無気力なる態度と分析した。そこで、彼は国家の青年たちに前進を求め、宣言した。彼が着手した計画は厳粛な訴え掛けに具現された六つの基本原則からなっていた。それは、自主的而非奴隷的（Independence not servility・独立であり奴隷にあらず）、進歩的而非保守的（progress not conservatism・進歩であり保守にあらず）、進取的而非退隠的（aggressiveness not timidity・進取であり停滞にあらず）、世界的而非鎖国的（world-mindedness not narrow nationalism・世界的であり狭量な民族主義あらず）、実利的而非虚文的（practical attitude not ceremonies・実をもとめて虚をもとめず）、科学的而非想像的（scientific approach not speculation・科学的であり投機的にあらず）の六つであった。一年後に彼は声明した、「第一自居征服地位、勿而居被征服、（firstly, the youth should be out to conquer and not be conquered・第一に、青年は征服し征服されざるべし）、第二尊重個人獨立自主人格、勿為他人付属品、(secondly, they should respect their own independent character and not be an appendix to other people・第二に、独立心を養い、他者に従属するなかれ)、第三従事国民運動、勿囿於党派運動(thirdly, they should engage in a people's movement and not in any narrow party activities・第三に、国民運動に参与し、党派の運動に参与せず)」。

陳独秀は、さらに旧態の中国文化の適応性の欠如を公然と攻撃し、中国の改革の論理的基礎を形成した。「政治、学問、道徳、文学のいずれの分野においても、西洋の方法論と中国の方法論は全く異質な物なのである、したがって、妥協するとか和合するとかいった類のものではない。どちらが優れておりどちらが劣っているかを論ずるには及ばない。というのは、それは別の問題だからである……しかし、仮にも改革しようと思うなら、あらゆる部門で西洋の方法論を適応すべきであろうし、民族の遺産であるとか、特種な状況であるといったような愚かなことで問題を混乱させてはならない」。

「儀式」、政治、さらに教育の統一を説き、現代思想を神道の論理の拘束衣に押し込む道を探し求めた日本の指導者たちの発言とはなんと異なっていることであろう！　保守的な官僚と新しい学問の擁護者たちとの間の問題が、まさにここで繋がっている。陳独秀は厳正な論理をもって、中国人の思想の砦すなわち儒教に対して、率直な攻撃を加えているのである。彼にとって儒教は敵であった。

『青年』の初期に発行された版の中で、易白沙(I Pei-sha)は儒教について痛烈な批判を発表した。紀元二世紀の漢王朝の武帝(Wu Ti)の時代までは、儒教は単なる小学派に過ぎず、五経の教義が専制政治の思想的基本としていかに有益であるかを認識したのは、他ならない漢の皇帝たちであって、彼らが他の学派を弾圧して「この世の思想を独占して自由を制限するために皇帝の傀儡として儒教を利用した」と言われるのは疑う余地はないことであると論証した。同じ月刊誌に陳独秀自身も一連の論文で、執拗にその点を強調して攻撃した、その中の一文は、「憲法與孔教・憲法と孔子の教え」と表題された。次いで「孔子之道與現代生活・孔子の道と現代生活」なる見出しの論文で、さらに注目すべき論評が加えられた。陳独秀の攻撃の趣旨は、儒教は三つの枢要な義務に基づいているために、全く人間の権利を無視しているということである。皇帝に対する絶対の忠節を尽くす義務、孝行、妻の夫に対する絶対の服従。こうした記述のあり方からして、現代の状況に適応させるための儒教の修正が不可能なことは明白であると、これが新潮流のグループが到達した結論であった。「儒教打倒！」が彼らのモットーであった。

是認されていた伝統に対して、中国の公然たる反乱の首謀者、急進的思想家が、首都の大学の文学部の部長（文科学長）の地位に上るということは、まさに公のお墨付きを授与されるに似ていた。陳独秀は若い世代の学者たちから、自分の思想に対して強力な支持を取り付けていた、中でも最も著名であったのが胡適であった。胡適は百科事典的知識の持ち主の哲学者であり、西洋思想の批判的方法論を完全に身につけ、注釈に頼らず原典に取り組む漢学 (*Han Hsueh*) の伝統を引いた学者で、とりわけ人間関係においては理性の価値を堅く信じる純粋の人道主義者であった。彼の新運動への最初の貢献は、文学の改革を求めた大いなる呼びかけであった。

この思想は、もともとは一九一六年に試論的にアメリカで出版された『中国人学生月報』(*Chinese Students' Monthly*) の中で趙元任*と胡適によって前面に出されていたものである。二人の間には大きな相違が存在した。趙元任は絵文字（漢字）を廃止して中国人にアルファベットを導入することを望み、胡適はそれを望まなかった。胡適にとって、さらに重要な仕事は、思想が特定の知識階級グループの独占になるような状態が続かないように、知識人と民衆に同じ言語を使用させることにあった。彼は、いわゆる、中国の文語文は、もはや一般大衆に使用されていないので、死語であると主張した。「中国語の文語文は、あたかも中世ヨーロッパのラテン語のようなものである。実際のところ、ラテン語よりもさらに（死語の比較の程度にもよるが）死に瀕していると言える、その理由は、ラテン語はいまだに語り理解し得るが、文語体の中国語は、その語句が聞き慣れた語句であるかあるいは語り手が話そうとしていることに関してすでにある程度の概念を有する時を除いては、学者の間でさえ聴覚的には理解し難いからである」。この困難に対処し、誰にでも伝わる思想の伝達手段を提供するのに、胡適は大胆にも口語文（白話文）の使用を推奨し擁護した。

＊ 趙元任（Chao Yuan-jen, 1892-1982）江蘇省武進県の人。天津生まれ。米コーネル大学、ハーバード大学卒。後にハーバード大学教授。中国言語学の父と言われ、言語学の著書は多い。北米にて死去。

外地で配布されている学生の月刊誌に出る自分の見解の発表に満足できず、胡適は文学改革の計画を提案して『青年』に掲載するために陳独秀に手紙を送って、後に練り直されて記事となった。提案は穏当なものであった。「不用典（Avoid classical allusions・古典を引用するな）／不講對偶、不用套語爛調（discard parallel construction of sentences・対句形式の文を避けよ）。／不避俗話俗字（and do not avoid popular speech・そして民間の口語を避けるな）。不做不合文法的文字（Emphasize grammatical construction・非文法的な文字を使用するな）／不做「無病呻吟」的文字（do not use sickly expressions when you are not sick・悩みもせずに悩んだ表現を使用するな）／不模倣古人（do not imitate the ancients・古人を模倣するな）。語須有個我在、須言之有物（In short, write naturally in a language which could be understood・須らく分かる言葉使用せよ）」。しかし、彼の学識と立論の論理性の全ては、陳獨秀がそれを革命的信条へと高揚することがなかったら、恐らく、ごく限られた自由主義運動に留まってしまっていたであろう。胡適の懇請を支持し、「文学の革命軍の旗を掲げよ！」と声を大にして、陳独秀は「中国文学の革命」を宣言した。

『青年』（*La Jeunesse*）が白話文で記事を掲載し始め、胡適の八項目（八不主義）を受け入れた時に文学革命は達成され、言葉が人工的古典主義の足枷から解放されたと言えるかも知れない。この解放運動は、膨大な量の文学作品とヨーロッパ語から訳された評論、随筆、また、オリジナルな創造的作品を生むこととなり、現代中国文学の起点となったと言えよう。その時代の知的興奮と活動は、義和団事件に始まり、国民党の革命の時代にまで及ぶ日々を回顧した林語堂[*]の『北京好日（北京の日々）』(*Moment in Peking*) に巧みに表現され、活き活きと描写されている。

＊ 林語堂（Lin Yu-tang, 1895-1976） 文学者、言語学者。本名・林和楽。福建の人。ジャーナリストとして活躍。一九三六年以降、アメリカに定住。中国文化を紹介。晩年は、台湾、香港に在住した。著作には、『我が国土・我が民』『北京好日』等がある。

この知的解放運動と中国人の生活と思想の近代化は、必ずしも活発な反対運動に出会うことはなかった訳ではなかった。五経の放棄を訴えた改革者たちを非難して、蔡元倍に書簡を送った（Liu Shu（劉？）とあるが、劉師培の間違い）劉師培[*1]のような超保守的儒者は別としても、中国の国民的遺産を無下にすることのないよう、また、東西の融和を請願した梁啓超（Liang Chih-chao）や梁煥鼎・漱溟[*2]のような存在もあった。こうした全ての請願に対して、新潮流のメンバーの指導者たちは、西洋熱に浮かされた余り、彼らの言葉に貸す耳を持たなかった。胡適は、この時代に西洋文明の圧倒的長所に全面的な確信を抱き「選択的適応」の教理を公然と非難し、「総括的導入」にこそ救いの道が存在すると言い切って憚らなかった。

＊1 劉師培（Liu Shih-p'ei, 1884-1919） 字・申叔、筆名・少甫。江蘇省揚州の人。思想家・アナーキスト、蔡元培の招きで、北京大学教授となる、一貫して守旧の立場を取った、『国故月刊』を創刊し文学革命に反対した。

＊2 梁煥鼎・漱溟（Liang Huan-ting・Sou-ming, 1893-1988） 北京にて生まれる。蒙古族。哲学者。インド哲学・仏教に関する著書が多い。北京大学教授。一九二四年辞任。思想家、教育者として農村建設運動の中心的人物として指導にあたる。

己の真価に確信が持てず、宗教と倫理の崩壊によって引き起こされた社会的無政府状態の中で、知識階級の新しい人生規範を模索していた時代の社会に、ロシア革命の爆発的力が作動したし始めていた。新潮流は、特に儒教の弾劾と文学革命には際だった成果をあげていたが、影響が及んだのは知識階級に限られており、新しい基盤に基づく社会統合の助けにはならなかった。逆に、まさに、自由主義的、合理主義的基盤にたった再統合に向かう第一段階としては、新しい思想は混乱を増幅してしまっていたと言えよう。だが、その活動は僥倖に恵まれることはなかった。蔡元培と胡適が、西洋の自由主義の導入を擁護していたときに、大きな反自由主義革命の教義がモスクワで宣言され、あらゆる国々のいっそう過激な若者たちによって研究され始めていた。中国における近代化の問題を研究する際に重要なことは、中国共産党の本来の創始者が他ならぬ新潮流の主唱者で指導者でもあった、機関誌の編集長、陳独秀その人であったことを忘れないことである。早くも一九一七年四月頃に、陳独秀は『青年』の記事の中で、ロシア革命と中国の覚醒との相関関係を分析していた。『青年』は一連の記事の中で、ボルシェヴィキ革命こそが一般大衆の勝利であると結論づけ、もう一人の北京大学教授、李大釗[*]によって編集されたマルクスに関する特集号を出版した。一九二〇年七月、中国共産党は陳独秀をリーダーとして設立された。陳独秀にとっては、李大釗、さらに多くの改革運動の他の指導者たちこそが、いっそうの熱意に燃えたより基本的な新思想と新潮流の創始者たちであった。

* 李大釗（Li Ta-chao, 1889-1927）　学者、思想家。日本に留学。北京大学図書館主任に与り、五四運動後、教授。中国共産党創立に参与し、理論家として活躍。国共分裂後、張作霖に逮捕され殺害される。

この亀裂は、蔡元培と胡適を主唱者とする自由主義改革の終焉であるかに思われた。建設的な構想——文学革命、儒教に対する反乱、学問における批判的態度——は、新生中国の普遍的典型となっていた。当初の成功を収めて、彼らはダイナミズムを失ってしまっていた。彼らはそれ以上の訴えかけや西洋の自由主義に背を向けた、より急進的な思想を持つことはなくなってしまった。その後二十年間、自由主義思想は主として大学と学究的分野に限られ、中国の知的生活にある種の影響を行使し続けはしたが、民衆の急進主義に追いつき、また研究機関を通して理論を実行に移すこともできず、一運動としての意義を徐々に失ってしまっていた。国民党の右よりの活動、新儒教主義の復活の試みは、統制された大学や研究所を通して過去にどのような影響力を持っていたにせよ、自由主義者たちを受け入れることはなかった。一九三六年以来、啓蒙と理性を通して改革を求めた運動は、ついに中国の精神世界に何らの影響を与えることもないまま終止符が打たれてしまったと言えよう。

なぜ、当初は前途有望で純粋な熱意を抱き、自らの分析に確信を抱いていたこの大いなる運動が、六年間の徹底した活動（一九一六―二二年）の後に、指導者たちが大いなる高潔さと優れた学識、さらに明確なヴィジョンを備えた人々であったのにもかかわらず、失敗に終わってしまったのだろうか！　その理由は、単純であると言いえよう。まず、第一に時代が、西洋の自由主義文明の威信が第一世界大戦によって覆され、ついでロシア革命によって木っ端微塵にうち砕かれた時期であり、言わばその運動の到来したのが遅すぎたのである。新思潮の論理が社会的組織に適用される以前に、ソヴィエット革命の対抗する思想が、植民地と属国の民族主義を重視して、中国を急襲したことである。第二に、七十年に亘って保護された宣教師の努力によって生み出された社会的無政府状態が、新思潮が短期間に自由主義的基盤にもとづいた社会を形成することを不可能にしていた。第三に、改革の教理は基本的には革命的ではあったが、指導者たちは民衆から孤立しており、メッセージを大衆に伝えることの出来ない知識人たちであった。彼らは自然に浸透して行くことに頼らざるをえなかった。第四に、危機が到来したとき、指導力に明らかな失策があった。自由主義者たちは、二兎を追って一兎も得ずといった風で、国民党の大臣・陳立夫[*]の下の官僚の反応に対応することにも、また大きく左傾した知識人たちの潮流を食い止めることにも無力なことが明らかであった。インドは、十月革命の思想に直面する前に、社会的統一の方策を獲得していた。日本は儀式と政治と教育を結びつけることによって社会を組織化していた。中国では、社会の団結を求める力が、宗教の失態と儒教に対する絶え間ない攻撃によって失われ、大衆は混乱状態のままであった。したがって新思潮の思想は、民衆から乖離した単なる知識人階級の教条に過ぎなかった。

＊ 陳立夫（Chen Li-fu, 1900-）　政治家、四大家族の一つ。浙江呉興の人。米国ピッツバーグ大学卒。国民党中央組織の実力者で、一九三〇年前後に、陳兄弟が結成したＣＣ団（国民党右翼を代表した。蒋介石の独裁政権を助け、反対勢力をテロで圧殺する役割

を果たした一暗殺団）の領袖。

一九二〇年以後の文献資料がこのことを明確に示している。二つの組織——文学研究会（一九二〇年）と創造社（一九二二年）——が自由主義の伝統との決別を表明していた。前者は、有名な小説『阿Q正伝』（*Ah Q*）で中国の近代文学の父[(1)]となった魯迅[*1]と茅盾なるペンネームで良く知られた沈雁冰（Ch'en Yen-ping）によって主導されていた。茅盾[*2]の三部作、『幻滅、動揺と追求』（1931）は、明らかに、中国の精神が戦い抜いてきた世界を描き出していた。国民党と自由主義的伝統の欠如から生まれた初期の楽観主義に伴う幻滅は、中国人の心に支配的な本質的現実だった。創造社は、歴史家、学者、詩人で短編作家であった郭沫若[*3]に主導されていた。彼は、少なくとも一九二五年以後は文学活動で革命派の立場を取っていた。魯迅も茅盾もともに中国左翼作家連盟の支持者となり、知識人の間の意見は着実に左傾化していった。

＊1　魯迅（Lu Hsun, 1881-1936）　文学者、本名・周樹人。浙江の人。中国現代文学を代表する人物。日本で医学を学んだが、文学による民族性の改造を志し、作品で民衆に訴えかけた、中でも中国人の国民性を批判した名作『阿Q正伝』は有名。ほかにも『狂人日記』他、優れた作品が多い。

＊2　茅盾（Mao Tung, 1896-1981）　本名・沈徳鵬、字・雁冰。浙江の人。中国初期の近代文学結社・文学研究会に参加。第二次大戦後には、文芸界の中心人物。作品『蝕』『子夜』『腐食蝕』『霜葉は二月の花に似て紅なり』等。

＊3　郭沫若（Kuo Mo-jo, 1892-1978）　文学者、政治家。名は開貞。四川の人。日本の九州大学医学部を卒業。郁達夫らと創造社を興す。北伐に従軍後、日本に亡命。日中戦争開始後帰国。抗日救国戦線で、文化活動に活躍。戦後、中国の文化界を代表する。詩集『女神』戯曲『屈元』また、『中国古代社会研究』等の著作がある。

中国の文芸復興運動の矛盾と失敗の理由は、多少なりとも中国の民族革命の父・孫逸仙の人生によってもたらされた。孫逸仙は、ヨーロッパ貿易の波にさらされた沿岸地域で生まれ、若い頃にハワイへ向かい、その地の「華僑」社会で育ちミッション・スクールで教育を受け、キリスト教徒として洗礼を受けた。

中国へ戻ると宣教師の有力者の下で働きながら、主として日本やアメリカの学生たちの支持と諸外国に生活する中国人の共同体から財政援助を受けて革命活動を展開した。革命を扇動する様々な活動の間、外国租界の安全地帯で生活し、中華帝国の影響と権力を否定する新しい階級から支持者を募っていた。革命の時期とそれに続く時代に、孫逸仙の中国に関する見解は、新潮流の主唱者たちの意見にかなり接近していった。彼らと同じように孫逸仙は、儒教とそれを擁護するもの全てに反対した。西洋の全面的是認を擁護し、ヨーロッパ諸国家の自由主義的伝統に大いなる信頼を置いていた。次の段階で「西洋の失策」に幻滅させられた彼は、モスクワへと顔を向けた。一九一九年七月二十五日付けの中国人民への声明文の中で、孫逸仙は宣言した。「中国人民がロシアの人民のように自由を求め、ヴェルサイユの連合国によって調整された命運を免れたいのならば、……国家の自由のための闘争の唯一の同盟者と兄弟は、ロシアの労働者と赤軍の農民たちであることを理解しよう」。時の経過につれて、この信念だけが一人歩きをしていた。それというのも、彼が最後に書いた手紙は、ソヴィエットの党中央執行委員会に宛てられており、次のように記されていた。「皆様は、不滅のレーニンによって世界の抑圧された人民に残された遺産である自由共和国連盟の先頭に立っておられます。その遺産の助けを得て、帝国主義の犠牲者たちは、解放を必ず達成することでしょう……親愛なる同志諸君、あなた方にお別れを告げるに当たって、ソヴィエット・ロシアが友人を歓迎し、力強き自由中国と同盟し、世界の抑圧された人民の自由を求める偉大なる闘争で、双方の同盟国が手を取り合って勝利に向かって邁進する日が間もなく訪れることの希望を表明したいと願うものです」。

西洋化の本来の先駆者、ミッション・スクールの産物、自由主義からレーニン主義の公然たる支持者となった孫逸仙の変質は、それ自体が中国の覚醒の歴史であり、自由主義文芸復興の失敗を意味している。

（1）　近代文学の発展における魯迅の重要性は強調してしかるべきであろう。影響を及ぼした彼の第一作『狂人日記』は、一九一八年に『青年』に掲載された。人間社会の吝嗇と利己主義に対する強烈な批判であった。その形式も、内容に劣らず常軌を逸していて中国人の世界を驚かせた。しかし、彼の最高傑作で著名なのは、もともと、『晨報』の「副刊・特集号」として出版された『阿Q正伝』である。主人公の阿Qは、無職の風来坊で、自分の弱みに理屈をくっつけて、自分の失敗には自慰的な言い訳を見つける。その小説が書かれた文体は、陽気で、機知に富んでいると言われた。その小説は、中国社会の弱点の無情な暴露で、広く影響を及ぼした。彼の短編小説のうちの二つの作品『吶喊』と『彷徨』は、村落の生活を描写したものである。魯迅は、共産主義者にはなることはなかったが、中国左翼作家連盟の中心的存在であったし、彼の作品は中国の近代文学に永遠の刻印を遺している。

第五章　インドシナの小国家——抵抗運動の思想

ここで、簡単にアジアの小国家の活動を取り上げて見よう。ビルマは、一九三七年の英国による征服の時代以来、インドの一部として統治され、国家再生運動はインドの運動の展開に大きく影響された。しかし、そこには二つの際だった相違点が存在する。インド人の資本家と実業家による経済的搾取とビルマへのインド人の大量移民が、ビルマ人の民族主義に二重の性格、すなわち、反帝国主義と反インドといった側面をもたらしていた。インドの民族主義者の運動は、帝国主義に対する戦いを奨励し、一方、英国はその見返りに、ビルマ人に人種的排他主義を奨励した。次いで、ビルマはインドへの併合に伴って、仏教は国教ではなくなったのだが、人民に対する仏教の影響は概して深刻な事態をもたらすことはなかった。中国では、世論の唱道者たちは、非宗教的であることの事実を誇示したが、ビルマでは民族主義の指導者たちは大衆の支持を得るために敬虔な仏教徒であることを表明しなければならなかった。この一例が、幼少時代にキリスト教の洗礼を受けたバウ・マウ (Baw Maw) 博士の場合である。彼は著名な民族を代表する人物となった時、母なる教会（仏教）に回帰したことを宣言した。また、宗教と僧侶への攻撃に対する大衆の反応は激しく敏感で、有名な小説、『現代の僧侶』の著者・テイン・ペ (Thein Pe) は、一九四五年に反聖職権主義の汚名を着せられて、公に謝罪を強要された。

第一次世界大戦（一九一四―一九一九年）後に設立された仏教団体協議会が、民族主義を自分たちの宗教の統一的基盤の上に据えるべくビルマの政治的状況の変化に対応するにあたって、仏教の強化統一を計った最初の証であった。かくして、ビルマ人の運動は、主として民族主義的なままに、国の社会的独自性への脅威、言わば社会的激変をもたらすような直撃を受けることもなかった。その社会機構も宗教のいずれも、深刻な影響を被ることもなく、カレン族の間を除けば、大規模な宣教師の活動もなかった。その結果ビルマは、国内でのインド人に対する経済戦争にもかかわらず文化的にはインドと同じ圏内に居座ったままであり、両国で行われていた教育と民族主義の趨勢はかなりの程度まで同質であった。

シャムはチュラロンコーン（Chulalankorn）王の時代からの君主制国家が、賢明な指導力を発揮して注意深く西洋化計画の政策に乗り出していた。シャムの国王と顧問たちは、自分たちの仕事の限界をよく理解しており、彼らの政策は、日本が当初から望んでいたような、重要な立場の獲得を指向するものではなく、国家の独立の保全と着実な進歩へと向けられていた。チュラロンコーン国王は、自国の安全はフランスと英国の敵対関係を助長することにあるとの認識から、しばらくの間は、緩衝国家の役割を引き受けることで満足していたが、そのことが彼に、選択的適用といった政策を通して、不穏当な社会的混乱を引き起こすことなく、言わば、シャムの政治機構を妨げられることなく、国家の近代化を可能にしていた。国王一家は、早くから西洋の知識に順応すべき必要性の避けがたいことを認識していた。王宮で雇われた英国人の家庭教師の著書『アンとシャムの王様〔王様と私〕』（*Anna and the King of Siam* by Margaret Landon）が、マンクート（Mankut）国王の治世下での彼の当初の恣意的政策に関する興味ある記録を伝えている。しかし、間もなく行政府の近代化には、西洋の状況に関する知識を持つ訓練された人材が必要であることが明白となった。ヨーロッパへと学生を派遣する国庫補助の政策が開始された。学生は主として貴族階級の中から選ばれたが、その制度は、西洋の知識を吸収し近代化政策に着手し遂行する準備のできた、概して保守的な伝統を持った一群の若者たちをシャムに供給した。オックスフォードのクライスト・チャーチで教育を受けたラーマ六世自身がこの運動の指導者であった。彼はチュラロンコーン大学を創立し、西洋文学を普及し、シェイクスピアを翻訳し、ヨーロッパの競技を導入し、シャムを大きく近代国家路線の軌道に乗せるために、様々な政策に着手した。彼がそうした路線で行ったもう一つの業績は、青年たちの間に個々の責任と奉仕の理想を植え付ける目的を持った、「野生の虎」として知られる青年団の組織であった。民事婚〔Civil marriage――宗教的儀式によらず民事上の契約に基づいて公吏が行う婚姻〕が導入され、国王は一般市民の社会生活の水準を高めるために熱心な努力を重ねた。ラーマ六世はまた、ジャーナリストとしての際立った能力を備え、アスワバフ（Aswabahu）、すなわちペガサスのペンネームで記事を書き、人民に国家政策の動向を詳細に解説した。

シャムではビルマにおけると同様、仏教教会の勢力と活力のせいで、宣教師の活動の影響をほとんど受けることはなかった。ラーマ国王は仏教再生の運動も指導した。彼の後援の下で、トリピタカ（三蔵経）が編纂・出版され、仏教の僧侶を再教育し、強化する試みがなされた。シャムの君主は、英国国王の称号（Defender of the Faith）を真似て仏教信仰の擁護者（Defender of the Buddhist Faith）の称号を受けた。一八七〇年と一九二〇年の間の危機的時代において、君主制に即した、保守的ではあったが一般的啓蒙政策は、シャムが激しい混乱や社会秩序の破壊を引き起こすこともなく過渡期を経るのに効果があった。したがって第一次大戦後の時期に、諸外国が維持していた治外法権の権利を、交渉を通して漸次撤廃し、完全なる国家の独立を回復した。広範囲に亘る小農制度と仏教教会の活力、さらに王朝が外交関係を処理した能力が、中国で起きたような西洋との軋轢の助長を防ぎ、国家の平和的な再興に与って力があった。

シャムの一九三二年の革命は、国王の専制政治と、どちらかと言うと多すぎるチュラロンコーン国王の子孫に高位の任命を制限する制度（確かに国際競争の昔には必要であった）に向けられたものであった。この革命は、近代化を促進し、基本的には民族主義的なものであった。国王の特権を制限するといった民主的規制制度の導入とは別に、大衆運動の指導者たちは、外国人が国の命運を規制するといった枷からシャムの民衆を解放できるように、国の民族主義的経済政策を促進する傾向にあった。

ビルマとシャムの双方の改革に関連する最も有意義な要因は、小乗仏教（*Hinayana*）の活力であった。この点では大乗仏教の中国とは対照的である。ヨーロッパの筆者たちはしばしば仏教の大衆把握力を過小評価するが、仏教の僧侶や宗教団体が、概して中国では、国家の政治的問題にほとんど影響を及ぼさなかったというのは疑いもなく正しい。官僚の儒教主義が、蒙古を除いて、仏教に基づく社会的統合を妨げていた。一方、シャムとビルマでは小乗仏教は社会機構の中で際だった力を示しており、シャムとビルマの社会が国内の機構を維持しつつ目覚ましい成功をおさめて、宣教師の活動や西洋的思想のような破壊的勢力に対する抵抗を可能にしていたのである。

インドシナにおける政治組織の複雑さのせいで、その地の状況を簡潔に述べるのは容易ではない。カンボジアとラオスでは小乗仏教が強く、フランスの支配下でも、政府の形態は君主制の下に社会機構が維持され続け、改革運動は貧弱なものでさほど広域に及ぶことはなかった。安南帝国〔インドシナ東海岸にあった元の王国。首都Hue。フランスの保護領で今はベトナムの一部〕では、宮廷の儒教の原則は、中国の失態によって弱体化され、またフランスの度重なる直接的圧力によって、攻撃的思想には脆いことが分かったが、一方、コーチシナではフランスの直接統治と、様々な地域での海外伝道協会（Missions étrangères）の徹底した活動の下に旧制度が破壊され、高台教（Caodaism）といったような多くの奇妙な新興宗教の宗派の成長を見ていた。インドシナでは、最も注目を浴びた民族主義は共産党員によって先導されたものであった。しかし民族主義は、先にも示したように、インドシナでは新しい思想ではなかった。インドシナ人は、進んでフランスの支配を受け付けるようなことは決してなく、彼らの民族的誇りと文化は、フランスの同化政策や折衷政策の誘惑に抵抗した。しかし、第一次世界大戦後まで国内の復興と改革計画に基づく大規模な民族運動は存在しなかった。その運動が始まった時には既に、ロシア革命が東アジアでは抵抗運動の主要な要因となっていた。したがって、当初からインドシナの新民族主義は、マルクス主義的傾向を帯び、後に共産主義者の指導へと展開されていった。

インドネシアでは、オランダがインドネシア社会の伝統的機構を維持する政策を取っていた。彼らの政治的規範は、彼らの関心がインドネシアの資源の体系的な搾取に限られていたところから、長期間に亘って間接的なものであった。インドネシア人の間での近代教育を阻害し、あらゆる新思想を学校から排除する土着の教育制度を展開することで、オランダ人は長い間、いかなる民族主義的運動の芽も摘んでしまった。オランダ人は、十九世紀の終わりになるまで、何ら文化的影響力を行使することを望まず、二百年に亘って何ら文明的使命を主張することはなかった。オランダ人は、ただ単に、インドネシアの豊かな資源に関心を持ち、その富はオランダ国家の歳入の六分の一を構成していたと言われる。

しかし、世界の他地域からインドネシアを強制的に孤立化させておくという政策は、永久に続くはずもなかった。中近東の汎イスラム主義の成長とイスラム世界の沸き立つ興奮は、インドネシアを見逃すことはなかったし、メッカやメディナへの巡礼者たちが新思想を持ち帰り、インドネシアの大衆の間に急速に浸透していった。さらに、インドネシア古代史に関するオランダの学者たちの仕事が、若いインドネシア人たちに過去の栄光への展望の道を開いた。また二十世紀の初めには、インドネシアの学生たちは、自由にヨーロッパへと行き交い始め、第一次世界大戦後、その運動は大変な比率を示していた。インドのマハトマ・ガンジーの非協力運動は、エジプトのザグルール〔Zaghlul Psha Saad, 1860?-1927――エジプトの法律家、政治家、首相（1924-27）〕やワフド〔Wafd――ワフド党。エジプトの過激な愛国党。一九五二年解散〕の成功を収めた戦いに劣らず、新しい興奮を巻き起こした。

本来、民族主義政党のブディ・ウトモ（Budi Utomo）は、教育改革を求めた圧力によって開始され、非常に限られた政治的性格をもっていたに過ぎなかった。

しかし一九〇八年以降、トルコにおける青年トルコの運動とインドのモスレム連盟の創設の時代に、宗教的民族主義の新しい政党、サレカット・イスラム（Surekat Islam）が頭角を現していた。その運動が何ら成功を収める間もなく、ロシア革命が東方世界を揺さぶり、この事実が、長い間宗教思想によって支配されてきた国の政治的行動に、経済的基盤を導入するといった影響をもたらした。インドネシア社会のイスラム的性格は、それまでは（モルッカ諸島（Moluccas）を除いて）――キリスト教宣教師の活動の影響によって社会状況に波を立てることはすまいとするオランダの既成の政策は別として――インドネシアにおける大規模な社会改革運動の成長を妨げていた。しかし、マルクス主義思想の影響を受けて、新しい政党が、従来の時代の宗教的民族主義よりもさらに社会的、経済的調整の必要性を確信していた。インドネシアでは、独立を取り戻す運動には、宗教的統一への強い感情と経済的、社会的再組織化の重要性に対する認識の高まりという時宜に適った二つの考えが存在したという、意義ある事実を看過するわけには行かない。

第VI部のための文献覚え書き

中　国

各章に示された一般的文献とは別に初期の改革運動に関する文献は下記に見られる。

Yung Wing : *My Life in China and America*（1909）

La Fargue, T. E. : *China's First Hundred.*

Yung Shang-him : *The Chinese Educational Missionand its Influence.*

Hu Shih : *The Chinese Renaissance*（Commercial Press）

Hu Shih : *A Literary Revolution in China*（China in 1918 — edited by T. Z. Tyau）

Hu Shih:'Civilizations of the East and the West', in New York, 1927, *Whither Mankind*, edited by Charles A. Beard. New York, 1928.

Wang, Tsi C. : *The Youth Movement in China.*

Christian Education in China. Report of Burton Commission, 1922.

Chen, L. T. : *History of Chinese Political Thought during the Early Tsin Period—adopted from the Chinese of Liang Chi-chao.* London, 1934.

Hughes, E. R. : *Invasion of China by the Western World.* A. and C. Black, London, 1937.

Ah Q and the Selected Stories of LuHsun. Translated by Chi Chen-wang. N. Y., Columbia University Press, 1940.

Wen Han-Kiang : *Chinese Student Movement.* Kings Crown Press, N. Y., 1948.

日　本

文献はここでも広範囲に及んでいる。西洋の全体的問題に関する印象的な研究は、サンソム（Sansom）の *The Western World and Japan*〔『西洋世界と日本』〕, Cresset Press, London, 1950. に見られる。

神道に関していっそう重要な文献は下記の通り。

Balloan's Shinto the Unconquered Enemy. Viking Press, New York, 1945.

Modern Japan and Shinto Nationalism（Holtom）. University of Chicago, 1947.［これには重要文献の翻訳が含まれているが、戦時的雰囲気の中での偏見が見受けられる］。

Embre, J. F. : *The Japanese Nation.* NewYork, 1945.

Kato Genchi 加藤玄智 : *A Study of Shinto, the Religionof the Japanese Nation.* Tokyo Meiji Japan Society, 1926.

Boxer, C. R. : *Jan Campagnie in Japan, 1600-1817.* Hague, 1935.

Mclean : ' Japanese Government Documents, 1867-89' *Transactions of the Asiatic Society of Japan,* Vol. XCII, Part I. Tokyo.

Norman, E. H. : *Japan's Emergence as a Modern State.* Institute of Pacific Relations, 1940. George Allen & Unwin.

Sansom : *Japan - A Short Cultural History.*

Stow : ' The Revival of Pure Chintao I'. *Asiatic Society of Japan,* Vol. III, Part I.

Yone Noguchi 野口米次郎 : *Japan and America.* N. Y.

第Ⅶ部　キリスト教伝道団

第一章　キリスト教伝道団

イエズス会士――ザヴィエル、リッチ、シャール他

キリスト教は古代からペルシャ、インド、中国の様々な場所に存在してきた。マラバールの教会は、聖トマスの時代からの使徒伝承の起源を主張しているが、とにかくその教会の存在は紀元一八二年には、早くも外部（キリスト教以外）の権威筋に証明されている。ネストリウス派（the Nestorians）は、ペルシャでは繁栄した共同体であったし、紀元七世紀にはネストリウス派のキリスト教が中国に到来していた事を示す石碑が西安府に存在する。ジンギス・カーンの広域に及ぶ支配地には、多くのキリスト教社会が存在し、大カーンの宮廷には、オリエントと西洋の双方のキリスト教の代表が存在していた。

ヨーロッパの中心地への蒙古軍の出現は、広い地域に亘って恐怖を呼び起こし、法王は一二四五年、リヨン（Lyons）で審議会を召集して、いかにしてキリスト教世界をその恐怖・難事から救えるかを討議した。審議会は、ヨーロッパに近い地域の蒙古軍の指揮官、さらには大カーンその人と交渉するために使節団を派遣することに決

定した。

最初の使節団は宗教的なものではなかった。蒙古人に関して、その勢力と資源に関してさらに情報を集めるという試みがなされた。しかし、フランスのルイ九世に派遣されたフランシスコ派の修道士・ルブラックのウィリアム（William of Rubruck）が、マング・カーン（Mangu Khan）にキリスト教について語り始めると（一二五四年）、大カーンは、彼に言った。

「片手に五本の指がある如く、楽園への道は何本か存在する」。これはオリエントの人々を改宗させようとするキリスト教徒の活動の歴史の中で、よく出会う心情である。

東方における伝道活動の歴史の中で、さらに重要な人物が、法王によって北京のフビライ・カーン（Kubilai Khan）の宮廷へと派遣された、ジョン・ドゥ・モンテ・コルヴィノ〔John de Monte Corvino, 1247-1328〕である。彼は、大カーンの死後間もなく、カーンバリック（Khanbaliq）として当時知られた北京に到着し、ネストリウス派の反対にもかかわらず、教会を建設し、当地の言語を学び、カトリックの儀式に必要な文献を書いた。彼は、カーンが他のどの宗教の代表者たちよりも、自分に敬意を払ったと言ったが、その事実は確かめようがない。ローマへの彼の書簡は、大変な興奮を巻き起こし、法王は彼のために（北京）司教区にカーンバリック大司教の座を設けたほどであった。しかしモンテ・コルヴィノは、その後間もなく他界した（一三二八年）。彼が逝去して二十五年も経たないうちに、彼が建てた全組織体が全く姿を消してしまった。少年たちを奴隷として購入し彼らを洗礼するといった、彼の始めた宣教行為は、ローマへの報告では確かに、信者の数の増加は有望であると潤色されていたが、信仰を説き広めるような方法ではなかった。

キリスト教宣教活動の次の段階は、アジアへのポルトガル人の到来と共に始まった。東方のポルトガルの支配は、カリクトス（Calixtus）三世、ニコラス（Nicholas）五世、アレキサンダー（Alexander）六世の教皇教書に基づき、新しく「発見された」（とされる）領地をスペインとポルトガルで分割し、これらの国々の君主に、キリスト教の信仰を広めるという義務を課した。

ポルトガル人にとってキリスト教の普及は国家的事業であった。国王が、東方の全聖職者の施設の費用を賄っていた。パドロアド〔Padroado――一五一四年の法王大勅書によって確立された *jus patronatus*「正義の擁護者の法」〕の教理による政策から、ポルトガルが政治的権利を主張した地域では、事実上ポルトガル王の手に宣教師の仕事の権利は委ねられていた。パドロアドの最後の名残、インドのある地域でカトリックの僧正の任命を認めるという主張を、一九五〇年になってやっと、ポルトガルが放棄した。ローマ・カトッリク教会が、ヴァスコ・ダ・ガマのインド到着以来一二三年間、宣教活動を統制するために検邪聖省*の組織の責任を引き受けていた。

＊　検邪聖省（Holy Office）　カトリック教会の教皇庁の機関で一五四二年に創立され、宗教裁判（Inquisition）の後を受けて、異端の裁判・処断、教会法上の処罰の適用、図書検閲および信仰・道徳を危うくする書物の禁止といった、問題の処理を委任されている組織。

一五三四年、ゴアが極東全域に亘って支配権を持つ司教の管轄区とされた。ポルトガルの総督に異教徒を根こそぎにするようにとの特別指令が発令された。ゴアのヒンズー教の寺院は破壊され、その資産は、一五四〇年に（フランシスコ修道会のように）聖職者に分配された。異端審問所〔宗教裁判所〕が一五六〇年に確立された。

一五四一年、フランシスコ・ザヴィエルはイグナティウス・ロヨラ〔Ignatius Loyola, 1491-1556――スペインの軍人、カトリックの聖職者。イエズス会の創始者〕の影響を受けてパリにやってきて教育を受けたが、キリスト教のために東方征服を目指しインドへと出発した。輿に乗って直ちにゴアの大司教の宮殿へ行くようなことはせず、彼は裸足でライ病患者の病院に入ると、すぐに、ライ病患者たちの傷を洗い始めた。一五四二年、彼はその地に、アジアの宣教師を訓練するための聖パウロの大学を建設した。続く百年の間、極東への宣教師の参入はゴアを経由してのみ許可された。したがって、この施設は、アジアにおけるキリスト教の活動で大変に注目すべき役割を果たしていた。極東での伝道の分野で著名なヨーロッパの聖職者たちの多くは、任地への派遣命令が出される前にゴアで準備訓練を受けていた。さらに日本人、中国人、安南人等も訓練のためにこの大学へと連れてこられた。

こうした組織化された仕事に満足せず、ザヴィエルはマラバール沿岸に沿った漁民たちに説教をするためにゴアを離れた。その地で彼は、持ち前の誠実さと篤信をもってある程度の成功を収めていた。しかし、キリストの託宣をあまねく広めたいと望む尽きることない欲求から、間もなく極東に向けてインドを出発した。彼の活動についでは後に述べることとしよう。

インドに彼が設立したイエズス会の布教組織は、熱心に改宗工作に勤しんだ。しかしマドゥーラ島〔Madura――インドネシア Java 島北東岸沖にある島で、香料、タバコを産する〕の布教組織の責任者にロベルト・ドゥ・ノビリ（Robertode Nobili）が就任するまでは、進展は緩慢なものだった。ドゥ・ノビリ神父は際だった卓見の持ち主で、マドゥーラでの短い生活経験から、キリスト教は西洋の衣装を脱ぎ捨て、現地の人々の心と考え方を理解しない限り、インドでの成功はおぼつかないとの結論に達していた。一六〇六年ノビリはイエズス会からヒンズー教の真剣な研究に取り組む許可を獲得した。マドゥーラ島は、この目的に特に適した一中心地であった。バラモンの社会慣習を注意深く踏襲しながら、ノビリはヒンズーの宗教思想の本質を探究するに当たって、学識ある賢者の助力を得ることができた。数年に及ぶ懸命な研究の結果――その間に彼はかなりサンスクリット語も習得していた――宗教論争でマドゥーラの学識あるバラモンと討論をした。この討論は、サストラルサヴァーダ（Sastrarthavada）の揺るぎ無い古代の慣例に従って行われた、学識ある聴衆の面前で行われた宗教問題に関するものであった。そこで彼は、ウパニシャッド（Upanishadic）思想の観点から、キリスト教の教義を擁護しようとした。時に、彼は宮廷で正統派のバラモンたちの尊敬さえ勝ち得たと言われている。しかし他の宣教師たちは、ヒンズー教の衣装を纏ったノビリのキリスト教の布教の試みに我慢がならなかった。彼はローマへと召喚された。

以来、インド的な物事に対する不寛容が、インドにおける熱意ある布教の独特な特徴となっていた。ヒンズーの生活と宗教とのいかなる妥協も遠ざけられた。例えば、改宗者を完全にヒンズー教の圏外に追いやるためには、牛肉を食べさせることにあると主張され、必須課題とされた。

同様の不寛容の精神が、ムガールの宮廷でイエズス会の神父によって示された。皇帝・アクバール（Akbar）は宗教論争に大いに関心を持ち、ゴアからイエズス会の学識ある宣教師たちを宮廷へと招聘した。彼らは大変丁重に迎えられたが、イバダット・カーナ（Ibadat Khana 礼拝所）、これは宗教に関する論争が行われる場所なのだが、そこで行われる自由討論をイエズス会の神父たちは大変に不快に思った。他の宗教に対する彼らの不寛容さと、他の信仰の代表者に対する彼らの傲慢な態度は、皇帝に取っても歓迎されるべきものではなかった。そこで宣教師たちは大変に落胆して首都を立ち去る羽目となった。

一六三二年、ベンガルのイエズス会士たちは、皇后・マムタッツ・マハール（Mumtaz Mahal）の奴婢を無理矢理に改宗させたと言われた。この無謀な行為を罰するために、シャーハ・ジェハン（Shah-jehan）の軍隊が、ポルトガル人たちを居留地から追い出してしまった。何千人もが殺害され虜囚となった。以来ムガール帝国内では、真面目にキリスト教を布教する試みはなされることはなかった。

一六六〇頃のポルトガル勢力の衰退後は、積極的伝道活動への関心は、南インドにおいてさえも低下していた。ゴアの異端審問所の施設（一五六一年）とオート・ダ・フェ*（一五六三年の最初の宗教裁判の判決宣言）は、ヒンズー教徒やモスレムたちの道義心に同じように嫌悪感を抱かせた。

* オート・ダフェ（*auto da fé*）　特に異端者の火炙りの刑。原義は act of Faith・信仰の行為で、異端審問所・宗教裁判所（the Inquisition）の死刑宣告判決と執行を意味する。

オランダ人と英国人は、ポルトガル人の後にやって来たが、単に貿易にのみ関心を抱いたに過ぎなかった。その上プロテスタントであったところから、カトリック教会の活動には何らの共感も示さなかった。したがって、福音活動（キリスト教化）の第一段階は、十七世紀の中期にはインドでは終わりを告げていた。

しかし、ポルトガルが主導権を握っていたこの時代については、カトリックの宣教師たちの名誉のためにも、注目すべき業績があることを忘れてはならない。エスタヴォ（Estavo）神父は、本来はホプキンス（Hopkins）なる名の英国人だが、インド語を習得して、キリストの生涯をマラティ（Marathi）語を用いて叙事詩の形式で書いた。インドの最初の印刷機は、イエズス会の牧師によってゴアに設置された。コチンの近くの宣教師の大学では、サンスクリット語とタミール語が教えられた。また、スペインの平信徒の修道士、ゴンサルヴェス（Gonsalvez）が最初のタミール語の活字を彫ったと言われている。

イエズス会士たちの関心は、インドにはとどまらなかった。このことは忘れ去られることはないであろうが、フランシスコ・ザヴィエルはさらに遠い水平線の彼方に魅せられていた。彼は一五四五年、インドからマラッカに向けて出航し、ここで二つの仕事に着手していた。第一に、ポルトガル人を改革すること（彼は、ポルトガル人は悪徳に浸っていると思っていた）、第二に、非キリスト教徒への説教であった。しかしマラッカ人は、この聖人の伝記の筆者が認めているように、「彼の託宣には何ら関心を示さなかった」。

ザヴィエルは、マラッカからアムボイナへと航海し、その地で貧者と下層階級の間で仕事につくために、居を定めた。彼は悪疫に打ちひしがれた人々の中に入り、彼らを看護し面倒を見た。この真の神の使徒は、慈善に満ちた行為と敬虔な心を抱き、大変な成功を収めていた。

ゴアへ帰る途中のマラッカ滞在中に、彼はアンジローなる日本人とたまたま出会った。アンジローは、国の法を逃れてきた逃亡者であった。アンジローは、ザヴィエルに日本の民衆はキリストの教えを喜んで受け入れるであろうと、希望に満ちた話をした。アンジローはザヴィエルと共にゴアに行き、ついで神学を学習するために聖パウロの神学校へ入学させられた。一五四九年ザヴィエルは、この使徒に伴われて日本に向けて出航し、薩摩大名の領地に到達し、丁重に出迎えられた。当地で語学の天分を発揮し、短期間で初歩的日本語を習得した結果、いささかばかりの成功を収めていた。しかし仏教僧団の反対の下での緩慢な展開に満足せず、苛立ったザヴィエルは、都に向けて出立し、天皇その人を改宗させて自らの伝道活動の掉尾を飾ろうと願った。

しかし、彼を待ち受けていたのは落胆であった。一五五一年、彼はゴアへと帰った。仏教の僧侶たちの反対が彼の望みをうち砕き、東方の宗教に関する彼の無知から、彼にとって仏陀は悪魔であり、その悪しき影響の下で日本人は極悪非道の罪に満ちた世界で生活していると映っていた。かくして彼の仕事は、無知と偏見に満ちていたせいで思わしくない結果を生んだ。それでも彼は諦めなかった。彼は、イグナティウス・ロヨラに日本に向けてさらに多くの宣教師を派遣するようにと書簡をしたためた。

日本に滞在するうちに、ザヴィエルは、偉大なる中国のことを耳にした。彼は、その地にこそ自分の活動にとっての新しい世界が開けていると思った。彼は中国に向けて出立した。しかし、広東の沿岸の小島で舟を待ち受ける間に、この不屈の老人は他界する運命にあった（一五五二年）。

ザヴィエルは、東方におけるキリスト教活動の英雄的人物の一人である。貧民と下層階級への同情、活力と不屈の精神をもって危険に直面しても全くめげることはなかった。己の使命に至高の信念を持ち、彼に続く人々の中でも群を抜いている。彼の教条主義と偏狭さは盲目的信仰のせいであった。しかし、こうした性格のせいで、彼に対して人々は大変な敵意を抱き、結果、到るところに悪魔を見ることとなりはしたが、何が真の精神の謙譲さと純粋な慈善の精神を備えていたことに変わりはない。聖フランシスコ・ザヴィエルの精神は、何世代にも亘って、東方におけるキリスト教の使徒の精神活動の規範であり続けた。

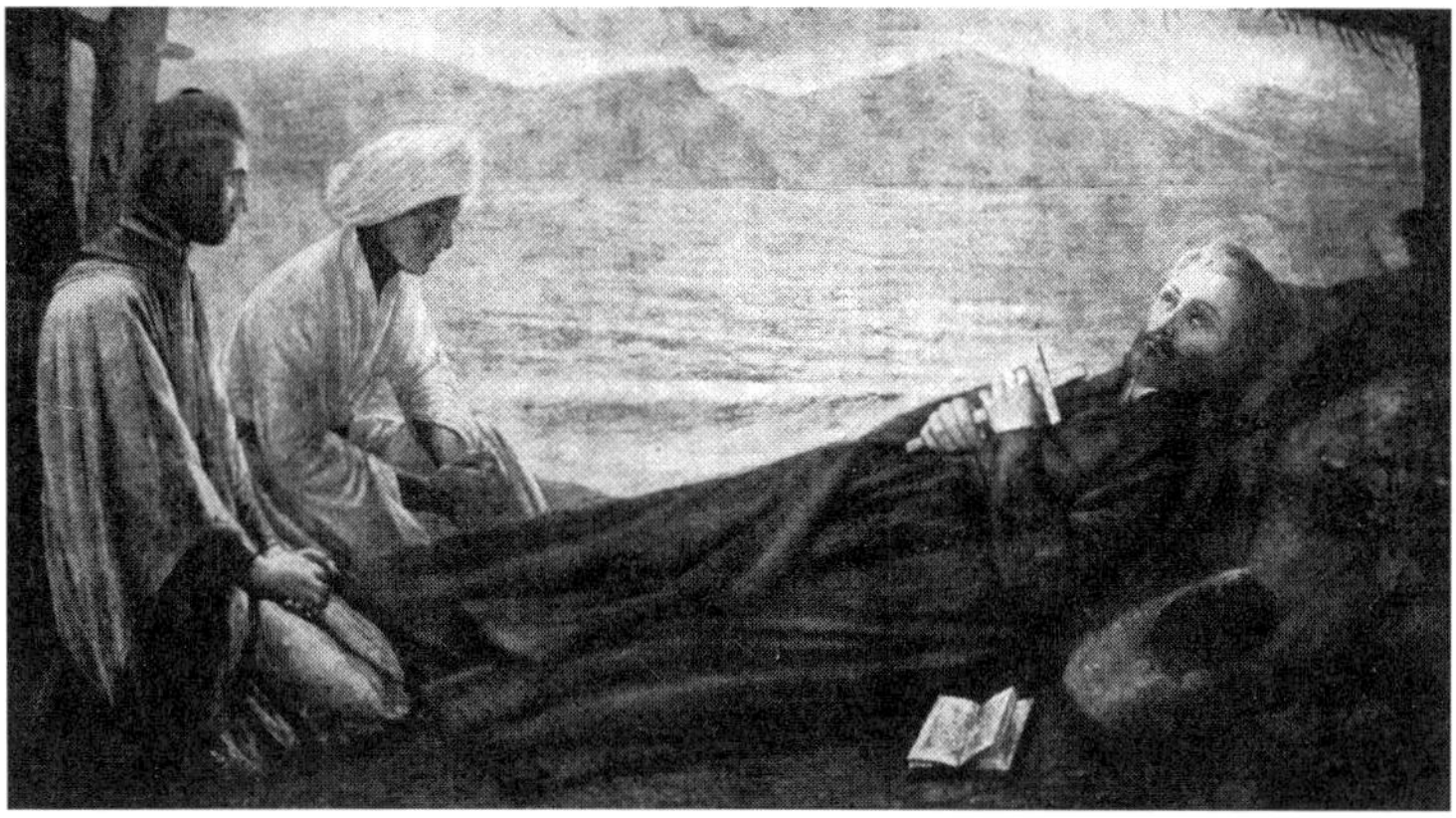

聖フランシスコ・ザヴィエルの死

一方、マカオでは貿易の重要な中心地としてポルトガルの体制が整っていた。一五六五年、イエズス会士はその地に居留地を建設した。二人のイエズス会の宣教師、ヴァリナーニ（Valignani）とラギエリ（Ruggieri）のマカオへの到来に伴って、アジアのキリスト教化運動の第二段階が開始された。その時まで、ポルトガル人の布教方法は、非聖職者も宣教師も共に、異教徒の砦を不法に占拠することであった。キリスト教化するという国家的事業は、ポルトガル人がゴア、コチンさらに他の要塞化された中心地で試みてきたが、それは言わば力による改宗政策であった。長い間、強制的異端審問が行われていたゴアにあってさえも、住民の大多数は非キリスト教徒であり続けた。直接不法占拠の政策は、明確に放棄された。ヴァリナーニとラギエリは、今度は新しい路線を展開し始めていた。

新しい政策は、宣教師が高官を懐柔して、キリスト教を宣伝する者は行政当局で尊重され特別な恩恵を受けられるとすることであった。それを行うためには、その国の言語、風俗、慣習を研究し、潜入しようとする世界の人々の生活と慣例に順応することが必要であった。

一五八二年、イタリア人のイエズス会士で著名な数学者・リッチ〔Matteo Ricci, 1552-1610――中国名・利瑪竇〕がマカオでヴァリナーニと一緒になった。中国全土に亘って影響力を及ぼすことは、北京をおさえなければ叶わないと確信した彼は、一九五九年、中国の首都に到着した。最初は不成功に終わったが、美しい音色で時を報せる時計や他の機械的玩具、さらに数学的才能をもって、宮廷で恩寵に浴する道を徐々に勝ち得ていた。首都で十年間生活し、高位の人々に叩頭して慎重に己の宗教の教義を解説しながら、後年の集中的活動への道を準備していた。

中国の研究を始めた頃、リッチは仏教と儒教の争いに行き当たっていた。キリスト教の最大の障害が仏教であることを知ると、彼は儒教の味方をして仏教を攻撃した。彼は、キリスト教の教理を擁護するために、儒教の文献から引用し、儒教の教理がキリスト教と矛盾しないことを示そうとした。

一六一〇年、リッチは「開かれたる門に対面する」同僚を残し、自信に満ちて世を去った。リッチの死後一九年たって、中国暦改革の必要からもう一人のイエズス会士の数学者・アダム・シャール*が、明の宮廷で重要視されるようになっていた（一六二九年）。

＊アダム・シャール（Johann Adam Schall von Bell, 1591-1666）中国名・湯若望。一六二二年に中国に到来。明・清両朝に仕える。天文・暦法を司り、望遠鏡・大砲などを製造する。

シャールが委任された仕事は、天文学というよりは、むしろ占星術に類するものであった。公式の暦は、あらゆる重要な出来事に関連する吉兆の日付を示すものであった。ある時、イエズス会士の数学者が、躊躇うことなく、明の皇帝の側近であった仏教僧の有害な命運を具現する太陽の黒点について説明したほどであった。

一連のイエズス会士の天文学者たちが、百年の期間に亘って「司天台」の司天監に任命された。しかし、イエズス会士たちが、この間北京の明王朝で大いなる特権を享受したとする、ある歴史家の提唱するような主張にはほとんど根拠はない。しかし彼らは、その地区の仲間の宣教師たちの安全を確保することはできた。また、明王朝は、当時、深刻な危機的状況にあった。そこで時の皇帝は、イエズス会士の「天文学者」たちに目を向けると、

アダム・シャール

マテオ・リッチ

大砲の製作を依頼した。その知識を備えた神父は直ちにその仕事を引き受け、自分の鋳造した大砲にキリスト教の聖者の名を付した。しかし、神父たちによって製造された大砲を有したにもかかわらず、明王朝は満州族の猛攻の下にあえなく崩壊した。しかしシャールは、新しい政権にあっても自分の立場をなんとか維持していた。満州の君主は、当然中国人に懐疑的であったし、中国人を巡る満州の支配はいまだ確固たるものではなかったところから、進んで外国の学者の後援をひきうけた。シャールは欽天監〔官衙の名称で、天文暦数を司った役所〕、太常寺少卿銜、通議太夫、光禄太夫に任ぜられた——キリスト教の聖職者が受ける地位としては、まったく奇妙である!

満州の君主政体の最高の君主となるべく運命づけられた未成年の皇帝・康熙帝の即位に際して、シャールは、若い君主の家庭教師の一人として任命された。

だからといって、宮廷内のキリスト教批判の敵意から身を守れるものではなかったし、しばらくの間、この学識ある神父は、獄中で惨めな思いをしなければならなかった。釈放されて間もなく他界し（一六六六年）、彼の衣鉢は有能な天文学者・科学者であったベルギー人、フェルビースト〔Ferdeinand Verbiest, 1623-1688——中国名・南懐仁。ベルギー人。一六五九年、中国に渡り清の聖祖に仕えた。『坤輿図説』など著書は多い〕に受け嗣がれた。

北京での伝道活動は、中止を余儀なくされたが、フェルビーストと彼の助手は、体系的仕事を遂行することを許された。若い皇帝は科学的事象に関心を持ち、イエズス会士の学者は再び、前任者シャールが就いた地位へと任命された。

国家の安寧に反することを説教することのないように警告した後、康熙帝の勅令（一六七一年）は、宣教師たちにキリスト教の伝道を許可した。これは希望に満ちた時代であった。新しい反乱が発生し、再び大砲の製造が求められた。数年の間フェルビーストの主な仕事は大砲の製造であった。しかし神父たちは、皇帝の庇護の下で全盛ではあったが、教会の得るところは少なかった。

死ぬ前にフェルビーストは、中国での伝道活動に入るようにとフランスに訴えていた。ルイ十四世は新たに獲得した権力とカトリック教への熱情から、ポルトガルの東方におけるキリスト教化の全権を主張するパドロアド（Padroado）の権利を考慮するような気分ではなかった。既にルイ十四世は、パリに海外伝道協会を設立していた。この注目すべき機関は、イエズス会のような「聖職位」ではなく「修道団体」であった。これは言わば、共通の目的で団結した神父の団体であり、教会規律に基づく特定請願によるものではなかった。その目的は、教皇庁によって認められた福音主義・キリスト教化運動であった。一六八五年、六人のフランス人神父が極東に向けて出立した。

その中に勝れた言語学者・ジェルビヨン〔Jean François Gerbillon, 1654-1703——中国名・革比楞・張誠。フランス人。字・實斎、著書に『幾何原本一種』がいた。彼は、ネルチンスク条約（一六八九年）の際に中国政府に価値ある貢献をした人物であった。彼の能力と優れた機転の報酬として「信教自由の勅令」〔允天主教堂照舊存留、不必禁止〕が、皇帝によって発令された（一六九二年）。それには、天文学と数学監の責にあるヨーロッパ人に教導された教義は「邪悪なものではなく」、臣民は「自由に神を崇拝するために教会へ行くことを許可する」と宣言されていた。

イエズス会はいっそうの恩寵に与ろうと、新しい手段として薬品を持ち込んだ。皇帝その人の病の際に治癒に効果があったところから、神父たちは紫禁城の内部に滞在し宮殿の近くに教会を建設することを許可された（一七〇三年）。

しかし、司天監に参与し、儀典局で高位を享受するといったイエズス会の、堂々たる成功を収めたかに見えた組織も、まさに大成功の頂点に到達したと思われたその瞬間に崩れ始めていた。皇帝の晩餐会に列席する栄誉に与った、あるいは儀典局の長に与ったイエズス会伝道団団長は、ローマでもパリでも認められそうにもなかったし、これはドミニコ派によって、ヴァチカン自体でも持ち出されていた問題であった。

問題は、ドミニコ派の神父たちによって提示されたのだが、問題は事実上、「儀式」に関連するものであった。すなわち、教会の教えに妥協することなくどの程度まで民族的（中国の）慣習と外見的な整合性が認容可能かということであった。祖先崇拝は、公式化されている儒教の慣習に従えば偶像崇拝を含んでいるのか、それとも祖先に示される敬意のみであるのか、また、新しい信仰には何ら非民族的なものはないという印象を伝えるために、古代中国の宗教とキリスト教の間に親近感を創出することは合法であるかどうか、といったような問題を含んでいた。

一六九三年、ローマ・カトリック教会は行動を余儀なくされた。法王によって中国に派遣された司教総代理は、イエズス会がそれまで支持してきた行為を非難する声明を出した。イエズス会は、自分たちにとって有利に矛盾を収拾することを願って一歩踏み出した。彼らは、中国の儀式の説明を皇帝に求めた。皇帝に提出された嘆願書は、いわゆる法律家の言う、皇室から明確な肯定的回答を確保するための誘導尋問の形式であった。嘆願書には次のように記述されていた――ヨーロッパの学識者たちはわれわれ中国におけるイエズス会の神父たちに対して、孔子のために行われる儀式、天に捧げられる生贄と先祖のために行われる特殊な儀式に関して速やかに正しい情報の提供を求めるものであります、と。嘆願書によれば、中国のイエズス会士の意見は次のようなものであった――孔子は立法者として中国では尊敬され、先祖に対する儀式は子孫によって捧げられる敬愛を祈念して行われ、「天」に対する生贄は、われわれの頭上にある視覚的天ではなく、天と地の最高の支配者に対して捧げられると理解するものです、と。最後に嘆願人（北京・イエズス会士）たちは、恐る恐る畏まって、皇帝陛下の説明を待ち受けていた。

皇帝は回答した。「一語たりとも変更の必要はない」と。イエズス会士の中国人の宗教概念の理解は完璧であった。しかし法王は、中国のイエズス会士が自己の立場を補強するために教会外の権威者に問いただすという手を使ったその嘆願を、当然ながら不愉快に思った。彼は、教皇特使を派遣して全問題を調査した。この聖職者の使節は皇帝に歓迎されたが、彼が問題を決定する皇帝の権利に楯突かねばならなかったところから、帰国するようにと丁重に命令された。広東から帰国の途上で、教皇特使は断固たる声明を宣言し、イエズス会士たちが長い間に亘って培ってきた活動を禁止した。この声明は、特使自身の反抗的見解として、皇帝に対してハッキリと述べられていた。そこで教皇特使は逮捕され、ポルトガル人へと引き渡されて投獄され、そこで死んだ（一七一〇年）。皇帝は、儀式・典礼を受諾する異邦人のみが中国に滞在を許され、さもなければ、直ちに立ち去るべしとの命を下した。一方、教皇教書は、中国へ向かう全ての宣教師に対して中国の儀式・典礼に関する判断は、教皇令に絶対従うという誓いを立てることを強制していた。

一七二四年、キリスト教の説教は公に禁止され、外国の宣教師は宮廷で雇用されているものを除いて、広東へと追放された。

かくして、中国におけるイエズス会士の崇高な計画は終わりを告げた。ここでキリスト教の宣教師の活動と非キリスト教国家での支配的な典礼との整合性について一点述べておきたい。キリスト教の教義のより重要な側面も含めて、言わば、愚かにも中国の本来の宗教であると信じられているものとの類似性をもとめたイエズス会士の中国の儀式・典礼の問題の扱い方は、インド人にキリスト教を説いたロベルト・ドゥ・ノビリ（Roberto de Nobili）の方法と混同されてはならない。ノビリは、確かにヒンズー教の慣習との外見的類似性を勧告したが、教義の問題に関しては譲らなかった。彼はヒンズー教の形而上学をも習得し、キリスト教の聖職者としてのあらゆる訓練を受けた能力を備えたバラモンの学者と論争した。それはリッチの、論争をすることで支配者の恩寵を得られるかも知れないとの考慮から仏教と対立する儒教を擁護するふりをした手法とは全く異なっていた。

日本では、キリスト教宣教師の歴史はさらに激しく劇的だった。フランシスコ・ザヴィエルが日本からインドへ帰って以来、伝道活動は主として島国帝国の西の一部の限られた範囲で続けられていた。日本のその地域の封建的支配者は、当時主として他の封建諸侯に対して自らを強化する目的で、港にポルトガルの艦船を引き寄せたがっていた。彼らは本能的に、海洋を越えてやってくる外国勢力と新しい宗教を説きにくる宣教師たちの間には、緊密な繋がりがあることを知っていた。

しかしそうした地域での仕事は、野心ある宣教師にとっては満足のゆくものではなかった。彼らの目は、ザヴィエルが落胆のうちに引き払った都に注がれていた。当時信長は、覇を天下に唱えて、強力な仏教僧院に反対され、大いに攻撃されていた。そこでイエズス会は、仏教教会の弱点につけ込むといった自分たちの使命に信長の関心を引きつける機会があると見て取ったのである。信長は彼らを鼓舞し、一五六八年にはカトリックの宣教師を京都に招いて教会を建立する土地までも与えた。彼の強力な庇護の下で、伝道団は思いがけない進展を収めていた。

しかし、イエズス会修道士たちにとって、不幸なことに、信長が間もなく逝去し、名高き秀吉によって継承された。当初、秀吉もキリスト教徒に対して好意を示していたし、ある時、自分の宮殿で、自分の軍隊を中国本土へと運ぶために数多くの船舶を準備することの可能性を宣教師たちと論じたことが伝えられている。イエズス会修道士たちの希望はいやが上にも高まった。

しかし、彼らの希望は、間もなく挫かれてしまった。一五八七年、期待していた恩寵を受けるどころか、宣教師とその活動を非難する勅令の知らせと、即刻日本を退去せよとの命令を受けた。

秀吉自身、己の勅令にもっともらしい正当化を加えていた。彼は、単に宣教師たちは異邦人であり、日本の神々に対立する説教をしていると述べたに過ぎなかった。さらに彼は、宣教師たちを通して異国の勢力と接触している西方地域の大名の信義にもとる傾向にハッキリと気づいていた。事実、宣教師たちは政治的問題に関わっていたし、彼らの狙いは自分たちのために有利に事を運ぶため仏教教会に対する反感を利用することにあった。しかし、この国の内政への異邦人の介入は、秀吉が彼らの活動に危険が内在していることを認識した時、彼らへと跳ね返ってきた。

地方のキリスト教徒の共同体は、主として異国人と結託しているとの理由から、断続的な迫害に曝され、小規模な隠れ宗派として存在し続けていた。しかし一六一四年、徳川将軍・家康は、キリスト教の教えをもはや黙認せずと明確にすると、キリスト教禁止の勅令がその年に発令された。地方のキリスト教分子を根こそぎにするために、大規模な政策が取られた。当時の政府の態度は、日本侵略を口に出していたフィリッピンのスペイン人とキリスト教徒は陰謀を企んでいると考えていたかに思われるものである。一六三八年、日本人キリスト教徒によって試みられた小さな反乱〔島原の乱〕が厳しく鎮圧され、それと共に日本改宗の試みは終焉を告げていた。

日本ではキリスト教の教えが大衆へと伝えられるべく努力がなされていたと言える。中国の宣教師たちは、あまりにも考えすぎて政治的事態には介入しなかったが、日本における封建的自治制の政策は、キリスト教の神父にどっては誘惑が過ぎて、結果、墓穴を掘ったのである。アジアにおけるポルトガル勢力の衰退は、当然、正義の庇護者（*jus patronatus*）の旗印の下に、ポルトガル国王と一体であったカトリックの伝道活動に影響を及ぼしていた。インドの小規模なポルトガルの領有地においてすら、教会は当地に膨大な組織を維持していたものの、行政当局がヒンズー教への過度な介入を伴う改宗活動は、自分たちの政治的権益に反するものとの認識から、大した進歩を見ることはなかった。

自惚れた宗教

一六六〇年以後、インドの沿岸地域での政治活動は、主としてプロテスタントの手中にあった。十八世紀の終わり頃までに、キリスト教改宗運動の精神はプロテスタント教会へと浸透していった。一七九二年、英国のバプティスト教会が、最初のプロテスタントの伝道団を組織した。教会伝道協会（the Church Missionary Society）が、英国国教会のキリスト教化・改宗目的で一七九九年に設立された。他の宗派もそれに倣って続いた。こうした事態はすべて、東インド会社にとっては歓迎すべきことではなかった。したがって、ウィリアム・キャリー（William Carey）の配下のバプティスト伝道団（Baptist Mission）は、カルカッタの近くの小さなオランダ人居留地、セランピュール（Serampur）に定住した。キャリーは後に、中国へのプロテスタント伝道団の基礎を築いたマーシュマン（Marshman）のような優れた人物の助けを得ていた。放縦な状態にあると思われたベンガルで、キャリーと彼の仲間たちは、ヒンズー教徒に対して活発に宣伝運動を開始した。しかし、ヒンズー教の正統派が激しく反応し、ミント（Minto）

卿は、カルカッタではそうした宣伝の禁止を余儀なくされた。ミントの役員会への書簡は、引用に価しよう。「特にジェントゥー（ヒンズー人）〔元来はポルトガル語の gentio ＝ gentle に由来している〕たちに向けられた惨めなしろものを読んで頂きたい。それには……紙面には地獄の業火が一杯に描かれ、地獄の刑罰とさらにもっと過酷な地獄の火を添えて、全種族の人間を公然と非難している。彼らが父母から教えられた宗教を信じているという理由で……」

東インド会社の勢力がセポイ陸軍に依存しているという事実を理解しているミント卿は、セポイ人の宗教に触れる事は、いかなるものであろうともヴェローアの反乱（Vellore Mutiny）に見られたように、セポイ人の忠誠心を損ないかねないという事実をもまた胸中に抱いていたのである。この支配的な考え方は、インドの英国人の心にのし掛かっていた。したがって、東インド会社は、キリスト教の宣伝に何ら直接的支持を与えることはできなかった。

それでも、管理行政に付随してやって来る牧師の多くは改宗の積極的政策の熱心な擁護者であり、インドにおける大司教の任命は、「ヒンズー教徒の間では役に立つ」との理由から支持された。英国行政府は、カルカッタに大司教と管轄区の称号を持った数多くの司教を控えた教会行政区の組織をインドへと広めるべく説得されたが、実際のところヒンズー教徒たちへの精神的影響は、全く否定的なものであった。

一八一三年の東インド会社の独占権の廃止に伴って、当局はもはや東インド会社の業務から離れてしまったヨーロッパ人の活動を阻む法的権利を有していなかった。スコティッシュ・ミッション大学の経営にあたっていたアレキサンダー・ダッフ（Alexander Duff）は、数多くのインドの良家の若者たちを改宗させた。しかしその反動として、ヒンズー教はベンガルで改革活動を展開し、宣教師の成功もそこまでであった。ただ、トラヴァンコア州の南部では、改宗活動はある程度顕著な結果を見ていた。当地では、チャナール（Chanar）の集落が社会的抑圧に苦しんでおり、宣教師活動の対象となり、社会的動揺を防ごうとしたマハラジャの努力が議会で取り上げられるまでの問題となり、支配者が罷免の脅威にさらされていた。この議会の動きは、他のインドの支配階級の王侯の目を開かせ、一九四七年まで、学校を含めて如何なる種類の宣教師活動も認めないとする数多くの州が存在した。しかし間接的には、インドの英国行政府は、宣教師たちにかなりの援助をしていた。法律が、ヒンズー教徒の家族との共同生活から問題となる改宗者の権利を保護したり、高等法院の判決は、改宗者が自分の妻の新しい宗教への改宗を強要することを容認した。また行政府は、宣教師たちが未開地の種族の間で活動することを奨励していた。

かなり似た改宗工作が中国内でも行われた。一七二三年の排除令〔the exclusion decree――雍正元年十二月、耶蘇教に入信する者を禁止し、ヨーロッパ人を澳門に留めた〕以後、およそ一世紀に亘って見られたようなキリスト教の活動は密かに行われ、特に重要視もされなかった。

しかしヨーロッパ諸国家が、まず英国に対して（一八四二年）さらに他の国々に対しても開港するようにと中国に圧力をかけ始めた頃から、状況は急速に変化していった。貿易に開港された港では、宣教師たちは治外法権の保護の下にあったので居住の自由が確保されていた。フランス政府はポルトガル人の後釜に居座ると、カトリック教の擁護者として身を乗り出していた。フランスの使節は、中国人がカトリック教を遵守することを許可する皇帝の勅令を手にしていた。かくして障壁は打ち壊され、活気にみちた、巧みに統一の取れた宣教師の活動が、事実上様々なヨーロッパ国家の政治的保護の下に開始された。

フランスは宣教師の殺害には刑罰を要求するという言いがかり――政治的侵略を隠蔽するための中国での典型的難癖――をつけて、第二次中英戦争（阿片戦争）に参画した。一八五八年に列強と締結された協定で、宣教師は、中国全土を自由に旅する特権と、加えて、キリスト教黙認の保証と信仰の告白をした中国人キリスト教徒の保護も獲得していた。こうしてキリスト教は、ヨーロッパと同一視された（同義語となった）ばかりか、中国への侵略の際の西側列強の外交権益の一部といった立場へと身を落としていた。宣教師たちは治外法権を身に纏い、中国人キリスト教徒の「宗教的」利害関係をめぐって領事や大臣に訴える権利を与えられていた。後の歴史が示すように、イエス・キリスト教会（the Church of Christ）の大義・理想の擁護者を公言した者によって、これ以上の非道な仕打ちが行われたことは、かってなかったであろう。

さらに様々な戦闘の後に、中国に強要した不合理な賠償金から教会はかなりの分け前に与っていたということもまた、もって銘すべしである。かくして宣教師たちは、中国人の目には、自国の屈辱から利益を得る侵略者と同一視された中で、伝道活動を開始したのである。

ラトゥレット*は、「事態は、改宗者にある種の確かな保護を提供した」と言うことで、外国侵略の結果としてのキリスト教の導入のこうした苦労を正当化しようとしている。しかし彼は「それは、広く散在した、（条約に基づいて）外国の保護下にある包領〔enclave――ある国の全土または大部分が他国の領土として取りこまれている領域あるいは地域〕のキリスト教の共同体を、国家の中の国家（imperia in imperio）にする傾向を生んだ……多くの中国人は、強力な外国の保護が得られる利点を見越した偽のキリスト教徒であった。何度と無く宣教師は、中国人を入信へと誘導するために、自分たちの政府の保護を約束していた」と認めている。

＊ ラトゥレット（Kenneth Latourette, 1884-1968） 米国の歴史家。一九一〇年の初頭に中国を訪れる。キリスト教研究の権威者であるが、中米関係史など著作は大変多い。

協定の条項には、事実、中国におけるキリスト教徒の活動の究極的命運が記されていた。中国が敗北に続く敗北といった侮辱的状況の中で、外国勢力の庇護の下に成長したこの宗教は、中国が復権した時にも自分たちの宗教は大目に見てもらえるであろうと信じていたのだが、これは極端に近視眼的なものである。事実宣教師たちは、他のヨーロッパ人と同様十九世紀には、自分たちの政治的優位性は、永遠に続くものと信じ込んでいたということであり、彼らは、自分たちと改宗者たちの間で過去の歴史が持ち出されるような時代が再び中国にやってくるなどとは夢想だにしていなかった。「教会」は、ラトゥレットが指摘しているように「西洋帝国主義のパートナーとなっていた」。その帝国主義がついに打破されたとき、教会はその支持者と協力者の共犯者としての命運から逃れることはできなかった。

　中国のキリスト教は太平天国の乱に巻き込まれていた。当初からこの反乱は、キリスト教的背景を備えてはいた。しかし、反乱の首謀者、洪秀全（Hung Hsu-chuan）は、まもなく自らが預言者となり、神の新しい啓示を受けたキリストの弟であると主張した。反乱が平定された一八六五年頃には、宣教師たちは協定の下に、回ってきた特権を利用して洪水のように内陸部へと広がって行き始めた。教会が建設され、その周囲に小さな共同体が育っていった。外国の権威に保護された改宗者たちは、同胞である中国人を軽蔑し、その同胞に対して攻撃的態度を取った。西太后の時代の偉大なる政治家・曾国藩によれば「宣教師たちは到るところで面倒を引き起こした。中国人の改宗者たちは、キリスト教を信奉しない者に迫害を加え、宣教師たちは改宗者たちを常に庇い、一方では領事館が宣教師たちを保護していた」。

　キリスト教信仰のあらゆる宗派を代表する強大な組織が、中国全領域に亘って形成されていた。例えば、一八六六年に設立を見た中国内陸伝道団（China Inland Mission）は、二六二ヶ所に及ぶ拠点を持ち、一方カトリック教会は、中国全体を司教管轄権区に勝手に分割することを決めていた。

　しかしこの期間全体を通して、一省も一地域においてすらも、官吏も一般の人士も一様に、宣教師を歓迎できない闖入者であると思わない者はなかった。恭親王は英国の聖職者に向かって言った。「阿片と宣教師を連れてお帰りください。そうすれば、皆様は歓迎されるでしょう」。様々な街で、一年たりとも宣教師の活動に対する暴力沙汰のない年はなかった。義和団事件はこうした背景に照らしてのみ理解しうるものである。

　義和団の怒りの特別な対象は、他ならぬ宣教師と改宗者の「二毛子*」であった。実際、中国人のキリスト教徒たちは、外国の侵略者たちの支持者と疑われて、「二毛子」を理由に大変な代償を支払わされたのである。

＊　二毛子（erhmao tzu/the secondary devils）　毛子は異邦人のことで、二毛子とは「できそこないの外人」。二毛は元来白髪混じりの頭髪。喩えでは半死人。しかしこの時代には、いわゆる異邦人にへつらう人のこと。

日本では、宣教師の活動はさらに制限されていた（一八六八年）。天皇は、五ヶ条の誓文で、臣下に「知識を世界に求め……」と宣託したが、同じ日に「キリスト教なる邪悪な宗教はこれまで同様、禁止されるべし」と声明した公式通達がなされた。諸外国列強の抗議に対する回答は、キリスト教に対する国民感情はやがて和らぐでしょう、というものであった、したがって列強は、宗教黙認政策の状況変化が、日本であまねく実行されることに期待せざるを得なかった。その間、当局は神道復活の計画を活発に押し進め、この民族的信条をもって、愛国主義と皇室への忠誠心を一体化していた。

日本の指導者たちが公然と、国家の立場がキリスト教が布教されるのを許せるほどに強力になったと考慮した後にようやく、改革手段として宗教の自由・黙認の原則が布告された。この手段が講じられた理由の一つは、西洋世界はキリスト教の布教活動の自由が存在すると言明されない限り、治外法権を放棄しないとの認識にあった。

帝国内でキリスト教が本格的に「邪悪な宗教」でなくなった頃には神道は強化され、キリスト教への大規模な改宗工作のチャンスは消え去っていた。また、キリスト教徒の権利の承認は、もはや教会にとって何ら役に立ちませんよ、といった、意図的に無視の態度を表明していることを、宣教師たちは知ったのである。さらに、日本では宣教師たちは、実質的には中国での宗主権を伴った保護条項を確保する必要もなかったことも銘記すべき重要な事柄であると言えよう。

十九世紀の終焉の頃までに東方の宗教は一般的に復活を見たが、日本では特に阿弥陀信仰が、際だった再生を見ていた。十九世紀最後の十年頃から仏教学が大学で開講された。これは、鈴木大拙のような学者の仕事に現れていた。ついには日本の教育制度が国家統制の下に入り、キリスト教の教えは神道主義に要求される国家支配の伝統に対立すると危惧されることになった。

日本は、中国に勝利した十九世紀の終わり頃には一列強として台頭していた。続く治外法権の廃止、日英同盟の締結は、日本に他の諸国家と平等の地位を供与し、それと同時に日本における伝道団の仕事の見込みは、何らの重要性も帯びなくなっていた。

東南アジアにおけるキリスト教の歴史もまた、注目さるべきであろう。十七世紀初期に、イエズス会のアレキサンドル・ドゥ・ロード*が、安南のファイフォ（Faifo）の日本人キリスト教徒の難民の間で仕事を開始した（一六二四—二七年）。貧弱な伝道事業の結果に落胆して、この新事業にローマ教皇庁の注目を喚起するべく、彼はヨーロッパへと戻っていった。ローマで冷たくあしらわれたドゥ・ロード神父ではあったが、フランスでは暖かい支持を得ていた。フランスでは海外伝道協会〔la Misson Etrangères——一六五九年設立〕が真剣に仕事に取り組んでいた。ルーアン（Rouen）の数人の実業家たちが、貿易と宗教の二つを目的とするある組織を設立していた。この使命のために、アレクサンドル・ドゥ・ロードに選ばれたランベール（Lambert）司教が、商人に身をやつしてトンキン湾に到着したのは、実業家たちの舟に乗ってであった（一六六二年）。しかし、トンキンのトゥリン（Trinh）王は、オランダの反対があったにもかかわらずフランスとの貿易は喜んで奨励したが、宣教師の活動を歓迎する意志は全くなかった。

＊　アレクサンドル・ドゥ・ロード（Alexandre de Rhodes, 1591-1660）　フランスのイエズス会士。一六一八年、日本に派遣されたが入国を認められずマカオに留まり、アジアの諸言語を習得した。マテオ・リッチ、インドのR・ノビリと同じように上層階級の宣教に努め好結果をあげた。多くのヴェトナム人をカテキスト（教理教師）に育てたが、一六三〇年代のキリスト教迫害で追われた。後にグルジア、モンゴルなどで宣教活動を意図した。また、ヴェトナム語のローマ字表記を編み出し、今日もなお使用されている。

オランダは直ちに、トンキンのフランス商館の破壊をやってのけたし、その地方の人々は新しい宗教などには無関心であった。したがって、およそ一世紀に亘って報告するようなことは何もなかった。

海外伝道協会の宣教師・ピニョー・ドゥ・ベエヌが、コーチシナで仕事を開始したのは一七六五年であった。彼は、一七七四年、アドラン（Adran）の司教に任命された。その司教は、当時、たまたま家のない放浪者であったユエ（Hue）のグエン王（Nguen）に大変な奉仕をする機会に恵まれた。亡命中の王の歓心をさらに買うために司教はフランスへと赴き、フランスがグエン王が王座に返り咲くのを援助することを約束するとの言質を取り付ける条約を交渉した。その約束が遂行されなかったので、ピニョー・ドゥ・ベエヌは、自費で遠征隊の装備を整え、グエン王を王国へと回帰させた。勝利をおさめたまさにその時、この戦闘的司教は他界してしまった（一七九九年）。フランスでは、革命騒動のせいで、このフランス人宣教師の大手柄を何ら利用するどころではなかった。ブルボン（Bourbon）王朝の復興（1814-30）が行われたとき、安南の新皇帝・ミーン・マン（Minh Mang）は、キリスト教の活動に対して大変な敵意を抱いていた。一八四八年、皇帝・トゥ・ドック（Tu Duc）は、キリスト教は「頑迷な宗教」であると声明し、その宗教の司教を海に放り込むようにと命令した。

こうした攻撃的な公然たる非難が、ナポレオン三世に武力介入の口実を与えた。しかし、T・E・エニス（T. E. Ennis）が、『インドシナにおけるフランスの政策と展開』（*French Policy and Development in Indo-China*, 1936）に書いているように、「フランス人が、この国を占拠してから二二年、宣教師の努力は、印象的なものではなかった」。ここでも、また、何処にあっても帝国主義の庇護の下にあったキリスト教は、アジア人の心を引きつけることはなかった。

シャムとビルマでは、仏教の勢力がキリスト教への大規模な改宗を抑制していた。ビルマでの宣教師たちは、インドでの経験に学んで、自分たちの活動を後進的種族に集中する傾向があった。カレン族（Karen）の間でこれはいくぶん成功を収めていた。したがって、カレン族分離主義に対してかなりの宣教師の同情が集まったのだが、この分離主義は一時期、ビルマ独立の理想にとって大きな脅威となった運動であった。圧倒的にモスレムの多いインドネシアでは、キリスト教宣教師たちの活動は、ポルトガル人、特にフランシスコ・ザヴィエル等の下での最初の努力の後は、見るべきものは何もなかった。十七世紀と十八世紀のインドネシアの歴史の主役は、内陸地での俗信・異教種族の間でのイスラム教の成長と発展であった。

今世紀の歴史には何らキリスト教の痕跡もない。二十世紀初頭の頃までに、民族主義の高まる感情とヒンズー教が精力的に反発した活動のせいで、インドのキリスト教宣教師たちにはほとんど成功の見込みはなかった。今世紀の初め、インドにおける民族主義の指導者たちが、蘇ったヒンズー教の強固な支持者であったことはもって銘すべしである。バル・ガンガダー・ティラック (Bal Gangadhar Tilak) の民族主義への主な貢献の一つは、現代的政治生活の場でのギーター (the Gita) の教えに関する彼の解説であった。ラジュパット・ライ (Lajpat Rai) は、北部インドのヒンズー社会を強化するための手助けとなったヒンズー教の好戦的清教宗派・アリヤ・サマジュ*の指導者の一人であった。積極的民族主義者のオーロビンド・ゴーシュ (Aurobindo Ghosh) と彼のグループは、熱烈なヒンズー教徒であった。南部では活発なキリスト教の宣伝と「不可触賤民」の間にかなりの数にのぼる改宗者たちがいたにもかかわらず、正統派ヒンズー教の権威は、決して深刻な挑戦を受けることはなかった。

＊ アリヤ・サマジュ (Arya Samaj) ダヤナンダ・サラスワティー (Dayananda Saraswati) の創設になるヒンズー教の中の現代の宗派で、主として後の偶像崇拝と他の特異な傾向を排除する、ヴェーダに基づく教義を有している。

第一次大戦後の結果として西洋が苦い経験をした一般的な威信の喪失とは別に、民族主義の台頭は、単なる知識人の運動ではなくなり、宣教師の見込みとは逆に作用した。インド人のキリスト教の指導者たち自体が、インド人との明らかな離反は、自分たちに取っても不利だと思い始めていた。キリスト教は、インドの文化に関心を示し始めた。インドのキリスト教国家委員会 (The Christian National Council of India) の後援の下に出版された一連の小冊子、「インドの遺産」(The Heritage of India) は、態度が変化した最初の兆候であった。実際の所、一九三〇年代の始め、インドのキリスト教社会は、大部分が西洋の宣教師の支配を振り切ってしまっていた。

マハトマ・ガンジーの政治改革における、不可欠な段階としての不可触賤民の身分排除に関する主張は、宣教師たちが最後の有効な方策の対象となると内心思っていた砦を取り去ってしまった。というのは、宣教師の活動は知識人の間では失敗に終わっていたところから、貧しい階級の人々に焦点があわされていたのである。変化した状況へと対応する過程で、英国の教会はインドに民族教会 (a national church) を設立して、運動を奨励した。カトリック教会は、布教活動に際していっそう良い立場に恵まれていたが、宣教的側面を強調せず、キリスト教徒の精神的ケアへと、仕事を軌道修正していた。

(清朝) 満州王朝の崩壊後の中国では、キリスト教徒の願望は再び頭をもたげていた。新中国の指導者・孫逸仙はキリスト教徒であった。しかし間もなく彼は、キリスト教の促進より中国の偉大さと福祉の方に一層の関心を持っていたことを示すようになる。孫逸仙は、かっては、支援を求めた宣教師たちから、西洋のキリスト教の列強諸国の態度に感じた落胆とロシアの十月革命が彼に与えた影響のせいで、ますます遠ざかってしまっていた。さらに、不平等条約と帝国主義に対する民族主義の高まりは、キリスト教にとっては不利に働いていた。「新潮流」の改革派の指導者たちは、率直に言って、不可知論者たちであったし、彼らにとって、キリスト教は、今や異国の衣装を纏った迷信の現れ以外の何物でもなかった。反キリスト教連盟が一九二二年、上海に設立され、キリスト教は資本主義と帝国主義の同盟者であり、したがって弱小国を抑圧するための道具であると主張した。

北京大学の学生に組織された反宗教連盟は数多くの小冊子に、治外法権の保護の下にある伝道団の生業と中国の資本家の搾取の手先としての全貌を激越な調子で記し、その見解を表明した。宣教師たちが中国の弱みに付け込んで利益を得ているということは、今や、厳しく非難されるようになっていた。

さらにこの間に、ミッション・スクールの立場は決定的な問題となった。青年中国協会（the Young China Association）の第五回年次総会（一九二四年）は、一つの決議を採択した。それには、「われわれは、わが人民の民族精神を破壊するキリスト教の教育に強く反対する」。と記されていた。翌年、北京政府は、外国の教育機関を規制する条例を公表した。

この危機に際して外国の宣教師たちは、自分たちが中国人の改宗者たちからも見放されたことに気付いていた。中国人のキリスト教徒たちはこの時期に、宣教師たちの「二毛子」とか「走狗」〔*running dogs*――権力者の手先になる人〕と見なされることを気にして、概して民族主義運動に加担した。

国民党が、日本と交戦中に、伝道団に援助を差し伸べていたのと平行して、蒋介石がアメリカと英国の援助に大きく依存していた時に、陳立夫（ChenLi-fu）の指導の下に、蒋介石が自身の著作『中国の命運』（*China's Destiny*）の中に表現している新儒教主義が展開されていた。キリスト教の大未開地としての中国は、インドや日本と同様、大いなる幻影であったことが判明した。しかし中国は、先の二つの国家よりも宣教師の活動に遙かに苦しめられたのである。インドでは、ヒンズー教の社会が宣教師の攻勢に抵抗することができたし、日本では行政府の予防策が社会の組織的構造を維持する手助けとなった。しかし中国では、帝国主義列強の保護の下で七五年間宣教活動が行われて、社会の絆の組織的破壊が行われたが、その結果が一九四八年の革命となったのである。中国の無政府状態は、宣教師たちの希望には打ってつけの好機に思われた。確かに、中国社会に無政府状態が訪れはしたが、受益者は一般市民ならぬ別の者たちであった。

アジアにおけるキリスト教の宣教活動の失敗の原因に二、三目をやって、この概観を結論づけることとしよう。アジアを改宗するという試みは完全に失敗に終わったということは否定できない。中国では、状況がことのほか都合良く見えたが、その挫折たるやさらにひどいものであった。

伝道団の業績は、今ここで論ずるある種の要因を除けば、かくも惨めなものになることもなかったのである。まず第一に、宣教師たちは、自分たちが道徳的に優れた立場にあるという態度と排他的正義観の信念を持ってやって来た。真理と天啓を独占するかの教義、ルブラックのウィリアムが、バトゥー・カーン (Batu Khan) に対して言った「信ぜざる者は神に有罪の判決を受けん」なる主張は、ヒンズーや仏教の精神には、全くついて行けないものである。彼ら(ヒンズー教徒や仏教徒)にとって、我らのみが真理を有し異教徒は「弾劾さるべし」なる宗派の主張は、常に不条理に思えるのである。

第二に、キリスト教宣教師の活動が、攻撃的帝国主義と連携したことが、政治的に複雑な状況を生んでいた。民族感情は、当然ながら、国家の権益に有害なものとして宣教師の活動を見ていた。外交的圧力、治外法権、時には、砲艦の援護射撃が外国人宣教師のために用いられたことは、容易には忘れられないのである。

第三に、ヨーロッパ人が優位にあるという観念は、恐らくは宣教師たちが無意識のうちに教え込まれたのであろうが、その反動をも生むこととなった。無敵のヨーロッパの政治的支配の下にあってすらも、アジア人は、西洋の文化的優位性を認めることはなかった。ヨーロッパの文化の栄光を強調した宣教師たちの教育活動は、伝道団の仕事を西洋文化の侵略と同一視するに到っただけであった。

第四に、キリスト教の様々な宗派が互いに他の宗派の過ちを公然と非難し合ったことが、宣教師の活動を不利にしていた。最後に、十九世紀のヨーロッパに対する不信感の現れと一九一四—一八年の第一次大戦に続くヨーロッパ文明の危機とロシア十月革命が、キリスト教の様々な宗教宗派がアジアのある種の階級社会に掛けた呪文を、何であれ打破してしまったのである。ヨーロッパ支配の消滅に伴って、キリスト教はアジアの宗教の中の一つとして自然な位置におさまり、宣教師たちは何ら特別な、また特権的地位をもつこともなくなってしまっていた。

第Ⅷ部　ヨーロッパへの東洋の影響

第一章　文化的影響

十九世紀のアジアの漸進的西洋化と二十世紀の前半にその運動に弾みがついた様子を簡単に取り扱ってきた。西洋を拒否するどころか、アジアの諸国家は逆に、いっそう広い視野を持ってヨーロッパの文化を苦労して同化し、自らの社会の再組織化に有効利用しようとしてきている。今求められているのは、政治的側面の概観をした全期間に亘って、生活、作法、慣習、さらにヨーロッパの一般的文化におけるアジアの影響を跡づけることである。一八六〇年から一九四八年にかけて、ヨーロッパによるアジアの政治的支配の時代にアジアは、ただ単にヨーロッパから借用しただけではなく、西洋文明の成長に惜しみなく貢献したことをヨーロッパの筆者（知識人）たちは、概して忘れている。

「ダ・ガマの時代」と呼ぶべき時代にあって、ヨーロッパとアジアの間の知的接触は十七世紀の終わり頃に始まったに過ぎないが、東方の通商貿易に直接関心を抱いた西ヨーロッパ諸国へのアジアの影響はかなり早くから現れ始めていた。最初のヨーロッパの船舶がインドや中国に到達する以前でさえも、インドのモスリンや中国の絹や陶磁器は、ヨーロッパに渡っていた。海洋を経由する直接的接触が始まるにつれてこの影響は、物質的側面では様々な商品へと広がっていった。綿製品のデザインやプリントといった商品を除けば、この影響の大部分はインドではなく中国に由来するものであった。絹、刺繍製品、陶磁器、漆器、家具、壁紙、園芸、フランスに支配的であったロココ様式。これらがフランスを通してヨーロッパに広まり、十八世紀前半、およそ半世紀に亘って「中国風潮」が際立っていた。陶磁器は中国の影響の一側面を象徴する物だが、既にフランスには導入されており、十七世紀の後半には、セーヴル（Sevres）で高品質の陶器が生み出されていた。しかし、サクソニーの強者オーガスタス〔Augustus the Strong of Saxony, 1670-1738——サクソニーはドイツ語の Sachsen・ザクセン〕の出現に伴って、陶器に熱中したマニアが現れ、ドイツ、フランス、英国で大流行を目にしていた。オーガスタスの館は、ライヒヴァイン（Reichwein）によれば、壁、天井、引っ込み窓（window recesses）といったようなものが陶板で飾られていた。一七一〇—二〇年の間に「チャイナ・中国（陶磁器）」がマイセン（Meissen）で生産されるようになっていた。この業績の栄誉はボッテイガー（Bottiger）に捧げられよう。彼は、オーガスタスの後援の下でマイセンに工場を開設した。サクソニー〔ザクセン〕は陶器産業でヨーロッパの中心的生産地となったのだが、その面での富は大変なもので、フリードリッヒ大王は、七年戦争（the Seven Years' War）でその王国を奪うと、自分の借財の一部を支払うのにマイセンの陶器を充てたと言われる。

英国では流行はしっかりと根づいていたが、直ちに「チャイナ」の生産とはならなかった。バウ（Bow）の工場、次いで新しいキャントン（Canton）工場が中国のデザインを模倣するまでにはさらに四十年が必要であったし、中でも最も人気が高かったのは、山鶉と麦の束の模様であった。「チャイナウェア・陶磁器」の大衆の需要は大変なもので、数多の工場が英国とドイツに出現した。ウースター[*1]の工場は特に優れており、専門家の鑑識眼でなければ、中国の本物との区別がつかないと言われたほどであった。康熙帝の青と白とファミーユ・フェルト（famille verte）のウースター模様や、日本の伊万里焼、雍正帝や初期の乾隆帝時代のファミーユ・ローズ[*2]が、ヨーロッパでは人気の的であった。

＊1　ウースター（Worcester）　一七五一年以来、イギリスのWorcesterで製造された。粘土をほとんど、または全く使用しない軟磁器。ローヤル・ウースター（Royal Worcester）とも称される、次の、ファミーユ・ローズの注参照。
＊2　ファミーユ・ローズ　赤を基調とするfamille roseと、緑を基調とするfamille verteがあり、特に十八世紀の中国産の陶器で、一定の色彩を基調とする作品群を言う。

陶磁器に次いで尊重されたものは漆器であった。十六世紀初頭には、漆塗りの衣装簞笥がフランスの宮廷で流行した。十六世紀の終わり頃には、フランス人は、その製作過程に関する知識を得たようである。その産業は、王室の援助を得て創設されることとなったが、中国漆器の芸術性の高い物を完成させたのは四人のマーティン兄弟だけであった。英国で最初に漆器が使用されたのは、一六六三年だと言われている。コンスタンス・サイモン（Constance Simon）は、『十八世紀の英国の家具デザイナー』（*English Furniture Designers of the Eighteenth Century*）の中で、英国における漆器の歴史を余すところなく論じており、バーミンガム（Birmingham）の工場は、フランス人の物よりも良質の漆器を生産したと言っている。(1)

家具も中国の影響が際立っていた。エリフ・イエール〔Elihu Yale, 1649-1721――英国の商人、植民地司政官。Yale大学創設に尽力した〕は、自分の名前を付した大学の設立で不滅の人物となったが、中国の家具製造の膨大な資料を持ってマドラスの知事の職務を終えて帰国してきた。彼が流行を作ったと言えるかも知れない。しかし、イエール以前でさえも、王室は、中国とインドの嗜好の虜になっていた。デフォー〔Daniel Defoe, 1660?-1731――英国の小説家、ジャーナリスト。*Robinson Crusoe*, 1719の作者〕は、英国を旅行して、次のように記している。「女王（メアリー）は、言わせてもらえば、チャイナ・ウェアで家を飾るといった風習、言わば、気まぐれを持ち込み、それが後には奇妙な定めとなって増え、衣装簞笥、読書机の上と言わず、天井のてっぺんまで届く炉棚飾りの上にまでチャイナ・ウェアを積み上げて、その上チャイナ・ウェア用の棚までしつらえていた……」

中国の衣装簞笥や屛風が、そうした高価な趣味を賄える人々の間で広く使用された。そうして、民族的嗜好に影響を及ぼし始めたのはやっと、英国の家具で大変著名なトーマス・チッペンデイル（Thomas Chippendale）が、中国のデザインから素晴らしいヒントを得てからだった。チッペンデイルの著書『紳士と衣装簞笥制作者のディレクター』（*The Gentleman and Cabinet Maker's Director*）には、数多くの中国のデザインが掲載されている。そのデザインがチッペンデイルの一般的様式に少なからぬ影響を与えたことは疑いないし、ある権威ある批評家が、彼のデザインで中国らしからぬ所にさえも「透かし彫りの椅子やそのフレット〔frets——雷文（らいもん）。方形またはひし形を組み合わせた模様〕に、また書架に、あるいは中国の吊し棚に細かい部分で見分けられる……」[2]。「フランス式」と銘打たれた椅子ですら、つづれ織りのシートのデザインに、中国のジャンク、しだれ柳や中国人が見受けられる。五〇年代まで、家具の中国趣味は、大変に流行っていたので、エドワーズやダービー（Edwards and Darbey）の『建築と家具の中国デザイン』（*Chinese Designs of Building and Furniture*）や、ウィリアム・チェインバーズ（William Chambers）の『中国風建物と家具のデザイン』（*Designs of Chinese Building and Furniture*）はよく売れた。

中国の影響が決定的なもう一つの嗜好は壁紙であった。もともと壁紙は大方が輸入されていた。この種の紙は、オランダの商人を通して英国に到来したようである。したがって、オランダ人の嗜好の一部がウィリアム三世によって英国に輸入された。新しい素材に関する記述が、イーヴリン〔John Evelyn, 1620-1706——英国の著述家、日記作家。*The Diary*、一八一八年発刊〕の日記に見られる。「人物や地方の絵は、めったに、ガラスのように透明な一種の糊付けでつや出しをしたキャラコには描かれない。花、樹木、動物、鳥等は、一種のスリーヴシルク〔sleeve-silk 円筒型の絹地〕で、ごく自然で、素晴らしく巧みに細工されている」。壁紙の模様は、恐らくは宣教師がヨーロッパに持ち込んだのであろうが、中国の製品を模倣してヨーロッパで生産された最初の壁紙は、一六八八年にジャン・パピヨン（Jean Papillon）により作られたものであった。流行が頂点に達すると英国の模造品が現れ始め、バタシーのジャクソン〔Jackson of Battersea――バタシー（現在のロンドンWandsworthの一部）の壁紙製造業者〕が、一七五三年にデザイン模様の本を出版した。商業規模で使用に耐える壁紙を生産し始めたのは、他ならない彼であったし、彼に続いて有名なチェルジーとシャーリングハム（Chelsea and Sheringham）が現れ、英国にその種の産業を定着させた。

同様にヨーロッパの嗜好に恒久的な影響を与えたのは中国の園芸であった。その精神的土壌は、アディソンとポウプ（Addison and Pope）に求められるが、ウイリアム・チェインバーズ卿〔William Chambers, 1723-96――英国の建築家。代表的建築物はロンドンのSomerset House（1776-86）〕が、一七五九年にキューガーデン〔Kew Garden――ロンドンの西郊外のKewにある一七五九年に開設された植物園。正式名はthe Royal Botanic Garden〕を設計した中国庭園で世に知られるようになり、それが広くヨーロッパの首都という首都で模倣された。

その頃のヨーロッパの芸術面への中国絵画の影響を評価するのは難しい。しかし、多くの代表的風景画家や水彩画の画家たちが中国の絵画に親しみを持ち、東洋の技術を自由に借用したと思われる。特に、ワットー〔Jean Antoine Watteau, 1684-1721――フランス、ロココの代表的画家〕には、山脈や雲の取り扱い方に関して中国様式を偏愛していたことが窺われる。また、ワットーは、自分の絵画の中に中国の人物を描いているが、すべてが奇妙にヨーロッパ人風である。パリのラ・ミュエット〔La Muette――地名。高級住宅地〕でワットーは、中国の幻想を自由に表現することを許されたと言われる。多くの他のフランスの画家たち、その中で最も成功を収めたと言われるクリストフ・フルト〔Christophe Hult〕とブシェール〔Helene Boucher, 1703-70――宮廷画家、神話や田園生活を題材とした絵や裸体画を描き、ロココ絵画の巨匠と称される〕は、彼の流儀を踏襲した。

水彩画も中国から借用したと言われている。ジョン・ロバート・コウゼンズ（John Rober Cozens）は、コンステイブル（Constable）が「風景画の比類なき最大の天才」と呼んだ人物だが、彼こそが最初に中国の手法を用いた人物で、「細かい部分に亘ってさえも、中国様式の風景画に符合している」と言われた。[3] コウゼンズの父、アレクサンドル・コウゼンズ（Alexander Cozens）は、晩年の作品に息子の影響を受けたと言われているが、ローレンス・ビンヨン〔Robert Laurence Binyon, 1869-1943——英国の詩人、美術史家、大英博物館・東洋部長〕は、彼の絵画は、「奇妙なほどに、中国のモノクロームのスケッチを思い起こさせる」と言っている。

建築のロココとその運動に対する中国的考え方の影響は、詳細に亘り多くの専門家によって研究されており、論争の余地はない。『ヨーロッパと中国』における、その主題に関するハドソン（G. F. Hudson）の敬服に価する論説は、専門的知識でその問題を取り扱っている一方、ライヒヴァイン（Reichwein）は、その問題に道筋をつけ、自分の専門書の中で参考文献を添えて論じている。ロココの特徴はハドソンによって次のように述べられている。

「可変性と多様性とは、まさにロココの装飾的様式の意図するところである。その最高のデザインは、大変に躍動的でそれでいて繊細な統一性とバランスを留めている。とりわけ、中国様式で自由な曲線を楽しんでいる。豊かに装飾された曲線の動き、直線を裁ち切り、中国の窓格子のように不規則なリズムを持った直線的構図を備えている。その過度の大まかさは、全て重厚な見かけと堅苦しさを避け、軽やかな弾むような形を好んでいるといった点でバロークの構成とは異なっている……。曲線で直角の部分をやわらげ、ぎごちなさや、わざとらしさを見せずに、絶えず延びて行くといった装飾を放散させようと努めている……」

その動きは、人気がでると間もなく突然に消えてしまったが、その影響は未だに、ヨーロッパの建築の伝統の中に見受けられるのである。

十八世紀、あるいは、それ以前のヨーロッパの嗜好に対するインドの貢献は一つだけで、織物を除いては取るに足らない。綿織物は廉価で、軽く、洗いがきき、染色に優れ、キャラコ（calicoes）、マルマルス（malmulls）、サリンポアー（sallimpores）、マスリパタム（musulipatam）、マドラス（madras）等の名称で知られた。もちろんモスリンは、ある種の決まった階級でのみ流行したに過ぎなかったが、民族的風習でもあった。大衆の扇動や議会の行動ですらも——例えば、一六七七年の冬季月間の綿製品の議会の（輸入）禁止令——いずれも、その軽やかさ、色や模様、取り分け洗いやすさというインドの織物に特有な人気を打ち消すことはできなかった。羊毛の擁護者たちは、インドの素材の透明さに受けたショックを隠せなかった。英国の羊毛の重厚さと耐久性は大いに喧伝されて推奨されはしたが、インドの織物の地盤は揺るぐことなく、英国やヨーロッパの社会習慣に大きな変化をもたらした。

フランスの製造業者たちもこの件にはいささか動揺させられた。一七〇一年、ルイ十四世の大臣・ルーヴォア〔Louvois〕は、モスリンと白の綿布〔toile blanches 白のレース地〕の輸入を禁止した。染色産業に対するインドの織物の影響は、昔の筆者たちが率直に認めている。ライヒヴァインに引用されたある専門家は、次のように述べている。「インド人はわれわれに、綿製品、薄い綿布やモスリンを生産し、あせない色でそれらをプリントすることを教えてくれた。インドの布地の染色はヨーロッパで模倣されたが、どうも布地自体の完成度と同様に染めの質や濃度に関してまでは考慮が払われていない」。

お茶を飲む習慣が英国にもたらした社会的変革は、中国とインドに起因するといえるだろう。もとは中国から輸入されたお茶であるが、いつのまにか国民的飲み物になるほど大衆的なものとなった。ピープス〔Samuel Pepys, 1633-1703——英国海軍官吏、日記作家。海軍の近代化に大きな足跡を残す一方で、日常生活を克明に記録した。暗号様式で記録された *Diary* で有名〕は、それを啜ってみて、その気分の良い味わいがすっかり気に入ってしまった。周知のように、お茶は中国の対英国輸出品中、最大の商品であった。

お茶は十八世紀の終わりの頃には、あらゆる階級の朝食のテーブルに入り込み、午後にお茶を嗜む流行も始まっていた。フランスの哲学者で歴史家のレナル〔Guillaume Raynal, 1713-96——自由思想の疑いで、イエズス会を追われる、*Histoire des Deus Indes* の著者〕は、英国でお茶が大変普及しているのに感銘し、お茶は、いかなる法律、説教や、道徳律にも増して英国に落ち着きをもたらしたのであるときっぱり言ってのけた。しかし、インドの織物の場合と同様、英国の経済学者たちは「金」の枯渇に驚かされて、お茶を飲むことに熱心に反論した。他の者たちと一緒になって、アーサー・ヤング〔Arthur Young, 1741-1820——英国の農業経済学者・著述家〕は、貧乏人がお茶を購入するという浪費に抗議した。ジプシーの紳士〔*The Romany Rye*, 1857 by Geroge Henry Borrow——ロマニー・ライとは、元来ジプシーと交わる人、ジプシーの言語を理解できる人の意〕の読者たちならば、北イングランドのある村の一風変わった紳士が、中国の文字をお茶のポットで学習するほどまで、この習慣が流行していたことを想い出すことであろう。

どんなに英国の大蔵委員会が継続的にお茶の関税を上げても、その需要は増加の一途を辿った。次いで、インドが市場に参入してきた。お茶の木は、アッサム（Assam）の地に土着のものだったが、インドでは栽培されていなかった。十九世紀になってインドは、お茶の貿易に参入した、お茶の農場が英国の権益の下で支配的であったところから、英国人の朝食と午後の飲み物としてのお茶の人気は深刻な抗議を受けることもなく維持された。

十八世紀の英国における東洋の風習の奇妙な例証の一つは、英国の舞台でアジアをテーマにした作品に人気があったことである。ある作家は、十八世紀に英国で出版されたり上演されたりした東洋的主題の戯曲の一三六種にも上る数をリストにしている。

同時代に、フランスの劇場でも同様のテーマのものが上演されていた。ヴォルテール〔Voltaire, 1694-1778——フランスの作家、哲学者、啓蒙思想家。本名 François Marie Arouet。著書 *Candide*（1759）で有名〕の戯曲、『中国の孤児』（*Orpheline de la Chine*）は、五場からなる儒教の徳育もので、もちろん中国人の戯曲『趙氏孤児』〔*The Orphan of Chao*——元代の戯曲。いわゆる元曲の一つで作者は紀君祥（生卒不詳）〕のプリマール（Premare）の翻訳に基づいた真面目な戯曲であった。その物語はヨーロッパでは大人気を博し、三つ以上の異なった翻案物が英語で著された。

英国における東洋の影響のこうした側面を、ノウル（Knole）の地で東洋的雰囲気を語っているサックヴィル・ウエスト〔Victoria (Mary) Sackville West, 1892-1962——英国の女流小説家、詩人〕嬢の言葉で締めくくることとしよう。

「時計塔が、妙に仏塔を思わせるが、まだ、新しく建てられたばかり。そうした日々、時に、その詩人の客間の大きな素晴らしい中国の屛風は新しく、日の光に輝き、コロマンデル様式の衣装簞笥が、新しい小道具……ジョシュア卿の膝を折ってかがんでいる少年の肖像、手に扇を持ち、長い衣服の下から覗いている彼の紅い靴のつま先。中国人の侍童の方が、黒人の子より、ピッタリする」[4]。

（1）で、なぜ俺たちの金は、外国へ飛んでっちまうんだ、
移り気な娘を喜ばすためにさ。
中国はもういい、中国から持ってくるのは。
ここにだって英国のチャイナ・ウェアがあるじゃないか。

And why abroad our money fling
To please our fickle fair
No more from China, China bring
Here's English China ware.

（2）アーサー・ヘイデン（Arthur Hayden）の *Furniture Designs of Thos. Chippendale.* London, 1910 参照。
（3）Reichwein, *China and Europe*, p. 125.
（4）*Knole and the Sackvilles*, pp. 186-7.

第二章　ヨーロッパ思想への影響

こうした異国情緒への関心や贅沢な嗜好から、今度は、アジアがヨーロッパの思想と精神に及ぼした影響に目をやってみよう。ここでも十八世紀に支配的役割を果たしたのは中国であった。ヨーロッパの大思想家たちは、中国に魅力を感じ、彼らの好奇心は北京のイエズス会から受け取る報告によって大きく高まっていった。ペール・ル・コーント（Pere Le Comte）の中国の歴史は、既にヨーロッパの学者たちの好奇心をかき立てていた。中国における初期のヨーロッパ人たちの著作は客観的で、一般に好意的なものであった。ヨーロッパでは、中国の古典の翻訳作品が十七世紀後半に大いに出版され始めた。イグナティウス・ダ・カスタ（Ignatius da Casta）の『中国の英知』（*Sapientia Simica*）と表題された『大学』（Ta Hsueh）の翻訳が一六六二年に現れた。一六七三年、プロスパー・イントルチェッタ（Prosper Intorcetta）が、『中国人の政治道徳科学』（*Polito-Moral Science of Chinese*）と一般的表題を付して、ラテン語とフランス語で孔子の生涯の補遺を加えつつ、中国の四書の一つ『中庸』（Chung Yung）の翻訳を出版した。特にフランス語よる大量の文献がヨーロッパで出現し、十八世紀のヨーロッパの思想家たちは、中華帝国に関しては、社会的、倫理的、さらに政治的状況をかなり知り得ていた。十八世紀の終わり頃には、イエズス会士によって孔子が見いだされて普及され、イエズス会の一人は孔子を「道徳と政治哲学に、等しく、最高の学識を持つ巨匠であり権威である」と表現した。

忘れてはならないのは、イエズス会士が、孔子と彼の教えを、ほとんど完璧に近いと断言して、関心を抱いていたことである。孔子の教義は、古の天啓より継承してきたものであり、「ノアの子供たちのころから」中国では受け入れられてきているとするのが「祭祀」論争の命題であった。こうして、彼らは、中国の風習との妥協を正当化しようとしていた。目的は何であれ哲学者たちは、封建階級の特権に対して、十八世紀の大政治論争にイエズス会士の証言を使用した。ここには、最も偉大な、最も人口の多い世界で、最も旧い共同体の一つが存在する。安定的だが進歩的であり、そこには世襲制の貴族階級はない。ル・コーントは、書簡「中国人の政策と行政府について」(*On the Policy and Government of the Chinese*)で、この点を強調した。「貴族は、全く世襲制ではない。権威筋が執行する区別以外には、人の質には区別はない。したがって、孔子の家族を除いて、王国全土が行政区と公共性のある共同体に分けられている……ある州の総督か長官が死亡すると、他の人と同様にその人物の子供たちも幸運に与るのであり、仮に、父の徳質と才能を継承していないとすれば、自分たちが持っている名前は、(大変に有名な名であっても)全く何の価値をも彼らにもたらすことはない。こうした発見は、世襲制の貴族階級の特権に対して、熾烈な闘争に携わっていたヴォルテールのような人物に取っては、大変な援護射撃以外の何物でもなかった。中国は、啓発された行政府の典型となった。遠距離のせいで不完全な知識しかなかったため、中国の専制政治の現実であった家父長制度の政治理論は、何ら抵触することはなかった。なお、康熙帝と乾隆帝の栄えある時代は、様々な面で啓発された専制政治の範例として支持され、世襲制の貴族階級の私欲によって妨げられない時代とみられていた。

ヴォルテールや彼のような人物にとって、中国人は、行政の技術において疑いなく成功を収めているかに映っていた。「彼らは、道徳律(moral science)を完成した」とヴォルテールは断言した。ヴォルテールのような宗教的信条の持ち主にとって、合理性に富んだ儒教は、文明化された人間にとって完璧な哲学のように思えた。

この流行は、ライプニッツ〔Gottfried Wilhelm Leibnitz, 1646-1716――ドイツの哲学者、数学者〕によって開始された。一定期間北京で宣教師の活動をした後に中国から帰って来ていたグリマルディ（Grimaldi）神父とこの哲学者は一六八九年に知り合った。彼は、既に利用できる翻訳書を通して中国人の思想に精通していたし、『最新中国情報』（*Novissima Sinica*）への序文に、自分が中国の政治であると理解している道徳律に関して賞賛の限りを尽していた。「われわれの間での事態の状況は、道義の腐敗がかくも長い間進んでしまったことを考慮して、われわれが啓示神学を指導するために中国に宣教師を派遣しているように、中国人の宣教師が自然神学の目的と実践を指導するためにわれわれのところに派遣されるべき必要があると思うものである」。ライプニッツは、引き続きヨーロッパと中国の間の文明の交流を求めて仕事をした。

ヴォルテールの時代までに、人々が、自分なりの結論を引き出せるに足る十分な資料が手にはいるようになっていた。中国擁護学派はヴォルテールに率いられ、彼は、思想家たちは中国に新しい道徳と自然法に基づく世界を発見したと、『社会道徳に関するエッセイ』（*Essai sur les Mœurs*, 1760）の中で宣言した。彼にとって、イエズス会の使徒によって紹介された人物、最も聖なる賢者、孔子は、哲学者、予言者、政治家の典型であるかに見えたのである。孔子の著作の中に、ヴォルテールは、「最も純粋な道徳を見た」。それは高潔な精神にのみ訴え「奇跡を説くことはない」、さらに「馬鹿げた寓話で」曖昧に表現されることもない――全てが、キリスト教神学に鋭い矛先が向けられていることが明らかである。彼は、中国人を模倣する価値ありと支持して、問いただした。「一体、ヨーロッパの王侯が、そうした範例を耳にした時どう反応するだろうか？　敬意を払い、恥を知り、とにかく、模倣せよ」。

ディドロ〔Denis Diderot, 1713-84――フランスの哲学者、啓蒙思想家。d'Alembert と共に百科全書の編者〕、ヘルヴェティアス〔Claude

Adrien Helvetius, 1715-71――フランスの啓蒙期の哲学者〕や百科事典派の社会思想家たち（philosophes）は、中国の文明と文化に同様に印象づけられたかに思われた。事実、彼らは、熱心なイエズス会士によって供給された資料に、できる限り最高の解説を加え、広範な特権を享受している資産階級と教会派の双方に――特に後者は思想の自由に対して強大な権力を行使していた――この二本柱に基づく社会に対する自分たちの論証を納得させるべく、そこ（供与された資料）から十二分に引き出した。中国は、敵によって与えられた好都合な武器であったし、その敵から彼らは最高に破壊的な武器を引き出していた。

　結局、その問題に関して報告した人々はカトリックの宣教師たちであり、中国人の哲学に対する熱烈な関心は、西洋の学術界の至聖の場にまで浸透していた。非キリスト教国家である中国に、イエズス会士によって声高に表明された賞賛の声は、教会に矛先を向けるに当たって、ヴォルテールや彼の友人たちにとって、これ以上の好都合な武器はなかった。さらに、それは、啓蒙主義の哲学者たちの論争の焦点となり、範例となっていた、教会ではなく道徳に基づく社会、特権階級に依存しない行政府、学問が高く評価される価値の位置づけ、学識を備え、それ故に、賢明であると認められる人々に権能を信託している様に思われる組織、軍事力を強化しない政治的構造――じっさいの所、ヨーロッパの自由主義思想家たちにとって、それらはヨーロッパには欠けていると思われるものすべてであった。

　この熱烈な中国贔屓は、当然ながら激しい反論に遭遇した。ヨーロッパの中国運動が始まったばかりのころ、フェネロン〔François de Salignac de La Mothe Fenelon, 1651-1715――フランスの教育論者、著述家、Cambrai の大司教〕が、『死者の対話』（*Dialogues Among the Dead*）と表題された著作で、公然と反論を表明した。ここでは、ソクラテスが孔子に対立し、より優れた文明とする中国人の主張の愚かさを暴露するのに（著者の得心で）、何らの痛痒も感じていない。この見解は、後の時代の遥かに著名な擁護者、ルッソー〔Jean-Jacques Rousseau, 1712-78――フランスの哲学者・社会改良家〕にさえ見受けられる。彼は、それがヴォルテールやその学派に擁護されたという理由だけで、中国の思想に何ら価値を認めなかった。「仮に、聖職者の能力も世に言われる法の英知のいずれも……無知で無礼な野蛮人による付託に対抗して、その領域を擁護できないとすれば、全ての賢者たる者は、一体何の役に立つと言うのだ？」と詰問している。彼は、中国の庭園に何らの美しさも認めなかった。

重農主義者への中国の影響は、恐らくいっそう論理的で、確かにより揺るぎないものであった。その学派の創始者で独創的思想家、ケネー〔François Quesnay, 1694-1774――フランスの経済学者。重農主義の祖。自由放任論者で百科全書派の一人。著書『経済表』『重農主義』等〕は、主として中国の資料から示唆に富む刺激を得ていた。彼の『経済表』（*Tableaux Economiques*）は、伏羲〔Fu-i――中国上古帝王の名〕に由来する中国の教義の独創的な数学への翻訳であると言われている。また、ケネーの目的は、地主貴族階級が主張する非課税を攻撃する事にあった。ここに、中国の範例が大いに役立っている。というのは、中国では一人として帝国の課税対象の例外であり得ず、さらにアジアの国家全てが、国家への支払（納税額）は土地から生ずる産出高によって見積られた。ケネーが受けた中国の影響は否定し得ないが、むしろ、彼の子弟たちは、誇りを持って、そのことを確認した。ミラボー〔Honoré Gabriel Victor Riqueti Mirabeau, 1749-91――フランス革命当時の政治家・雄弁家〕兄――自称人類の友――は、師の追悼の辞の中で明言した。「孔子の全ての教えは人間性への回帰を目的としている。先ず、天から受けた光輝と美とへの回帰であり、さらに無知と感情に曇らされてしまった人間性への回帰である」そこで、彼は、同国人に天帝に従うようにと熱心に勧めたのである。「決して、感情を行動の指針せずに、代わって理性に随え。この宗教的道徳の素晴らしい王冠（diadem）に何物をも付加するのは不可能である。しかし、未だになされねばならない最も本質的なことがある。それはその思想を地上に移植することである。それこそが我が師の仕事であった」。ケネーは、孔子の相続人で後継者であると言われた。経済思想と教育論における重農主義者の影響は顕著で、中国の影響は、ライプニッツ、ヴォルテールや他の人々が、孔子と彼の学派の道徳哲学を擁護して表明した賞賛よりも、この世界ではさらに大きかった。

フランス革命の勃発と共に、啓蒙思想家と重農主義者双方の影響は消え去り、中国礼賛も消え去ったのだが、これは十八世紀の注目に値する知的現象であった。十九世紀のヨーロッパは力とそれに伴う優越感に自惚れていたが、中国やインドではほとんど通用しなかった。しかし新しい力が働いていた。十八世紀の終焉の頃、それまでは閉ざされていたサンスクリットの書物が、ヨーロッパの学者たちに開かれた。その意味からすれば、ウォーレン・ヘイスティングズ（Warren Hastings）（一七八五年）の序文で、チャールズ・ウェルキンズ（Charles Welkins）によるバガヴァッド・ギーター（*Bhagavad Gita*）の翻訳と、ウィリアム・ジョーンズ卿〔William Jones, 1746-94――英国のインド学者・インドの司法官、印欧比較言語学の先駆者〕によるシャクンタラー〔*Sakuntala*――インドのシェークスピアと言われる四、五世紀頃の劇詩人カーリダーサ（Kalidasa）作の古代インド詩劇〕の翻訳（一七八九年）は、アジアと西洋の関係史の中の道標と言えよう。引き続きその頃にサンスクリット語の研究が真剣に行われ、翻訳を通してウパニシャッド（*Upanishads*）の知識が、ショーペンハウアー〔Artur Schopenhauer, 1788-1860――ドイツの哲学者〕やニーチェ〔Friedrich Wilhelm Nietzsche, 1844-1900――ドイツの哲学者。実存主義の先駆者。著書『Zarathustra（ゾロアスター）はかく語りき』で有名〕の哲学に際だった影響を及ぼしていた。また、サンスクリット語の研究が生んだ言語学的探究は、大いに心理的影響を及ぼした膨大な知識の宝庫を開いた。サンスクリット語、ペルシャ語、ギリシャ語、さらにラテン語が共通の語源を持っており、アーリア人が伝統を共有していることの発見は、十九世紀の社会的考えに支配的影響を及ぼした。後の民族優越主義の擁護者たちの手になる甚だしく野蛮な論理はその重要性を考慮していない(1)。

当時、その影響は、限られてはいたが――ほとんど無に等しい――東方の聖なる書物の翻訳、特にバガヴァッド・ギーター、ウパニシャッドや仏教の聖典――後にパーリー語原典協会（Pali Text Society）の業績によって補足されたが――後の時代になってヴェーダンタや東方の思想が一部のヨーロッパの知識人の精神に影響を及ぼす素地をなしていた。しかし十九世紀の後半には、インドのヴェーダンタ思想の影響は明らかに、エマーソン〔Ralph Waldo Emerson, 1803-82――米国の評論家、詩人、哲学者〕やソロー〔Henry David Thoreau, 1817-62――米国の思想家・博物学者〕のような傑出した思想家の著作にあらわれた。エドウィン・アーノルド〔Edwin Arnold〕のギーター〔*Gita*〕の翻訳、『天帝の歌』〔*The Lord's Song*〕と『アジアの光』〔*The Light of Asia*〕は、半世紀たった後も大衆の人気を維持しており、またインドの宗教思想の影響の増大を記している。二十世紀の前半に、恐らくはタゴール〔Rabindranath Tagore, 1861-1941――インドのベンガル語による詩人。ノーベル文学賞受賞者〕の『ギーターンジャリ』〔*Gitanjali*〕の出版〔英訳版出版一九一三年〕に端を発しているると思われるが、ヒンズー教の宗教思想がヨーロッパの宗教界での独立した重要な地位を獲得した。緩慢な過程をへての、単なる流行でもなくある確立された教義に対する一時的反応としてでもなく、徐々に、ほとんど、知覚し得ない程の思想の浸透であった。

偉大なる「普及させた人々」の業績も忘れられない。インドに関してはマックス・ミューラー〔Max Muller (1823-1900) ドイツに生まれて英国に帰化したサンスクリット語の学者・言語学・宗教学者〕、中国に関してはジャイルズ〔Giles〕ほかの多くの人々、日本ではラフカディオ・ハーン〔Lafcadio Hearn, 1850-1904――生まれはギリシャ、父はアイルランド人、母はギリシャ人。新聞記者として来日。日本に帰化して小泉八雲と名乗り作家活動〕は、当時大きく影響を及ぼした人々であった。その伝統は、ますます専門化されて行く傾向にあるが、今日ですらヨーロッパ人の文化生活に重要な役割を果たしているのである。事実、T・S・エリオット〔Thomas Stearns Eliot, 1888-1965――英国の詩人・批評家・劇作家〕は、中国の詩が、ある面で、ウエイリー〔Arthur Waley, 1889-1966――英国の東洋文学者。日本・中国文学の翻訳者〕や他の人々の翻訳を通してヨーロッパの文学的伝統に浸透していると言い、一方、インドの文学に関しては、詩が深い印象を及ぼしたとは言い得ないが、インドの思想について毎年出版される書籍の数は、インドの永遠の哲学に対する尽きること無い関心があることを物語っている。

アジア人の精神――インド人と中国人――のより深い理解のためには、さらにもう一つ強調する必要のある事象が存在する。それは、価値あるものは全てエーゲ海に触れる領域に誕生を見たとする、ほとんど、ヨーロッパ人の独断的教義（ドグマ）である。これは、宗教、哲学、芸術、科学ですらもこの地域に源を発していると主張した。事実、すべての文明にとってギリシャの起源は自明の理とされている。この信念への固執は、アジアにおける事件を、特にインドの歴史に関して、ギリシャの展開と都合良く調整できる時代に日付を合わせるといった東方研究の初期の頃の愚かな企てに責任がある。ギリシャ人にとって、英知の独占への固執は、アジア文明に関する知識が増すにつれて、しぶしぶ放棄されねばならないものだった。あらゆる国家が、人類の文明の成長に寄与しているという事実の認識の結果としてのヨーロッパ精神の解放は、大いに意義のある向上というべきである。

ヨーロッパに対するアジアの影響は、思想の分野にあってもまた、つねに有益であったとか進歩的であったとかいったように理解されてはならない。政治や法理論に関しても、英国においてはかなり影響を及ぼした反動的運動を生み出していた。ウェリントンからカーゾンに到るまで、保守主義の伝統というものは、政治経験が植民地や属国の行政に関わりゆがめられた人々の間で、絶えず呼び覚まされるものである。影響力大であったこの反動の理論家はヘンリー・メイン（Henry Main）であり、彼のインドでの経験は、古代法に関する彼の大著に明らかに反映されている。新保守主義（New Toryism）に知的要素（歴史的背景）を加えたジェイムズ・スティーヴン、フィッツ・スティーヴン（James Stephen/Fitz Stephen）やアルフレッド・ライエル（Alfred Lyall）のような人物もまた、アジアでの政治的経験を持った人々であった。ますます増加するアジアでの商業、宣教師、行政上の経験を持つ人々も、全てが平等と民主主義に不信を抱いて団結し、自分たち自身から主権国家の気質と性向を変えようとはしていない。

アジアとヨーロッパの間の異質な衝突の最終的結末は、人種の優越感の展開であった。多くの人々が、十八世紀には、インドでも中国でも、ヨーロッパ人の間にこの人種的感情はほとんどなかったことを観察している。事実、中国人に対する感情は一般的には敬意に満ちたものであったし、一方インドにおいては、十九世紀の後半と二十世紀の当初の三十年間の際だった特徴となった傲慢な人種的感情は、十八世紀には育つことはなかった。[2] この感情が助長された理由は多々あるかも知れないが、到来したヨーロッパ人が、十九世紀の中期には自分たちの権利であると見なすようになった政治的支配の行使に大きくかかわっていることは明らかであると言えよう。日本やシャムのような国ですら、独立を維持した国々では、そうした感情はさほど広まることが無かったという事実が、その政治的起源を端的に物語っている。

（1） 十九世紀と二十世紀のインドの影響に関する要約された記述は、ラダクリシュナを参照。*Eastern Religions and Western Thought.* Oxford, 2nd edition, 1940, pp. 247-51

（2） 英国からやって来たある英国人の傍観者は、インドにいる商業人について、「多くは、悪感情を受け入れ、文明や宗教の感情を忘れてしまうほどにアジア人のなかで長く暮らしてきたいた」と言っている。彼らは、信仰のない契約者同様に残酷で、狂信的熱意のない宗教裁判官同様に冷酷である」。ガイ・ウイント（Guy Wint）の『アジアの英国人』（*The British in Asia*）より引用。p. 127

結論

ヴァスコ・ダ・ガマの到来に始まり、西洋艦隊のアジア大陸の基地からの撤退に終わる、アジアを巡る海洋支配の時代は、人類の発展にとって際だった意義を有する時代を画している。それが直接にもたらした変化と四五〇年に亘るヨーロッパとの接触、さらに一世紀余に亘って西洋支配に甘んじてきたアジア諸国にもたらした影響は、実にあらゆる生活の側面に変革をもたらしてきた。

アジアがこうした影響を将来どのように利するのか、さらに、様々なアジア諸国がそうした経験、思想、また人種的特質、歴史と社会的伝統の坩堝の中でこうした影響をいかに変質させて行くかを予測するのは不可能だろうが、既に起こった変化の大きさ、古い社会を根底から変質させた高まり、展望を変えた思想、まさに革命と呼ぶに相応しい変化と過去との質的訣別をも含めて、その事実を否定することはできない。アジア諸国家をヨーロッパが支配した時代は、アジアの歴史にとっての分岐点であり、双方共に抵抗や適応によって新しい活力を呼び覚まし、意識的に自らを新しい思想に適応しなければならない時代であった。またそうすることによってのみ、次第に自分たちの独立と力を回復できたのである。

周知のように、東方へのヨーロッパの拡大政策は十字軍思想によって開始されたのだが、それは、言わば、第八回十字軍とでも称されるべき、一大十字軍の始まりであった。この運動の主導権は、航海王エンリケから、幸運王マヌエルやジョアン三世ばかりか、アフォンソ・アルバケルクや、我こそは真の十字軍と自負した指導者たち、ポルトガルの拡張主義者たちにも継承された。ムーア人への攻撃の一撃一撃がキリスト教王国の勝利に結びついた、とは彼らの言である。香辛料貿易への攻撃は、アルバケルクが兵士たちにマラッカの地で明確に宣言したように、モスレム諸国の財政的繁栄に対する攻撃であり、モスレムの列強諸国もポルトガルも双方共に、経済的繁栄を重大事と十二分に認識していた。この十字軍の態度は、ある面では際だった成果を収めていた。アジアの非モスレム民族や支配者たちとポルトガル人の関係は、一般的に言って非友好的といったようなものではなかった。

アジアにおけるヨーロッパ拡張主義の十字軍的、また反モスレム的側面は、二つの重要な理由から、十七世紀の初めには、主要因ではなくなってしまっていた。先ず第一に、プロテスタントの運動がキリスト教国の団結を打ち壊し、それまでモスレムに向けられていた狂信的宗教主義が、今や、ヨーロッパの内戦へと向けられていた。宗教戦争は一世紀に亘ってヨーロッパを荒廃させ、ウエストファリア条約〔ドイツを舞台にキリスト教の新・旧教諸侯の間で三十年間（1618-1648）行われた三十年戦争の終焉を告げた条約〕で、やっと終焉を告げ、モスレムの脅威の記憶をぬぐい去る方向へと向かった。以来、それはヨーロッパ史の「第一義的目的」ではなくなっていた。第二には、キリスト教ヨーロッパのためにドン・フアン・デ・アウストリア（Don Juan of Austria）が、レパント（Lepanto）の戦いで、トルコ艦隊を打ち破ったことであった。その勝利を境に、イスラムの脅威はますます減少していったが、オットーマンの勢力は未だ強力で、時としてウィーンの入り口へと戦いを挑んだ。しかしヨーロッパ諸国は、もはや、トルコを懼れることはなかった。

十字軍精神は、カトリック諸国に関する限り、福音精神（キリスト教化運動）に置き換えられていた。カトリック教の高まり、中でも最も際立った存在はイエズス会であったが、東方に福音伝道の大いなる可能性を夢見ていた。ポルトガルの君主国はこの運動に大いに触発され、この頃から、大ムガール王朝、中国の皇帝、日本の将軍へのイエズス会の神父たちの派遣といった新しい動きが見られた。このポルトガル人の活動は、アジア海域にオランダ人や英国人が到来するにつれてやや弱まっていった。十九世紀の初めになるまで、プロテスタント教会は異教徒改宗の使命と伝道の仕事に真剣に取り組む意志がなかったのである。しかし、十九世紀に再び、福音伝道活動はアジアとの関係におけるヨーロッパの一つの重要な運動となっていた。これは第一次欧州大戦勃発に到るまで続いた。十九世紀にヨーロッパ諸国が、最も真剣に根強く計画した運動はインドと中国における伝道活動であった。この両国の地では、既にヨーロッパによって享受されていた政治的権威を補足する目的で、大規模な心理的・精神的征服計画が実行に移されていた。その結果は、宣教師の目からすればひどく落胆すべきものではあったが、このアジア諸国の精神的根源に対する攻撃は、民族の宗教と社会組織とに広範囲に亘って影響を及ぼした。既に前章で、復活するアジアのこの運動に対する反応の評価を試みた。ここで言及したいことはと言えば、アジアにおけるヨーロッパの影響を概観するに当たって、ヨーロッパ人の拡張主義を伴った止むことの無かった宗教的執拗さを心に留め、そして表現された計り知れない民間の自発的努力を考慮に入れねばならないということである。確かに政治的拡大は、行政と組織、商業・組織された資本の利害に関わる仕事であるとすれば、伝道の仕事は、アジアの大衆に自分たちの生活の価値観を十分に納得させるための西洋の人々の努力の現われであったとするのが妥当と言えよう。

しかし宗教は、ヨーロッパ人の拡張主義の一面に過ぎない。ポルトガル人でさえも、当初、宗教と香辛料貿易の独占権の確立を同一視していたが、程なくして、貿易が彼らの仕事の宗教的側面の陰を薄くしてしまった。プロテスタント勢力の台頭と共に、しばらくは貿易のみが唯一の関心事であった。商業関係を除いては、ほとんど接触はなかった。仮に、ある不可抗力でアジアとヨーロッパの関係が一七四八年に、突然断ち切れてしまっていたとすると、二世紀半に及ぶ激しい布教活動を示すものは、ほとんど、何の痕跡を残すこともなかったことであろう。インドにおいてすら、人のあまり訪れない二、三の廃墟と化した砦、ポルトガル人によって海岸線に建てられた教会、混血児の小さな共同体と栄光の時代の日々を悔恨するくらいで、それ以上のことは、あり得ようもないのである。貿易の時代、言わば一六一〇―一七五八年の間、ほとんど、ヨーロッパはアジアに何の影響を及ぼすこともなかった。

しかし、征服の時代（一七五〇―一八五七年）、状況は変化し始めていた。アジアの指導者たちは、異邦人が脅威となってきたと感じ始め、深刻に受け止めるようになっていった。当初、アジアの指導者たちが示した重大な関心事は、大砲の製造、軍隊組織、軍備にあったことは何ら驚くには当たらない。しかし、少数の権力者によって示された軍事的な事柄に関するこうしたもっともな好奇心とは別に、ヨーロッパ諸国家の知的、また精神的力に関心を抱いた人々も存在した。ラム・モハン・ロイや、インドの彼の学派、また、日本の蘭学者一派の出現が、ヨーロッパに対するこうした対応の変化を物語っている。セリンガパタム（Seringapatam）のジャコバン党のメンバー・市民ティプー*、ヨーロッパの啓蒙運動の指導者と文通したラム・モハン・ロイ、スペインの自由主義革命を祝ったカルカッタの大衆集会は、アジアに明け始めていた知的覚醒と世界共同体なる感情の顕れであった。

＊ 市民ティプー（Citizen Tipoo, 1753-99）　インドのマイソール（Mysore）の王で、最後まで英国に抵抗したが、世に言うマイソール戦役でイギリス軍と戦闘の結果戦死した。

ヨーロッパとアジアの知的関係を変えた最も意義ある際立った一要因は、フランス革命であった。今日、ヨーロッパ以外の地におけるフランス革命の計り知れない影響を、ほとんどの人が認識していない。ハイチの黒人たち、マイソールのティプー、インドネシアのオランダ人過激派、こうした人たち全てが、この運動の余波を感じ取っていた。ジャヴァのディーンダルズ*の改革は、その直接的結果であった。広大なインド征服と合併へと導いたウェルズリーの侵略政策は、その間接的結果の一つであった。言わば彼の征服政策の主たる動機を供与したのは、革命フランスへの危惧だったのである。しかし、アジアに支配的影響を及ぼしたのは、フランス革命の思想――自由、平等、博愛――の意味においてではなかった。フランスにおける革命の展開は、アジアの民族には、ほとんど、直接的影響を及ぼすことはなかった。ナポレオン一世の（試行錯誤）実験に続く時代に、革命思想は、ヨーロッパ自由主義の共通の遺産となっていた。ナポレオンの時代に続く直後の時代に、改革者たちによって修正を施され、敬意をもって迎えられた革命思想は、ヨーロッパの政治家の精神的支えとなっていた。もはや、ヨーロッパ諸国の支配地で教育を無視するわけにはいかなかった。近代法に基づく法典が提示を求められ、オランダですら、失われたジャヴァの植民地を取り戻した時、インドネシア人の企業にお世辞を言ったほどであった。自由主義の伝統がヨーロッパ諸国の政策に徐々に浸透していった。

＊ ディーンダルズ（Herman Willem Daendels）　ジャヴァの総督（1808-11）、強制労働の組織での虐待を根絶しようとしたが、英国人の行政長官でシンガポールの建設者であった、Raffles と図った計画は、結果としては強制出荷を伴う、やはり搾取であった。

フランス革命の理念は、当然ながら、東方に関与したヨーロッパ思想に影響を及ぼしたばかりか、ヨーロッパ人の政治思想をアジア民族に始めて提示することとなったのである。民族主義に目覚めた最初の時期のインド人の著作は、ヨーロッパ思想の原理・原則へと跳ね返っていった。ラム・モハン・ロイと彼の弟子たちは、サティー〔*Suttee*――昔、夫の死体と共に妻が生きながら焼かれたヒンズー教の風習。妻の殉死〕の放棄、英語による教育、女性のよりいっそうの自由を求めて請願した。彼らは、改革を正当化するためにヒンズー語の教典を引用したが、実際にはルソーの立場で考え、インドの状況に見合うように手加減をしていた。十九世紀前半のアジアの改革運動に、ヨーロッパが供与した精神的刺激は、無視できないのである。

十九世紀は、ヨーロッパでは帝国主義の絶頂期を目の当たりにしていた。なおそれが大きくアジアの資源収奪に負うところが大きいということは、今や歴史家の認めるところである。帝国主義の歴史家・ホブソンが指摘しているように、「世界の他地域における搾取は、軍事的略奪、不平等貿易、また強制労働であろうと、ヨーロッパ帝国主義の成長にとって不可欠な一大条件であった」。英国に大産業革命の到来を可能にしたのは他ならないヨーロッパへと流れ込むアジア（とアメリカ）の富であった。しかし、植民地を所有する諸国家の支配的経済構造としての資本主義の確立に伴って、計り知れない範囲に亘って、西洋と東方の関係に変化が起きていたのである。十八世紀、征服は貿易を目的としていた。征服した地域では、他国を排除し、需要に見合うように強制労働によって組織的に生産された産物が最低価格で購入され、利益は母国へと送金された。十九世紀に入って、貿易を求めた征服から投資を求めた征服へと移っていた。お茶の栽培農場、鉄道建設が、インドにおける英国の最大の権益であった。鉄道敷設のために膨大な額の資金がインドに投資された。ある英国人記者が語っている。「インドの鉄道への貸付のうち……」「およそ三分の一がロンドンの元金（home charge）の支払いに充てられ、三分の一以下が賃金と営業費、しかも賃金と営業費の大部分は英国人技師に支払われ、残る三分の一を上回る額が、英国のレールと機関車、さらにそれをインドへと運んでくる英国の船舶に支払われるのである」(1)。

アジアとヨーロッパの関係の第三段階は十九世紀の中期に始まったのだが、文字通り帝国主義の時代であった。インドで真っ先に改革が行われ、その改革のパターンが、インドネシアのオランダ、インドシナのフランス、中国に関しては全列強にとって、範例となったのである。帝国主義者たちは大規模な資本投下を含めて、必然的にアジアに進歩的科学技術と科学的知識を移入する結果となっていた。鉄道の敷設、それが主たる資本投資の分野であったが、技術者の導入が要求された。河川には橋が架けられ、トンネルが掘削され、一度敷設されれば、鉄路は営繕されねばならなかった。導入された科学技術は、高度な水準のものを除いてコストがかかり過ぎ、その結果、技術専門校と大学の設立が不可避であった。東方における技術学校の拡散は、単なる一例に過ぎないが、資本投資の結果として必然的なものであった。アジア人をこの知識の分野から閉め出しておくことは不可能であった。言わば資本の収益高が、地方の技術育成の結果いかんに掛かっていたからである。産業に関しても同様の動きが顕著になっていった。カルカッタ、ボンベイ、上海に設立されたヨーロッパの産業は、少なくとも低レベルの技術では、地方で訓練された人々に依存しなければならなかった。地方の大衆の知識が向上するにつれて、ヨーロッパ産業の独占を侵害するアジアの資本を妨害するのも不可能となっていた。インドでは、紡績工場がボンベイやアフメダバッドに林立し始めていた。上海では、実質的には、ヨーロッパ人の都市となってしまっていたが、中国人の実業家たちが、ヨーロッパの工場をモデルに自分たちの工場を建設するのは造作もなかった。中国における鉄道建設は、始めて取り上げられた時は熾烈な国際競争の支配下にあったが、間もなく中国政府の運営するところとなった。かくして第一局面で、資本輸出を主体とする帝国主義は、アジアに自らの崩壊の種を運び込んできていたのである。

第二局面では、搾取のための地域を補完するための領土拡張であり、十九世紀のヨーロッパ帝国主義は、自由主義運動の人道主義的刺激を受けて、教育政策、福祉計画、さらには政治教育さえも開始した。膨大な人口を直接統治することは、当然、新しい利害を生むこととなった。行政の当局者たちは、貿易に直接には何らの関与も関心も示さなかったし、役人たちは、少なくとも英国の伝統に従えば、パブリック・スクールで教育を受けた中産階級から募集されて来ていた。そこでインドでは、またある程度はインドネシアでも、行政当局は、自分たちの仕事の福祉的側面を強調しようとする傾向にはあったが、一方で商業的利害のある者たちは、なお領地は搾取を目的とする地域と見なすといった矛盾が、帝国主義の構造内部で表面化した。インドでは、その二つの見解が相剋を生み、イルバート法案*に関する論争で表面化したが、政治改革に抵抗する相次ぐ工作で、指示と指導権は常に大企業側に軍配が上がった。中国のように、間接的に行政が行使された場所でも、表面化しないという訳でもなかった。上海と条約港の商人たちの意見と、片や中国との折衝に当たる外務省との間の激しい論争のやりとりが、先にも述べたが、こうした矛盾のもう一つの例証とも言える。事実、政治に携わる行政当局は、平和な時代の人道的理想を胸に抱いて「遅れた民族」に対して責任感なるものを抱いて乗りこんできた。こうした展開に内在するヨーロッパの支配権の危機などは毫も疑うことはなかった、言わば、十九世紀の終焉にあってすらも、ヨーロッパ人たちは――最も進歩的な人々といえども――自分たちの支配権は天与の命運であって、少なくとも今後、何世紀にも亘って不動のものと確信していたからであった。中国は、弱体で可動性に欠け、産業の潜在性もなく、近い将来に立ち上がってヨーロッパと戦うなどという考え、また、インドが貿易と産業で英国と競うことができるなどという考え、さらには無数に散在するインドネシア諸島がオランダに対抗して団結するなどという考えは帝国主義の黄金時代（Augustan Age）にあって、ヨーロッパ人には考えるも馬鹿げていたことであったろう。したがって、アジアの民衆を教育したり、白人の使命をより効果的に履行させるために必要な技術を開発することを奨励するといった人道的理想が、何の危惧も抱かれずに推進された。

＊ イルバート（Ilbert）法案　一八八三年、英国インド総督 Rippon 卿の時代に参事会法務委員であった C. B. Ilbert（Sir Courtney）が刑事訴訟法の改定を提案し、その法案によって被るヨーロッパ人の不利な立場から修正がもとめられ、結局、取るに足らない立法措置となった。

また、インドやインドネシアのような広大な地域を直接統治することの複雑さが必然的に、土着の行政官に運営される大きな行政機構を展開する必要性を生んでいた。貿易の時代にはそのような必要性はなかったが、帝国主義の時代には不可避であった。

近代国家の政治機構は大きく地方の人材によって運営され、その組織は民衆に行政上の訓練や近代的行政機構の知識と理解を提供することを必要とした。このことは特に重要と言える。というのは（アジアとヨーロッパの関わり合いの）歴史の当初に示された政治状況と十九、二十世紀に展開された政治組織の間の主要な相違が、十九・二十世紀の国家行政機構が擁するあらゆる生活面に触れる広範囲に亘る管理組織にあるからなのである。十八世紀には、ヨーロッパにもアジアにも、現代的観念での管理組織としての行政機関は存在しなかった。十九世紀後半になって、ヨーロッパ諸国は、産業、商業、社会的、経済的福利に関連するいっそう複雑な問題に取り組まねばならなかったところから、近代的行政（管理）機構を持つ巨大な機関を組織したのであり、それは、フリードリッヒ大王もナポレオンも思いも寄らなかったろうし、昔の政治思想からすれば、自由の侵害であるとして、激しく抵抗されたことであったろう。

アジアの国家組織は本質的には官僚的、言わば「管理的」であって政治的ではなく、領土の管理と防衛に限られていた。英国がインドで展開し、すべての植民地行政機関がそれぞれの領地で展開を余儀なくされた管理組織は、アジア人の心に始めて近代国家の概念を与えたばかりか、時宜に即応してそれを実現するために必要な機構を備えることも教えてくれたのである。中国に関してでさえも、これはあまり注意を引くことのなかった展開であった。西洋主導の帝国の関税組織と通信網の発達は、中国に新しい行政機構の組織のありかたを示した。

領土拡張主義、すなわち帝国主義時代の第三局面は、宣教師の活動の最も特徴ある表現に見られる「道徳的福祉」なる一般的責任感であった。特にプロテスタントの諸国家で、直接支配されているか影響下にある地域で、無数の民衆が救済の機会にも恵まれず、生きそして死んで行く現実に、民衆の良心が喚起された。われわれは、既に中国内陸伝道団（the China Inland Mission）の創始者、ウィリアム・ハドソン・テイラー〔William Hudson Taylor, 1825?-78?——英国生まれの米国人。牧師、詩人〕のような、熱烈な盲目的に献身した人物を目にしてきている。彼は、福音活動に一身を捧げ、アジアの異国の地で生活した無数の真剣で敬虔な人々の中の、単なる際だった一例に過ぎない。彼らの宗教活動の結果は、実り少なく、しばしば全く予期もしない反応を生んだに過ぎなかったが、一般民衆の生活と福祉に対する彼らの関心と人種の障壁を打破しようとした努力は、西洋をアジアへと近づけた恩恵をもたらしてくれた。また、インド、中国、ビルマの内陸における彼らの教育や医学面での業績は、広範囲に亘って有意義な結果を生んだ。

東方の民族とヨーロッパ人の実質的接触は、帝国主義の時代に始まったに過ぎないのであることを強調する必要があろう。それに先立つ三百年余の（一四九八年から一八五八年まで）間の接触は、インドにおいてすら、狭い範囲に限られ、支配階級の間にさえ浸透していなかった。直接統治と共に、教育制度の発展、貿易に変わる搾取と、その接触は、やがて様々な階級へと広がっていった。アジアの若者たちは次第に、ヨーロッパの学問の中心地へと渡航し始めていた。われわれは、日本がヨーロッパの真義を探るために、どのように選抜された青年たちを計画的に派遣したかを知っている。中国の大総督・曾国藩によって促進された「最初の百人」運動は同様の考え方に基づいていたが、実り無き試みであった。若いインドの青年たちに海を渡らせた最初の衝動は、ヨーロッパの生活の真義を探るためではなく、公務員の試験で競合するチャンスを求めるといった、より世俗的考慮からのものであった。しかし、まもなくこの動きは大きな比重を占めるようになり、ヨーロッパへと出向いた学生の大部分は、法律や社会科学は言うに及ばず、工学、医学、林学、地質学、化学といった学問分野の研究にと打ち込んでいった。同様の動きが、数多くのインドシナの学生をパリへ、インドネシアの学生をライデンへと運んでいった。ドイツの技術面の進歩の信望が、ライプチッヒの大学へとますます多くの学生たちを引きつけていた。

われわれの目的にとっての本質的問題点は、アジアのいずれの国においても、終局的にはヨーロッパの支配権を排除した運動の指導権が、帝国主義の庇護下の西洋で教育を受けた人士にあったということである。マハトマ・ガンジー[*1]やジャワハルラル・ネルー[*2]のみかインド国民会議派の創設者たちも西洋で教育を受けていた。日本では、国家の再組織化運動を指導したのは、他ならない将軍家によって西洋へと派遣された調査隊のグループの者たちであった。中国では、満州皇帝の廃位は、西洋で教育を受けた人々の仕業ではなかったが、続く革命運動の強化は西洋の教育を受けた者たちによって指導された。インドネシア、インドシナ、ビルマ、セイロンで指導権を行使したのは、西洋で教育を受けた――ウオッグズ（WOGs）〔Westernized Oriental Gentlemen――西洋化された東洋の紳士〕とヨーロッパ人は軽蔑して呼ぶが――男女たちであった。

＊1　マハトマ・ガンジー（Mohandas Karamchand Gandhi, Mahatma Ghandhi, 1869-1948）　インドの宗教的政治的指導者、インド解放の闘士。凶漢に教われ射殺される。

＊2　ジャワハルラル・ネルー（Jawaharlal Nehru, 1884-1964）　インドの政治家、独立運動の国民会議派の政治的指導者。インド共和国初代首相（1947-64）。

かくして、東方と西方の関係にあって、ヨーロッパの野心が実現を目の当たりにし、と同時にその崩壊へと続く動きを招いた重大な時期は、帝国主義の時代に他ならないことが分かるのである。時がたち、後退するヨーロッパの時代は（一九一八―四二年）二つの要因、ロシア十月革命とアジアの民族主義の台頭が支配的であったといえよう。前者を取り扱うのは当書の目的とする範疇を逸脱する。民族主義の台頭に対して、特に西洋の支配に対する反応としての側面に今度は目を向けてみよう。

民族主義は明白に、ヨーロッパとの接触の最後の百年間に、アジアにおいて最も際立った展開を示した。アジア人種は、ヨーロッパ人と接触する前には民族的意識あるいは民族観念すら、持つことはなかったとは、よくヨーロッパの著述家（知識人）たちが口にすることである。この批評は、ヨーロッパ自体において、民族主義は、主としてナポレオンの拡大化政策への抵抗運動の結果として展開されたという事実を無視している。確かに、英国やフランスは、根強い愛国心を抱いていたかも知れないが、ポーランドの一部とロンバルディアをも含めたハプスブルク王家の多民族帝国では、愛国主義は王朝への忠誠心と同一視された。したがって、アジアにおける民族主義の展開は、継続的伝統を体現し、単一民族を代表すると思われる国家への最優先の忠誠心として、ヨーロッパにおけると同じような動きに平行して生まれた観念であり、言わば異民族支配に対する抵抗であって、同様の背景から派生した観念であると強調することには理があろう。アジアに影響を及ぼした民族主義の使徒たちは、自国の民族的独立を達成するために戦ったマッツィーニ*とアイルランドの愛国者たちであった。

＊ マッツィーニ（Giuseppe Mazzini, 1805-72） イタリアの革命家。後の赤シャツ党の指導者でイタリア戦役（1859-67）で戦った。将軍 Garibaldi と並んで、祖国の統一と独立とのために身を捧げた愛国者。

中国、日本、さらに程度こそ違えインドにおいても、民衆の心の中には愛国主義の精神は強く深く根ざしていた。たとえ支配する王朝が異邦人であっても、中国人の自国に対する愛情は、外部の侵略に対する抵抗を決して差し控えることはなかった。日本では、愛国主義は常に民族的特質が支配的であったし、周知のように、ヨーロッパとの接触の当初から、日本の思想家たちは真剣に独立保全の問題に関心を持っていた。インドにおいてすら、アーサー・ウェルズリー（後のウェリントン公）は、当時唯一の民族的君主国、マラサス民族の愛国主義と民族精神に驚かされ、さらに異邦人の支配がヒンドスタン〔インドのペルシャ語による呼称で Deccan 高原の北方の部分、またインド亜大陸を指す〕全域に及んだとき、民族的、愛国的感情は東インド会社を打倒し、英国当局の土台を揺るがした武装蜂起を組織するほどに頑強であった。ヨーロッパとの接触の結果として展開された民族主義は、これとは異質であった。それは民族的個性をもつ思想、国家の特性を備えた領土内全ての民衆の一体化、国家を形成する一種の民族の象徴的同胞愛の信条の受諾であった。例えば、インドの民族主義は、民族の歴史、文明、文化、象徴的にヒンドスタンの地に統一された共通の絆、「インド民族らしさ」（*Indian-ness*）を強調した。同様に日本では、日本民族の団結、独特の連綿たる歴史、世界における特殊な使命を担うことを求めた「純粋神道」の思想が具現された。中国においてすら、漢民族が新しい民族主義の基盤に据えられた。

国家礼賛（崇拝）は、多くの場合新しい歴史的背景を必要とした。言わば共通の歴史なくしては、国家は存立を許されないからである。多くのアジアの国々では、特にインドでは、国家的目標を伴う歴史は存在するようには思えなかった。インドは、明白な地理的、文化的、社会的、さらに、歴史全体を通して、ヒンズー教の所産になる一本の糸に貫かれているといった感情から、宗教の面においても統一性を備えていた。しかし、政治史は、実質的に言って神話と伝説を除いては知られていなかった。チャンドラグプタ・マウリヤ[*1]の遺跡としてのサンドロコッタス（Sandrocottus）の検証からモヘンジョダロ（Mohenjodaro）とハラッパ（Harappa）の発掘に到るまで、アショカ[*2]の碑文の解読からインド中の碑文の包括的調査に到るまで、インドの歴史を記した資料は、ヨーロッパの学者たちの業績によって提示された。

＊1　チャンドラグプタ・マウリヤ（Chandragupta Maurya）　マウリヤ族。古代インドの部族。古代インド北部に興り、北部を中心にしてほぼ全部を支配した王朝（321B.C.?-184B.C.）。

＊2　アショカ（Ashoka/Asoka）　古代インドのアショカ王。仏教で言う阿育王。古代インドの Maurya 王朝の第三代の帝王（268?-232B.C.）。マウリヤ王朝の領土を最大に拡張し、仏教に帰依して各地にアショーカ法勅を遺し、ダールマ（dharma 達摩）の法にて政治を行った。

さらに驚くのは、インドネシアの場合である。数少ないヨーロッパの学者たちが――大方はオランダ人であったが――インドの民族主義に確固たる歴史的礎を与えたジャヴァとスマトラの大帝国の歴史を碑文から再構築したのである。この意味からすれば、ヨーロッパの学者や思想家たちは、知識探求の重荷を背負ってインド、セイロン、インドネシア諸国にその歴史的継続性を再考せしめてくれたことは否定できない。

民族主義はまた、文化的業績の誇り――ある誇り高き文化遺産を共有する継承者である――という観念である。誰しも、自分たちの継承した文化の豊かさについて、同胞であるインド人や中国人や日本人に語るには及ばなかったし、実際のところそれは、他者よりも自分たちが優れているという確信だったのである。これについては後述することとしよう。しかしここで是認しておくべきは、現代のこの確信の合理的説明は、西洋の学者たちによるインドや中国の文化の回復と解明のお陰であるということなのである。敦煌（Tunhuang）洞窟の壁画は、ハンガリーの学者、オーレル・スタイン卿[*1]によって発見されるまでは未知のものであった。同様のことが、インドのアジャンタ[*2]とバグー（Bagh）の場合にも言えるのである。アジア民族は、ヨネ・ノグチ[*3]が言ったように「最初の西洋への陶酔」から醒めた時、彼らはあとに退いて、西洋の自惚れた精神を魅了した己の文化に、自分たちの知的自尊心の支えを見いだし得たのである。事実、ヨーロッパの政治的支配への抵抗が新しい民族主義への原動力を与えた一方で、その（民族主義の）正当性と力は、ヨーロッパの学問もまた実質的に（発掘調査等で）貢献を惜しまなかったアジア人自身の文化の高まる評価の中に存在しているのである。

＊1　オーレル・スタイン卿（Sir Mark Aurel Stein, 1874-1946）　イギリスの探検家、考古学者。新疆タリム盆地（和闐）、甘粛西辺（敦煌）、蒙古西部、パミール、アフガニスタンを踏査し古代東西交流史の究明に貢献する。
＊2　アジャンタ（Ajanta）　インド中南部、Maharashtra 州中部の村。仏教壁画の彫刻が残存する洞窟や聖堂がある。
＊3　ヨネ・ノグチ（本名・野口米次郎 1875-1947）　愛知県出身。慶應義塾大学中退。渡米中にポーに傾倒する。一九〇三年、イギリスにて『東海より』を出版し、ヨネ・ノグチの名で知られる。帰国後は伝統芸術に心酔し、多くの詩集も出版するが、他に葛飾北斎、与謝蕪村の評伝がある。

民族主義が直接には抵抗によって、間接には西洋との接触の結果としての歴史観と文化的業績への誇りの回復によって展開されたとするならば、アジア主義の観念というものは、専らヨーロッパの連帯感と対になるものと言える。十九世紀終焉以前には、アジア主義なる観念は存在しなかった。しかし今世紀の始めに、日本の一大芸術家・岡倉天心[*]が、ハッとするような言辞「アジアは一つなり」としてある本を書き始めたのをわれわれは知っている。確かに、非イスラム・アジアの伝統には、宗教的類似性、社会組織、芸術等々共有するものが多く存在する。日本からインドにかけて、アジア諸国の文明は仏教の影響によってのみでは説明のできない、ある種の共通した特徴によって結ばれている。祖先崇拝、家族関係、その双方ともに、仏教の範疇外であるが、非イスラム・アジアの社会組織の共通した特徴である。人生に対するヒンズー教徒と中国人の態度には、特に西洋の学者たちに感銘を与えた実践的儒教の思想を持つ中国の知識人階級（*literati*）の態度には、基本的相違が存在していると、多くの西洋の研究者たち[2]が指摘するのもっともだが、一方でインドと中国の一般の人々の間に、思想と感情の一致が存在するのも等しく真実であることを見逃すことはできない。

＊　岡倉天心（1862-1913）　横浜出身。明治時代の美術界の重鎮。米国ボストン美術館東洋部長、東洋美術学校長を務める。日本美術院を創設。英文の著書に『東洋の理想』『日本の目覚め』『茶の本』がある。

さらに、忘れてはならないのは、自分たちの連帯感を強調するヨーロッパ諸国がアジア諸国家に対して抱くヨーロッパらしさ（*European-ness*）なる感情は、アジアらしさ（*Asian-ness*）なる同じような感情を余儀なく酵醸させることとなったのである。他のヨーロッパ諸国民（英国人を除いて）は、何ら政治的特権を享受できなかったインドにおいてすら、区分としてはヨーロッパ人とインド人ということになるのであって、英国人とインド人という区分なのではなかった。インドの排他的なクラブも、英国人専用ではなくヨーロッパ人専用なのであった。存在した特殊な学校や教育機関も、またヨーロッパ人専用であった。中国にあって全てのヨーロッパ諸国家が政治的特権を享受できるところでは、ヨーロッパ共同体として大きく統一戦線を張った。普仏戦争がヨーロッパで行われていた時でさえ、アジア人に対抗するヨーロッパ連帯の思想の重圧から、天津問題に際してドイツの大臣はフランス人の仲間の陰に肩を並べることを余儀なくされたのである。条約改正の期間中、列強の日本に対する態度も同様であった。二国間相互条約に調印しようとする日本の努力は、西洋諸国家の統一戦線を張ろうとする欲求から、何度となく挫折を味わわされた。一八八〇年から一九一四年まで——帝国主義の時代に——ヨーロッパ人たちはアジアに対して団結し、この態度が見返りとしてアジア主義なる観念を生むこととなり、日本の侵略的行為と、「西洋と提携する」と言明した日本の政策ですら、その観念を本質から覆すことはなかった。

ヨーロッパとの接触によってアジアにもたらされた変化は表面的なものであり、ヨーロッパの政治的権威の消滅と共に、時が経つにつれて消滅する運命にあるということは、多くのヨーロッパの著作家たちに概して支持されている見解である。彼らは、インド、中国、インドネシア、さらに日本の大衆でさえも、自国の変化に影響されないままであり、西洋思想の浸透は限られた階級にとどまっていると指摘している。言わば、偉大なる東洋の宗教は、攻撃にさらされても確固不抜、東方の人々は様相の大いなる変化にもかかわらず、慣れた旧態の軌道に沿って進むであろう。したがって、ヨーロッパの政治権力の排除に伴ってアジアは本来の姿に戻り、西洋の影響はやがて固有の生活様式によって拭われるであろうとの見解が押し進められた。

この見解は、歴史の皮相な読み方に基づいているかに思われる。ヒンズー教徒、中国人、日本人が、自分たちの文化の優位性に信を置くことを好んだとしても、彼らは西洋の知識や大きな勢力の優位性――永続的とは言わないまでも――ヨーロッパの社会的経済的組織の優位性を否定することはできない。彼らは、しばしの陶酔期間を経た後に、自分たちの宗教並びに道徳体系は優れてはいるが、知的にはヨーロッパが、数世紀前進しているということを十二分に見せつけられた。したがってヨーロッパの学問は、たっぷり一世紀に亘って全アジア人の尊敬を集め、さらにヨーロッパ社会と経済組織の一部をアジア人は進んで受け入れて、また一部は、世界の趨勢によりアジア人に押しつけられてある種の規範を提供した。このようなことは、以前には、少なくともインドや中国の歴史にはあり得なかった。北インドにおける五百年に及ぶイスラムの権力は、カースト制度や不可触賤民に関する社会思想をヒンズー教徒にあえて変えさせもしなかったし、実際には強化されたほどであった。何百年にも亘る異民族の支配下で、中国はあえて儒教の教えの妥当性を問いただす事を強要されることもなく、また、「孝経」〔Boof of Filial Piety――孔子と曾子が孝を論じて門人が後に書きとめた書物。十三経の一つ〕の正統性を疑うこともなかった。しかし、今日、西洋との接触の結果、不可触賤民の身分制は廃止され、カースト制度はもはやインドには君臨していない。青年運動のスローガンで厳しく非難された孔子は、中国ではもはや至高の聖人君子でもない。したがって、ヨーロッパとの接触によってアジア人の生活にもたらされた変化は、根源的で広域に及び、多くの研究者が思うように新しいアジアの感情の台頭と共に消滅し去ってしまうというようなことは決してあり得ない。このことは疑う余地はない。

この時点で、西洋の影響が恒久的なものであり得るとする主たる特徴と、一般的なアジア社会への西洋の影響の広がりを検討してみることは、有意義なことであろう。

第一の、恐らく最も大きな持続的影響は、法律の世界にあると言えよう。全アジア諸国において、法律制度は根本的な変化を経験し、十九世紀のヨーロッパのポスト革命的概念に従って再組織された。この変化が導入された最初の国はインドであった。インドでは、トーマス・バビントン・マコーレー*の影響の下に新しい法の規範が組織的に導入され適用された。ここに、私が様々な所で述べてきたことを引用させていただこう。「インドは百年に亘ってその法の下で生活し、その強靱な枠組みの中で社会、政治、さらに経済発展は行われたのだが、その法制度は、マコーレーの業績である……。ヒンズー教の教義の下ではバラモンは一スードラ〔Sudra 首陀羅――インドのカースト四姓の最下位に属する人、奴隷・細民〕の証言で罰を受けることはなく、カーストに従って刑罰は異なり、イスラム教の法に従えば宣誓証言はモスレムに対して受け入れられないというこの国で、法の前では全てが平等であるという大原則はそれ自体が第一に重要な法律の大革命であった。まさに、マコーレーの法典を偉大な先任者たち、マヌ、ユスティニアヌス、あるいはナポレオンの法典であろうと、それら法典と比較してインドの刑法典がそれ以前の制度より大きな進歩を見せているとの主張に、異議を申したてる者はほとんど存在しない(3)」。

＊ トーマス・バビントン・マコーレー（Thomas Babington Macaulay, 1800-59）英国の歴史家、評論家、政治家。インド最高会議法律顧問（1834-38）。のちに Glasgow 大学総長。

インド、パキスタン、さらに、ビルマを加えた、四億八千三百万の民衆が、過去百年に亘って、その法の下で生活してきた堂々たる真に偉大な法制度で、ほとんどの人々が認識しないままに、ある面で社会の基盤を変えてきたのである。様々な共同社会の個々の慣行は、各々異なってはいるが、刑法は全てにとって同等なのである。これは法律制定の集大成によって補足され、社会契約のあらゆる部門に際だった影響を及ぼして来ている。例えば、インドの女性の地位は、五十年前のヒンズー思想ですら革命的であろうと思ったであろう変化を経験している。ヒンズーの私的慣習でさえ、継承、相続、結婚、複合家族、さらに、いわゆる特異な社会組織に関しても、今日インドで実行されている法制度によって大きく修正されてきている。これに関して言えば、たとえどんなことがあっても旧いヒンズーの考え方への後戻りはあり得ない。西洋の新しい法思想によってもたらされた改革は、恒久的なものであり、多くの他の分野においてもいっそうの目覚ましい変化をさらにもたらすことであろう。

法制度の改革は、インドネシア、インドシナ、ビルマのような、植民地を支配する列強によって直接に行政を行使された地域に限られてはいない。日本は自発的に、今や半世紀以上に亘って機能している近代的法制度を実行に移している。日本が帝国の治外法権を逸早《いち》く放棄させる事が可能だったのは、法制度と司法行政の自由主義的、近代的性格に依拠したからであった。中国では、国民党によって導入された入念な民法と刑法は、今や廃止されてはいるが、その傾向は、革命以前の時代の法制度に回帰するというのではなく、さらにいっそう進歩的と思われるものの導入を図っている。少なくとも、家族関係の範疇では、新しい法律はどの西洋諸国の法制度よりも進歩している。

経済構造が崩壊して、広域に及ぶ惨状を引き起こすかも知れないし、政治組織が新しい革命的勢力の衝撃の下に消え去ってしまうかも知れない。アジア社会は、もしかすると一世代前に後戻りしてしまうかも知れない。しかし、これらの地域で文明自体が消滅しない限り、新しい法制度の基本思想がそんなにも容易に変化するとは想像し難い。入念な立法制度がひどい混乱と無政府状態の期間にあってすらも毀損することなく生き延びたインド、中国、日本のような国々では、そのような悲観主義を支持する妥当な理由は見あたらない。したがって、ヨーロッパの影響の下に、新しい法制度の導入と是認によって社会契約の中にもたらされた大きな変化は、アジア文明の中で永続的な要因となるであろう。

ヨーロッパとの争いの結果もたらされた政治と社会機構に関しては、同様の確かさをもって語ることは不可能である。行政府の形態、政治的権利の性質、広義の民主主義、地方と都市の行政——これらは全て消え去り、その性格を変えるか、ある種の地域では、希薄な知覚し難い状態で生き延びるのみかも知れない。にもかかわらず、今日それらは、アジアにおいて最も際立った変化を見せている。東方のいかなる国も、今や、「東洋的専制主義」の制度の下に支配されている国は存在しない。万世一系の神聖なる皇帝を戴くと言われる日本でさえ、全て民主主義的憲法の装いを身に纏っている。事実、東方の行政府の規範は共和制となっている。一方、ヨーロッパには、未だに六ヶ国の君主国と大公国が存在するが、非イスラム・アジアには、三君主国（日本、シャム、ネパール）が存在するに過ぎないし、独立を獲得し、外国の支配を排除した全ての国家は、共和制を宣言している。インド、ビルマ、インドネシア、さらに中国なる古代の帝国や王国は、いまやすべて共和国政府である。それは仮の局面かも知れない。というのは、いかなる政治制度も永遠に存在するとは言い得ないからである。しかし、たとえアジアの民主主義的制度が、あるラテン・アメリカの共和国のように本来の姿と形態とは全く異なるものに変質したとしても、あるいはまた、純粋な活力に満ちた精神をもって発展しなかったとしても、「東洋的専制主義」の原則には戻ることはあり得ない、とかなりの確信を持って言える。「東洋的専制主義」は、概していつも民衆に受け入れられたある種の思想と信条を反映して来ている。こうした思想と信条は、もはや何ら受け入れられる素地はない。一度糸が切れれば、教義の「神秘性」もまた消滅するのである。

したがってアジアの民主制度は、二、三世代を越えて続かないかも知れないし、早晩、リベリア風民主主義〔アメリカの解放された奴隷たちによってアフリカ中西部に建国されたリベリア共和国の民主制度〕の複製へと変形してしまうかも知れない。その一方で、アジアが西洋から受け入れた行政の原則が、大きな質的変化を引き起こし、遠く将来にまで影響を及ぼすこともあり得ると言える。新しい社会構造は、当然、新しい政治制度を反映する。さらに世界貿易に参与した結果生まれる商業経済は、産業化、蓄積された富、そして組織労働の力を共にして、過去の主要都市のあり方とは異なった組織化された都市生活の成長をもたらすであろう。これらは全て、数多の他の要因も含めて、地方経済と土地税、全て論外の制度に依存していた旧い政治機構に対して転換を要求するものなのである。アジア諸国は、現在は西洋の制度の模倣かも知れないが、ヨーロッパの伝統にのみ固執・順応するといったものではない自分たちなりの様式をそのうちに展開するかも知れない。しかし、純粋にアジア的なものへの回帰はもはや認められない。今や、過去にアジアの何れの国も対応することのなかった、社会、経済、政治勢力の成長がみられるのである。

大都会の成長は、それ自体が政治と経済の活力の中心だが、ヨーロッパとの接触の結果であり、その大いなる意義は、未だ完全には評価されていない。ヨーロッパ人の到来以前にはインド、中国、日本には、大都会生活と文化が存在した。正に、ナガリカ、[*]都市の住民なる言葉は、都会的文化と洗練された嗜好の持ち主を意味し、少なくとも西暦前三世紀頃よりその意味で使用されていた。ベナレス（Benares）、プラヴァグ（Pravag）、ブローチ（Broach）、スラートのような大都会は、宮廷や国王とは関係なく、歴史を貫通してインドでは繁栄していた。しかし、概してナガリカなる存在は、政治的また都会的生活の何れをも象徴していなかった。ナガリカは、市民の意味を表わすことはなかった。インドの都会や街は、それらが大きな都市の場合は、単なる人口の大集積地であり、時として交易の観点からか、あるいは宗教的神聖性さといった面で尊重されたに過ぎなかった。それらは、何ら都会的伝統を展開することはなかった。中国においてもことは同様であった。

* ナガリカ（*nagarika/town-man*）　街の人の意。サンスクリット語で nagari の本来の意味は、the writing of the city。ナガーリ文字。古代インドでサンスクリットを書き表すための梵字の一種。現代サンスクリットの他にヒンズー語などの表記にも広く用いられているDevanagari 文字の母体となった。

ヨーロッパとの接触の結果生まれた新しい都会、ボンベイ、カルカッタ、マドラス、上海、天津、シンガポール、コロンボ、ジャカルタ等は、新しい原則を表象している。言わば独立した構成体としての都市なる組織である。マドラス、カルカッタやボンベイには、ヨーロッパの都会生活のあらゆる装備、保安官、市長、市政機関、選出議員が揃っている。この見地からすれば、英国の商人たちによる上海の市政委員会の組織と七〇年間に亘るその異常な発達は、帝国の宮廷で異邦人によって行使された統制より遙かに大きく広域に亘る変化を表していると言える。

インド、中国、さらに、他のアジア諸国で富裕な中産階級を生み出したのは、他ならない都会であった。政治や経済双方の分野の指導者として、また不可欠な科学技術の蓄積の場としての都会における、中産階級の出現は、主として新しい都会生活の所産なのである。文明の中心地としての大都会存続の可能性が、たとえ中世ヨーロッパにあったと全く同じように、アジア諸国家の何処かで後退が始まったとしても、看過されてはならない。仮に、そうなったとしても、大都会における新生活存続の栄誉は、確かにヨーロッパのものと言えよう。

もう一点は、ヨーロッパの長期に亘るアジア支配から直接に派生したものだが、アジアの以前の歴史では知られることのなかった、ある種の一大民族国家となった広大な地域の統合である。例えばインドは、長い歴史全体を通して、今日見られるような単一国家に纏められたことはなかった。過去には、インドの統一に向けて、ヒンズー主義の統合、サンスクリット文化の類似性などによって、さらには、ヒマラヤ山脈からコモリン岬へと広がる広大な領土を一つの支配権の下に統治すべきであるといった政治的な欲求によって、インドの指導的立場にあった王国の支配者たちの心は動かされ続けた。しかし、こうした絶えることのない誘惑は、確かに、過去の主だった全ての王朝に刺激を与え続けはしたものの、かつて実現することはなかった。

英国の支配下にあっても、およそインドの領土の五分の二に上る広大な領域が、半独立的王侯貴族の支配下にあった。歴史上、始めてインドは、同じ憲法の下に生存し同じ法律に従う、単一国家へと統一された。疑いもなく、これは、インドの国民に統一を課した英国の百年に及ぶ行政の結果であり、それを生み出した行政機構とそれが生んだ抵抗運動の勢力の双方によるものであった。

さらにいっそう驚かされるのは、インドネシアの場合である。過去においてこれらの島々は、一度だに単一の政治機構へと統一されることはなかった。また、全多島海が、一つの国家に統一されるとはジャヴァとスマトラの大帝国も夢想だにすることはなかった。スリヴィジャヤ（Srivijaya）のサイレンドラ（Sailendra）の君主は、最強の海洋勢力を誇っていたが、ジャヴァ全島を巡って宗主権を主張することなど考えてみたこともなかったし、ボルネオ、モルッカ諸島、また、スンダス（Sundas）の無数の島などは、好きなようにさせていた。ヨーロッパ人が（多島海）群島に到着した時には、インドネシア統一の感情などは存在することはなかった。現在の群島の統一は、したがって、ヨーロッパとの四五〇年の接触の結果なのであり、政治的、経済的結びつきは、オランダ人によって造り上げられたのである。

中国においてすら、ヨーロッパに対する抵抗が領土の統一をもたらしていることの重要性もまた見過ごすことは出来ない。古代から国民党の時代に到るまで、中国の諸省は皇帝の直接命令の下に統制はされていたが、一定の政策に従っていた訳ではなかった。周知のように戦争に関する場合でも、帝国全体が参与することは決してなかった。一八三九年より四二年までの阿片戦争の間も広東行政府が関与したのみで、北京の宮廷は事態がどう進行しているのかすら知ることはなかった。一八九五年の日本との戦争は、帝国政府の責任というよりは直隷省の総督の責任に与るところであった。また帝国は、どちらかと言えば、事実上、中央による任命制度と皇帝の権威によって、また中国人の統一観念によって纏まっているといった緩やかな総督制度であった。ヨーロッパ列強に対応する厳しさに直面して、北京行政府は次第に外務省を備えて中央集権的行政へと変質し、列強の圧力に曝されて始めて、国軍と税関業務のような二、三の中央機関を創設した。特定の中央行政機関、正規の国軍と重要事項に関する明確に定められた国家政策を持つ民族国家に中国を変えるために最初の実質的手段が取られたのは、やっと国民党の革命（一九二五―二七年）の後であった。それでもなお、国民党は完全に成功を収めたというわけではなかった。山西省の閻錫山〔Yen hsi-shan, 1883-1960――政治家。山西省軍閥の首領。蔣介石に長く抵抗したが、日中戦争後、一九四九―五〇年、国民政府行政院長〕、甘粛省のモスレムの馬（忠英）のような旧い軍閥や他の者たちが、中央政府に対して名目的忠誠を誓う以上のことは拒否した。しかし、統合への力が働き、人民共和国によって完成された中国の統一はようやく作動し始め、様々な趨勢の集約的成就に到達した過ぎなかった。

今までのところわれわれは、ヨーロッパとの直接的関係の結果生まれた社会的、政治的状況の変化について論じてきた。より大きな、恐らくはさらに意義のある変化は思想の領域であるが、ここでそれを論じるのは不可能である。現代科学の導入、歴史と世界のより広域に亘る知識が、何をアジアの精神に及ぼしたかは、探究すべき最も魅力に満ちた課題である。その酵醸の所産は未だ誰しも予測し予見するのは不可能である。明らかにそれは、あらゆる生活の側面、宗教、芸術、言語、人間精神をめぐって長い間揺れ続けた思考様式や思弁的哲学に影響を及ぼしてきている。東方の宗教や哲学が排除されていないとしても――実際には今日より強力になってきている

――それは際だった変化を経験していないと言うことにはならない。他の宗教と哲学に対立するものとして、自らの宗教と哲学をかってないほどに標榜している。しかし彼らは同時に、競合する宗教よりも、現代科学が彼らに強要する矛盾を解明するため、えも言えぬ変革を経験しなければならなくなっている。かくして仏教とヒンズー教の新しい解釈は、現代思想――ほとんどがヨーロッパとの接触から派生したものだが――の影響を大きく反映している。

哲学と宗教の思想は、それがいかに一般の民衆に影響を及ぼそうとも、知識人にとってのそれは特別な関心領域である。しかし言語の場合はそうはいかない。そしてここにこそ、ヨーロッパの影響が最も顕著なのである。中国、インド、日本の偉大なる文学から、数百万人の民衆によってのみ語られる言語に到るまで、到るところで、西洋の影響は過去の伝統に陰を投げかけている。中国の文学革命（一九一八―二一年）は、恐らく将来に亘って国家が今世紀中に経験した様々な革命よりも、さらに重大な出来事と思われるであろう。今日、中国で踏襲されている文体は、古典の影響をほとんどかあるいは、全く示しておらず、西洋文学を規範にしている。中国の小説は、今日、『紅楼夢』や『三国志演義』を踏襲してはおらず、トルストイ、ツルゲーネフ、ロマン・ロラン、トマース・マンや、マキシム・ゴーリキーに倣って創造されている。短編小説は最も一般的媒体だが、中国文学には全く古典的様式は見受けられない。その起源は、ほとんど全てと言っていいほどに西洋的である。そうして、魯迅、茅盾や郭沫若の作品は、古代の中国人の作家の誰よりもモーパッサン、チェホフや現代の進歩的な天才たちに、よりいっそうかかわっている。中国ではここ二十年間の全ての創造的著作はヨーロッパ的なものである。

インドの場合はさらにいっそう際立っている。インドの大方の言語は、かって、過去と革命的決別をした経験はない。事実、およそ一九一四年に到るまで、西洋の文体が言語に深く根ざしてはいたし、小説、短編小説、戯曲は人気があり民衆の心を摑んだが、なお支配的であったのは古典的伝統であった。特に詩の場合は、インドはその三千年に及ぶ文学的伝統をもって、サンスクリットの擬古主義の形式と文体に固執していたが、中世の文芸復興によってかなりの程度まで修正されていた。真のヴィクトリア文学の所産であったタゴールでさえも、サンスクリットの伝統が支配的であったのがハッキリと目に見えている。彼は、戯曲、短編、叙情詩、随筆に周知のあらゆる西洋の形式を使って書いたが、語られた言葉は、ヴィヤサ（Vyasa）やヴァルミキ（Valmiki）の叙事詩、カリダサ（Kalidasa）やジャヤデヴァ（Jayadeva）の詩や、ヴィディヤパティ（Vidyapathi）、カビール（Kabir）や、ミラ（Mira）の歌に育まれた言葉に基づいていた。しかし、過去三十年の間に、大インドの諸言語の文学は、革命的変化を経験してきた。それらはもはや古典的文体の情緒に関心を持つことはない。全て西洋の文学から自由に借り入れしたドラマは、イプセン、ショー、ピランデロ、チェホフから、小説は、フランスやロシアの巨匠から、詩は、ヨーロッパの最新の流派からといったように。それらは、もはや蓮の花や月や白鳥、チャタカス（chatakas）や他の過去の陳腐な象徴主義に関心を持つことはない。

新しい芸術の形式は、特に散文には、昔のインドの伝統に負うものはほとんど何もない。事実、ヨーロッパの思想は、ついに、今世紀過去二五年間の大衆文学によって、インドに順応させられたと言えよう。新しい著作の社会的、政治的内容は、本質的には国家を越えており、ヨーロッパにおける旧社会と断絶し、広い意味でのマルクス主義の思想の迫力に大きく影響されている。また、このメッセージが広く伝えられたのは、創作的文学を通してのみではなかった。週刊誌、雑誌、新聞、映画、ラジオが、新文学の止むことのない大衆性を生み出していった。ラジュ・アナンド（Raj Anand）の言葉は語っている。「今日、……一九三五年に創立された革新作家協会の支配的影響を、折に触れて、受けなかった者は四十歳以下の作家では存在しない。さらにこの団体がもたらした運動は、われわれの存在条件が、絶えず可能性の極限を追求する膨大な量の詩や散文を生み出している」。事実、それは新しい生命であり――ヨーロッパではない――その声が無数の人々の口を通して反響しているのを知るのである。

アジアの過去と現在の懸隔は日々広がっているのだということを否定する人はほとんどいないであろう。さまざまな面で、アジアで最も広範囲に及んだ変革は、言語の変化なのである、言わばそれは単なる変化した精神の反映であるばかりか、それ自体が引き続く変化の媒体なのであり、また、アジアの新しい言語は、新しい意味を、新しい世界の考え方を、さらには日々ますます大きな領域へと伝わって行く思想を表すからなのである。放送の大いなる発達は、アジアの全ての新生国家が独立を達成した後に、真っ先に手がけられた事柄の一つであり、また、インド、中国、インドネシアが現代の理想を大衆化するために、民族文学の発展政策に歩を踏み出したのは意義深く注目に値する。

しかし、新しい思想の止むことのない受諾は、西洋との接触によって開始され、ロシア十月革命と共産主義思想の威信によって大きく影響を受けたとはいえ、大アジア文明の継続性の断絶を招くことはないということが強調されるべきであろう。中国、インド、さらに他の文明は、新しい思想によって修正され、新しい経験によって豊かにされたとはいえ、それ自体の特質をますます強調、力説し続けるであろう。南と東南アジア、さらに日本では、自己主張はかなりの程度まで再組織された宗教の力の結果なのである。ヒンズー教と仏教に対するキリスト教の挑戦——勿論イスラムへの挑戦も含めてだが——の失態は、攻勢をし掛けたキリスト教に対する対応の結果として諸宗教がますます強固に、さらに活力に満ちたものとなったことに表れている。中国では、宣教師の活動は宗教的伝統を破壊して限られた成功を達成はしたが、中国人の民族文明への執着はなお顕著で、容易には変えることの出来ない人種的、心理的特性が逆に強化された。かくして、ヨーロッパの影響と新しい思想の浸透は、アジアに大きな変化をもたらし、なおさらなる変化が続くかも知れないが、アジアの文明は独自の特異な個性を発揮し、精神的にも、知的にも、キリスト教ヨーロッパとは異質のままであり続けるであろう。

特にインドや中国においてであるが、変化に長い時間を要したアジアの政治概念の奇妙な一側面は、外なる世界は問題ではないとする確信であった。平均的ヒンズー教徒は、インドの外部の国々や民族の存在について知ることはなかった。ヨーロッパが現実の存在となったのは、やっと英国がインドをめぐって支配権を確立した十九世紀になってからである。中国人がヨーロッパ人のことを文明の外域を占拠した単なる野蛮な種族（夷狄）以上の存在として考慮し始めたのは、二つの戦争が行われた後であった。皇帝の弁務官となった林則徐は、一八四二年、ヴィクトリア女王に宛てて、「種族の族長（the chieftain of tribe）」として大真面目に、率直に語りかけている。中国人にとって世界は、十九世紀になってすらなお、中華（世界の中心）をめぐって回り、その中国は、セレェッシャル・エムパイア、「天の至福の帝国（Celestial Empire）」と大真面目に呼称された。中国の外域周辺の国々はこの主張を受け入れており、中国人はたとえ遠い地域に重要な国が存在しようとも、勢力と高貴さと文明においては、自分たちとは比肩できないと思っていた。

アジア民族が、アジアが、それまでは全く知ることのなかった、より大きな世界の単なる一部である――さらに最も重要というわけでは全くない――という事実に目覚めたのは十九世も後半に入ってからであった。やがて、全体像がアジア人に明らかになってきた。最初は日本人に、次いで徐々に他の国々に。熱帯資源の需要の結果の二十世紀におけるアジアの質的重要性の増大、一大列強としての日本の出現、最初はヨーロッパのライヴァル同士の競合の場として、後には危険地帯としての中国の漸進的改革、これらは当然ながら、アジアの役割をますます認識させる方向へと進んでいった。第一次大戦後、ヨーロッパ諸国とは異なり太平洋の一列強であるアメリカへと西洋の指導権が移行した時、アジアはより直接的に、世界政治の渦中へと引き込まれた。

したがって新しいアジア諸国家は、もはや孤立化の政策へと回帰することも、他国の存在を無視するふりもできない。したがって、中国、インド、インドネシアは――勿論日本とは別に――今日の世界の政治政策において、果たすべき容易ならざる役割を有している。それは、ヨーロッパの東方をめぐる過去の帝国によってもたらされた変革から直接生まれた状況なのである。

ヨーロッパに対するアジアの接触の影響は、比較的些少とはいえ有意義ではないとは言えない。十七、十八、十九世紀の資本主義の発展は、それ自体顕著な革命的変化であり、アジアへのヨーロッパ貿易と商業の拡張と密接に関連している。この間の主要な西ヨーロッパ諸国の政治的展開もまた、アジアの領土の搾取と東方の属国との貿易や属国の行政府から派生した富に関連している。彼らの物質的生活には、衣服、食物、飲料等に反映されているように、東洋との接触の恒久的痕跡が残されている。その影響の程は、未だなお評価しがたいが、すでに文化、芸術の浸透、さらに哲学的影響に関して、簡単に触れてきた。十八世紀のロココ運動とは異なり十九、二十世紀の精神的、文化的反応は、さらに深く、未だ表面にその姿を顕しきってはいない。中国の文学やインドの哲学思想の影響は、近年になって重要視されてきている二つの傾向のみについて述べるが、その評価については長い年月を経なければ不可能である。それでもなお、T・S・エリオット*が述べているように、ヨーロッパの最も近代的な詩人たちは、ある程度中国の文学の影響を受けているということは確かである。等しく、バガヴァッド・ギーターやウパニシャッドの翻訳の数は、毎年増加を見ているが、東洋学の研究家や学者のみか、教養ある一般人士の関心をも獲得している。インドの宗教的経験への関心の復活は、東洋の影響のヨーロッパ思想への浸透が、今や、将来の歴史家がある種の意義を考慮するであろうほどまでに進んでいることを十分に物語っている。

* T・S・エリオット (Thomas Stearns Eliot, 1888-1965) 米国生まれの詩人・批評家・劇作家。ノーベル文学賞受賞 (1948)。主な作品、*The Waste Land* (1922), *The Cocktail Party* (1950)。

また考古学が、過去に厳然と支持され続けた、全て有価値のものは地中海に関与しているとする考えを大きく動かしている。大アジア民族の過去は、徐々に文明化された人類の大きな遺産の一部として認められきており、このことがやがて、西洋が経験した以外の全ては、二義的な重要性しか有することはないとする狭量なヨーロッパ主義との決別へと繋がるであろう。アジアとヨーロッパの接触の影響関係は、全く一方的なものであるというわけではないし、今や（ヨーロッパ人による）アジアの政治的支配が過去のものとなったからには、文化の相互浸透の結果はさらにもっと実り大きなものとなるであろうことを、ここでは単にほのめかしておくこととしよう。

（1） Carrington に引用。*British Overseas*, p. 479

（2） Lowes Dickinson と Bertrand Russell による、特に中国に関する著作を参照。

（3） *A Survey of History*, p. 257 より引用。

訳者あとがき

本書は、K. M. PANIKKAR, *ASIA AND WESTERN DOMINANCE : A Survey of the Vasco Da Gama Epoch of Asian History 1498-1945* (George Allen & Unwin Ltd, London, 1959) の全訳です。初版は一九五三年の出版ですが、本訳書は一九五九年の新版を底本にしています。

本書の筆者、K・M・パニッカル氏（Sardar Panikkar, Kavalam Madhava）は、インドのトラヴァンコールに生まれ（一八九五年）、英国のオックスフォード大学に学び、帰国当初、大学で教鞭をとり、やがて『ヒンドゥスタン・タイムズ』の編集長を務め、さらに政治家、外交官として、第二次世界大戦を境とする過渡期に中華民国、ついで共産政権後と継続して（一九四八〜五二年）、また、エジプト（一九五二〜五三年）、フランス（一九五六〜五九年）へと、それぞれ大使としての重任に与りながらも数多の著作を世に問うています。逝世の折（一九六三年）にはマイソール大学の副学長の任にありました。本初版は、エジプト大使に在任中の一九五三年に上梓され、以後十数版を重ねています。筆者自身が、序文の中で述べておりますが、アジア人による最初のアジアなるものの検証を試みた著作と言えます。氏の知己である、名著『ヨーロッパと中国』の著者・G・F・ハドソン氏、『インド史』の著者・P・スピア氏、また、本書に触発された著作『オリエンタリズム』で、西洋の持つオリエントなる概念を検証したE・サイード氏らは、共にK・M・パニッカル氏を優れた歴史哲学者として推奨しております。訳者の本書との出会いは一九五五年頃で、当時、鮮烈な印象を受けたことを覚えておりますが、未だその新鮮さを失っておりません。日本語の訳書を長く心待ちにしておりましたが、日の目を見ることが無かったところから拙訳を試みた次第です。なお本書の付梓に当って、訳者の旧知・粕谷一希氏に藤原書店の社長・藤原良雄氏への紹介にあずかり、藤原氏の炯眼から、ここに出版の運びとなり、心から感謝するものです。以下、些か饒舌な「あとがき」となって恐縮ですが、付言をお許しください。

＊ インドにおける責任ある地位にある人、あるいは、地方の族長のこと。Sirdar とも記す。

＊

本書は、筆者K・M・パニッカル氏が、序文で「ヨーロッパ人の接触に始まる最初の三世紀にわたる実利を追い求めた投機主義の中に、東方と西方の壮大な争い（叙事詩）の総括的概念を考察することこそが、過去の世界へと分け入り、その後に起きた事象の意義を読み取ることを可能にしてくれるであろう。……その適正な展望を回復することが本書の意図するところである」と述べているように、東方と西方の関係史の中で、西欧の経験主義以外の全ては、二義的な重要性しか有することはないとする狭量なヨーロッパ主義との決別を願っているのである。

確かに、西洋の諸国家の世界制覇への拡大政策と結果としての西洋勢力の台頭は、その新鮮なダイナミックな文明によって東方の古代の輝かしい文化を曖昧なものにしてきていることも確かである。歴史家たちは、通常、この東方の失墜を、西洋の急速な産業の成長とそれに歩調を合せることに遅れを取ったことに起因しているとしている。アジア文明の大いなる中心地のいずれも、一八〇〇年以来、西洋を変え、決定的技術と軍事的優位性を西洋に供与した産業革命をアジア自体が超克できなかった故であるとしている。西洋と東洋、双方の研究者たちは、西洋世界の優越性の時期と問題に捕らわれて、大方の人々は、東と西の交流の全体史は、単純に、西洋の人々が、どのようにして東方へと到達し、どのように、その地に腰を据え、どのように近代化、いわば、西洋化、さらに東方の伝統的文化と生活様式の転換に寄与してきたかという世界に焦点を置きがちである。

その結果こうした学者たちは、失墜なるものが永久的なものではなく、この状態も決して総体的なものではなく、近代初期にあっては、東方と西洋が、それぞれの文明の輝きをもって良きライヴァルであったことを度外視しがちなのである。

とはいえ、現代のアジアにおける我々の発想の規範は西洋である。我々は、その規範を当然のものとしているものの、アジア人としての資質から逸脱して意見を述べることを許されてはいない。これが、他ならない西洋とアジアの、およそ過去二世紀にわたる関係の結果なのである。

アジアをめぐる海上の覇権がヴァスコ・ダ・ガマの到来に始まり、西洋の艦隊がアジア大陸の諸地域にまたがる彼らの基地より立ち去って行くまでの約四五〇年間は、まさに、世界史上でのウエスタン・ドミナンスの壮大なドラマであり、アジア諸国にその直接的足跡を少なからず残している。十九世紀の西洋は、疑いもなく人類の発展の最頂点であったと同時に、アジアの歴史にも一線を画すものであった。

西洋の東方への進出は十字軍によるイスラムに対する一種の雪辱としてはじまったが、その反イスラム的性格を失ったのは、十七世紀初頭の二つの主な事由によるものであった。一つは、プロテスタントの台頭であり、他の一つは、ウエストファリア条約を待って始めて終焉を迎えた内戦のせいであった。しかし、カトリック諸国に関する限り、その十字軍的性格は、福音伝道の精神にとってかわられ、そうした傾向は、いまだに西洋主導の国際機関に同質の様態が見受けられるのである。しかし、その宗教的性格は、単なる西洋拡充政策の一面に過ぎず、その神聖活動は彼らの真の目的であったアジアと香辛料の独占によって苦も無く掻き消されてしまったのである。

十八世紀半ばになり、情況は変化し始め、西洋は領土拡張に乗り出し、十九世紀に到って西洋の資本主義はその頂点を迎えるに到った。今や征服が彼らの目的となったのである。茶の栽培、鉄道の敷設、その他あまたの利権を求め、全世界をカオスに捲き込むこととなった第二次世界大戦を誘発し、文字どおりの帝国主義時代の到来となったのである。

しかし、第二次世界大戦の終焉を迎えた二十世紀の半ばを迎えるまで、西洋諸国家と覇を競うかに見えた日本を除いて、アジア、アフリカ諸地域は、長い間、西洋の支配と栄光と覇権闘争の陰で、あたかも歴史の部外者でもあるかのように無視され続けてきたのである。

西洋と日本による略奪の長い期間中、アジア、アフリカの人々は始終束縛を余儀なくされ、第二次世界大戦後に疲弊した西洋の宗主国から荒廃した領土を返還されたのである。以来、半世紀が経過したに過ぎない。これは、彼らにとって自らの国を確立するために十分な時間だと言えるだろうか？　また、彼らの貧弱な政治の故に、いまだに未開発な発展途上国であると言い得るだろうか？

しかも、この半世紀余にわたって、彼らは、いわゆる冷戦構造の中で力の政治と経済に左右され、自国の伝統、さらには、旧宗主国との運命的な腐れ縁の間で揺り動かされつづけてきたのである。彼らは、西洋との腐れ縁を断ち切ることの出来ない停滞した旧態依然たる煩わしい国と思われ、西側諸国は、日本も含めて、彼らの独裁制、専制的政体を非難しながらも、その特異性を自国のために多分に利用することを忘れることはなかったのである。

第二次世界大戦後間もなく、アジアへの性急な回帰を求めて、数多くの政治的理想やスローガンを掲げた、老若のカリスマ的独裁者やロマンティストや革命家たちが現われはしたが、彼らが消え去ってからすでにかなりの年月が経過している。とはいえ、アジアの諸国家は、いまだに世界の力の政治と経済の仕組みの中で、悪戦苦闘しているのである。しかし、西洋の民衆と同様、アジアの国々の民衆も自らの国の安定に意を尽しているのである。少なくとも、ある面では、今日のアジアは、第二次世界大戦前の西洋諸国家よりも安定しているといえよう。

ともあれ、アジア・アフリカ諸国は決して以前の彼らにもどることはないであろう。アメリカを含めて西洋は、最早、彼らの政治的貧困をあげつらって、西洋の経験主義に基づきながらも、非科学的な旧式な机上のペーパー・プランであるとか、西洋の文明の恩恵に与って生まれた副産物的国家であるなどと批判することは許されてはいない。

アジアをめぐる西洋の力の没落と、アメリカ合衆国のドルと核兵器による政治力の行使の後退が必然的結果となった今日では、アジアに覇権を求めてアプローチしようとする如何なる試みも時代錯誤であるといえよう。

かくして、アジアと西洋の関係は、西洋の野望の実現を目の当たりにし、遂に、西洋はアジアからの全面撤退の時代を迎えたのである。アジアのナショナリズムとその活動を生むこととなった時期は、西洋の帝国主義の時代であり、この時期にこそアジアの人々と西洋の人々との真の意味での接触が始まったと言えるのである。それに先立つおよそ一世紀ほど以前に、ナポレオンの侵略に対する抵抗の結果、西洋自体が発展させたナショナリズムなるイデオロギーは、アジアにおいても、疑いもなく、過去二世紀余にわたる西洋との接触の結果、西洋にとってもっとも示唆深く、望ましくない、予期せざる展開となったのである。

とはいえ、ナショナリズムは両刃の剣である。西洋の政治的支配に対する抵抗がアジアのナショナリズムを生む動機を生んだとすれば、西洋諸国がアジアに対して、その帰一性を強めて行くことにも繋がることを記憶すべきであろう。アジア諸国は過去約二世紀にわたって西洋の文明を追い続け、西洋文明の領域の中で打ち消し難いほどの影響を受けてきたのである。そうして今日アジア諸国は、西洋の幻想・デモクラシーの追求に余念が無いのである。しかし、そのデモクラシーの現実は、その古典的理論からは程遠く、ある程度の正義の行使は、いまだ可能であるとしても、政治集団や巨大企業や労働組合のように専門化されることによって合議される社会組織の中で、一般民衆は権利を収奪されてきているのである。

アジア、アフリカ諸国は、着実に西洋の制度のコピーの下に彼ら自身の政治制度を確立を計っているが、やがては西洋の影響は、自ずから次第にその影を消し去っていくであろうし、デモクラシーの追求にあたって、その現実を認識するのにそれほどの時間を必要としないかもしれない。アジア、アフリカ諸国と西洋との関係はまったく変化するであろう。現実への目覚めがどんなに苦しい過程であっても、アジア諸国は変化し続け、自らの個性を独自に発展させ、精神的にも知的にもキリスト教ヨーロッパから離れて発展するであろう。しかし、その「酵状」は、誰にも予見、予測し得ないのである。物質文明がアジアと西洋の双方において同質化するのは時間の問題なのである。しかし、西洋が精神の帰一性を預託してきた近代科学にもとづく文明の恩恵に、西洋の精神抜きに与ってきたからには、アジアも西洋に追随して、その巨大な文明なるシステムに抗する手段を共にすることを余儀なくされるのであろうか？

我々は、東西文明が相互に深く影響しあってきたことの歴史的、または、考古学的な豊富な証言を手にしている。しかし、我々が現有する文化の規範は、歴史や考古学の研究も含めて、まさに西洋文化の所産なのである。文学、ドラマ、詩、散文、音楽、美術において、アジア諸国家の中で、特に日本は、西洋から思うがままに吸収してきたのである。我々の美術の形式は少なくとも表面的には、我々の古代の伝統に依拠するものはほとんど無い。たとえあったとしても、それらは、〝文化遺産の保存〟の域を出るものではない。まして、言語における西洋の影響はまさに顕著であり、アジア諸国家に定着したものの一つとして法律制度は言うまでもないであろう。東西の接触は、物資的欲求に基づくものではあったが、その分析的手法をもって西洋の精神が、東方の精神に何を与え得たかは最大の関心事であり、逆に東方の思想、特に、インドや中国のそれが、西洋に何を与え得たかも等しく大きな関心事なのである。誰しも、その相互の影響を疑うものはいまい。

しかし、あまたのキリスト教伝道団の盲目的献身を無視することは不可能だとしても、二世紀余にわたるキリスト教の仏教、ヒンズー教、イスラム教に対する挑戦の無残な敗北は何を意味するのだろうか？　砲艦をまで伴なって、伝道活動が激しく衷心から行われた中国にあってさえも、その成功はまったく限られたものであり、逆に、容易に変えることの出来ない人種的心理的特性を強調せしめる結果となったのである。東方の宗教は換置されることなく、逆に最近みられるようにイスラム法へのイランの回帰は、是非はさて置き、より強調が行われている時、そのことは内奥での顕著な変革はまったく行われていないと言うことを意味するのだろうか？

他の宗教と哲学に対立し、アジア諸国は以前にもまして自らのものを高く掲げ始めている。しかし、彼らは、他の宗教と競うというよりは、むしろ、彼らの上にのしかかる近代科学なる文明の重圧と矛盾に立ち向かうべく変革を余儀なくされているのである。かくして仏教、ヒンズー教、イスラム教の新しい解釈は、かなりの程度まで、西洋との接触から生まれた近代思想の影響を反映してきている。西洋の文明と思想の浸透が東方に不可避的変化をもたらし、さらにより大きな変革をもたらすとしても、東方の文明はそれ自体の在り方で発展するのだろうか？　それ自体の在り方で発展するとしたら、それはどのようにしてであろうか？

旧来の伝統や栄光の誇りと偏見に満ちた世界は、最早、過去の歴史の中にしか存在していないのであろうか？　過去の栄光に未練を示すことは、まさに、死んだ子の歳を数えるに似て空しいこととなるのだろうか？　一国の政治が単に自国の経営を諸国家群の中において巧みにする行政機構と化して行くかに見える今日、デモクラシーなる不確実で曖昧な語義の故に失われる政治力学上の柔軟性を補い、生存権を確保するために必要とされるのは統合であって、最早、精神や哲学的思考の必要はないのだろうか？

東と西の双方にあってロマンティシズムはその巨大なシステム化された文明に併呑され窒息してしまったかに思われる今日、一体、我々は、何処に我々の生存の現実と意義を見出すことができるのだろうか？　我々有機的存在は、ただ時に身を任せ、遂には無機的存在になるのを待つのみなのであろうか？　全く不確定な語義をもつ国家的なるものと国際的なるもの、さらに、東方と西方なる概念の間で、渡り鳥のようにさ迷うことを余儀なくされるのだろうか？　遅かれ早かれ、全ての国々の政治や経済の領域におけるシステムは、終局的には均等化するのだろうか？　そうした時が到来した暁には、東と西の文化遺産は、その両極によって容易に受入れられるべき世界それ自体の所産となり、さらに、その帰一性へと進めるのだろうか？　そうして、アジアは、巨大なシステム化した文明の重荷の下に精神を高く掲げることが可能なのだろうか？　それとも、ふたたび、我々東方の諸国家は、部外者のままに、すでに行き止まりにてきその出口を見失ったかにさえ思われる西洋のより緻密な分析的手法をただ待ち受けることより他はないのだろうか？

我々は、過去において西洋の近代科学に対する狂しいほどの抵抗があったことの無視し難いことを知っている。しかし、彼らは、その近代科学を、偶然か故意か、東方を隷属させるべき武器として、あたかも西洋精神のシンボルとして使用したのであり、今やその西洋の理性と知性は、核優位に象徴される世界で、近代科学のロジックへの適応性を喪失してしまっているかである。

西洋と東方の関係は短い。近代科学を通して獲得されると期待された満足に寄せる欲求にもとづき、以来、東方の数多くの知識人たちは、自らの遺産の犠牲の上に西洋の翻案と翻訳の洪水の中で、知的ゲームに没頭してきているかである。こうして消化された西洋の文化を東方のそれと共にして、東方は来るべき世界に対して何か期待すべきものを生むのだろうか？　それとも、今まで西洋がそうであったように、未来の世界を意義あるものとすべく東方に期待されるものは何も無いのだろうか？　そして西洋に指向される黙示録的世界観の中に埋もれることとなるのだろうか？

それとも、かつて列強の狭間にあった東欧諸国家のように、苦悩と絶望の中で、自らの国と意思の犠牲を強いられたように、時宜に即応して、情況の求めるがままに、役立ちそうなものをなんでも利用することで、保守と急進との間を前後に揺れ動くこと以外に許されるべき道はないのだろうか？

アジア、アフリカを問わず、世界の人々は押し寄せる近代科学がもたらす近代都市との相克から、全ての人々の身を守ることが、最早、不可能であるからには、対応すべき肉体的、心理的様態の欠如から、近代化と民衆の感情や怒り（内奥の世界、誇り、自尊心等）との懸隔は広がるのみであろう。そうして、余儀ない必然的犠牲として、我々は、こうした事態を、重ねて、遅れを取った諸国家を様々な争点の緩衝地帯として、あるいは、代理戦争の場として西洋指向の福音的国際機関にその処理をまかせることで事足りるとでも言うのだろうか？

西洋の生んだ不明の落とし子（アメリカとソヴィエット）は、今や、一方は、その庇護者の存在となり、他方は、崩壊の憂き目にあって、西洋の残した問題を抱えたままに愛憎を秘めているのである。遂には、過去の歴史は、うつろな擬事実として我々の虚栄に満ちた近代科学の領域の中で、無効の烙印を捺され、我々の理性と知性の最後の砦は、永遠に核兵器の煙霧の中に、一切が雲散霧消してしまうのだろうか？

こうした中で、我々は、人間の良心に、まったく頼っている人々のいることも知っている。しかし、それはすでに顕著な残酷さを示してきているのである。また、我々のこの種の終末論がユニークでも特異でもないことも、さらには、われわれの未来と過去に対する関心と概念が、中世のそれと、また、我々の古代の先祖のそれと、恐らくは、何の異質さも認められないかも知れないとも思っている。ある人が言うように「それは、ただ単に、我々が生きそうして死ぬということであり、一度に全部か、一時に一人ずつかということなのである。常に一時代の終わりなるものは、想像の特異性なのである。空の軍隊よりも核爆弾はより現実味を帯び、人をしてより真実なる危機感を抱かしめるのだ、という終末論的抑圧のもとで、人は如何にあるべきかの論争をすることは馬鹿げている」*と。しかし、こうした考えの中に見出されるのは似是而非知性的東洋的冷笑癖に過ぎない。

* Frank Kermode, *The Sense of an Ending*, Oxford University Press, N.Y. 1968, p95.

事実、終焉を知覚し得る人は誰もいない。そのことは、終焉はそれを知覚し、さらにそれについて述べることの出来る世界を我々に残してはくれないのである。

その意味からすれば、経験の領域で終末論的思考を論争するのは馬鹿げていると言えようし、非論理的でもある。経験され、なおかつ検証されなければならないことは、この種の思想は過去において無辜の民衆の集団殺人以外の何物をも我々にもたらさなかったということなのである。今や絶望的なまでの危機が焦眉の急（imminent）であるというよりは、内在（immanent）していると言えるのかもしれない。

二〇〇〇年十月

左　久梓

や　行

ら　行

わ　行

は 行

ま 行

た 行

な 行

さ 行

事項索引

あ　行

か　行

や 行

ら 行

わ 行

ま 行

な 行

は 行

た 行

さ 行

地名索引

あ　行

か　行

わ 行

や 行

ら 行

ま 行

な 行

は 行

た 行

さ 行

か 行

人名索引

あ 行

訳者紹介

左　久梓（ひだり・ひさし）

本名、佐久間禄（さくま・ろく）。アフリカ研究所（ボストン大学）、回教圏研究所勤務、財団法人・国際教育協会理事長を経て、現在、言語科学研究所主宰。

著書に、『司馬温公追懐』（東方書院）、*Sound and Sense*（国際言語教育研究所）、*Creative Learning*（LSI 出版）、『中国の秘密宗教と秘密結社』（心交社）、訳書に『古代インドと古代中国』（心交社）、『匋齋（端方）存牘』（閻崇璩・左久梓共編、台湾・中央研究院近代史研究所）他。

西洋の支配とアジア —— 1498－1945

2000年11月30日　初版第1刷発行©

訳　者　左　久　梓

発行者　藤　原　良　雄

発行所　株式会社　藤　原　書　店

〒162-0041　東京都新宿区早稲田鶴巻町 523

TEL　03（5272）0301

FAX　03（5272）0450

振替　00160-4-17013

印刷・製本　美研プリンティング

落丁本・乱丁本はお取り替えします
定価はカバーに表示してあります

Printed in Japan
ISBN4-89434-205-7

今世紀最高の歴史家、不朽の名著

地中海

LA MÉDITERRANÉE ET
LE MONDE MÉDITERRANÉEN
À L'ÉPOQUE DE PHILIPPE II
Fernand BRAUDEL

フェルナン・ブローデル　浜名優美訳

新しい歴史学「アナール」派の総帥が、ヨーロッパ、アジア、アフリカを包括する文明の総体としての「地中海世界」を、自然環境、社会現象、変転極まりない政治という三層を複合させ、微視的かつ巨視的に描ききる社会史の古典。国民国家概念にとらわれる一国史的発想と西洋中心史観を無効にし、世界史と地域研究のパラダイムを転換した、人文社会科学の金字塔。

●第32回日本翻訳文化賞、第31回日本翻訳出版文化賞、初の同時受賞作品。

〈続刊関連書〉
ブローデルを読む　ウォーラーステイン編
ブローデル伝　デックス
ブローデル著作集（全5巻予定）

ハードカバー版（全5分冊）　A5上製　揃35,700円

I	**環境の役割**	600頁	8600円	(1991年11月刊)	◇4-938661-37-3
II	**集団の運命と全体の動き** 1	480頁	6800円	(1992年6月刊)	◇4-938661-51-9
III	**集団の運命と全体の動き** 2	416頁	6700円	(1993年10月刊)	◇4-938661-80-2
IV	**出来事、政治、人間** 1	456頁	6800円	(1994年6月刊)	◇4-938661-95-0
V	**出来事、政治、人間** 2　〔付録〕索引ほか	456頁	6800円	(1995年3月刊)	◇4-89434-011-9

〈藤原セレクション〉版（全10巻）　B6変並製　揃17,400円

各巻末に、第一線の人文社会科学者による書下し「『地中海』と私」と、訳者による「気になる言葉——翻訳ノート」を附す。

①	192頁	1200円	◇4-89434-119-0	(L・フェーヴル、I・ウォーラーステイン)
②	256頁	1800円	◇4-89434-120-4	(山内昌之)
③	240頁	1800円	◇4-89434-122-0	(石井米雄)
④	296頁	1800円	◇4-89434-123-6	(黒田壽郎)
⑤	242頁	1800円	◇4-89434-126-3	(川田順造)
⑥	192頁	1800円	◇4-89434-136-0	(網野善彦)
⑦	240頁	1800円	◇4-89434-139-5	(榊原英資)
⑧	256頁	1800円	◇4-89434-142-5	(中西輝政)
⑨	256頁	1800円	◇4-89434-147-6	(川勝平太)
⑩	240頁	1800円	◇4-89434-150-6	(ブローデル夫人特別インタビュー)

五〇人の識者による多面的読解

『地中海』を読む

I・ウォーラーステイン、網野善彦、川勝平太、榊原英資、山内昌之ほか

各分野の第一線でいま活躍する五〇人の多彩な執筆陣が、今世紀最高の歴史書『地中海』の魅力を余すところなく浮き彫りにする。アカデミズムにとどまらず、各界の「現場」で二一世紀を切り開くための知恵に満ちた、『地中海』の全体像が見渡せる待望の一書。

Ａ５並製　二四〇頁　二八〇〇円
（一九九九年一二月刊）
◇4-89434-159-X

世界初の『地中海』案内！

ブローデル『地中海』入門

浜名優美

現実を見ぬく確かな眼を与えてくれる最高の書『地中海』をやさしく解説。引用を随所に示し解説を加え、大著の読解を道案内。全巻完訳を果した訳者でこそ書きえた『地中海』入門書の決定版。付録——『地中海』関連書誌、初版・第二版目次対照表ほか多数。

四六上製　三〇四頁　二八〇〇円
（二〇〇〇年一月刊）
◇4-89434-162-X

陸中心史観を覆す歴史観革命

海から見た歴史

（ブローデル『地中海』を読む）

川勝平太編

陸中心史観に基づく従来の世界史を根底的に塗り替え、国家をこえる海洋ネットワークが形成した世界史の真のダイナミズムに迫る、第一級の論客の熱論。**網野善彦／石井米雄／ウォーラーステイン／川勝平太／鈴木董／二宮宏之／浜下武志／家島彦一／山内昌之**

四六上製　二八〇頁　二八〇〇円
（一九九六年三月刊）
◇4-89434-033-X

陸のアジアから海のアジアへ

海のアジア史

（諸文明の「世界《エコノミー》=経済《モンド》」）

小林多加士

ブローデルの提唱した「世界《エコノミー》=経済《モンド》」概念によって、「陸のアジアから海のアジアへ」視点を移し、アジアの歴史の原動力を海上交易に見出すことで、古代オリエントからＮＩＥＳまで、地中海から日本海まで、躍動するアジア全体を一挙につかむ初の試み。

四六上製　二九六頁　三六〇〇円
（一九九七年一月刊）
◇4-89434-057-7

中国vs台湾——その歴史的深層

中台関係史

山本　勲

中台関係の行方が日本の将来を左右し中台関係の将来は日本の動向によって決まる——中台関係を知悉する現地取材体験の豊富なジャーナリストが歴史、政治、経済的側面から「攻防の歴史」を初めて描ききる。来世紀の中台関係と東アジアの未来を展望した話題作。

四六上製　四四八頁　**四二〇〇円**
（一九九九年一月刊）
◇4-89434-118-2

台湾の新たな指導者の素顔

陳水扁の時代

〔台湾・民進党、誕生から政権獲得まで〕

丸山　勝

二〇〇〇年三月の総統選において野党・民進党から劇的な当選を果たし、五〇年に及んだ国民党独裁に遂に終止符を打った陳水扁。台湾における戦後民主化運動の歴史を踏まえ、陳水扁登場の意味と、台湾と、日本・中国を含む東アジアの未来像に迫る。

四六上製　二三二頁　**一八〇〇円**
（二〇〇〇年四月刊）
◇4-89434-173-5

台湾人による初の日台交渉史

台湾の歴史

〔日台交渉の三百年〕

殷允芃編　丸山勝訳

オランダ、鄭氏、清朝、日本…外来政権に翻弄され続けてきた移民社会・台湾の歴史を、台湾人自らの手で初めて描き出す。「親日」と言われる台湾が、その歴史において日本といかなる関係を結んできたのか。知られざる台湾を知るための必携の一冊。

四六上製　四四〇頁　**三二〇〇円**
（一九九六年一二月刊）
◇4-89434-054-2

發現台灣
天下編輯

資本主義五〇〇年物語

資本主義の世界史

〔1500-1995〕

M・ボー　筆宝康之・勝俣誠訳

ブローデルの全体史、ウォーラーステインの世界システム論、レギュラシオン・アプローチを架橋し、商人資本主義から、アジア太平洋時代を迎えた二〇世紀資本主義の大転換までを、統一的視野のもとに収めた画期的業績。世界十か国語で読まれる大冊の名著。

Ａ5上製　五一二頁　**五八〇〇円**
（一九九六年六月刊）
◇4-89434-041-0

HISTOIRE DU CAPITALISME
Michel BEAUD

カラー写真とエッセイの融合

久田博幸写真集 GATI

チベット文化圏
（チベット・ブータン・ネパール）

久田博幸　序・岡田明憲

仏教を通じて日本とも深くつながりながら、未知の部分の多いチベット文化圏。国境をまたいで三つの国に広がるこの聖地の歴史、文化および人々の生活を、精選された数々の貴重な写真により、三国それぞれの独自性と相互関係の両側面から初めて紹介する。

カラー一二八点　モノクロ一六〇点

A4横上製　一四四頁　五〇〇〇円

（一九九九年五月刊）

◇4-89434-137-9

玄洋社生みの親は女だった

凛　りん
（近代日本の女魁・高場乱）

永畑道子

舞台は幕末から明治。幼少より父から男として育てられた女医高場乱《おさむ》は、西郷の死を心から悼む。興志塾（のちの玄洋社）を開き、頭山満ら青春さ中の男たちに日本の進路を学問を通して吹き込む乱。近代日本の幕開けをリードした玄洋社がアジアに見たものは？

四六上製　二四八頁　二〇〇〇円

（一九九七年三月刊）

◇4-89434-063-1

日英同盟時代の悲恋

ピーチ・ブロッサムへ
（英国貴族軍人が変体仮名で綴る千の恋文）

葉月奈津・若林尚司

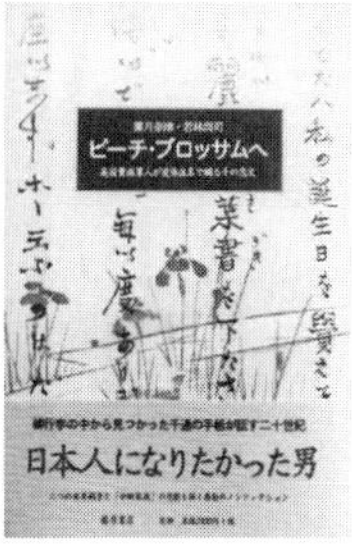

世界大戦に引き裂かれる「日本人になりたかった男」と大和撫子。柳行李の中から偶然見つかった、英国貴族軍人アーサーが日本に残る妻にあてた千通の手紙から、二つの世界大戦と「分断家族」の悲劇を描くノンフィクション。

四六上製　二七二頁　二四〇〇円

（一九九八年七月刊）

◇4-89434-106-9

トインビーに学ぶ東アジアの進路

文明の転換と東アジア
（トインビー生誕一〇〇年アジア国際フォーラム）

秀村欣二監修　吉澤五郎・川窪啓資編

地球文明の大転換期、太平洋時代の到来における東アジアの進路を、トインビーの文明論から模索する。日・韓・中・米の比較文明学、政治学、歴史学の第一人者らによる「アジアとトインビー」論の焦点。「フォーラム全記録」収録。

四六上製　二八〇頁　二七一八円

（一九九二年九月刊）

◇4-938661-56-X

ラテンアメリカ史の決定版

新装版
収奪された大地
〈ラテンアメリカ五百年〉
E・ガレアーノ　大久保光夫訳

欧米先進国による収奪という視点で描く、ラテンアメリカ史の決定版。世界数十か国で翻訳された全世界のロングセラーの本書は、「過去をはっきりと理解させてくれるという点で、何ものにもかえがたい決定的な重要性をもっている」（『ル・モンド』紙）。

四六上製　四九六頁　**四八〇〇円**
（一九九七年三月刊）
◇4-89434-064-X

LAS VENAS ABIERTAS DE AMERICA LATINA　Eduardo GALEANO

サイードの一歩先へ

イスラームの国家・社会・法
〈法の歴史人類学〉
H・ガーバー　黒田壽郎訳＝解説

イスラーム理解の鍵、イスラーム法の歴史的実態を初めて明かす。ウェーバーの「東洋的専制」論を実証的に覆し、中東における法と理性の不在という既存の定説に宿る、オリエンタリズムの構造をあばいた、地域研究の最前線。

Ａ５変上製　四一六頁　**五八〇〇円**
（一九九六年一一月刊）
◇4-89434-053-4

STATE, SOCIETY, AND LAW IN ISLAM　Haim GERBER

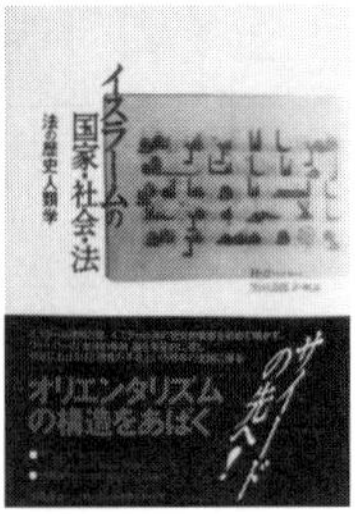

共存の歴史を明かす

イスラーム治下のヨーロッパ
〈衝突と共存の歴史〉
Ch-E・デュフルク　芝修身・芝紘子訳

ヨーロッパ世界とイスラーム世界は果たして水と油なのか？　イスラーム治下の中世ヨーロッパにおける日常生活の歴史から、共存の実態を初めて明かし、二大文明の出会いを描く。

四六上製　三五二頁　**三三〇〇円**
（一九九七年四月刊）
◇4-89434-066-6

LA VIE QUOTIDIENNE DANS L'EUROPE MEDIEVALE SOUS DOMINATION ARABE　Charles-Emmanuel DUFOURCQ

英国支配時代の上海

言語都市・上海
〈1840-1945〉
和田博文・大橋毅彦・真銅正宏・竹松良明・和田桂子

横光利一、金子光晴、吉行エイスケ、武田泰淳、堀田善衞など多くの日本人作家の創造の源泉となった〈上海〉を、文学作品から当時の旅行ガイドに至る膨大なテキストに跡付け、その混沌とした多層的魅力を活き活きと再現する、時を超えた〈モダン都市〉案内。

Ａ５上製　二五六頁　**二八〇〇円**
（一九九九年九月刊）
◇4-89434-145-X